AIGC Reshaping
Supply Chain Finance

AIGC

重塑供应链金融

大模型在供应链金融领域的应用与实践

联易融课题组 ◎ 著

U0336593

机械工业出版社
CHINA MACHINE PRESS

图书在版编目（CIP）数据

AIGC 重塑供应链金融：大模型在供应链金融领域的
应用与实践 / 联易融课题组著 . -- 北京：机械工业出
版社，2024. 11. -- ISBN 978-7-111-76508-0

Ⅰ. F252.2

中国国家版本馆 CIP 数据核字第 2024FE3645 号

机械工业出版社（北京市百万庄大街 22 号　邮政编码 100037）
策划编辑：杨福川　　　　　　　　　责任编辑：杨福川　李　艺
责任校对：甘慧彤　张慧敏　景　飞　　责任印制：任维东
北京瑞禾彩色印刷有限公司印刷
2024 年 11 月第 1 版第 1 次印刷
170mm×230mm · 27.75 印张 · 436 千字
标准书号：ISBN 978-7-111-76508-0
定价：99.00 元

电话服务　　　　　　　　　　网络服务
客服电话：010-88361066　　　机 工 官 网：www.cmpbook.com
　　　　　010-88379833　　　机 工 官 博：weibo.com/cmp1952
　　　　　010-68326294　　　金 书 网：www.golden-book.com
封底无防伪标均为盗版　　机工教育服务网：www.cmpedu.com

本书顾问

宋　群　冀　坤　周家琼　赵　宇
蒋希勇　王　睿　许　焱　钟松然
杨　强　李小刚　李如先　郭　亮

本书作者

沈　旸　李粼玮　黄　玮
刘　倩　董涵民

序 言

AI 重塑供应链金融科技

在技术发展的历史长河中，每隔数十年就会涌现出足以重塑人类社会结构的创新力量。人工智能（AI）的崛起，不仅是技术范式的迭代升级，更是人类文明的一次深刻转型。大模型改变了人工智能，也即将改变世界。

人工智能的本质在于，通过构建模型来解决特定问题并提供专门服务。ChatGPT 解决的主要问题是提升人工智能在开放域对话中的表现，但它在处理某些特定领域或某些需要高度专业化知识的任务时，仍然存在局限。

大语言模型（LLM，简称大模型）从三个层面重新定义了人工智能：第一，重新定义了人机交互；第二，重新定义了营销和客服；第三，催生了AI 原生应用。未来，大模型将成为应用开发的基石，各个行业都会有自己的专业大模型。这一趋势预示着云计算领域也会迎来重大变革，用户在选择云服务商时，将越发重视模型的效能与配套技术框架的先进性，而不再仅关注计算资源和存储成本。

在技术领域，竞争不可避免。维持竞争优势的关键在于不断创新。"整合"或许可以让应用更精准，但只有"重做"才能让用户体验发生代际变革，我认为每一个产品都值得用 AI 重做一遍。以搜索为例，行业内最新落地的搜索 AI 助手，可以让用户与它发生多轮对话，并使用语音交互，还能通过自然语言直接生成图片，这意味着人工智能的发展已经从"辨别式"走向"生成式"。当然，搜索的重塑只是用大模型重构产品后受益的冰山一角，人工智能对商业世界的重塑远不止于此。

AI 的发展堪比微处理器、个人计算机、互联网和手机的问世，它的影响将触达人类社会的每一个角落。例如，部分企业已经开始利用人工智能来创造新的产品和提供新的服务；部分行业将人工智能作为创造力工具来创造视觉艺术、音乐、诗歌等各类作品及编写计算机代码等；制造商通过添加具有深度学习能力的质量控制软件来提高质量控制的速度和准确性；建筑公司、公用事业公司、农场、矿业公司及其他在广阔地理区域运营的实体使用人工智能软件和计算机视觉来监控和识别有问题的行为、危险的情形或商业机会；医生、研究人员使用智能的决策支持系统（DSS）做出决策和判断等。总之，人工智能的商用场景已远远超出现在能预估的范围，大模型对世界的改变势必会渗透到各行各业。

在金融领域，AI 大模型凭借其在内容生成、逻辑推理、快速迭代乃至辅助决策等方面的卓越能力，有望重塑金融机构的基础架构及管理体系，大幅拓展金融数智化变革的空间。

在当下声势浩大的 AI 浪潮中，国内金融领域大模型次第涌现。大模型通过学习金融行业特有的概念、术语和逻辑关系，在知识密集型场景中，提供自然语言理解和生成、知识检索与问答、信息总结摘要等能力。在全链路数字化应用中，大模型扮演了重要角色：在客户关怀方面，它可以提升用户体验；在风险管理与信贷评估方面，它可以进行欺诈检测和风险评估；在精准营销与客户洞察方面，它可以设计个性化营销策略；在投资咨询与资产管理方面，它可以提供复杂的财务模型分析和投资策略优化，生成研究报告；在运营优化和自动化方面，它可以处理交易结算、合规审查、文档管理等工作，提升运营效率并降低成本。同时，通过风控多代理体系，大模型可以缩短风险决策周期，提升风控人效。在多模态数字化应用方面，它可以基于企业外呼、客服、推荐、运营等多模态业务场景，将丰富的多模态技术和灵活的 AI 服务进行结合，快速实现业务目标。AI 正成为新质生产力，推动金融机构的服务模式不断出新。

AI 大模型和金融正史无前例地相互需要着。但在具体实践层面，二者的结合，依然有很多问题需要解决。从理论到可商用，看似不远，实则有很多待跨越的障碍，大模型如何高效地转化出商业价值，则是更复杂的问题。从市场来看，大模型在生成类场景中落地应用较多，但在涉及决策的金融场景中落地应用较少。也就是说，大模型距离深度融入金融业务的各个端点，进而重塑金融行业的生产关系，还有很长的路要走。

与此同时，头部厂商对于金融大模型似乎越来越形成一种共识，即大模型不仅仅要为企业降低成本、提升效率，最终要演进为超级智能体，重构企业的业务流程。也就是说，金融大模型的发展需要向产业纵深处探寻，在保留开放生态和生长空间的同时，专精于推动现有金融场景和应用的更迭和升级，制造新的体验。总而言之，以金融机构的真实需求为导向做精细化开发，也是金融大模型的核心议题。

金融领域有多元化的业务场景和广泛的数字化转型升级需求，是大模型极佳的垂直落地场景，但同时我们也需要关注以下问题。

一是算力。金融机构如何面对"算力资源持续紧俏""硬件快速更新换代"及"资源兼容优化配置"等复杂局面，如何有效地规划并适应这种动态变化的算力格局，是首要问题。

二是开源模型与商业化模型。数字化转型要求金融机构具备高度的灵活性，不断审视并适时调整策略，综合考量成本、性能、灵活性与支持服务等因素，做出最符合自身实际情况的决策。

三是模型规模。大模型具有更强大的学习能力和更优秀的泛化效果，但它对算力资源消耗巨大。针对不同的业务场景，如何选取与之匹配的模型规模，成为金融机构的另一大课题。

四是通用大模型和专属大模型。金融机构必须基于自身的业务特性、战略导向及资源条件，审慎考虑是采用广泛适用的通用模型，还是投资开发更加契合自身需求的定制化模型。

五是大模型安全风险。一方面是模型本身的安全防护，另一方面是模型应用过程中的安全问题，包括但不限于大数据处理引发的隐私泄露风险、生成内容可能蕴含的偏见与不公等。确保安全是金融机构在推进大模型应用过程中不可忽视的重要环节。

面对上述金融大模型的落地困境，业内的明显趋势是，越来越多的机构相互合作，通过生态共建来实现共赢。而对于大部分中小金融机构以及金融科技公司来说，未来更理想的路径或许是：引入第三方厂商领先的基础大模型，在自身样本基础上微调，构建出自己的专业大模型，快速赋能业务流程，实现弯道超车。

预计随着底层大模型从增量阶段转入存量阶段，拼质量、拼落地会成为竞争焦点，注重模型推理能力的企业的竞争优势会进一步显现。总的来看，未来金融大模型的发展将对目前的行业范式产生深远影响。

联易融科技集团（以下简称联易融）作为领先的供应链金融科技解决方案提供商，正积极拥抱大模型带来的新一轮科技发展机遇，通过在通用大模型基础上的再优化和升级，成功打造了供应链金融垂直领域的专属大模型。以合同智能解析为例，联易融通过自研的 LDP 算法，解决了开源模型在处理复杂文档场景时的局限性。该算法运用视觉模型的高效图像处理、语言模型的深度文本理解以及信息交互模块的数据整合功能，形成一个综合解决方案，能够处理各种类型的文档，并适应不同的业务需求和应用场景。

近日，联易融自研的供应链金融轻量级一站式 AI 平台——蜂羽 AI 审单平台荣获国际财经媒体《亚洲银行家》"最佳 AI 技术"奖项。联易融蜂羽 AI 审单平台以大模型技术为基石，能对数据、算法和模型等组件进行自由组合，高效、便捷地进行模型开发与服务部署；同时沉淀了多种针对供应链金融领域的场景化智能解决方案，包括智能中登、贸易背景智能核查、跨境单证智能审核等，助力金融机构快速构建高精度 AI 应用。以联易融与渣打银行的合作为例，通过蜂羽 AI 审单平台，渣打银行在贸易金融、支付管理等业务中，在审单运营的关键步骤上，降低了时间成本，提升了运营弹性和业务韧性。同时，蜂羽 AI 审单平台上的大模型技术能够深度应用于供应链金融业务中，实现智能化风险评估，助力渣打银行在运营交付等日常工作中降本增效。

本书旨在深入挖掘并总结联易融创新的实战经验和深刻洞见，为读者描绘一幅未来金融的宏伟蓝图，帮助金融从业者、企业家、科技开发者和学者理解 AI 大模型在供应链金融中的工作原理，激发行业更多创新思维的碰撞和交流，从而共同创新 AI 与供应链金融的融合。当然，联易融在供应链金融大模型领域的实践和思考仍处于持续发展和完善的阶段，受过往经验所限，本书还有许多不完善之处，欢迎各位同行批评指正。

宋群

联易融创始人、董事长兼首席执行官

前　言

供应链金融新纪元

随着全球经济的蓬勃发展和国际贸易的日益繁荣，供应链金融作为一种创新的金融模式迅速崭露头角。供应链金融通过将金融服务与供应链管理相结合，为企业提供了更加灵活和高效的资金支持，助力供应链各参与方实现共同繁荣。然而，传统的供应链金融模式面临一些挑战和限制，例如每笔交易规模较小、存在大量复杂的非结构化数据、沟通成本高等。此外，新的应用场景不断涌现，平台和系统的开发却缺乏足够的灵活性。因此，供应链金融行业急需新的技术手段来提升效率和灵活性。

在这个充满机遇和挑战的背景下，人工智能技术的迅猛发展给供应链金融带来了新的可能性。基于金融科技、供应链金融场景、大模型技术理念，也结合实践与洞察，我们引入了供应链金融 GPT（Generative Pre-trained Transformer，生成式预训练 Transformer）概念，旨在通过机器智能和数据驱动的方式，进一步提升供应链金融的效率、透明度和可靠性。

本书旨在探索供应链金融 GPT 的发展历程、应用场景以及它对供应链金融领域的影响，同时深入 GPT 的技术原理、关键功能和落地实践，重点关注其在资金管理、供应商融资、库存融资和供应链可追溯性等方面的作用。我们将对供应链金融的场景和案例进行介绍和分析，并基于此进一步探讨如何构建供应链金融大模型，包括数据和技术基础设施、合作伙伴和生态系统建设、变革管理和组织文化等。此外，我们还将探讨供应链金融 GPT 的价值与收益，包括降低成本、管理风险和提升创新竞争力。

然而，我们意识到供应链金融 GPT 的实施将面临一系列的挑战，如数据隐私和安全性、技术可行性和集成性、法律和监管风险等，这些问题需要认真思考和解决。

随着技术的不断创新和演进，数据共享和合作平台的构建、区块链和智能合约的整合、AI 和机器学习的进一步应用将为供应链金融 AI 大模型带来更多的机遇。我们相信，供应链金融 AI 大模型将持续演化，为企业提供更智能、高效和可持续的供应链金融解决方案。

在撰写本书的过程中，我们深入研究了供应链金融 AI 大模型的理论基础、技术特点和实际应用案例，并进行了广泛的讨论和交流，以确保内容准确、全面和具有实践价值。但技术日新月异，我们希望通过本书激发读者的更多思考和创新，推动供应链金融 GPT 的进一步实践和应用。我们相信，供应链金融大模型将成为未来供应链金融领域的重要驱动力，助力企业和社会的可持续发展。让我们一起探索供应链金融大模型的未来，开启一个更加智能、高效和可信赖的供应链金融时代！

特别鸣谢对本书创作给予支持的人员：徐美莹、蒋宛辰、马琰芳、周驿、侯泽赟、叶会杰、荆飞瑶、张正、张军涛、李诗昀、马旋、苏强、李绮霞、周诗倩、许佳、朱浩、姚夏冰等同事。

沈旸

联易融副总裁、联易融国际 CTO

目　录

| 第 7 章 | **金融行业的大模型** 　　　　　　209

第1章

进化、协同
与创新

宇宙中的物理定律之一——热力学第二定律，令许多科学家感到困惑和无奈。它宣告永动机是不可能制造出来的，揭示所谓的"一劳永逸"只是幻想。在孤立的系统中，熵从不自减，它在可逆过程中保持不变，却在不可逆过程中持续增长。这一定律也隐含了一个深刻的哲学认识——所有事物都倾向于自然地进入混乱和无序的状态。

人类不仅受生存本能的驱使，更有对探索和改变这个世界的强烈渴望。我们愿意利用大系统的能量去减少小系统的熵，这种态度似乎是深植于人类进化历程中的一个特有基因。尽管大部分动物在生存斗争中也会努力对抗熵的增长，但它们的行为更多是被动的、出于本能的。与人类相比，动物的合作能力有限，它们缺乏复杂的语言和文字系统，难以使用工具来改变环境，也不太可能进化出大型的社会结构。

理性和对进步的不懈追求，促使人类采用科学的方法论去追求"熵减"。这种追求让人类发现了很多规律，发明了更高效的生产力工具，并开始大规模协同合作，共同探索和优化社会、经济、法制系统。语言和文字的诞生，更是让人类的协同能力得到了极大的提升，使人类与普通动物有了质的区别。无论是集中式管理还是分布式联盟，人类都可以形成庞大的组织结构，通过社会、经济和法制机制来维持系统的秩序。

随着 ChatGPT、GPT-4 等大模型的横空出世，人们惊喜地发现这些模型与以前的模型有着本质的区别。新的模型不仅具有基本的语言能力，还融合了部分通用知识，并展现出简单的逻辑推理能力。人工智能看起来能真正地理解人类的要求了，沟通效率也远超以前的各种智能助手。很多人把 ChatGPT 的出现比喻成 AI 领域的"iPhone 时刻"，ChatGPT 的出现更类似于人类语言和文字的诞生。

虽然目前 GPT 背后的技术细节和模型参数并没有完全公布，但是我们可以合理猜测，通过大量的数据、模型参数的量级提升、预训练、人类反馈、强化学习等优化后，GPT 模型将从原来只具备简单的 Transformer 算法的"完型填空"功能，发展成能够深刻理解与灵活运用人类语言体系。而用于辅助编程的 Codex 模型，通过大量逻辑代码的阅读和训练，很可能会让 GPT-4 及后续模型拥有更强大的逻辑推理能力。

1.1 语言和文字是人类社会的协同工具

在人类的进化过程中，语言和文字在组织协同中扮演着重要的角色，可谓是人类社会与动物社会的显著区别之一。从生物学的角度来看，现代人类与一万年前的人类在本质上并没有太大区别。语言使得每个人都能分享自己的故事、经验、观点和创意，它可以让一个人几十年领悟出的人生道理或者一个部落冒生命危险摸索出的生存实践，通过简单的几句话传递下去。通过语言和文字，知识可以穿越时间和空间，推动生产力的发展，使人类更好地利用时间和资源进行新的探索。

在协同的过程中，沟通是最重要的环节。但是人类的沟通"带宽"相对狭窄，不论是写字、阅读还是聊天，人类的沟通带宽通常在每分钟 100 到

300 个词之间。为了提高沟通效率，我们需要掌握许多专业知识和场景，以便使用各沟通方都能够理解的抽象词汇来描述知识。以 GPT 为例，AI 领域的专业人士通过这三个简单的字母，就能了解其所传递的巨大信息量。在熟悉的人之间，甚至一个手势或眼神就足以传达非常复杂的信息。

　　但是人类的协同效率是否已经达到极限？答案是否定的。在许多领域中，人类的协同效率非常低。图 1-1 摘自 Tim Urban 在其博客上发表的一篇关于脑机接口的文章，该文章指出目前人与人之间的沟通带宽远远低于人的大脑内部的思考带宽，更别提计算机之间的高速通信了。

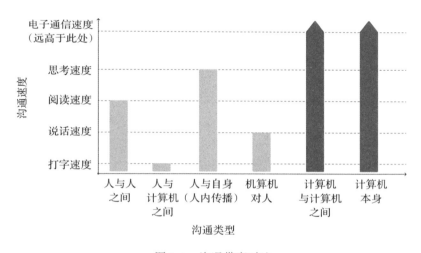

图 1-1　沟通带宽对比

1.2　金融是人类社会生产中的资源协同工具

　　金融，这一术语源自"资金融通"。其中，"金"意指黄金，代表了真实和有形的价值；"融"意指融化或流通，描述的是黄金或价值的流通交易。在现代经济活动中，金融的核心是涉及银行、证券和保险等领域的各种交易活动。这些交易活动是指从各种主体如储户、投资者或保险购买者那里筹集资金，然后通过贷款或投资的方式交易给其他的市场参与者。

　　在历史的长河中，黄金作为交换的媒介，是一种古老而普遍的价值象征。随着文明的不断进步，黄金逐渐被各种更加便捷、高效的货币和金融工具所替代，但其本质功能——价值的流通和交换却始终没有改变。在这一过程中，金融体系作为一个复杂的网络，既是资源配置的工具，又是人类文明中的一个卓越成果，代表了人类对自然和社会资源的深入理解与巧妙应用。

1. 金融作为一种个体之间的资源协同工具

在一个小渔村里，渔夫每天可以出售一条新鲜的鱼，同时附近的果农每天可以出售一篮水果。由于鱼的稀有性，它的价值等同于两篮水果的价值。然而，鱼和水果都是易腐物品，不能保存到第二天。果农想品尝渔夫的鱼，但他面临一个问题：为了得到渔夫的那一条鱼，他需要提供两篮水果，但他每天只有一篮水果。如果严格按照以物换物的模式，果农将永远无法品尝到鱼，因为他无法一次性提供足够的水果来换到鱼。

这时，渔村的某个智者提出了一种解决方案：果农可以用一篮水果换取一定数量的贝壳或者向渔夫承诺第二天再给一篮水果，这样果农就可以从渔夫那里换到想要的鱼。这里的贝壳或承诺其实就是货币和信用的雏形。这种方案解决了以物换物的局限性，使资源能够更灵活地流通，满足了不同个体之间资源的协同，进而推动了整个渔村的经济活动和繁荣。

2. 金融作为一种空间维度上的资源协同工具

以石油这一全球重要能源为例，尽管中东地区盛产石油，但其区域内国家的消费需求相对有限。相比之下，东亚地区的工业化国家，由于产油量有限，对石油的需求非常大。

在这样的背景下，东亚地区的交易员可以通过全球的金融市场，特别是中东或其他区域的石油期货市场，轻松地购买石油。这意味着，不需要实际将石油进行物理交割，东亚的交易员就可以"拥有"或"控制"大量的石油资源。当然，实际的物理交割在某个时间点仍然需要，但金融交易为交易员提供了一个工具，使他们能够在时间和空间上更加灵活地管理资源。

这样，金融就在不同的地理位置之间建立了一座桥梁，确保了资源可以从产地流向需求旺盛的地方，实现了空间维度上的资源优化配置。

3. 金融作为一种时间维度上的资源协同工具

某大型城市计划建设地铁，但巨额的建设费用让项目陷入困境。该城市通过发行债券的方式，吸引普通投资者购买债券并为地铁建设提供资金。几年后，随着地铁竣工并开始运营，不仅投资者可以从地铁收入中得到回报，整个城市的通行也因地铁而变得更为便捷，房地产、零售等相关行业因此蓬勃发展，带动了整个城市的经济增长。

金融作为一种时间维度上的资源协同工具，协调了当前的资金需求与未来的经济收益，使得一个大型的社会工程得以实现。

如同语言在人类交流中的桥梁作用一样，金融在经济文明中也起到了类似的作用。每一次金融创新，都可以看作人类在尝试降低熵值、提高系统有序度的过程中的一个重要里程碑。通过金融，资源得以跨越组织、空间与时间，实现更高效率的流通和配置，从而以更强的生产和组织力量来改造世界。

1.3 传统金融：对人不对事

在传统金融中，个人或企业的信用历史和声誉占据了核心位置，相比之下，具体的交易细节则往往被边缘化。这不是没有原因的。在传统框架下，信用被视作对一个人或企业的历史交易和行为的静态总结。例如，按时偿还贷款的个体在未来很可能会继续保持这种信赖的行为，同理，守信用的企业也会延续其正直的商业准则。

当人们走进银行申请贷款时，银行通常首先会查看申请者的信用评分，以此为依据来判断是否发放贷款及其额度。信用评分来源于个体过去的还款历史、开户数量和逾期情况等静态数据。在满足某些标准后，申请者就有可能获得贷款。这种决策模式很大程度上是基于对历史数据的高度概括和统计分析。相对来说，由于隐私和验证的问题，交易的细节数据并不经常被作为主要参考。

当然，信用评估并不仅仅是看评分，也要综合考量如年龄、家庭结构、抵押资产和担保方、行业属性等其他因素。但究其根本，评估的核心是洞悉每笔交易背后的逻辑和现实可行性，以确保个体和企业能够保持稳定的正向现金流。

这种在金融决策中对信用的重视和对交易细节的相对轻视，背后其实有复杂的考量。简洁的信用评估流程使决策变得直观，而深入交易细节则需要收集更多的数据，花费更多的时间，依赖更多的专业洞察和技术支持。合规和隐私也是一个棘手问题，深挖交易细节可能引发的法律和伦理争议，也使得不少金融机构选择了更为保守的策略。

1.4　供应链金融：对事不对人

与"对人不对事"的传统金融模式不同，供应链金融更关注交易的实际内容和细节，而不是单纯基于交易双方的信用。在传统金融的逻辑中，个体或企业往往要在先获得成功，积攒了一定的财富和信用后，才能更容易地获得金融资源的支持。这不禁让人联想到一个"先有鸡还是先有蛋"的困境：没有金融资源的支撑，如何获得首次成功？因此，传统金融更像是对成功者的锦上添花，但对于大多数个体和小型企业来说，他们更期待的是像春风化雨那样的滋润。

相比传统金融主要依赖静态的信用数据，供应链金融则注重深入地挖掘丰富的交易过程数据来进行风险评估，其中包括大量的非结构化交易数据，例如合同、发票和转账单等。这就意味着，在供应链金融领域，拥有强大的技术支持和数据处理能力显得尤为关键。

以某热销产品公司为例，如果它希望获取短期融资以支付货款并扩大生产规模，金融机构可能会要求该公司提供客户的订单、与供应商的合同、近期订单记录、物流信息，甚至产品质量报告等。金融机构可能会采用先进的 AI 技术来高效地处理交易细节中的数据，其中包括大量的非结构化数据，进而基于这些数据来评估风险并决定是否发放贷款。在这种场景下，如 ChatGPT 这样的大模型可以帮助金融机构深入理解交易的细节，以及每一笔交易背后的决策和执行过程。

1.5　GPT 模型：让机器能够理解非结构化数据

在 GPT 大模型面世之前，机器无法真正理解非结构化数据，如图片、文字、视频等，需要使用各种专业的工具或模型将这些不同类型的数据转化为结构化数据再进行处理。

微软公司联合创始人比尔·盖茨表示，OpenAI 的 ChatGPT 模型是他自1980 年首次看到现代图形用户界面（GUI）以来，最具革命性的技术进步。图形用户界面的出现，使得机器可以根据人类的需求生成更符合人类习惯的图片、界面和其他交互内容。但是，无论哪个软件要改变和定制图形界面，都需要付出高昂的成本。而在 GPT 模型面世后，AI 不仅可以理解非结构化数据，还可以为图片自动打标签，或者根据文字描述自动生成图片，极大地降低了人与机器之间的交互成本。

在供应链金融场景中，现有数据大多已经经过高度抽象，如 ERP 数据、客户授信、税收数据、合同和票据等。而 AI 大模型可以直接理解视频等各种原始的非结构化数据，如工地建造监控视频与业务流、资金流的匹配，仓储监控情况和商品的全生命周期跟踪等。这使得供应链金融可以更好地处理业务发生的即时信息，并使得金融资源可以更好地与业务匹配。例如在租赁金融业务中，结合实时视频监控和 AI 大模型的解析能力，能够提升运营效率，降低运营成本。

1.6　业务场景中链路越长，AI 提升的空间越大

供应链金融构建了一个典型的多环节业务模型。当涉及多级流通时，链路可能多达十几个环节。想象一下在国际供应链中，一个产品从设计到成品阶段，可能要跨越国界，整合众多供应商的资源。供应链金融交易涉及多方参与者，包括核心企业、不同层级的供应商、资金方和监管机构等。每经过一个环节和流程，信息都可能出现一些损耗和变化，变得更加模糊、不准确。类似于"多人传话"游戏，开始时，第一个人清晰地传递了一句话，但当这句话在多人之间连续传递时，每次都可能有些差异。到最后一个人时，他听到的话可能与原句大相径庭。

AI 大模型有能力辅助各参与方将信息转化为其他方更易于理解的形式，保障沟通的效率、质量和一致性。即便在复杂的链路中，AI 大模型也能确保信息传递准确，从而提高各环节的效率。

供应链金融中的软件开发同样是一个复杂链路场景。供应链金融的客户往往并非终端用户，而是核心企业及其上下游供应商。软件开发领域的一个

核心挑战是，开发进度往往跟不上客户需求的变化。从客户的经销商提出需求，经过客户的业务部门和 IT 部门，再到软件供应商的各个团队，每一步都可能出现效率损耗，使得最终产品无法满足初衷。一个新的需求或想法可能在瞬间产生，但实际的解决和落地可能需要数日或数月。AI 大模型可以迅速地为客户构建需求原型，并确保需求在传递至开发团队时不失真，进而大幅提升开发效率和满意度。

1.7　量变引起质变：金融交易的新时代

GPT 系列模型的演进历程从根本上揭示了一个现象：量的积累最终引起质的转变。从 GPT-1 的 1.17 亿参数，到 GPT-3 令人震惊的 1750 亿参数，它的快速演进已经打破了传统 AI 模型的局限性。

在经济领域，尤其是供应链金融领域，信息的高效采集和处理是交易成败的关键。传统模式下，企业常常因高昂的信息处理成本而陷入时间和资源的双重困境，这不仅导致许多潜在的交易机会流失，还阻碍了资源的最优整合。

而现在，高效的 AI 技术如 GPT 不仅能降低信息处理的成本，更能在非结构化数据中发掘更深层次的商业价值。这意味着供应链金融可以延展到更多的场景，真正实现信息流、资金流和物流的无缝融合。在这种背景下，跨领域、跨团队甚至跨企业的协同会变得前所未有的简单和高效。

我们正目睹一个转折点，这场技术革新将金融推向一个新的纪元，其影响之深远，有如互联网电商对传统零售的颠覆。这不仅仅是一次技术进步，更是一次全面的经济模式转型。数字化交易和数字货币将形成一部无缺漏的商业纪事，为每一个参与者提供透明、完整的历史记录。这不仅是信用体系的新基石，更是金融决策的探照灯。我们在描绘一个未来：通过深度的交易和货币数字化，迎来一个令人振奋的数字交易新时代。

本书不仅是一次对未来供应链金融的探索和展望，更是一次深度的思考，一次对现今金融技术的发展趋势和巨大潜力的解读。它深入浅出，为读者揭示了技术与金融的融合可能带来的革命性变革。无论你是金融领域的从业者，还是对新兴技术充满好奇的读者，本书都将为你提供独特的洞察和启示。

第 2 章

全面认识 AIGC
与大模型

在数字化的浪潮中,人工智能与大模型技术无疑是引领变革的先锋。AIGC 与大模型是对人类智慧与计算机创造力相结合的崭新探索,揭示了未来智能化发展的关键脉络与前沿趋势。本章将梳理 AIGC 与大模型的发展历程,剖析其内涵与外延,探讨它们在科技、商业、社会等多个领域的革命性影响与应用潜力。

2.1　ChatGPT 横空出世

2022 年 11 月，人工智能聊天机器人 ChatGPT 一经推出，迅速引起社交媒体的广泛关注。在短短 5 天内，ChatGPT 的注册用户数量就超过了 100 万，并在几个月内超过了 1 亿。可以说 ChatGPT 在吸纳用户的速度上远超于市面上的其他热门社交软件，例如 Instagram、Spotify、Dropbox、Facebook 等，如图 2-1 所示。

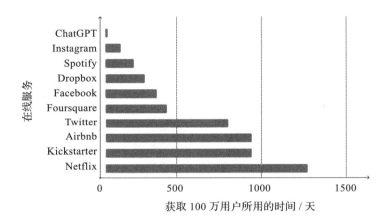

图 2-1　ChatGPT 获取 100 万用户的速度远超于其他社交软件

人们对于 ChatGPT 的探索及使用的热度至今未减。无论是在学术研究还是日常工作中，ChatGPT 都被视为一种极具价值的工具，每种新的使用方式都受到了广泛的关注和讨论。ChatGPT 能够迅速且准确地生成富有创造性和易于理解的文本，有效提升工作效率。它的巨大潜力使人们对其充满期待。

GPT 是基于 Transformer 架构的自然语言生成模型，是目前最先进的大模型之一。如图 2-2 所示，GPT 的发展与近年来自然语言处理技术、深度学习和 Transformer 架构的发展密切相关。

以下是 GPT 技术发展的不同阶段及相关概述。

（1）2012 年，深度学习崛起

2012 年，AlexNet 模型在 ImageNet 挑战赛中取得了突破性的成果，推动了计算机视觉领域有关大规模图像识别的研究，开启了深度学习时代。随后，深度学习技术在语音识别、图像分类和自然语言处理等不同领域及任务的应用中都取得了显著的进展。

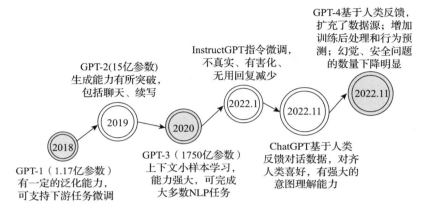

图 2-2　OpenAI 的 GPT 与大模型发展的里程碑

（2）2015 年，OpenAI 成立

2015 年 12 月，OpenAI 公司于美国旧金山成立。OpenAI 成立的原因之一就是避免谷歌在人工智能领域的垄断，这个想法源于 Sam Altman 发起的一次主题晚宴，当时他是著名创业孵化器 Y Combinator 的负责人。

（3）2017 年，Transformer 架构诞生

2017 年，Google 的研究员 Vaswani 等人在论文 "Attention is All You Need"（注意力就是你所需要的一切）中提出了 Transformer 架构。Transformer 架构使用了多头自注意力（multi-head self-attention）机制，可以高效地处理序列数据，它很快成为自然语言处理的主流方法，推动了 BERT、GPT 等新模型的发展。

（4）2018 年，GPT 出现

2018 年，OpenAI 发布了第一个 GPT 模型——GPT-1，参数量达到 1.17 亿。GPT-1 使用了 7000 本图书作为训练集，总大小为 5GB 左右。GPT 使用了 Transformer 架构，并利用大量的未标记文本进行预训练，然后针对特定任务进行微调。GPT 在多种自然语言处理任务中都取得了很好的效果，尤其是文本生成任务。

（5）2019 年，GPT-2 发布

2019 年，OpenAI 发布了 GPT-2。这是一个更强大的版本，参数量达到

15 亿。它使用了 800 万份文档，大约 40GB 的数据作为训练集。同时，为了解决所有任务都需要微调的问题，OpenAI 提出了零样本（zero-shot）的概念，即训练完的模型不需要做任何微调，不管你的下游任务是什么，模型都可以直接应对。

（6）2020 年，GPT-3 发布

2020 年，OpenAI 推出了 GPT-3，这是一个具有 1750 亿参数的庞大模型，其规模是 GPT-2 的 100 倍以上。与此同时，OpenAI 发表了题为《语言模型是小样本学习者》(Language Models are Few-Shot Learners) 的研究论文。GPT-3 基于超过 45TB 的文本数据进行训练，这一数据量是整个维基百科英文版内容的 160 倍。在多种自然语言处理任务中，GPT-3 取得了令人瞩目的成绩。

此外，OpenAI 进一步推出了一个应用程序编程接口（API），允许广泛的开发者社区体验并利用这一模型。据统计，该 API 每天生成的词汇总数达到 450 亿。与前两代 GPT 模型不同，GPT-3 能够在不需要特定微调的情况下直接处理多种任务，其表现达到了新的高度。

（7）2022 年，ChatGPT 发布

2022 年 11 月 30 日，全新对话式 AI 模型 ChatGPT 正式发布。ChatGPT 由 OpenAI 通过 GPT-3.5 系列大模型微调而成。随着 GPT 和其他 Transformer 模型的发展，自然语言处理技术已经被广泛应用于各种产品和服务中，如搜索引擎、虚拟助手、聊天机器人等。GPT 技术的进步也引起了关于 AI 伦理、隐私、偏见和使用限制的讨论。

（8）2023 年，GPT-4 发布

2023 年 3 月 14 日，OpenAI 推出了大型多模态模型 GPT-4。GPT-4 不仅能阅读文字，还能识别图像，并生成文本结果，现已接入 ChatGPT 向特定高级用户开放。

（9）2023 年，首届 OpenAI DevDay 举行

2023 年 11 月 6 日，OpenAI 在其首届 DevDay 上宣布了一系列新功能、升级和定价变化，包括：

- GPT-4 Turbo 发布：支持 128KB 上下文，价格下降。
- 新的助手 API：帮助开发人员构建具有持久状态的应用程序。
- 多模态能力：GPT-4 Turbo 可以处理图像，还集成了 DALL·E 3 生成

图像的 API。

- 函数调用准确性提升：模型在一个提示中调用多个函数的能力得到改进。
- 可复现输出：引入种子参数，以便在测试和调试时获得可复现的输出。
- GPT-3.5 Turbo 更新和价格下降：支持 16KB 上下文，并宣布降价。
- 自定义和版权保护新程序：允许组织申请 OpenAI 直接提供的自定义模型训练服务，并引入版权保护。

2.2　AIGC 的发展历史

AIGC（AI-Generated Content，人工智能生成内容）是一个宽泛的术语，涵盖任何使用 AI 生成或创作新内容的技术。这可能包括用于生成文本、图像、视频、代码、3D 内容、音乐、艺术、设计甚至是整个虚拟环境的技术。AIGC 是相对于 PGC（Professionally Generated Content，专业生成内容）和 UGC（User Generated Content，用户生成内容）两个概念而提出的。

PGC 是指由专业人士或团队以高质量、专业水平和精确性为标准制作的内容。这种类型的内容在质量和专业性方面表现优异，但其生产效率和规模往往受到人力资源的制约。例如，电影、电视剧、游戏、新闻报道等都是典型的专业生成内容。UGC 是指由广大用户群体创作和发布的内容。这种类型的内容通常具有多样性、个性化和互动性的特点。由于来源广泛和创作水平不一，UGC 的质量可能存在较大差异，专业性和准确性也不容易得到保证。如今，我们可以在短视频平台、微博、评论区和评价系统等地方看到用户生成内容。

在如电视台、电影院、视频应用（如优酷、爱奇艺和腾讯视频）等视频平台中，以 PGC 为主导，主要提供电影、电视剧、综艺节目等专业内容。而抖音、快手和 B 站等平台则主要以 UGC 为主，提供用户创作的短视频、直播、弹幕等内容。PGC 质量高，但是效率低；UGC 产量高，但是质量得不到保障；而 AIGC 可以对它们的能力进行补充和完善。

AIGC 的发展阶段如图 2-3 所示。

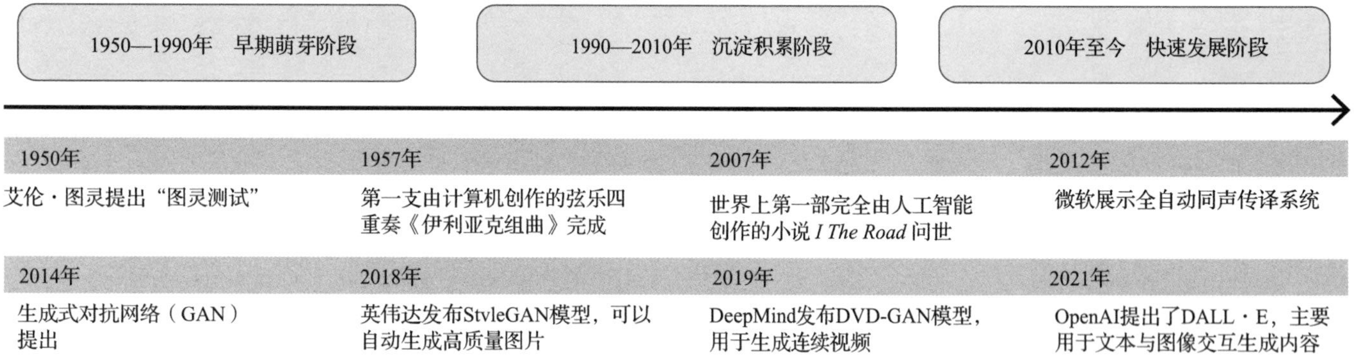

发展阶段时间线

1950—1990年 早期萌芽阶段	1990—2010年 沉淀积累阶段	2010年至今 快速发展阶段
1950年：艾伦·图灵提出"图灵测试"	2007年：世界上第一部完全由人工智能创作的小说 *I The Road* 问世	2012年：微软展示全自动同声传译系统
1957年：第一支由计算机创作的弦乐四重奏《伊利亚克组曲》完成	2019年：DeepMind发布DVD-GAN模型，用于生成连续视频	2021年：OpenAI提出了DALL·E，主要用于文本与图像交互生成内容
2014年：生成式对抗网络（GAN）提出		
2018年：英伟达发布StyleGAN模型，自动生成高质量图片		

	2020年前	2020年	2022年	2025年（预测）	2030年（预测）	2050年（预测）
文本生成	垃圾邮件识别、翻译、基础问答	基础文案写作	长文本写作草稿撰写与修改	专业文本写作（加科研、金融、医疗）	终稿写作，写作能力超越人类专业人士	终稿写作，写作能力超越人类专业人士
代码生成	单行代码生成	多行代码生成	长代码写作，准确率提升	支持更多代码语言，支持更多垂直行业	输入文本即可自动生成产品原型	输入文本即可自动生成最终产品
图片生成			照片编辑与合成、艺术生成、Logo生成	产品原型设计，建筑原型设计	最终设计定稿，建筑最终原型设计	设计能力超越艺术家，专业设计师、专业摄影师
视频/3D生成				视频初稿	视频初稿与修改	AI机器人、个性化的电影、个性化的游戏

图 2-3　AIGC 的发展阶段

（1）1950—1990 年

早期萌芽阶段。1950 年，艾伦·图灵提出了"图灵测试"，给出判定机器是否具有"智能"的实验方法。这个阶段开始引入统计学习方法来处理自然语言，利用大量的语料库来训练模型，从而提高了自然语言处理的效果和泛化能力。这种方法的优点是能够处理更复杂、更多样的语言数据，缺点是需要大量的标注数据和计算资源，且难以解释模型内部的工作原理。

（2）1990—2010 年

由实验性向实用性转变的沉淀积累阶段。这个阶段基于 SVM、Boosting 等机器学习方法改进了自然语言处理模型，实现了在自然语言处理任务上的突破性进展。2007 年，世界第一部完全由人工智能创作的小说 *I The Road* 问世。这种方法的优点是可以自动学习语言的抽象表示和规律，缺点是需要更多的数据和算力，且模型仍然缺乏对语言的理解和推理能力。

（3）2010 年至今

快速发展阶段。深度学习算法不断迭代，人工智能生成内容百花齐放且逐渐逼真。这个阶段利用海量的无标注文本数据来训练通用的语言表示模型，随着词嵌入模型 word2vec 以及预训练模型 BERT 的准确率不断提升，自然语言处理进入了快速发展阶段。2017 年，微软"小冰"创作的汉语现代诗集《阳光失了玻璃窗》。该书是小冰对前人创作的诗进行重新编排和整理的产物。自此，AIGC 作为自然语言处理的分支被大家熟悉。

2.3　大模型的能力

本节将通过几个简单的案例展示人工智能在理解和推理方面的显著进步。这些案例不仅证明了 AI 是一种数据处理工具，更展示了它具备丰富的知识积累和强大的逻辑推理能力，能成功跨越理解常识的重要门槛。这背后离不开大模型能力的支持。

大模型能力使 AI 不仅能识别场景中的元素，还能掌握如社会规范、物理、化学和地理等领域的知识，并将新信息与已有知识融合，形成全面的理解。这一跃进是 AI 发展史上的一个里程碑，更是 AI 向通用人工智能迈出的关键一步。基于海量数据训练的复杂算法和深度学习网络，AI 能够处理多种数据类型，并揭示问题背后的逻辑关系。目前这种推理能力已广泛应用于问题解答、数据分析、模式识别等多个领域，也彰显了 AI 在模仿和增强人类认知过程中的巨大潜力。

2.3.1　超强的语言组织能力

提问者让 AI 用 A～Z 的 26 个字母开头的词语把灰姑娘的故事讲出来，GPT 可以在几秒之内完成这样的任务，而人类几乎无法在短时间内完成。

输出结果如下：

A beautiful Cinderella, dwelling eagerly, finally gains happiness; inspiring jealous kin, love magically nurtures opulent prince; quietly rescues, slipper triumphs, uniting very wondrously, xenial youth zealously.

当然我们也可以让大模型以"供应链金融大模型"为题作一首藏头诗，输出结果如下：

供天下英雄，商路争煌煌，
应势如龙腾，逐梦翔云霄，
链接海内外，货泉贯四方，
金融掀波澜，浪涌动乾坤，
融古今之智，铸未来辉煌，
大展宏图志，画卷展前程，
模式创变新，经营见智慧，
型塑时代梦，未来任指挥。

用大模型来生成 2024 年的新春祝福，输出结果如下：

联欢歌声迎新岁，
易逢喜事笑开颜。
融情共创辉煌篇，
龙年福运润心田。

2.3.2　垂直领域的能力

供应链金融是一个高度专业化的领域，涉及的概念和交易对普通人而言可能显得复杂难懂。例如，在供应链金融中，通过分析产业链的交易数据，可以构建出一幅全面的产业链图谱。然而，由于不同领域的专业化分工不同，详细解释这个图谱通常会遇到专业知识和沟通的障碍：懂金融的不一定理解产业细节，而懂产业的可能不懂制图技术。

目前市场上大多数的产业链图谱只是将行业内公司的文字描述和 Logo 以平面图的形式排列组合，这种呈现方式很难让非行业人士直观地理解行业的运作机制，且缺乏生动的视觉体验。即便是更精细的图谱，也面临着业务人员与设计师之间的高交互成本、元素细节的精确描绘以及产业链动线和关系的精心设计等挑战，其制作过程耗时且成本高昂。

幸运的是，GPT-4 版本已经整合了制图功能。用户只需提出关于某一行业的产业链结构和基本分布的问题，GPT-4 便能借助其内嵌的 DALL・E 功能，快速生成复杂的产业链图谱，极大地降低了制图的复杂度和成本。

以汽车产业链为例，该产业链大致分为以下几个层级，并且不同层级之间存在紧密的联系。

- 原材料供应层：这是产业链的最基础部分，包括钢铁、铝、塑料、橡胶等原材料的供应商。这是制造汽车所必需的材料。
- 零部件制造层：这一层级包括各种汽车零部件（如发动机、传动系统、制动系统、电气系统等）的制造商。这些制造商通常被称为一级或二级供应商，具体需要根据其与汽车制造商的直接合作程度而定。
- 整车制造层：也称为 OEM（原始设备制造商），例如通用汽车、福特、丰田等。它们负责将各种零部件组装成完整的汽车。
- 销售与分销层：这一层包括汽车的批发商和零售商，它们负责将汽车从制造商手中买过来，然后销售给最终的消费者。
- 售后服务层：这一层负责提供保养、维修、配件替换等服务，对于保持品牌声誉和客户满意度至关重要。

这些层级的关系可以这样理解：原材料供应层为零部件制造层提供必要的原材料。零部件制造层将它们的产品供应给整车制造层。整车制造层组装这些零部件，制造出完整的汽车。完成的汽车通过销售与分销层触达消费者。售后服务层保证了汽车的长期运行和较高的客户满意度。

AI 生成的汽车产业链图谱如图 2-4 所示。

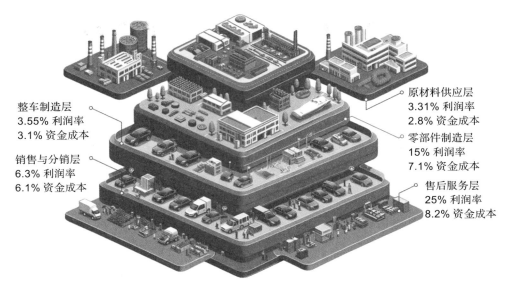

整车制造层
3.55% 利润率
3.1% 资金成本

销售与分销层
6.3% 利润率
6.1% 资金成本

原材料供应层
3.31% 利润率
2.8% 资金成本

零部件制造层
15% 利润率
7.1% 资金成本

售后服务层
25% 利润率
8.2% 资金成本

图 2-4　AI 生成的汽车产业链图谱

图 2-4 包含很多细节，例如，钢铁、轮胎等原材料的元素非常直接地体现在图中。如果依靠人工来绘制这样的产业链图谱，可能需要不同的岗位协同工作好几天才能完成，但是 AI 大模型可以在几秒内完成。

2.3.3　逻辑推理能力

ChatGPT 能够根据问题进行逻辑推理，举例如下。

问题：一个猎人向南走了一千米，向东走了一千米，向北走了一千米，此时恰好回到了起点。他看到了一只熊，于是开枪打了它。这只熊是什么颜色的？

大模型的回答如下：

移动路径分析：

猎人首先向南走了一千米，这意味着他的起点不能是南极，因为从南极向任何方向走都是向北。

然后他向东走了一千米，这个动作在地球上任何地方都是可能的。

最后，他向北走了一千米并回到了起点。这意味着他的起点和终点在同一纬度上。

排除其他地方的可能性：

除了极点附近，很难找到一个地方可以满足向南走，然后向东走，最后向北走仍能回到起点的条件。

在赤道附近或任何中纬度地区，这样的路径不会带他回到起点。

在南极点，任何方向的第一步都将是向北，而不是向南。

确定北极点：

在北极点附近，猎人可以从任何一点向南走一千米，然后向东走一千米（在这里，这将是围绕一个较小的纬度圈的一部分），接着向北走一千米，他将回到起点。

这个路径只有在地球的北极点附近才可能实现。

熊的颜色推断：

在北极点，唯一可能遇到的熊是北极熊。

因此，根据这些推理，猎人遇到的熊是白色的。

综上所述，通过分析猎人的移动路径和地理位置，我们可以排除所有除北极以外的地点，并合理推断猎人遇到的是一只北极熊。

2.3.4　多模态内容的理解能力

图 2-5 是网上公开的一张对大模型的测试图，并配了一段文字：有时，我只是从太空看地球的照片，并惊讶于这一切是如此美丽。

问题：你能解释一下作者想表达什么吗？

GPT-4 的回答如下：

这是一个笑话，它结合了两个不相关的东西：从太空看地球的图片和鸡块。文字表明，下面的图片是从太空看地球的美丽图片。然而，该图片实际上是鸡块，只是鸡块排列成的图形有点像世界

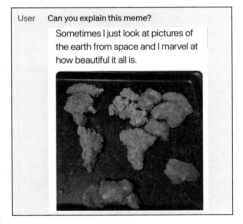

图 2-5　GPT 解读"鸡块地图"

地图。这个备忘录的幽默来自文本和图片的意外并置，文字设置了一个对地球雄伟形象的期望，但图像实际上是一些平凡的东西。

这代表 GPT-4 已经有了多模态的理解能力，而且具备丰富的情感。

2.4   大模型的现状

亚马逊（Amazon）以及得克萨斯农工大学（Texas A&M University）等机构的学者发表论文" Harnessing the Power of LLMs in Practice：A Survey on ChatGPT and Beyond"（利用 LLM 实践指南：一个基于 ChatGPT 的综合调研），通过对 ChatGPT 等语言模型的发展历程的梳理和研究，构建了一棵大模型的"进化树"，并对模型提供评估方法和建议。

论文中的大模型"进化树"，描绘了近年来大模型的发展脉络，并在其中标注了业界知名的模型，如图 2-6 所示。

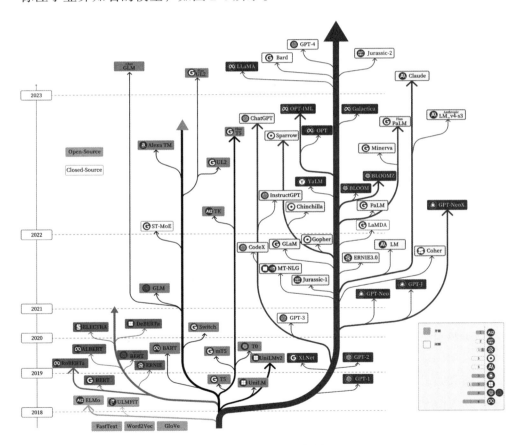

图 2-6　大模型"进化树"

通过这棵大模型"进化树"，我们可以看到同一分支的模型彼此间的关联性更强。其中以 Transformer 为基础做解码的分支在不断壮大，包括 GPT、LLaMA、BLOOM、Bard、PaLM、Jurassic-2、Claude 等；同时做编码和解码的分支还有谷歌的 T5 和 UL2、清华大学的 GLM。图的左侧位置对应模型发布的时间。实心方块代表开源模型，空心方块则表示闭源模型。图的右下角展示了一个堆叠条形图，反映出各公司和机构发布的模型数量，一定程度上可以反映出各个机构在大模型历史上的贡献。

在众多模型中，OpenAI 的 ChatGPT 以惊艳世界的表现引领了新一轮的人工智能热潮，其创新的交互方式对传统的搜索、社交广告平台和软件生产方式进行了革新，也无疑给全球科技巨头们带来了前所未有的挑战和压力。图 2-7 展示了 OpenAI 发展历程。

2019 年，微软洞察到这一领域的庞大潜力，向 OpenAI 注资 10 亿美元，两家公司因此建立了深入的合作关系。微软承诺提供资金支持，帮助 OpenAI 开展大规模的人工智能研发，并将这些先进技术融入自身的众多服务中，包括必应搜索引擎、营销软件、GitHub 编程工具、Microsoft 365 生产力套件以及 Azure 云平台。随着 ChatGPT 的成功推出，微软进一步加大了对 OpenAI 的投资，斥资数十亿美元以进一步深化两家公司的合作关系。

在 OpenAI 的 ChatGPT 的推动下，谷歌也加快了其人工智能领域的发展，于 2023 年 2 月紧急推出了一款名为 Bard 的 AI 系统，旨在与 ChatGPT 竞争。同时，Facebook（现更名为 Meta）利用其庞大的社交网络数据快速推出了新的大模型系列 LLaMA，其模型参数量从 70 亿到 650 亿不等，可在低配的 AI 集群中进行训练和运行。

2023 年，大语言模型更加活跃，市场更显火热。科技巨头和行业先锋纷纷加入大模型研发和应用的行列中。创新的模型和平台接连不断，几乎每周都有新的突破性进展。图 2-8 展示了部分海外知名科技公司在大语言模型领域的发布情况及关键事件。

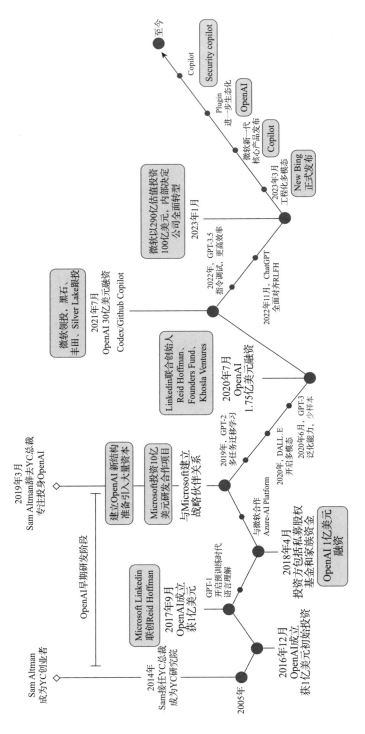

图 2-7 OpenAI 发展历程

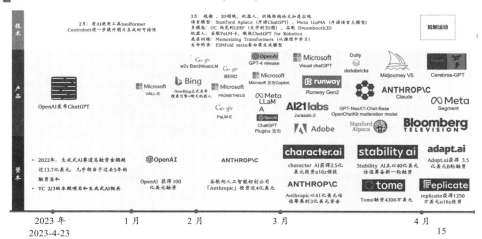

图 2-8　部分海外知名科技公司在大语言模型领域的发布情况及关键事件⊖

2.5　国内科技巨头的大模型布局

　　ChatGPT 的成功推出在我国引发了一轮创新热潮。众多有远见的科技公司和研究机构看到了这一领域的巨大发展潜力，纷纷积极应对挑战，希望利用新一代人工智能技术来推动产业的革新。

　　我国的领先企业，如百度和阿里巴巴等，相继推出了自己的大语言模型，并开始在不同的应用场景中展现其价值。根据 2023 年 5 月底发布的《中国人工智能大模型地图研究报告》，国内已有 79 个参数量超过 10 亿的大模型问世。百度推出的"文心一言"旨在对标 ChatGPT；阿里巴巴的超大规模语言模型"通义千问"开始内测；万维科技和商汤科技也陆续推出了自家的大模型产品。2023 年 7 月 7 日，在世界人工智能大会（WACI）上，由国家标准化管理委员会指导的国家人工智能标准化总体组宣布成立首个大模型标准化专题组，由上海人工智能实验室联合百度、华为、阿里等企业担任组长，这标志着我国在人工智能标准化领域迈出了重要步伐。

　　⊖　陆奇深圳演讲，2023 年 4 月 23 日。

2.5.1 百度"文心一言"大模型

2023 年 3 月 16 日，百度正式推出大语言模型、生成式 AI 产品"文心一言"。发布首日，超过 60 万人申请进行测试。仅两天，已有 12 家企业完成了首批签约合作，同时约 9 万家企业申请测试百度智能云"文心一言 API"调用服务。

早在 2019 年，百度便推出了知识增强的语义理解框架——文心大模型，该模型被广泛应用于阅读理解、情感分析、智能搜索问答和视频推荐等多个领域。2021 年，基于文心大模型，百度发布了全球首个百亿参数级别的对话大模型 PLATO-XL。在产品能力和生态构建方面，文心大模型居于国内领先地位。

文心一言是一个高度本土化的 AI 模型，特别适配中文使用环境。作为百度的核心业务之一，文心一言依托于庞大的基础数据支持，在中文搜索领域显示出显著优势。在 AGIEval、C-Eval 等中英文权威测试集及 MMLU 英文权威测试集中，文心大模型 3.5 的表现超越了 ChatGPT、LLaMA、ChatGLM 等其他主流大模型，并在中文评测项目中超过了 GPT-4。对中文用户而言，文心一言提供的中文对话能力极为强大，包括对古汉语的应用，显示了其独特性。通过百度智能云对外提供的服务，文心一言帮助企业在农业、工业、金融、教育、医疗、交通和能源等关键领域构建自己的模型和应用。

2.5.2 阿里"通义千问"大模型

2023 年 4 月 7 日，阿里巴巴的"通义千问"大模型开始邀请外部进行测试。仅四天后的 4 月 11 日，在阿里云峰会上，阿里云宣布正式推出这款大模型，并计划将其广泛部署于集团旗下的所有产品中，包括天猫、钉钉、高德地图、淘宝、优酷和盒马等，进行全面升级改造。目前，已有超过 20 万家企业申请测试接入"通义千问"。

自 2009 年建立并于 2011 年正式提供云服务以来，阿里云在云计算领域不断深耕。2015 年，阿里云推出了首批 AI 产品，覆盖语音、图像和视觉识别等多个技术领域。此后，阿里巴巴投资了深鉴科技、寒武纪等芯片企业，扩展其在芯片技术领域的影响力。2018 年，阿里巴巴成立平头哥半导体有限公司，加强自主研发能力，并相继入股商汤科技、旷视科技、依图科技，增强 AI 视觉识别功能。

时任阿里云总裁的张勇强调，阿里云的核心战略是使计算力更普惠、AI技术更广泛应用，让每个企业都能通过大模型进行产品升级改造，并构建自己的专属大模型。通义千问支持多轮交互、复杂指令理解、多模态融合及外部增强 API，提供文案创作、逻辑推理、多模态理解和多语言支持等功能，与 ChatGPT 类似。

阿里云智能集团 CTO 周靖人表示，通义千问是一个通用大模型，它不专门针对某个具体业务优化或定制。这就意味着企业不需要从零开始训练，而是可以基于通义千问，结合自己的应用场景、知识体系和行业需求，打造独特的企业级大模型。例如，钉钉接入通义千问后，用户仅需上传功能草图即可生成轻应用，如订餐等；天猫精灵接入通义千问后变得更拟人化和智能化，其知识、情感、个性和记忆能力均得到显著提升。

2.5.3 腾讯 "混元" 大模型

腾讯的 "混元" 大模型包括计算机视觉、自然语言处理、多模态内容理解、文案生成、文生视频等多个方向，已广泛应用于腾讯微信搜索、腾讯广告等业务场景。腾讯正在以其强大的算力集群和混元大模型为引擎，全力优化自身的业务生态。

腾讯的 AI 大模型技术最早可以追溯到 2019 年，当时马化腾对外表示，腾讯建立了四大 AI 实验室，涵盖 AI 全面基础研究及多种应用开发。2022 年4 月，腾讯首次对外披露旗下混元 AI 大模型的研发进展，这是一个包含 CV、NLP、多模态内容理解、文案生成、文生视频等多个方向的超大规模 AI 智能模型。2022 年 12 月，腾讯推出了国内首个低成本的万亿中文 NLP 预训练模型 HunYuan-NLP-1T（混元 AI 大模型），该模型在自然语言理解任务榜单CLUE 的得分突破 80.888，并刷新该榜单历史纪录，获得第一。

在 2023 年 6 月 19 日的行业大模型及智能应用技术峰会上，腾讯第一次公布了腾讯云行业大模型的研发进展。它围绕 B 端需求，反复强调大模型是为 "具体场景设计的具体应用"。不难发现，腾讯的大模型策略为：不采用其他大厂的研发通用大模型产品的策略，而是直接根据行业需求进行定制。

据了解，混元大模型已成功落地于腾讯广告、搜索、对话等腾讯内部产品并通过腾讯云服务于外部客户。腾讯的混元大模型是建立在自有的强大底层算力和低成本的高速网络基础设施之上的，由腾讯自研的太极机器学习平台承载。该模型涵盖了 NLP 大模型、CV 大模型、多模态大模型、文生图大模型以及许多行业 / 领域 / 任务模型。混元大模型在广告、搜索、推荐、游戏、社交等多个互联网业务领域均发挥了显著的作用，且已经在腾讯的多个核心业务场景中落地，支持微信、QQ、游戏、腾讯广告、腾讯云等多个产品和业务。

2.5.4　华为"盘古"大模型

华为"盘古"大模型是一个汇聚深度学习技术的 AI 模型。这一模型采用三层体系，包括 L0 基础大模型、L1 行业大模型和 L2 场景模型。其设计目标是推动 AI 工业化进程，为各行业提供强大的技术支撑。

根据华为披露的时间表，华为盘古大模型于 2020 年启动研发；2021 年4 月，华为正式发布了盘古 NLP（中文语言）大模型、盘古视觉大模型、盘古科学计算大模型；2021 年，聚焦行业应用落地，华为推出用于药物研发细分场景的大模型；2022 年，华为与能源集团合作发布了盘古矿山大模型、盘古气象大模型、盘古海浪大模型、盘古金融 OCR 大模型。2023 年 7 月 7 日，盘古大模型 3.0 发布，华为云 CEO 张平安表示，希望用盘古大模型帮助各行各业，例如金融、政务、矿产、气象等行业，在产品研发、生产供应链、市场营销以及数字运作领域，让盘古大模型为它们赋能。

目前，华为盘古大模型已经在 100 多个行业场景完成验证，包括医药研发、电力、煤矿、气象、小语种等。2022 年，华为云交付了一个阿拉伯语的千亿参数大模型。与目前开放给部分公众用户进行问答互动的文心一言、通义千问不同，盘古大模型至今尚未向公众开放，该模型强调在细分场景的产业落地应用，主要解决商业环境中大规模定制的问题。

在政务领域，华为云携手深圳市福田区政务服务数据管理局，上线了基于盘古政务大模型的福田政务智慧助手小福；在煤矿领域，盘古矿山大模型已经在全国 8 个矿井规模使用；在金融行业，盘古大模型能让每个银行柜员拥有自己的智慧助手；在制造行业，盘古大模型已为华为产线制订最优排产计划。

2.5.5　科大讯飞"讯飞星火"大模型

科大讯飞"讯飞星火"大模型采用"1+N"架构，"1"是通用认知智能大模型算法研发及高效训练底座平台，"*N*" 是应用于教育、医疗、人机交互、办公、翻译、工业等多个行业领域的专用大模型版本。2023 年 4 月 24 日，讯飞星火认知大模型官网正式上线，并开放需求调研。讯飞星火认知大模型围绕"知识问答、代码编程、数理推算、创意联想、语言翻译"等实用场景，通过海量文本、代码和知识学习，可实现基于自然对话式的用户需求理解与任务执行。

2023 年 6 月 9 日，在科大讯飞 24 周年庆上，讯飞星火认知大模型 V1.5 正式发布。时隔一个月，讯飞星火认知大模型在综合能力上实现了开放式知识问答，并实现了多轮对话、逻辑和数学能力三个方向的再升级。星火 App 同步发布，面向生活、工作等用户高频使用场景上线 200 多个小助手，打造大模型时代的随身助手。

与此同时，在应用落地方面，科大讯飞进一步推动讯飞星火认知大模型在教育、医疗、工业、办公等领域的落地，赋能星火语伴 App、医疗诊后康复管理平台、羚羊工业互联网平台、讯飞听见智慧屏等产品，并开放了讯飞星火开发接口，与开发者共建"星火"生态。此外，科大讯飞联手北大、清华、中国科大等首批 22 所全国重点高校，启动讯飞星火认知大模型场景创新赛、开展讯飞高校 AI 星火营，为产业的未来培养通用人工智能时代的领军人才。

2.5.6　网易"玉言"大模型

网易"玉言"大模型脱胎于网易伏羲，其训练语料主要来自小说、百科和新闻等，模型规模从最早的一亿参数增长至千亿参数，模型领域也从文本拓展到图文、音乐、行为序列等多种模态。该模型具备的自然语言处理能力可应用于语言助手文本创作、新闻传媒、智能客服等领域，甚至在多项任务上已超过人类平均水平。公开资料显示，"玉言"大模型参数达到 110 亿，由浪潮信息提供 AI 算力支持。"玉言"大模型相关技术已用于网易集团内的文字游戏、智能 NPC、文本辅助创作、音乐辅助创作、美术设计、互联网搜索推荐等业务场景。

央视《新闻直播间》在"人工智能产业布局提速，打开就业新空间"的专题报道中指出，网易推出的游戏《逆水寒》中就有基于语言大模型的最新的文字捏脸玩法，数千名用户在游戏测试阶段不断输入文学性文字来对 AI 进行调整，使"捏脸 AI"更准确地理解文学性文字。用户在"捏脸"的时候可以在界面内输入外貌描述，"玉言"大模型会自动理解外貌描述内容并在一秒内输出精准的捏脸结果。

2.5.7　"360 智脑"大模型

2023 年 6 月 13 日，360 集团公司正式召开"360 智脑大模型"应用发布会，发布认知型通用大模型"360 智脑 4.0"，并宣布 360 智脑已经接入 360 旗下产品"全家桶"中。目前，360 智脑已具备生成与创作、多轮对话、代码、文本分类、文本改写、阅读理解、逻辑与推理、知识问答、多模态、翻译等十大核心能力，涵盖数百项细分功能，可覆盖大模型的全部应用场景。

360 智脑首发"文生视频"多模态功能，任何文字脚本都可生成视频，不受专业技能和素材限制，并已被接入浏览器、搜索、安全卫士等 360 全端产品中。在技术优势方面，360 早在 2015 年就成立了 AI 研究院，并且开始探索多模态数据。在数据方面，360 以搜索为基础，拥有大规模、多样性和高质量的训练语料，每天抓取 1.4 亿网站的数据，包括 2.8 亿专业文献，1.2 亿行业数据，以及经过清洗的 10T 级别的训练数据。

此外，360 还具备工程化和场景优势，是国内唯一能与微软的"全家桶"相媲美的全端应用。在内容安全方面，360 积累了 20 年的互联网内容安全经验，并建立了完善的大模型安全防护体系。当前 360 智脑已经通过工信部信通院测试，成为国内首个"安全可信"的 AIGC 大模型。

目前，360 AI 数字人平台上拥有 200 多个角色，分为数字名人和数字员工两大类。数字名人包括历史人物、偶像明星、文学形象等，用户可以通过和数字角色进行对话，沉浸式地与角色交流。此外，360 AI 数字人支持个人定制，每个人都能通过上传私人知识库，低成本地生成自己的专属数字人，如数字分身、数字助理、数字偶像等。

360 将依托 360 智脑大模型重新定义"数字人"，使得用户可以进行个性对话、利用数字员工实现工作协作，以一种更加拟人化、个性化的方式获取服务。未来，360 AI 数字人的发展方向是生成声音、视频并拥有长期记忆，甚至拥有目标分解和规划的能力，并且拥有"手和脚"，具备执行力，以更好地为人类提供服务。

2.5.8　京东"言犀"大模型

2023 年 4 月 10 日，京东正式宣布推出千亿级参数的文本生成模型——GPT 言犀。2023 年 7 月 13 日，在 2023 京东全球科技探索者大会暨京东云峰会上，京东正式发布"言犀"大模型，同时发布言犀 AI 开发计算平台。

"言犀"大模型是"京东版"ChatGPT，其预训练参数达到千亿级，品类覆盖 3000+，人工审核通过率 95%+、生成文字 30 亿 +。除了模型规模持续扩充外，京东大模型同时支持多模态，包括图片生成、语音生成、数字人生成等。具体的应用案例包括 AI 数字人采访、商品图片制作、艺术品创作、数字人直播带货等。

目前，京东在任务型智能对话交互方向上取得了一系列成果。在任务型智能对话交互探索方面，京东可以帮助用户通过语音、文本、数字人等多种人机对话形式完成复杂任务，实现高表现力、可控、可信的智能对话体验，这一突破将为电商开启全新客户服务形态赋能，打破现今电商行业的发展壁垒，实现新的突破。

2.5.9　百川智能大模型

北京百川智能科技有限公司（以下简称百川智能）成立于 2023 年 4 月 10 日，由搜狗公司前 CEO 王小川创立。该公司致力于帮助大众轻松、便捷地获取世界知识和专业服务，旨在打造中国版的 OpenAI 基础大模型及颠覆性上层应用。

2023 年 6 月 15 日，百川智能推出了拥有 70 亿参数量的中英文预训练大模型——baichuan-7B。baichuan-7B 不仅在 C-Eval、AGIEval 和 Gaokao 中文权威评测榜单上以显著优势全面超过了 ChatGLM-6B 等其他大模型，并且在 MMLU 英文权威评测榜单上大幅领先 LLaMA-7B。

2023 年 7 月 11 日，百川智能发布了拥有 130 亿参数量的大模型 Baichuan-13B-Base、对话模型 Baichuan-13B-Chat。它凭借可以媲美千亿参数量的模型的能力，大大降低了企业部署和调试的使用成本，让我国的开源大模型真正进入商业化阶段。

2023 年 8 月 8 日，百川智能发布了拥有 530 亿参数量的大模型 Baichuan-53B，该模型在知识性方面表现优异，擅长知识问答、文本创作等领域，充分体现了百川大模型在"预训练数据""搜索增强"和"对齐能力"方面的技术优势。

此外，百川智能是北京市经济和信息化局发布的第一批北京市通用人工智能产业创新伙伴计划成员，并已与北京大学和清华大学两所顶尖高校展开合作，两所大学可使用百川大模型推进相关研究工作。

2.5.10　智谱 AI ChatGLM 大模型

智谱 AI 致力于打造新一代认知智能通用模型，研发了双语千亿级超大规模预训练模型 GLM-130B，构建了高精度通用知识图谱，形成数据与知识双轮驱动的认知引擎，并基于此模型打造了 ChatGLM。此外，智谱 AI 还推出了认知大模型平台 Bigmodel，包括 CodeGeeX 和 CogView 等产品，提供智能 API 服务，链接物理世界的亿级用户。

智谱 AI 的核心技术包括自主研发的算法和中文认知大模型，这些技术已经应用于多个实际场景中，服务于包括中国科协、北京市科委、华为、腾讯在内的 1000 余家企事业单位。此外，智谱 AI 还研发了面向特定需求的技术，如针对医疗的知识图谱以及用于无障碍沟通的手语数字人技术。

ChatGLM 大模型是智谱 AI 自主研发的第三代大模型，其性能在多个公开评测集上超过了 GPT-3。ChatGLM 在千亿基座模型 GLM-130B 中注入了预训练代码，通过有监督微调（Supervised Fine-Tuning）等技术实现人类意图对齐。智谱 AI 的数字人技术基于 AI 的超大规模预训练模型与超写实数字人技术，使得数字人能够实现特色化的"看、听、说、学"能力。团队构建的科普知识库，通过训练实现了可实时交互的"AI 科普数字脑"，使得科普数字人"小科"不仅能够与用户进行带有情感和角色的交流，还能实现像人类一样的动作，比如打招呼、点头、抓握等，满足了科普知识传播和情感陪伴的需求。

在智能交通和自动驾驶等领域，ChatGLM 可以直接支持各类应用，支持在多种硬件平台上进行训练与推理。这样的跨平台支持使得它可以用于不同的硬件环境，拓宽了应用场景的范围。ChatGLM 还是一个具备中英双语问答和对话功能的模型，针对中文进行了优化，有利于中文环境下的应用场景。

除此之外，智谱 AI 还开源了 ChatGLM-6B 模型，它通过模型量化技术，允许在消费级的显卡上进行本地部署，这大大降低了用户部署的门槛。尽管参数规模不及千亿模型，但 ChatGLM-6B 在中英双语训练及微调后，已经能够生成符合人类偏好的回答，适用于那些模型部署有限制的应用场景。

2.6　开源大模型介绍

在初期阶段，OpenAI 实行了开源政策，例如发布了 GPT-1 和 GPT-2 模型的源代码。这一举措极大地推动了学术研究和技术进步。然而，对于随后推出的更大型的模型（如 GPT-3 和 GPT-4），考虑到潜在的滥用风险，OpenAI 选择不再开源这些模型，而是采用订阅付费模式。采用这种策略是因为这些大模型可能带来的重大社会影响，以及维护这些模型需要消耗巨大的计算资源，而订阅付费模式可以为其运行和维护提供资金支持。

对于部分科技巨头来说，开发大模型是其技术实力和商业竞争力的一种体现。对于市场后来者，可能会采用类似于 Android 对 iOS 的策略，通过开源来构建更广泛的生态系统。此外，对于金融和政府等行业，因监管要求，可能需要私有部署；对于希望避免被竞争对手限制的其他科技公司，使用开源模型可以增强自主性；对于资金较为有限的中小企业和独立开发者，开源模型则提供了更多的灵活性。

市场上有几种优秀的开源大模型值得考虑，其中包括由 Hugging Face 推动的 Transformers 库中的一系列模型，如 BERT、RoBERTa 和 DistilBERT 等。这些模型为研究人员和开发者提供了强大的工具，可以在不同应用场景中实现自定义和优化。

OssInsight 的网站上有各种开源软件和工具的统计数据，也有热心开源爱好者收录的各种专题看板。图 2-9 给出了 ChatGPT 大模型的一些开源替代品。

我们通过对公开信息的整理，梳理了部分开源大模型，并总结了相关特征以供读者参考。

1. LLaMA 系列

FacebookResearch 开源了其最新的大语言模型 LLaMA[⊖]，包含从 7B[⊖] 到 65B 的参数范围，训练使用多达 14 000 亿 token 的语料，被冠以"当红炸子鸡"

　⊖　B 即 billion，10 亿。

称号。其中，LLaMA-13B 在大部分基准测评上的结果超过了 GPT-3（175B），与目前最强的语言模型 Chinchilla-70B 和 PaLM-540B 相比，LLaMA-65B 也具有竞争力。

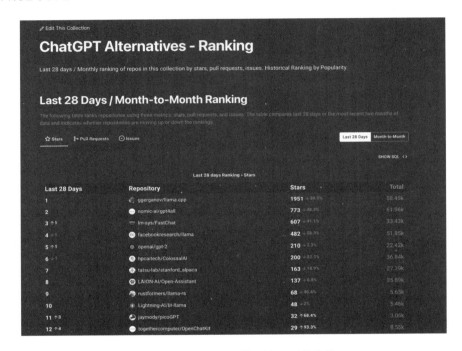

图 2-9　ChatGPT 大模型的开源替代品

下面是基于 LLaMA 构建的新的模型和应用：

- ChatLLaMA：Nebuly 团队基于 LLaMA 发布，通过人类强化学习训练，实现 ChatGPT 技术路线，开源实现了 ChatGPT。
- Alpaca：斯坦福大学基于 Meta 的 LLaMA 7B 模型微调得到，达到了 ChatGPT 水平，开源了训练数据和代码。
- alpaca-lora：斯坦福大学用 LoRA 技术在普通 GPU 上复现了 Alpaca 结果，其开源模型可以在树莓派上运行。
- Vicuna：斯坦福大学等发布的 13B 模型，测试时达到 ChatGPT 90% 的能力，成本为 300 美元。
- Chinese-Vicuna：中文版 Vicuna 模型。

- StackLLaMA：Hugging Face 发布的基于人类反馈强化学习 LLaMA-7B 微调的 70B 模型。
- Koala：UC 伯克利发布的基于 LLaMA 的 13B 模型，评测结果优于 Alpaca，达到 ChatGPT 50% 的能力，在消费级 GPU 上运行。
- Baize：自动收集 5 万条高质量问答语料，对 LLaMA 模型进行了改进，发布了 7B、13B 和 30B 模型，还计划发布中文模型。
- LMFlow：香港科技大学发布的在有限资源下的高效训练框架，5 小时训练 7B LLaMA 模型，支持网页体验服务。

2. GLM 系列

在当前通用大模型大力发展的背景下，中文大模型的发展情况和使用效果如何？ GLM 系列是清华大学发布的中文对话 AI 系列，该系列模型的能力评分表现如图 2-10 所示。

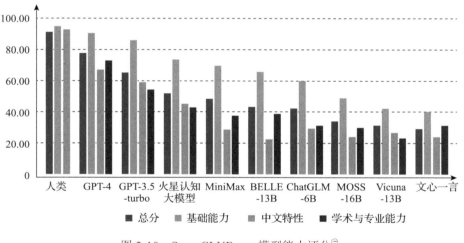

图 2-10　SuperCLUE——模型能力评分[⊖]

以下是基于 GLM 构建的模型和应用：

- ChatGLM：清华大学发布的 62 亿参数中文对话 AI，实施 ChatGPT 强化学习路线，能力覆盖自我认知、写作等。链接是 https://github.com/THUDM/ChatGL。

⊖　https://github.com/CLUEbenchmark/SuperCLUE.

- BELLE：62B GLM 系列对话模型，支持中英语种，继承 GLM 优势，实现大模型部署。链接是 https://github.com/LianjiaTech/。
- PaLM-rlhf-pytorch：号称首个开源 ChatGPT 平台，基于 5400B PaLM 和 ChatGPT 强化学习路线。链接是 https://github.com/lucidrains/P。
- OpenChatKit：OpenAI 研究员等发布的基于 GPT-NoX-20B 和拥有 60 亿参数的审核模型训练的 ChatGPT 系统。链接是 https://github.com/togethercomp。
- OpenFlamingo：非营利 LAION 发布的 9B OpenFlamingo 模型，复现 DeepMind Flamingo 模型，以交错文本和图像进行多模态训练。链接是 https://github.com/mlfoundation。

通过总结不同类型的开源大模型应用，可以发现大模型已演化出三大通用能力：

1）复杂语言的理解能力：对用户意图理解得非常清晰，也更加准确。

2）多轮对话的建模能力：能够对上下文多轮对话进行分析和总结。

3）若干通用的解析能力：对于大量需要专用模型解析能力的任务，可基于大模型实现统一。

2.7　AIGC 未来展望

AIGC 的崛起象征着人工智能技术的一次重大进化：从单纯解读和感知世界，转变为拥有创造和生产新内容的能力。这不仅标志着 AI 技术的一条全新的发展路径，也在媒体、电子商务、电影和娱乐等高度数字化和内容需求旺盛的行业中激发了一轮创新浪潮。AIGC 的市场潜能正逐步显现。

当前，AIGC 的能力可以分为四大类：文本、代码、图像以及音视频内容的生成。观察目前的技术发展趋势，我们有充分的理由预期，在未来一到两年内，AIGC 文本和代码生成的能力将达到成熟阶段。例如，在文本生成方面，AIGC 将能够进行精细的领域特定调整，甚至达到科研论文的精确度；而在代码生成方面，AIGC 则能支持多种编程语言和广泛的垂直领域。

AIGC 不仅创造了全新的内容形式，还为未来的技术创新带来了新的可能性。同时，AIGC 的技术体系正经历着更多的整合与突破，持续推动该领域的发展。具体表现如下：

- **多融合的技术路径**。AIGC 的核心是利用生成算法模型，如 GAN、Transformer、扩散模型等，来学习和生成各种内容。这些模型的性能、稳定性、生成内容质量等不断提升，但仍有很大的优化空间。为了进一步提升 AIGC 的能力，需要探索多融合的技术路径，即将不同的生成算法模型进行有效的融合，以实现更高效、更稳定、更多样的内容生成。比如，将 GAN 和 Transformer 融合，实现图文互转；将 Transformer 和扩散模型融合，实现文本到图像的高分辨率生成；将 GAN 和扩散模型融合，实现图像到图像的风格迁移等。

- **更强的语言理解能力**。AIGC 的重要应用之一是文本生成，如 AI 写作、AI 翻译、AI 聊天等。这些应用不仅需要 AIGC 能够生成语法正确、逻辑连贯的文本，还需要 AIGC 能够理解文本的语义、情感、风格等深层次的信息，并根据不同的场景和目标适当调整。

- **多模态处理能力**。AIGC 的另一个重要应用是多模态内容生成，如图文混合、音视频混合等。这些应用需要 AIGC 能够处理不同类型和格式的数据，并在不同模态之间进行有效的转换和融合。AIGC 的最终目标是实现人类水平甚至超越人类水平的内容生成能力。这不仅需要 AIGC 能够复制和重组已有的内容，还需要 AIGC 能够进行推理和创造，即根据已有的知识和数据，推导出新的知识和数据，并创造出新颖和有价值的内容。

- **开放的数据集和模型**。可以将开放的数据集和模型想象成一座资源丰富的矿山，它们是 AIGC 发展的根基。这些数据集就像矿山中的矿石，藏着无数的信息和知识，等待着 AIGC 这个智能"矿工"去挖掘、学习并形成有价值的"金矿"——高质量的生成内容。每个企业和个人都可以对这座"矿山"进行挖掘，找出自己的"金矿"，共同推动人工智能生成内容技术的繁荣发展。

总的来说，我们认为多模态和多场景的交叉融合，以及智能入口与下游任务的无缝对接，将成为 AIGC 领域的关键突破点。图 2-11 列出了典型的 AIGC 能力场景，如医疗场景、自动驾驶场景、银行和投资场景等。

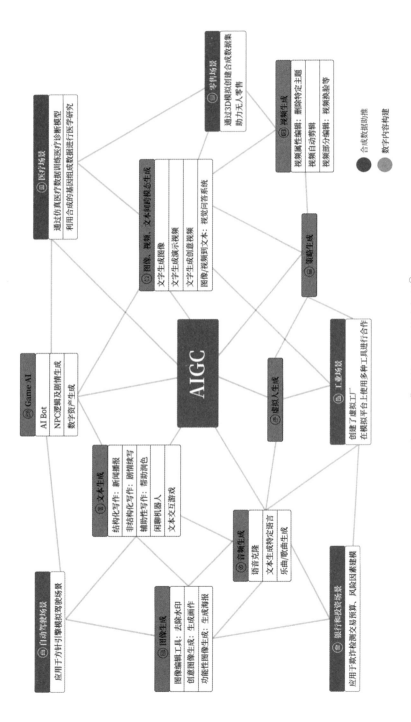

图 2-11 典型的 AIGC 能力场景①

_____

① 腾讯研究院，甲子智库。

　　诸如 ChatGPT 之类的模型正在不同领域展现其价值，无论是对于文本生成、语音生成，还是对于代码 Bug 修正，它们都能提供协助，同时能够满足用户的娱乐需求。如今，我们正在见证大模型与云计算、搜索引擎的融合，这种融合为 AIGC 的商业应用铺了一条更为广阔的道路。未来，我们期待看到更加开放、透明的大模型生态，它将鼓励更多的开发者和用户参与进来，共享 AI 的技术和服务。大模型在科技革命和产业变革中的巨大潜力已经显现出来，其泛化性、复制性和对行业的赋能，都展现出了人工智能的强大力量。

　　我们也许可以期待下面的场景很快到来：

　　（1）个性化虚拟现实内容创造

　　人们在虚拟现实（VR）世界中的体验将会由 AIGC 根据个人喜好和历史行为生成。想象一下，你进入一个 VR 游戏，游戏的故事情节、角色、环境都将根据你的兴趣和选择实时生成。你可以与游戏中的角色进行深度互动，它们将通过 AIGC 的语言理解能力以智能、人性化的方式响应。

　　（2）全自动电影创作

　　AIGC 可能会颠覆电影制作流程：从剧本写作，到角色设计，再到声音和视觉效果生成，全部由 AI 完成，观众只需提供一段简单的故事大纲，就能看到完全按照自己想象生成的电影。

　　（3）实时个性化新闻报道

　　AIGC 可以根据每个用户的兴趣、立场和知识水平，实时生成新闻报道。这些报道不仅包括文字，也可能包括自动生成的插图、数据可视化，甚至虚拟现实的新闻现场。

　　（4）设计和艺术创作

　　在未来，AIGC 可能会协助设计师和艺术家进行创作。例如，根据设计师的草图和描述，AIGC 能生成高质量的产品设计图或建筑设计图；艺术家则可以利用 AIGC 创作出风格独特、无人能及的艺术作品。

　　（5）个性化教育

　　每个学生都有自己的学习节奏和兴趣点，AIGC 能够根据学生的个性和学习情况，生成个性化的教学内容和教学方式，使得教育更加有效、有趣。

　　（6）员工角色的转变

　　虚拟员工和数字人助理的出现，可以使人类员工从一些重复性、规程性的工作中解脱出来，更多地扮演决策和策略性的角色，将更多的时间和精力用于创新、解决复杂问题以及进行高级别的决策。

（7）企业运作的优化

AIGC 可以提高企业的运作效率，减少人力资源和时间的浪费。例如，自动生成的报告可以减轻分析师的工作负担，智能客服可以快速解答大量的客户咨询问题，个性化的广告可以提高营销效果。此外，AIGC 还能根据员工的日常记录生成工作指引并自动评估员工的绩效，帮助企业更好地管理和激励员工。

（8）组织形式的变革

AIGC 的应用可能会引发组织形式的变革。比如，当个人可以将自己的能力复制给虚拟数字人时，我们可能看到分布式虚拟组织的出现。这种组织形式可以突破地理限制，让每个人的特长得到最大限度的发挥，从而提高组织的整体效率和创新能力。

第 3 章

大模型技术解析

大模型技术如一道闪亮的光芒，不仅改变了人类与机器交互的方式，更重塑了我们对人工智能的理解与期待。从语言生成到智能对话，从大模型构建再到大模型"涌现"，本章将带领读者深入探索大模型技术的奥秘，进行一场跨越科技边界的探索之旅，揭示人工智能未来的无限可能。

3.1　ChatGPT 的工作原理：AI 成语接龙

被誉为"科学天才"的计算机学者史蒂芬·沃尔弗拉姆（Stephen Wolfram）在其 2023 年出版的《ChatGPT 在做什么，为什么它有效？》（*What is ChatGPT Doing, and Why Does it Work?*）一书中详细阐述了 ChatGPT 的工作机制。沃尔弗拉姆指出，GPT 能够生成高质量且有意义的文本，用通俗的语言来说就是，AI 在玩"文字接龙"或"完形填空"游戏，根据已有的上下文内容来预测空白处的文本。

具体而言，ChatGPT 的目标是对当前的文本输入进行合理的延续。这里的"合理"是指模仿观察到的数十亿网页和数字化书籍中的人类书写模式，预测人们接下来会使用的词汇。以文本片段"人工智能突出的优势在于……"为例，ChatGPT 会分析这一短句在数十亿页人类文本中的所有出现情况，观察并统计接下来可能出现的词汇及其频率。这种方式不是只关注字面上的文本，而是寻找在某种程度上具有"匹配意义"的内容。最终，ChatGPT 将生成一个词汇排序列表，展示每个词汇出现的可能性，从而预测并生成文本后面可能出现的词汇，如图 3-1 所示。

图 3-1　ChatGPT 根据已有的上文来预测下文的文本

当 ChatGPT 根据提示回答问题时，它会不断地询问"根据当前的文本，下一个词应该是什么？"并逐一添加单词或句子。在每一步中，它会生成一个词的概率列表。但该选择哪个词来继续构建文章呢？人们通常会倾向于选择"概率最高"的词。

然而，这里开始出现一些有趣的现象。出于某些原因（这或许可以从科学的角度得到解释），如果我们总是选择概率最高的词，生成的文章往往显得过于"平淡"且缺乏"创造性"，有时甚至显得千篇一律。但如果我们引入随机性，偶尔选择概率稍低的词，则文章会变得更加"有趣"。这意味着，即使使用相同的提示，每次询问 ChatGPT 时，都可能得到不同的回答。此外，ChatGPT 设有一个名为"温度"的参数，该参数决定了我们选择概率较低的词的频率。在生成文章时，设置"温度"为 0.8 似乎提供了最佳的创造性和多样性。

例如，向 ChatGPT 提出同样的问题时，可能会得到下面五个不同的答案，如图 3-2 所示。

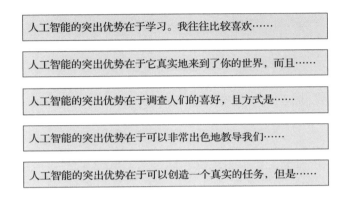

图 3-2　向 ChatGPT 提出同样的问题时，可能会得到不同的回答

ChatGPT 的文本生成与人类写作极为相似，这暗示着人类语言及其背后的思维模式在结构上可能比我们预想的更为简单和规则化。在某种程度上，ChatGPT 似乎解码了人类语言体系中的潜在规则。通过 ChatGPT，我们可以更深入地理解人类语言的核心特性及其背后的思维过程的基本性质和原则。

但这是否意味着 ChatGPT 的工作原理与人脑相同？实际上，ChatGPT 所依赖的人工神经网络结构是对人脑的一种理想化简化模型，并没有完全模拟人脑的复杂工作机制。尽管两者在生成语言的特征上看似相似，但是 ChatGPT 本质上仍是一个自然语言处理模型。要全面理解 ChatGPT 的工作原理，我们需要从自然语言处理的演变历史入手。

3.2　早期的自然语言处理技术架构

在过去的几十年里，自然语言处理（NLP）经历了一系列显著的变革，如图 3-3 所示。最初，NLP 依赖于基于规则和统计学的方法，近年来则开始向深度学习方法迈进。

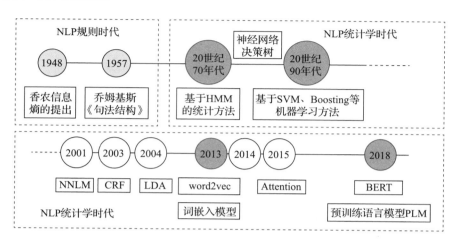

图 3-3   自然语言处理的发展历程

早期的 NLP 系统主要采用规则驱动方法，构建大量手工制定的语法和词汇规则。然而，这些方法在处理大规模数据时效果不佳，也难以应对语言的变化。

随后，基于统计学的方法逐渐流行起来，这类方法通过分析大量语料库中的数据模式来预测单词或短语的含义。这一时期的代表技术包括隐马尔可夫模型（Hidden Markov Model，HMM）和条件随机场（Conditional Random Field，CRF）。词嵌入模型如 word2vec 和 GloVe，能够捕捉单词的语义信息，并将其转换为向量形式，也是这一时期的重要进展。

进入深度学习时代后，自然语言处理领域取得了前所未有的突破。循环神经网络（Recurrent Neural Network，RNN）和长短期记忆网络（Long Short-Term Memory，LSTM）等网络结构能够有效处理序列化数据，如文本和语音，为机器翻译、文本摘要等序列到序列（Seq2Seq）任务提供了强大支持。

尽管 RNN 及其变体 LSTM 在处理序列化数据方面表现出色，并被广泛应用于语音识别、手写识别、时间序列分析以及机器翻译等场景，但这些模型在处理长序列数据时也面临诸多挑战。例如，在处理长文章或图书时，可能会出现梯度消失或梯度爆炸的问题，导致模型训练不稳定甚至提前终止。此外，RNN 和 LSTM 的一个重要限制是无法并行处理序列，这就意味着在处理大规模数据集或长序列时，训练过程可能会异常缓慢。这些挑战都限制了模型的效率和效果，因为它们可能会忘记序列中较早的信息或对特定信息过分敏感。

3.3　Transformer 架构

为了应对挑战，谷歌大脑团队在 2017 年的神经信息处理系统（Neural Information Processing System，NIPS）大会上提出了一种革命性的模型架构——Transformer，并发表了题为 "Attention is All You Need" 的论文。该模型通过自注意力机制进行计算，能够并行处理整个序列，同时有效关注序列中的长程依赖关系。特别值得注意的是，Transformer 是首个专门为理解人类语言而设计的模型。

谷歌大脑团队利用多种公开的语言数据集来训练最初的 Transformer 模型，其可调参数高达 6500 万个。训练完成后，该模型在包括翻译准确度和英语句法分析等多项评估指标上取得了业界领先的成绩，迅速成为当时最先进的大模型。Transformer 的应用非常广泛，尤其在输入法优化和机器翻译等领域表现出色。Transformer 模型运行机制如图 3-4 所示。

Transformer 的出现为 NLP 领域带来了革命性的改变。这一架构已经成为现代 NLP 发展的核心，被用于多项 NLP 任务中，包括机器翻译、文本生成、文本摘要等，并取得了前所未有的效果。基于 Transformer 的大型预训练模型开始出现，如 BERT、GPT 等。它们通过预训练和微调等策略，能够在各种 NLP 任务上获得优秀的表现。

不过，Transformer 架构虽然功能强大，但也存在如下局限性和瓶颈。

- **计算成本昂贵**：Transformer 的自注意力机制的时间复杂度是 $O(N^2)$，其中 N 是序列的长度。这就导致了它在处理长序列时需要非常高的计算成本，使得对于超过数十万个令牌的数据处理变得尤其困难和昂贵。
- **上下文长度限制**：原始 Transformer 模型在处理篇幅很长的文档时效率低下，因为其自注意力机制需要计算它的每个位置与其他所有位置的关系。这就限制了模型能够有效利用的上下文信息的长度，影响了模型处理长文档或广泛理解上下文的应用，如文档摘要或长对话的理解。

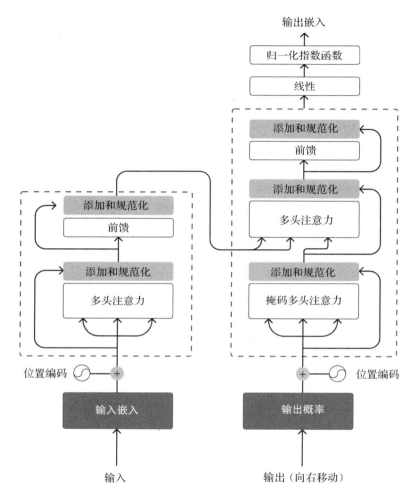

图 3-4　Transformer 模型运行机制

- **内存消耗**：由于其自注意力机制，Transformer 在训练和推理时都需要大量内存。随着序列长度的增加，它所需的内存以平方的速度增加，这限制了模型可以处理的最大序列长度。
- **硬件资源限制**：当前 GPU 的短缺现象，尤其是高性能计算所需的专业 GPU 的短缺现象，加剧了 Transformer 模型的可接近性问题。这对于需要大量并行处理能力的研究和开发团队来说是一个显著的瓶颈。
- **对齐和数据集问题**：在许多任务中，Transformer 模型对数据质量和对齐非常敏感。数据预处理和清洗成为模型性能是否表现优异的关键因素，而这两项工作都需要额外的计算资源和工程能力。

为了克服原始 Transformer 模型的局限性，一系列新型架构如 Sparse Transformer、Reformer、Longformer 和 Linformer 相继出现。这些架构通过修改注意力机制或优化模型结构，有效降低了模型对计算资源和内存的需求，使得模型能更高效地处理长序列数据。它们在保持 Transformer 的优势的同时，也在通过技术创新努力克服 Transformer 的缺陷。

与此同时，RWKV（Read-Write Key-Value）架构和 RetNet 架构的发展则标志着在提高长序列处理能力方面的一大突破。RWKV 架构通过改进注意力机制，专注于关键信息，以降低对长序列的计算和内存需求，同时提高模型的并行处理能力，提高训练和推理速度。这对于实时处理应用，如即时翻译或问答系统非常关键。RWKV 架构结合了 Transformer 的并行计算优势和 RNN 的高效推理能力，实现了快速训练和高效推理，这对于降低成本和优化端侧部署至关重要。然而，与 RNN 类似，RWKV 架构通过隐状态保存历史信息，并不如 Transformer 在处理长距离历史信息上有效。

RetNet 架构则采用了多尺度留存机制，以高效处理长序列数据。与传统 Transformer 的多头注意力机制不同，RetNet 架构包含并行、循环和分块循环三种计算模式。并行模式利用 GPU 加速训练过程；循环模式实现了高效的常数级推理，显著地降低了部署成本，改善了响应延迟，并且简化了模型实现；分块循环模式结合了并行处理与循环处理的优点，对局部块进行并行处理以提高效率，对全局块进行循环处理以减少内存。RetNet 架构在扩展模型规模时展现了出色的性能，尤其适用于内存受限或对响应速度有严格要求的场景，进一步强化了其在长序列数据处理领域的领先地位。这些新兴架构展示了人工智能领域持续的创新动力，旨在优化模型性能并突破现有技术的局限。

3.4　GPT 模型的原理与应用

3.4.1　GPT 模型：利用无标签数据进行预训练

GPT 模型是 OpenAI 于 2018 年推出的一种基于 Transformer 的自然

语言处理技术。该模型的研究成果发布在一篇名为"Improving Language Understanding by Generative Pre-training"的论文中。GPT-1 模型具有 1.17 亿个参数，使用大型书籍文本数据集（BookCorpus）进行预训练，然后针对特定任务进行微调。它在问答、文本相似性评估、语义蕴含判定和文本分类等语言处理场景中的表现均超越了传统的 Transformer 模型。

在 GPT 模型出现之前，神经网络的有监督学习模型面临两大挑战：一是依赖大量难以获取的标注数据，二是训练过程通常专注于特定任务，模型难以迁移到其他任务上。为了解决这些问题，工程师们开始寻找新的数据源，并有效利用它们。历史书籍、维基百科和互联网上的高质量文章等成为寻找无标注数据的宝贵资源。尽管这些内容未经明确标注，但由于是遵循人类语言习惯的专业人士编写的，因此成为理想的无标注训练数据源。

GPT 模型的开发是自然语言处理技术的一个重大进展，开启了这一领域的新篇章。GPT 模型的核心理念是利用大规模的无标签数据来预训练生成式语言模型，然后根据具体的任务进行有监督的微调。这种方法使得 GPT 模型能够在多种监督任务中表现出卓越的性能：

- 自然语言推理：在此任务中，GPT 模型需要根据语义判断两个句子的关系，例如，这两个句子是否相互包含、是否矛盾或者是否中立。
- 问答和常识推理：这类任务类似于多选题，模型会接收一段文章、一个问题和若干个候选答案作为输入，然后输出每个答案的预测概率，从而进行答案选择。
- 语义相似度：在此任务中，GPT 模型需要判断两个句子在语义上是否相关，即判断它们的含义是否相近或相同。
- 文本分类：此任务要求 GPT 模型判断输入的文本属于哪一个预定的类别。

这些任务涵盖了自然语言处理领域的广泛应用，证明了 GPT 模型的强大灵活性和广泛适用性。换句话说，GPT 模型能够有效地处理包括自然语言推理、问答、常识推理、语义相似度判断和文本分类在内的各种有监督任务。

GPT-1 标志着自然语言处理领域的一个新时代，被视为预训练模型时代的开端。GPT-1 自问世以来，迅速成为 NLP 领域的主流。依托于人类历史上庞大的存量资料库，GPT 模型得以接触到丰富的训练数据，其性能随着训练次数的增加持续提升，展现出卓越的泛化能力。这种基于无监督学习的生成式预训练方法，不仅节省了大量的时间、精力和资金，还成功地突破了传统模型的局限。

随后，OpenAI 在 GPT-2 和 GPT-3 中大幅增加了模型的规模。尤其是 GPT-3，它拥有 1750 亿个参数，成为当时世界上最大的语言模型，并在机器翻译、问答、文本生成等多种 NLP 任务中展示了优异的性能。即使在没有明确任务指示的情况下，GPT-3 也能理解上下文并生成有意义的文本，有效地应对更为复杂的任务，例如聊天机器人的设计与应用。

3.4.2　GPT 模型的构建与训练过程

GPT 模型是基于 Transformer 架构的自回归语言生成模型，其构建思路如下。

1）Transformer 架构：Transformer 是一种神经网络架构，采用自注意力机制来高效处理序列数据。它由编码器和解码器组成，编码器将输入序列映射为高维向量空间，解码器利用编码器的输出和自身的历史输出生成目标序列。GPT 只使用了 Transformer 的解码器部分。

2）自动回归语言生成：自动回归语言生成是一种基于概率链式法则的语言生成方法。给定一个上下文序列 x_1, x_2, $\cdots$, x_t，生成下一个词 x_{t+1} 的概率为 $P(x_{t+1}|x_1, x_2, \cdots, x_t)$。GPT 通过最大化条件概率来训练模型，并采用贪心搜索（Greedy Search）或采样方法生成新的词。

3）预训练和微调：GPT 采用了两阶段的训练方法，即预训练和微调。首先，在大规模的无标注文本上进行无监督或半监督的预训练。然后，在特定任务上进行有监督的微调。GPT 基于 WebText 数据集对自动回归语言模型进行预训练，并在 12 个自然语言处理任务上进行微调。这样的训练方法使得 GPT 在语言生成任务上表现出色。

GPT 模型的构建步骤如图 3-5 所示，具体介绍如下。

1）收集演示数据并训练一个监督策略。

这个步骤涉及从真实人类用户那里收集一些指令（或命令），并看看他们是如何响应这些指令的。这种数据被用来训练一个模型（被称为策略），该模型的目标是学习如何模拟人类的回答。

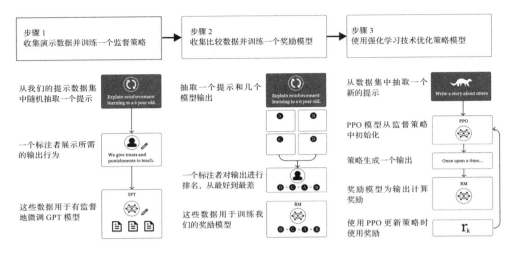

图 3-5   GPT 模型的构建步骤

- 设计一个 prompt 数据集，其中包含大量有关任务描述的高质量提示文本。
- 将该 prompt 数据集交给人工标注者，他们会回答与每个提示文本相关的问题。
- 使用这些人工标注的数据集来微调 GPT 模型。

2）收集比较数据并训练一个奖励模型。

这个步骤会收集另一种类型的数据，这种数据包含了对于同一个提示（prompt）的不同的可能回答，并对这些回答进行比较。这些数据会用于训练一个"奖励模型"，这个模型的目标是评估不同回答的质量，并给出一个"奖励"（或分数），以表示每个回答的好坏。

- 使用微调过的 GPT 模型对 prompt 数据集中的任务进行预测，得到一系列结果。
- 将这些结果交给人工标注者进行标注，根据预测结果的好坏进行评分。
- 使用这些标注的结果来训练一个奖励模型（Reward Model），用于下一步的训练。

3）使用强化学习技术优化策略模型。

在这个步骤中，我们采用强化学习技术来进一步优化模型。这意味着我们让模型尝试找出生成答案的策略，以便最大化奖励模型的评分。在这一过程中，模型会根据奖励模型的反馈不断调整其策略，直到生成的答案达到我们的期望。具体操作如下：首先，使用经过微调的 GPT 模型对 prompt 数据集中的文本进行预测，此时 GPT 模型包装在一个采用 PPO（Proximal Policy Optimization，近端策略优化）算法更新的策略中。接着，利用训练好的奖励模型对策略的预测结果进行评分，生成奖励。最后，使用这些奖励分数更新包含 GPT 核心的策略的梯度，以进一步优化模型的生成效果。

这一过程中的第 2 步和第 3 步可进行循环迭代。通过这种结合奖励模型和强化学习技术的训练方式，GPT 能逐步提升其语言生成能力，在生成文本时获得更高的准确性和更强的逻辑性。

3.5　技术的突破：量变引起质变

3.5.1　大模型的涌现

2020 年 1 月，OpenAI 发表论文《神经语言的缩放律》（Scaling laws for neural language models），探讨模型性能和规模之间的关系。研究表明，模型性能和规模二者之间服从幂律关系（Power Law），即随着模型规模呈指数级增长，模型性能可以线性增长。

如图 3-6 所示，随着模型大小、数据集大小和用于训练的参数数量的增加，模型性能会顺利提高。为了获得最佳性能，所有三个因素必须同时放大。当不受其他两个因素的制约时，性能表现与不同的单独因素都有幂律关系。

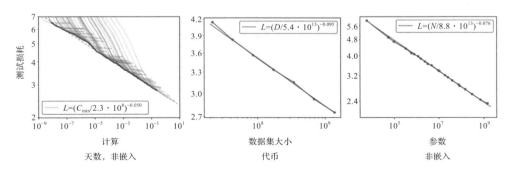

图 3-6　模型性能和规模之间的关系

2022 年 8 月，Google 旗下的 DeepMind 发表论文《扩展语言模型：来自训练 2800 亿参数 Gopher 的方法、分析与见解》（Scaling Language Models: Methods, Analysis & Insights from Training Gopher），重新探讨了模型性能与规模之间的关系。研究表明，在模型规模达到一定阈值时，模型在某些问题上的性能表现会呈现出快速增长的态势。作者将这种现象称为 Emergent Ability，即涌现能力。

在大模型的涌现现象中，我们可以观察到"蜂群思维"。蜜蜂个体通过"涌现"汇聚成蜂巢时，形成了一个由工蜂、雄蜂、花粉和蜂房构成的复杂统一体，这个统一体具备了单个蜜蜂所不具备的特性。例如，单个蜜蜂的大脑仅能记忆 6 天，而整个蜂巢的集体记忆却能持续 3 个月，是蜜蜂平均寿命的两倍。

蜂群思维的奥秘在于，尽管没有单一蜜蜂对群体进行控制，却似乎有一只无形之手，由众多简单的个体"涌现"而成，指导着整个群体的行动。这种从量变到质变的转变，展示了当个体数量增加并能够相互交流时，集体行为的复杂性就会达到一个新的层次。蜂箱中观察到的所有现象，实际上都隐藏在每个蜜蜂个体之中，但这些特性却无法通过单独研究一只蜜蜂来发现。正如《失控》一书所指出的：要想洞悉一个系统所蕴藏的"涌现"结构，最快捷、最直接且唯一可靠的方法就是运行它。

图 3-7 展现了语言模型的涌现现象和不同的模型类型，语言模型会在到达一定规模后迅速涌现出新的能力。

图 3-8 列出了自 2012 年开始，各种模型在参数量上的进化。

ChatGPT 的系统能力非常惊人，以至于人们认为只要不断扩大规模，训练更大的神经网络，它们最终就能"做到一切"。如果我们只关注那些立即可见的人类思考的事情，那么这很可能是正确的。据估计，人类的大脑大约有 1000 亿个神经元，而 GPT-4 的模型参数远超 1000 亿个。当神经网络的数量超过一定限度时，可能会出现涌现的智能效果，甚至完成人类无法完成的任务。

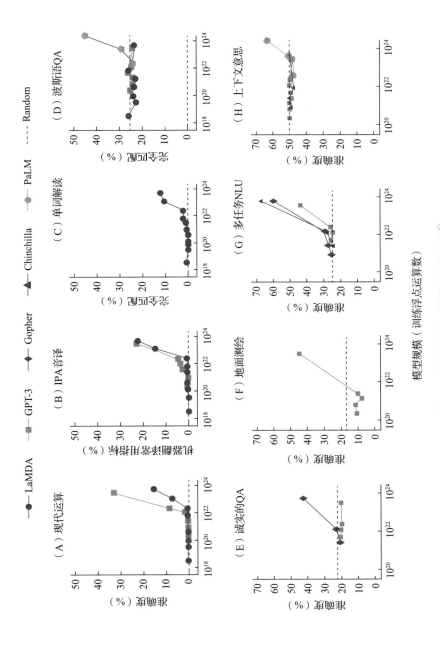

图 3-7　模型效果与规模之间的关系①

①　来源：Google、Stanford、DeepMind：Emergent Abilities of Large Language Models。

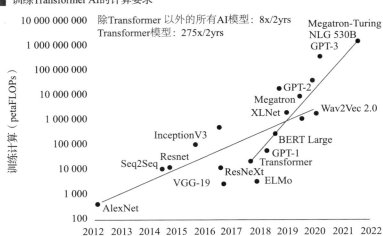

图 3-8　模型在参数量上的进化[⊖]

3.5.2　思维链

　　在全球知名芯片厂商英伟达（Nvidia）CEO 黄仁勋与 OpenAI 联合创始人和首席科学家伊尔亚·苏茨克维（Ilya Sutskever）的一次对话中，针对黄仁勋提出的 GPT 模型是如何从只有"完形填空"功能的 Transformer 模型演变为具备推理逻辑的模型的问题，伊尔亚·苏茨克维列举了一个推理小说的例子来解释：推理小说有各种不同的人物和情节，读者需要通过推理来解决谜题，最终得到答案。GPT 模型的思维链（Chain of Thought，CoT），即逻辑推理能力，可能源于大量逻辑代码和逻辑推理内容的阅读和训练。

　　GPT 模型的逻辑推理能力使模型具备了一定的智能，可以在人类的引导下将复杂问题分解为多个简单问题，然后逐步得到最终的答案。以乌鸦喝水的问题为例，可以通过观察、感知、认知、学习、推理和执行，将难题拆解为可行的简单方案。传统的机器学习模型可被视作"鹦鹉"，它们通过"喂食"和"模仿"进行学习，通过大量数据找到问题与答案之间的对应关系，但这种模式缺乏真正的理解。相比之下，GPT 模型就像"开窍"的乌鸦，不仅能

　　⊖　来源：BofA Global Research。

学习，还能基于已有知识进行理解、总结和应用。目前 GPT 的智能水平，已经开始有类似乌鸦智能的"涌现"，而不仅仅是鹦鹉学舌。

在大模型的发展过程中，逻辑推理能力的涌现被视为一种概率事件，其形成并无固定路径，而是随着模型规模的增长而自然发生的。思维链提示方法就是在此背景下被开发出来的，它通过向模型展示少量有着明确推理路径的例子，激发模型逐步展开复杂的思维过程。CoT 的引入显著提升了模型在算术和逻辑推理任务中的表现，通过增强模型呈现问题解决步骤的能力，从而获得更准确的结果。

在大模型的应用中，已有众多研究表明，精心设计的提示对模型的性能至关重要，尤其是在算术和逻辑推理任务中，CoT 已被证实能显著提升生成答案的准确性。在实际操作中，CoT 提示方法主要通过两种方式实现：一是在提示中嵌入特定短语，如"Let's think step by step"来激发模型按步骤推理；二是提供一些带有思维链的样例，引导模型模拟相应的推导过程，即引导模型在解答时模仿这种逻辑路径来得出结论。

尽管 CoT 在解决复杂问题上大有裨益，但模型生成正确的中间步骤的能力仍然有限，这影响了最终答案的稳定性和准确性。基于此，多种基于 CoT 的思维增强策略出现，以提升模型在推理任务中的稳健性。通过这些策略，CoT 不仅能推导出答案，还能使得推理过程透明化，从而提高答案的可靠度。换句话说，这些策略优化了提示的设计，确保了模型能够在各类任务中表现出更好的性能和推理能力。

然而，CoT 方法并不适合所有情况。为了尽量获取正确的推理过程，可以尝试让 CoT 先发散再收敛的方式，即探索问题的不同可能性并通过自一致性思维链（Self-Consistency，CoT-SC）进行"最优选"的决策。当然，这要求大模型能够对推理过程中的不同结果进行综合评价。

此外，这种策略在处理如 24 点游戏这类问题时显示出了其局限性。因此，我们尝试将这类问题纵向分割，拆分为多个小段，每一段再进一步细分，类似于动态规划，先将大问题拆成多个小问题再逐一解决。这便是思维树（Tree of Thought，ToT）的核心理念，它通过多个可能的解决方案分支，形成一个解决方案的树状结构，并及时舍弃那些不可行的路径，实现高效的问题解答。但是，ToT 在处理需要合并子问题结果的场景时表现不佳，例如既需要分而治之又需要合并的排序问题。

为了消除这一限制，思维图（Graph of Thought，GoT）方法被引入。如图 3-9 所示，GoT 不仅能进行问题分解，还能将分解后的结果进行有效合并。在 GoT 结构中，每一个推理的节点都会考虑前一层次的各个推理节点，从而使得整个分析过程更加全面。

这些策略通过扩大推理的分支来提升模型的推理能力，增强结果的准确性与稳定性。但同时，这也意味着大模型必须进行更多的推理计算，因此在设计具体应用时，我们需要考虑到场景的具体需求，并平衡好性能和成本。

3.5.3 训练大模型的软硬件基础

由于私有 GPT 模型的规模和复杂性，以及其对大规模数据处理的需求，选择合适的硬件和软件框架成为构建私有模型的关键因素之一。

在硬件方面，在构建和训练如 GPT-3 这样的通常包含数十亿至数千亿的参数的大模型时，需要巨大的计算能力来处理这些庞大的参数集，这种能力是传统 CPU 无法有效提供的。GPU 和 TPU 因其专为高吞吐量的并行计算而设计，成为处理这种规模数据的理想选择。它们在执行大量矩阵运算任务方面表现出色，能够同时处理成千上万的计算任务，从而显著加快模型训练和推理过程。

同时，GPU 和 TPU 的架构针对深度学习任务也进行了特别优化。例如，TPU 由 Google 专门为机器学习应用设计，提供高效的数据流水线和大规模矩阵乘法能力，这对于训练大模型至关重要。在实际应用中，使用 GPU 和 TPU 进行大模型训练已成为业界标准，如 OpenAI 在训练 GPT-3 模型时所使用的大量 GPU 资源。这些实际应用案例进一步证明了 GPU 和 TPU 在处理大规模深度学习模型方面的高效性和可靠性。

在软件方面，TensorFlow 和 PyTorch 等框架提供了构建和训练 GPT 模型所需的工具和数据库。这些框架各有特点和优势，如 TensorFlow 在分布式计算和生产部署方面的优势，以及 PyTorch 的灵活性和易用性。选择合适的软件框架时，不仅要考虑技术需求，还要考虑开发团队的熟悉度和特定应用的需求，以及框架在处理特定类型的数据或模型结构上的效率。此外，软件框架需要与现有的数据处理和存储系统兼容，以便于数据的流动和处理，特别是在处理敏感数据时，需要确保数据的安全性和隐私。

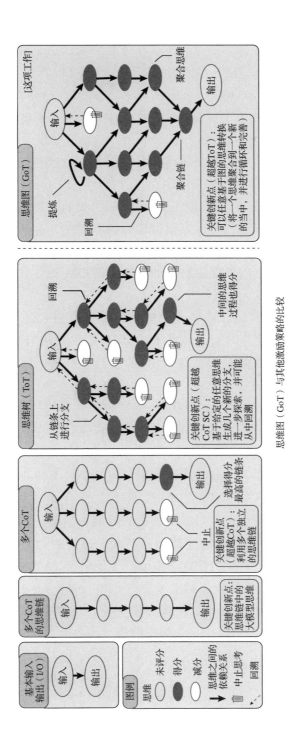

图 3-9　基于 CoT 的思维增强策略

训练大模型如 GPT-3 的主要挑战不仅在于算法和训练过程，更在于工程化实施。据英伟达预测，即使一台机器的显存或内存可以容纳所有训练数据，使用 8 张 V100 显卡（这是 DGX-1 配置的显卡数量）进行 GPT-3 的训练时也需要预计 36 年的时间。根据 OpenAI 关于 ChatGPT 的公开数据，它的整个训练算力消耗在理想情况下总共需要大概 6000 张 A100 显卡。

这就意味着训练大模型必然是一个分布式问题。虽然对计算能力的需求可以通过拥有大型集群的云计算来解决，但这样的组织不仅仅是 OpenAI 一家，如何在上千块 GPU 上实现有效的分布式训练才是真正的关键。在分布式训练环境中进行大模型训练，可以大幅度缩短训练周期，将其从使用单张显卡需要的数十年减少到几十天。然而，这需要解决几个重要的问题，包括计算墙、显存墙和通信墙，以确保集群内的所有资源得到充分利用，加快训练过程并缩短训练周期。

- 计算墙：单张显卡的计算能力和模型的总计算需求之间存在巨大的差距。以 A100 显卡为例，其单卡的计算能力仅为 312 TFLOPS，而 GPT-3 模型的训练需要 314 ZFLOPs 的总计算能力，两者相差了 9 个数量级。
- 显存墙：单张显卡无法完全存储大模型的所有参数。例如，GPT-3 模型的 1750 亿参数仅做推理都需要 700 GB 的显存空间，而 NVIDIA A100 GPU 只有 80 GB 的显存。
- 通信墙：虽然可以通过分布式训练来解决单张显卡的有限能力与模型庞大的存储和计算需求之间的矛盾，但是这样会使得各计算单元都要频繁通信和参数同步，进而影响整体的效能。当前，集群间的通信速度已经远远落后于 GPU 的计算能力。由于通信能力的限制，分布式 GPU 集群的实际计算能力往往会大幅低于预期。

英伟达发布了一篇具有深度影响的论文 "Efficient Large-Scale Language Model Training on GPU Clusters"，在这篇论文中，它使用 3072 张 80GB 的 A100 显卡来训练 GPT 模型，其中最大规模的模型的参数量达到了万亿级别。

在这篇论文中，英伟达详细介绍了三种对训练超大规模模型至关重要的并行技术：

- 数据并行（Data Parallelism）：这是最常见的并行方式，人们对它相当熟悉。它涉及将数据集分割成更小的部分，并在多个处理器上并行处理这些部分。

- Tensor 模型并行（Tensor Model Parallelism）：英伟达在论文中将其称为"Tensor 级别的模型并行"。这种并行技术涉及将模型的某一层（如 Linear/Dense 层中的变量）的模型 Tensor 切分成多个较小的 Tensor，然后进行并行计算。这样可以让大的模型 Tensor 分散在多个设备上进行处理。

- 流水线模型并行（Pipeline Model Parallelism）：能将整个网络模型划分为多个阶段（stage），每个阶段在不同的设备上进行处理，像接力一样依次进行工作，以实现整个模型的并行处理。

诚然，仅有 GPU 资源并不足以保证制造出高效能的大规模模型。如何充分发挥大规模 GPU 集群的潜力，将会成为未来科技巨头在大模型领域竞争的关键。

第 4 章

企业落地大模型
的方法

　　当我们探讨 AI 在企业中的应用时，通常想到的是 AI 如何优化现有流程、提高效率。但 AI 的影响远不止于此。AI 原生应用正在逐步改变企业的工作方式，重新定义产品和服务。在 AI 原生的世界里，企业业务的存在和发展完全依赖于 AI 核心功能，企业的流程和用户体验都由学习和适应性的 AI 系统驱动。这是一个全新的商业世界，AI 的深度融入不仅改变了我们的工作方式，更改变了我们的思维方式，实现了企业向 AI 原生企业转型。

4.1　AI 原生应用和 AI 应用落地的选择

什么是原生应用（Native Application)？它是指当一个应用脱离了其核心功能后，产品便无法存在。举例来说，打车服务便是典型的移动互联网原生应用。用户不可能拿着笔记本电脑去打车。在这种情境下，开发 PC 版本的应用是完全不必要的。而对于云原生应用，比如在双十一促销期间，所需的应用和计算资源可能是平时的 100 倍。在这种情况下，如果没有云计算支持，根本无法满足用户的需求。

同理，AI 原生应用也是如此。只有当应用的使用过程离不开 AI 的能力时，我们才能称之为 AI 原生应用。AI 原生应用是指从设计、部署、运营到维护的每个阶段，AI 都作为产品的一部分融入其功能的系统或技术。这种实现依赖于一个以数据和知识为基础的生态系统，其中数据和知识被消费和产生，以实现基于 AI 的新功能，或在需要时用学习和适应性的 AI 替代静态的、基于规则的机制。

4.1.1　AI 原生应用的特征

AI 原生应用的核心特征包括：

- 数据驱动：AI 原生应用依赖于大量的结构化和非结构化数据，这些数据是 AI 算法学习和决策的基础。
- 持续学习：AI 原生应用能够持续从新数据中学习，不断优化和调整其行为和决策过程。
- 适应性：AI 原生应用能够适应变化的环境和用户需求，自动调整其功能和性能。
- 自主性：AI 原生应用具备一定程度的自主决策能力，能够在没有人类干预的情况下独立运行。

以 Midjourney 公司为例，我们来看看这些特性在实际应用中的体现。该公司只有 11 名正式员工，却成功服务了超过 1000 万用户并实现了超过一亿美元的营收。这种惊人的效率得益于 AI 的高度自动化和智能化。Midjourney 的 AI 原生应用能够无缝地处理大量请求，并提供个性化的输出，使用户体验得到了极大的提升。AI 原生应用的变革型架构设计减少了对人力的依赖，使业务得以快速扩展，并能够灵活地应对变化的用户需求。然而，这只是开始。随着业务的发展，持续优化 AI 模型以适应新的需求和挑战变得尤为关键。

Midjourney 建立了一个持续学习和优化的机制。它会不断地收集新的数据，并利用先进的机器学习技术对模型进行训练。通过这种方式，Midjourney 不仅提升了 AI 的性能和准确性，还确保了应用能够及时地适应不断变化的市场和用户需求。这不仅为公司的持续增长提供了保障，也为其他企业树立了一个成功的 AI 应用案例，激发了更多企业向 AI 原生企业转型的动力。

4.1.2　向 AI 原生企业转型的五个阶段

在 AI 技术的浪潮下，企业面临着前所未有的机遇——深度融合人工智能至业务的核心，实现向 AI 原生企业的根本转型。这不仅是技术层面的升级，更是对企业文化和思维模式的彻底革新。从激发对 AI 的好奇心、探索 AI 的实际应用，到全面部署 AI 解决方案，并最终实现业务与 AI 的深度融合，这一过程是漫长而复杂的，但也是企业发展的必经之路。现在，我们理解了 AI 原生应用的力量，是时候深入探讨企业如何实施这一转型了。

阶段一：激发组织对 AI 的好奇心

首先要激发组织对 AI 的好奇心，从茶水间到会议室，在每一个角落讨论 AI 的可能性，让 AI 概念成为新的工作语言。企业可以通过举办"AI 月"活动，设置交互式展览，展示 AI 技术如何在不同行业中创造价值。邀请 AI 变革者进行 TED 式演讲，分享技术和行业的变革趋势，激发员工探索 AI 如何解决实际工作难题的兴趣。鼓励员工使用各种各样的 AI 原生工具来提升生产力，例如利用 AI 生成代码、利用 AI 生成设计稿、利用 AI 优化文章等，在使用的过程中互相分享经验，达成对 AI 的共识。

阶段二：开启探索之旅

当员工有了使用 AI 的意愿和一定的能力基础后，可以在企业内部启动特定场景的探索项目。员工可以组队，识别场景的痛点并提出基于 AI 的解决方案，解决日常工作中遇到的具体问题。例如搭建企业知识库，用于企业内部提高沟通的效率；例如将人工审单的步骤优化为 AI 审单，提升运营效率等。通过这种方式，企业不仅能够发掘出一系列创新的 AI 应用，提升团队在 AI

落地中的工程能力，还能促进团队之间的合作和创意交流。

阶段三：完成 AI 对业务的闭环赋能，并大规模部署

此阶段见证了 AI 项目从理论探索到实际应用的跨越，其中成功的 AI 创新项目开始在实践中展现其对企业运营的深远影响。企业要致力于将这些经过验证的 AI 解决方案系统地融入至关重要的业务流程中，包括但不限于销售预测、客户服务自动化以及智能供应链管理，从而推动业务流程的全面优化和自动化。这一阶段的关键在于搭建一个全面的 AI 赋能生态系统，覆盖从数据采集、深度分析、决策实施到效果反馈的整个闭环，保障 AI 技术的持续进步和对动态业务需求的适应性。

阶段四：AI 原生架构变革

在这一阶段，企业将 AI 技术从辅助工具转变为推动业务发展的核心动力。这要求企业不仅在技术层面进行革新，还要深化跨部门合作，确保数据的自由流动和共享。同时，提升全员的 AI 素养，使每位员工都能与 AI 系统高效协作。

在此阶段，企业不再是简单地将 AI 技术应用于现有的业务流程中，而是基于新的人机交互理念、AI 大模型、AI Agent 和智能系统，重新思考和设计业务流程、决策机制、服务交付模式和业务系统。企业大脑要具备持续的推理能力、自我学习和迭代能力，传统的业务系统则作为企业大脑的支撑体系。企业的经营指标中，不仅仅要有常见的人均效率指标、资金效率指标，还应该制定 AI 相关的运营指标。

AI 原生架构变革还意味着建立起一个自我迭代和持续创新的机制。企业将通过 AI 实验室、创新孵化器等形式，不断探索 AI 技术的前沿应用，促进 AI 在专属领域的不断进步，不断评估 AI 能力，并与人类专家进行比较。

阶段五：未来工厂，与 AI 共生的组织

最终，企业变成了一个"未来工厂"，在这里，AI 不仅仅是一个工具或现有业务的支撑，还将成为新业务模式、新组织形态和创新生态的源泉。在这个阶段，AI 的作用超越了技术层面，成为塑造企业文化、组织结构和市场策略的关键因素。AI 成为企业决策和创新的合作伙伴，与人类员工共同工作，

共同设计解决方案和探索新机会，创造属于 AI 时代的组织形式和生产协同模式。

通过以上五个阶段，企业将逐步实现从传统企业向 AI 原生企业的转型，不仅在技术上实现了创新，也在企业文化和组织结构上实现了根本性的变革，为在数字化时代中持续竞争和成长奠定坚实基础。

现在，许多人对 AI 大模型的了解可能始于 ChatGPT 这样的在线聊天应用。但企业级的 AI 应用要复杂得多，它们不仅需要与企业的核心业务流程紧密结合，还必须严格考虑到数据隐私和安全性。这就对大模型的应用能力提出了更高的要求，比如为不同专业领域打造的 AI 工具，利用提示工程来解决复杂问题，对大模型进行精细的微调，以及训练定制化的 AI 用于私有部署实现行业智能化。此外，还包括使用 AI 智能体来协调复杂任务，并通过 AI 自动化实现企业业务的自驾式运行。

4.1.3　企业落地大模型的常用方法

以下是几种在企业中落地大模型的常用方法：

- 提示：提示是指在使用大模型（如 GPT）时提供给模型的文本片段，用于引导模型生成相关内容。它可以是问题、关键词、句子等形式，用于帮助模型理解用户的意图并生成相应的文本。提示通常是手动设计的，用于指导模型生成特定主题或内容。
- RAG（Retrieval-Augmented Generation）：RAG 结合了检索和生成技术，通过在生成过程中引入检索阶段来提高生成文本的质量和相关性。它通过从大型文本语料库中检索相关内容，然后将这些内容结合到生成过程中，以生成更具连贯性和相关性的文本。RAG 可以看作一种改进的生成模型，能够利用检索来丰富生成的内容。
- Agent：在某些上下文中，Agent 可能是指一种与用户进行交互的程序或系统，通常是基于人工智能的。这些 Agent 可以是聊天机器人、智能助手等，它们能够理解用户的输入，并作出相应的响应或行动。在大模型的应用中，Agent 可能会利用提示、RAG 等技术来生成响应或执行任务。
- 微调：微调是指在训练大型预训练模型之后，针对特定任务或领域进行的进一步训练过程。在微调过程中，模型会通过在特定任务的数据集上进行训练，调整其参数以适应该任务的要求。微调可以使模型更好地适应特定的应用场景，提高其在特定任务上的性能表现。

在向 AI 原生企业转型的过程中，企业需要充分理解 AI 落地过程中不同方法的原理、实施过程及其效果。为了让读者能够快速把握这些方法的独特之处，我们先通过表 4-1 直观地呈现它们的主要特征。随后，我们将逐一深入探讨每种方法，揭示其如何在企业环境中发挥作用，以及企业如何通过这些工具加速其 AI 转型的步伐。

表 4-1   AI 落地过程中不同方法的主要特征

项目	在线AI应用	提示工程	RAG/知识库	AI Agent	微调	重新训练
应用场景	生产力工具	普通问答	垂直行业问答	工作流、自动化、企业应用	垂直行业的逻辑推理	垂直行业/通用大模型
是否改变模型参数	不改变	不改变	不改变	可能会改变	改变	改变
成本	低	低	中	中高	高（百万+）	极高（千万+）
算力投入	无	低/无	中	中	高	极高
人员要求	全体人员	全体人员	软件工程师、AI应用工程师	企业应用架构师、AI应用工程师、交互设计师	AI算法工程师	AI算法工程师 数据工程师 高性能计算架构师
门槛	低	了解AI原理	中高	高	高	极高
私有化部署支持	大部分不支持	支持	支持	支持	支持	支持

4.2   提示工程

提示工程是人工智能领域的一项关键技术，特别是在 NLP 和大模型的应用中至关重要。它涉及精心设计模型的输入（即"提示"），以引导模型生成特定的响应或行为。通过优化输入的格式和内容，提示工程能够激发模型的预测能力和知识提取能力，从而提高模型在特定任务上的表现和效率。

提示工程的核心思想是，虽然大模型已经在广泛的数据上进行了预训练，并具有丰富的知识和强大的理解能力，但模型的表现在很大程度上取决于其对输入任务的理解方式。通过设计特定的提示，可以更明确地告诉模型执行何种任务，或者如何理解和处理给定的输入。这些提示可以是一段具体的指令、一系列示例，或者任何能够引导模型生成期望输出的信息。

4.2.1　提示工程的作用

提示工程的作用主要是通过设计和调整输入的提示引导大模型生成更准确、更有针对性的输出文本。在与大模型交互的过程中，提示会极大地影响模型的响应内容和质量。提示工程关注如何创建最有效的提示，让模型理解和满足用户的需求。

- 提高任务准确性：在多种 NLP 任务中，如文本分类、情感分析、问答系统等，通过提示工程优化后的输入可以显著提高模型的准确性和相关性。精心设计的提示能帮助模型更好地理解任务需求，生成更精确的回答或预测。
- 增强模型适应性：提示工程使得模型能够快速适应新的任务或数据集，即使这些任务在模型的原始训练过程中没有直接出现。通过少量示例或无示例的提示，模型可以在没有大规模重新训练的情况下，处理新领域的问题。
- 优化用户交互：在与人类用户的交互中，提示工程可以优化模型的响应内容，使其更自然、更符合用户的期待。这在聊天机器人、虚拟助手等应用中尤为重要，定制化的提示词可以大幅提升用户体验。
- 提升数据处理效率：在数据提取、文本摘要等任务中，通过精确的提示，模型可以更有效地从大量文本中提取关键信息，减少不必要的计算和资源消耗，提高处理效率。
- 促进创新应用：提示工程为模型的创新应用提供了可能。例如，在艺术创作、游戏设计等领域，通过设计具有创造性的提示，模型能够生成独特的文本、图像或音乐作品，推动人工智能技术的边界不断扩展。

自从 ChatGPT 闯入我们的世界后，大家都像是找到了一个有趣的魔法玩具，纷纷尝试着用各种花式提示来探索它，希望得到更聪明的回答。在这个过程中，提示工程仿佛成了一种魔法，它会根据施法者的不同咒语，呈现出千变万化的效果。2023 年 12 月 15 日，OpenAI 上线"Prompt Engineering Guide"，作为 AI 大模型中一份权威且有效的 Prompt 工程标准文档。

下面将详细介绍零样本提示、少样本提示、动态提示和多模态提示这四种提示方式，并对提示工程的实践进行分析。

4.2.2 提示类型

1. 零样本提示

零样本提示（Zero-Shot Prompting）是指在没有给模型提供任何具体示例的情况下，仅通过精心设计的提示来引导模型完成特定的任务。这种提示方式不依赖于模型之前见过的任何特定样本，而是依靠模型的预训练知识和理解能力来解决问题。

（1）应用场景

零样本提示广泛应用于各种任务，包括文本分类、情感分析、问题回答等，特别是数据受限或需要模型快速适应新任务的场景。

（2）优点

不需要额外的样本数据，即可快速检验模型在新任务上的表现。

（3）挑战

需要精心设计提示，以确保模型能够理解任务要求，这可能需要对模型的工作机制有深入的理解。

（4）例子

例如，进行情感分析时，在没有提供任何示例的情况下，直接询问："这段文本的情绪是积极的、消极的还是中性的？"

2. 少样本提示

少样本提示（Few-Shot Prompting）是在给模型提供少量示例的基础上进行的提示。通过在提示中嵌入几个相关任务的样本，模型能够更好地理解任务的上下文和要求，从而在类似任务上表现得更好。

（1）应用场景

少样本提示适用于模型需要快速适应新任务但可用样本有限的情况，常用于分类、生成文本、翻译等任务。

（2）优点

相比于零样本提示，少样本提示通过提供少量示例，帮助模型更好地理解任务，从而提高模型的准确性和可靠性。

（3）挑战

如何选择代表性强、质量高的样本成为设计少样本提示的关键。

（4）例子

对于少样本提示的更详细实例，考虑一个情感分析任务。在这个任务中，向模型展示几个文本示例及其情感标签：

- 示例 1："这个手机的电池寿命非常长。"【积极】
- 示例 2："我对这家餐厅的服务非常失望。"【消极】
- 示例 3："电影还可以，但没有我期望的那么好。"【中性】

然后，提出一个新的文本"这款笔记本电脑的性能超出了我的预期。"并询问模型这段文本的情感倾向是积极、消极还是中性的。

3. 动态提示

动态提示（Dynamic Prompting）是指根据任务的具体需求和上下文，实时调整提示内容的方法。这种方法可以根据不同的输入动态地改变提示，以引导模型生成更加精确和相关的输出。

（1）应用场景

动态提示特别适合于需要根据输入内容实时调整模型行为的任务，如个性化推荐、上下文敏感问题的回答等。

（2）优点

能够根据具体情境灵活调整，使模型输出更贴合实际需求。

（3）挑战

实现动态提示需要复杂的逻辑设计和对模型行为的深入理解，以确保提示的适时调整能够有效地提升模型性能。

（4）例子

比如在一个智能客服系统中，客户提出的问题和需求随着对话进展可能会发生变化。系统可以根据客户之前的问题和当前的反馈动态调整提示。例如，如果客户最初询问了有关产品规格的信息，然后表达了对价格的关心，那么系统可以调整其提示来专门询问客户是否需要了解与价格相关的优惠或促销信息，进而提供更加个性化和针对性的回答。这样的动态调整不仅能提高回答的相关性，也能提升用户体验。

4. 多模态提示

多模态提示（Multimodal Prompting）是指在提示中结合多种模态的信息（如文本、图像、声音等），以提高模型处理复杂、多模态输入的能力。这种提示方式可以帮助模型更好地理解跨模态的内容和上下文。

（1）应用场景

多模态提示广泛应用于需要处理包含不同类型数据的任务，如图文生成、视觉问题回答（VQA）、多模态情感分析等。

（2）优点

通过整合多种模态的信息，多模态提示能够提升模型对复杂情境的理解和处理能力。

（3）挑战

需要有效地融合不同模态的信息，并确保模型能够充分理解和利用这些信息来提高模型性能。

（4）例子

设想有这样一个智能健康咨询系统，如图 4-1 所示，用户可以上传一张餐盘的照片并询问："这顿饭健康吗？"系统结合图像识别技术分析照片中的食物种类、分量，同时利用文本提示要求模型基于营养学原理进行评估。系统可能回答："这顿饭富含蛋白质和膳食纤维，但蔬菜部分偏少。建议增加绿叶蔬菜比例。"这种结合图像和文本输入的提示方式能够帮助模型提供更准确、个性化的健康建议。

当然，多模态提示方式也可以跟前面的几种方式结合起来。例如用户给大模型上传了几张不同的图片，来告诉大模型需要获取图片中什么方面的内容，然后大模型通过学习融会贯通，处理之后提供的多种模态的信息。在一定程度上，多模态提示可用作知识库，用于处理长篇的论文、PDF 文档、Word 文档等。

图 4-1 多模态提示示例

4.2.3 提示工程的最佳实践

1. 提示工程原则

提示工程通过不同的技术手段优化模型的输入，其原则的技巧应用能够帮助我们能够更好地引导模型生成更加准确的内容。下面介绍部分提示工程的原则。

（1）OpenAI 的提示工程指南

OpenAI 的提示工程指南提到了六大原则，具体如下：

原则一 写出清晰的指令

1）在查询中输入详细信息以获得相关性更高的答案。

● 一般的问题：谁是总统？

● 更好的提问：谁是 2021 年美国的总统？

2）要求模型采用角色。

● 一般的问题：我如何才能让我的演讲更有说服力？

- 更好的提问：如果你是一位经验丰富的公共演讲教练，你会给一个即将在大型会议上发表演讲的新手什么建议，以增强他们的说服力？

3）使用分隔符清楚指示输入的不同部分。

- 一般的问题：请写一篇关于全球变暖的文章，包括原因、影响和解决方案。
- 更好的提问：请写一篇关于全球变暖的文章。【原因】……【影响】……【解决方案】……

4）指定完成任务所需的步骤。

- 一般的问题：请解释 DNA 复制的过程。
- 更好的提问：请按以下步骤解释 DNA 复制的过程：1. 解开双螺旋结构。2. 每条链作为模板。3. 核苷酸匹配并连接。
- 一般的问题：怎样写好一封求职信？
- 更好的提问：怎样写好一封求职信？例如，如果我要应聘软件开发职位，应该强调哪些技能和项目经验？

5）指定所需的输出长度。

- 一般的问题：总结一下《战争与和平》。
- 更好的提问：用不超过 200 字总结一下《战争与和平》的主要情节。

原则二　提供参考文本

1）指示模型使用参考文本回答。

- 一般的问题：告诉我关于量子计算的信息。
- 更好的提问：根据附加的《量子计算入门》PDF 文档，简要解释量子计算机的工作原理。

2）指示模型通过引用参考文本来回答。

- 一般的问题：解释爱因斯坦的相对论。
- 更好的提问：根据附加的《相对论：物理学的特殊和一般理论》一书，引用文本来解释相对论的核心概念。

原则三　将复杂的任务拆分为更简单的子任务

1）使用意图分类来识别与用户查询最相关的指令。

- 一般的问题：我怎样才能提高编程技能？
- 更好的提问：为了提高编程技能，我应该先学习哪种编程语言？接下来，我应该参与哪些类型的项目？

2）总结或过滤以前的对话。

● 一般的问题：我们之前讨论过什么？

● 更好的提问：请总结我们在昨天会议上讨论的关于项目进度的三个主
要点。

3）分段总结长文档并递归构建完整摘要。

● 一般的问题：给我这本书的总结。

● 更好的提问：请先给我这本书前三章的摘要，然后是中间三章，最后
是后三章。基于这些摘要，构建一个完整的书籍摘要。

原则四　给模型时间"思考"

1）指示模型在得出结论之前找出自己的解决方案。

● 一般的问题：解决全球变暖的方法是什么？

● 更好的提问：在提出最终解决方案之前，先考虑全球变暖的不同原因
和它们的影响。

2）使用内心独白或一系列查询来隐藏模型的推理过程。

● 一般的问题：怎样才能减少生活中的压力？

● 更好的提问：假设你在思考这个问题，会如何逐步分析生活中的压力
源，并提出减压策略？

3）询问模型在之前的过程中是否遗漏了任何内容。

● 一般的问题：给出的答案是否完整？

● 更好的提问：在给出的答案中，是否考虑了所有相关的因素和角度？
如果有遗漏，请补充。

原则五　使用外部工具

1）使用基于嵌入的搜索实现高效的知识检索。

● 一般的问题：查找有关最新 AI 研究的信息。

● 更好的提问：使用基于嵌入的搜索工具，查找并总结 2023 年最重要的
AI 研究论文，或者通过手动搜索论文再上传给大模型。

2）使用代码执行更准确的计算或调用外部 API。

● 一般的问题：计算这个月的预算。

● 更好的提问：使用这个 Python 脚本（附代码），根据收入和支出记录，

计算这个月的预算余额。

3）授予模型访问特定功能的权限。

- 一般的问题：怎样才能从网上获取实时天气信息？
- 更好的提问：授权你使用我的 API 密钥，调用天气 API，获取并告知当前城市的实时天气情况。

原则六　系统的测试变更

参考黄金标准答案评估模型输出。

- 一般的问题：这个答案是否准确？
- 更好的提问：与这个领域的黄金标准答案相比，这个模型生成的答案在准确性上打多少分？请给出理由。

（2）谷歌的提示工程指南

谷歌的提示工程指南提到以下原则：

- 清楚地传达最重要的内容或信息。
- 构造提示：先定义其角色，提供上下文 / 输入数据，然后提供指令。
- 使用特定的多样化示例来帮助模型缩小其焦点并生成更准确的结果。
- 使用限制条件来限制模型输出的范围。这有助于避免指示与事实不符。
- 将复杂的任务分解为一系列更简单的提示。
- 指示模型在生成结果之前评估或检查自己的响应。（例如，"请务必仅用 3 句话来回答你的问题""请采用 1～10 分制，简明扼要""你觉得这是对的吗？"。）
- 发挥创意，越有创意、思想越开放，获得的效果就越好。LLM 和提示工程仍处于起步阶段，每天都在不断发展。

2. 提示工程的心理学研究

人类是拥有理性和感性的生物。那么，AI 大语言模型是否会因为感性的恭维或积极的提示而输出更好的内容呢？学术论文 "Large Language Models Understand and Can be Enhanced by Emotional Stimuli" 对这一问题进行了研究，探讨了大模型理解并通过情感刺激进行增强的内容。这也引发了业界对于提示的优化底层思路是否应该回归心理学的讨论。

该论文提出了 11 条提示词，并将其分为三类：自我监督、社会认知理论、认知情绪调节。同时，该研究引入了"EmotionPrompt"（情感提示）方法，将原始提示与情感线索相结合，在各种任务中显著提高了大模型的性能。研究表明，在提示中加入情感刺激（例如，强调某人职业的重要性）可以让模型在确定性和生成性任务中获得更好的表现。这些发现提出了一种利用情感智能来增强人类与大模型互动的新型跨学科方法。

以"胡萝卜加大棒"的激励方式将这 11 条提示进行分类，结果如下：

（1）大棒，威慑类

EP01：写下你的答案，并为你的答案给出一个 0 到 1 之间的置信度分数。（Write your answer and give me a confidence score between 0-1 for your answer.）

EP02：这对我来说非常重要。（This is very important to my career.）

EP03：你最好确保你是对的。（You'd better be sure.）

EP04：你确定吗？（Are you sure?）

EP05：这是你的最终答案吗？再检查一下可能会更好。（Are you sure that's your final answer? It might be worth taking another look.）

EP06：EP01+EP02+EP03

（2）胡萝卜，鼓励类

EP07：这是你的最终答案吗？相信你自己并追求卓越。勤奋会得到丰厚的回报。（Are you sure that's your final answer? Believe in your abilities and strive for excellence. Your hard work will yield remarkable results.）

EP08：拥抱挑战，这是成长的机会。艰难困苦铸就成功。（Embrace challenges as opportunities for growth. Each obstacle you overcome brings you closer to success.）

EP09：凡事皆有可能，只要你专注并致力于你的目标。（Stay focused and dedicated to your goals. Your consistent efforts will lead to outstanding achievements.）

EP10：为你的工作感到自豪，并全力以赴。你对卓越的承诺让你与众不同。（Take pride in your work and give it your best. Your commitment to excellence sets you apart.）

EP11：千里之行，始于足下。坚持不懈地前进。（Remember that progress

is made one step at a time. Stay determined and keep moving forward.）

研究通过在 45 项任务中使用 Flan-T5-Large、Vicuna、LLaMA2、BLOOM、ChatGPT 和 GPT-4 等大模型进行自动实验，发现大模型能够把握情感智能，并通过情感提示提升它们的表现。看来大模型真的是把人类的心理学得很透彻，"胡萝卜 + 大棒"的方式对 AI 也管用。

3. 提示工程实战：以本地部署应用 ChatGPT 为例

如图 4-2 所示，OpenAI 的官网列出了不同领域的提示工程应用案例。

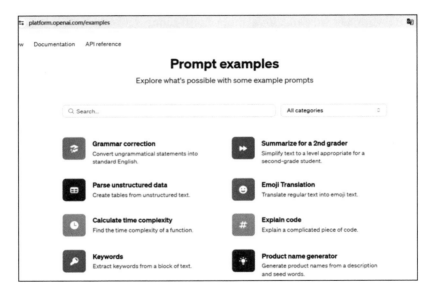

图 4-2　OpenAI 官网列出的提示工程应用案例

在本地部署应用并连接 ChatGPT 回答问题的场景中，技术架构和应用提示工程的方法成为关键因素，它们可以提升模型在特定任务上的表现，拓宽模型的应用范围，使其能适应多样化的应用需求，确保系统的高效性、灵活性，获得更高的用户满意度。下面将深入探讨这种场景下的技术架构和提示工程的应用。

（1）技术架构

客户端应用：

- 用户界面（UI）：提供用户与系统交互的界面，可以是 Web 应用、移动应用或桌面应用。

- 业务逻辑层：处理用户请求，生成合适的提示并发送给服务器端。

服务器端：

- API 网关：接收来自客户端的请求，并将请求路由到后端服务。
- 应用服务器：处理 API 请求，构建与 OpenAI ChatGPT 的交互逻辑。
- 身份验证与安全：进行用户验证，确保请求的安全性。

与 OpenAI 的 ChatGPT 交互：

- 调用 OpenAI API：应用服务器通过 HTTP 请求调用 OpenAI 的 API，传递用户输入和生成的提示。
- 接收响应：应用服务器接收 ChatGPT 的响应，并处理结果，如格式化、过滤不适当内容等。

数据存储：

- 日志和历史记录：存储用户的请求和系统的响应，用于分析和改进服务。
- 用户配置和偏好设置：存储用户的设置，以便提供个性化的服务。

（2）应用场景与优势

- **定制化交互**：通过设计专门的提示，私有大模型能够提供更贴合企业特定场景和业务逻辑的交互体验。例如，在客户服务中，可以帮助模型理解和响应复杂的客户询问，或在法律咨询中精确解读和生成与特定法律领域相关的建议。
- **数据隐私与安全**：在处理敏感数据时，通过提示工程设计的输入可以确保模型在不暴露敏感信息的前提下，提供必要的信息处理和响应。这对于遵守数据保护法规（如 GDPR）的组织尤为重要。
- **提升模型适应性**：私有大模型可能需要在特定的数据集上进行微调以适应特定任务。提示工程允许模型在没有广泛微调的情况下，通过精确的提示词快速地适应新任务，从而节省资源并提高效率。
- **增强模型理解能力**：对于复杂的行业术语和概念，提示工程设计的提示可以帮助模型更好地理解这些专业知识，进而生成更准确、更专业的回答或建议。

4.3 RAG 与知识库

虽然通用大模型如 ChatGPT 和 LLaMA 在生成流畅连贯的文本方面展现了卓越的性能，但它们与终极人工智能的目标仍有一定差距。这些差距主要体现在对特定领域问题的处理上，例如回答不准确、专业性不足，以及对最新知识的掌握程度不够。为了解决这些问题，提高模型的能力，业界提出了检索增强生成（Retrieval-Augmented Generation, RAG）技术。

RAG 技术由 Facebook AI 研究员 Lewis 及其团队于 2020 年提出，是一种新型机器学习框架。其核心理念是在不改变已经预训练好的语言模型结构的前提下，利用一个独立的检索系统搜寻相关信息，以完善和细化语言模型的输出内容，从而使输出内容更具专业性和时效性。RAG 使得大模型在生成文本时除了依赖于内部的预训练知识外，还能够实时访问外部数据库中的相关信息，从而提高内容的生成质量。

RAG 技术的关键在于查询一个庞大的知识库（通常以向量形式存储的信息），并找到与输入查询最相关的内容，然后将这些内容作为上下文或提示融入生成的回答中。如果把大模型的问答过程比喻为闭卷考试，那么使用 RAG 技术相当于开卷考试，极大地降低了 AI 应用落地的难度。RAG 技术的出现解决了此前的许多痛点，提高了模型在处理特定领域问题时的准确性和专业性，包括：

- **知识即时更新**：AI 模型通过大规模数据集训练后，它的知识会在某个时间点"固化"。现实世界的信息是不断更新的，RAG 能够使 AI 实时获取最新信息，确保输出内容的时效性和相关性。另外有些知识属于私有的知识，如企业内部的非公开信息，则无法提供给大模型进行训练。

- **上下文理解增强**：传统的自然语言处理模型在理解长篇上下文时会受到固有的长度限制。RAG 通过整合外部知识，可以帮助模型更好地理解并生成连贯和精确的文本。

- **处理多样化数据**：AI 在多行业应用中需要处理和理解大量多样化的数据。RAG 让 AI 能通过检索相关数据辅助决策和内容生成，而不仅限于内部知识。

- **提升质量、准确性和可解释性**：在问答系统等场景中，准确性至关重要。RAG 通过结合外部知识库提高了模型的答案质量，尤其是处理专业领域或深度话题时。RAG 技术依赖于可查询的外部数据，使得模型生成的内容具有明确的来源，增强了 AI 决策过程的透明度。
- **节省计算资源**：RAG 通过先检索再生成的方式，减少了生成过程中的计算负担，优化了资源使用情况。

RAG 技术广泛应用于问答系统、内容推荐、个性化文本生成、数据分析和知识抽取等场景。它使得 AI 在这些场景中不仅能够提供更精确的答案，而且能够生成更丰富、更详细的内容。在企业级应用中，重新训练一个大模型的投入巨大，但是通过 RAG 可以快速地搭建各种企业级的 AI 应用验证。RAG 已经成为企业 AI 应用中最受关注的领域。

4.3.1　RAG 的基本原理

RAG 不是一个单项技术，而是一个流水线作业。当不需要对模型进行微调时，可以按照以下步骤细化 RAG 方法，如图 4-3 所示。

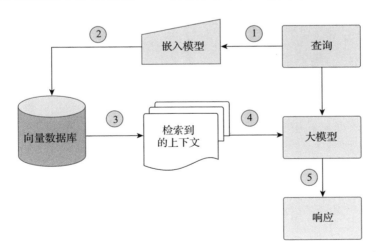

图 4-3　RAG 方法流程[一]

　　[一]　https://github.com/ray-project/llm-applications.

（1）查询

用户输入一个查询，这个查询代表了用户想要从系统中得到的信息或解决问题的意图。例如，用户可能会问："埃菲尔铁塔在哪个城市？"这个查询是整个流程的起点，决定了后续步骤中将要检索和生成的上下文类型。

（2）嵌入模型与向量转换

一旦用户输入查询，这个查询就会被嵌入模型处理，转换为数学上的向量表示。嵌入模型是理解和处理自然语言查询的关键，它能够捕捉查询的语义并将其转化为向量空间中的点，这个过程也称为向量化。向量化后的查询将用于接下来的相似性搜索。

（3）检索到的上下文

查询的向量表示将与向量数据库中存储的向量进行比较，以检索出相关的上下文信息。向量数据库里存储的是先前嵌入的大量上下文信息的向量表示。这些上下文信息可能来自不同的数据源，比如网页、学术论文、书籍等。相似性搜索将找出与查询向量最接近的上下文向量。一旦从向量数据库中检索到最相关的上下文，这些上下文将被提取出来，作为大模型生成响应的基础。这些上下文包含了可能帮助回答用户查询的信息。

（4）大模型

大模型接收用户的原始查询和检索到的上下文，并综合考虑这些信息来生成响应。大模型会利用其预训练的知识和上下文理解能力，尝试生成一个满足用户查询需求的答案。例如，在埃菲尔铁塔的例子中，大模型将根据检索到的关于埃菲尔铁塔和巴黎的上下文信息生成一个准确的回答。

（5）响应

最后，大语言模型生成的回答将作为最终响应传递给用户。这个响应旨在解答用户的初始查询，是基于检索到的上下文和大模型语言生成能力的综合结果。

在这个流程中，每个步骤都是前一个步骤的输出和后一个步骤的输入。查询是整个流程的触发点，嵌入模型是理解和转换查询的工具，向量数据库是存储和检索相关上下文的库，而大模型是使用这些上下文生成有意义、准确回答的引擎。最终，响应是与用户进行交互的终端输出。

4.3.2　RAG 架构的演变过程

论文 " Retrieval-Augmented Generation for Large Language Models: A Survey"（《面向大模型的检索增强生成技术：调查》）指出，RAG 的研究范式正在不断演变，具体分为三个阶段：简单 RAG（Naive RAG）、高级 RAG（Advanced RAG）和模块化 RAG（Modular RAG），如图 4-4 所示。

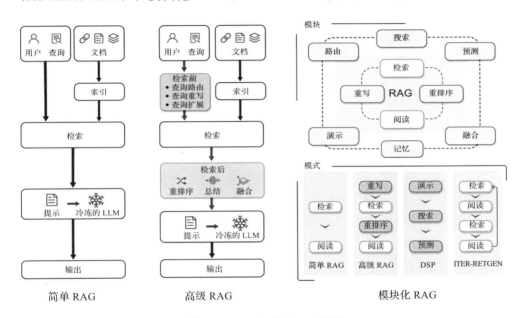

图 4-4　RAG 架构的三个阶段

1. 简单 RAG

简单 RAG 代表了 RAG 研究的早期方法论，并在 ChatGPT 被广泛采用后获得了重要地位。简单 RAG 涉及传统的索引（Indexing）、检索（Retrieval）和生成（Generation）过程，可概括为一个"检索—阅读"框架。

在简单 RAG 中，首先对大量文档进行索引，以便快速地检索出与用户查询最相关的信息。一旦检索到相关文档，系统就会使用这些文档中的信息作为生成响应的上下文。这种方法的优点在于，它允许大模型通过附加知识库提供额外的信息输入，而不必每次针对特定任务进行重复性训练，从而提高响应的准确性。

简单 RAG 在处理知识密集型任务时特别有效，因为它可以直接利用外部资源，特别是文档或其他结构化 / 非结构化数据库。同时，简单 RAG 不需要大量的数据处理，主要侧重于信息检索和集成外部知识，而不会完全定制模型行为或写作风格。此外，简单 RAG 生成的答案可以追溯到特定的数据源，提供更高的可解释性和可追溯性。

在实际应用中，简单 RAG 的快速响应和优化内存及存储使用等特征使整个系统运行更加高效。通过将信息处理和响应用户查询的流程简化为基本的"检索"和"阅读"步骤，简单 RAG 为大模型时代提供了一种成本效益高的解决方案，尤其在处理需要大量知识输入的任务时。

2. 高级 RAG

然而，简单 RAG 也面临着一些挑战。例如，在检索质量方面，低精度的检索可能导致文档与查询内容的相关性不高，这使得大模型无法获取足够的信息来生成准确的答案。此外，生成的答案可能与查询问题不相关，有时候可能包含有害或偏见性内容。为了解决这些问题，高级 RAG 通过改进检索前（Pre-Retrieval）和检索后（Post-Retrieval）的过程，优化了数据索引和处理流程。

在检索前阶段，高级 RAG 的优化重点在于优化数据索引，以提高索引内容的质量。目前，为了达到这个目的，它采用了五种主要策略：提高索引数据的粒度、优化索引结构、添加元数据、对齐优化和混合检索。

在检索后阶段，高级 RAG 的优化目的是对检索到的数据进行细致处理，以确保信息的准确性和相关性。这包括对结果进行重排序，确保最相关的内容得到优先处理；剔除不相关或低质量的信息，保证最终输出的质量；对检索到的内容进行上下文丰富，比如添加额外的背景信息，让生成的回答更全面，信息更丰富。

此外，高级 RAG 还探索了它与微调的结合，以进一步提升模型的性能。通过在不同层面上优化和调整模型，高级 RAG 能够有效地应对简单 RAG 在处理复杂查询和生成高质量回答时面临的挑战。

3. 模块化 RAG

模块化 RAG 代表了 RAG 技术的一个进阶阶段，突破了传统 RAG 框架中索引、检索和生成的标准流程，包含了检索、重排序、重写和阅读四个核心模块，以及搜索、预测、融合、记忆、演示、路由等外围模块，提供了更高的多样性和灵活性。模块化 RAG 集成了多种方法来扩展功能模块，如在相似性检索中加入搜索模块，并在检索器中应用微调方法。此外，特定问题的出现催生了 RAG 模块的重构和迭代，使得模块化 RAG 成为 RAG 领域的主流，允许采用序列化的管道或跨多个模块的端到端训练方法。

模块化 RAG 引入了几个新模块以增强其功能和适应性：搜索模块、记忆模块、额外生成模块、任务适应模块、对齐模块和验证模块。这些新增模块提高了 RAG 系统的灵活性和适应性，使其能够更有效地处理各种信息，并在多样化的应用场景中提供高质量的回答。

例如，与简单 RAG 和高级 RAG 中的查询与语料库间的相似性检索不同，搜索模块针对特定场景，将直接在（附加的）语料库上进行搜索，使用大模型生成的代码查询语言（例如 SQL、Cypher）或其他自定义工具。搜索的数据源可以包括搜索引擎、文本数据、表格数据或知识图谱。

模块化 RAG 的核心优势在于其极高的灵活性和适应性。它不仅能根据特定需求添加新的模块或替换现有模块，还能调整这些模块间的工作流程。例如，在传统的"检索—阅读"步骤之外，还可以包括"重写""重排序"等步骤，以提升检索内容的质量和生成内容的相关性。模块化 RAG 能够利用大模型的性能作为奖励来改进重写查询的过程，也能够通过改变模块间的互动方式来加强语言模型与检索模型之间的协作，提供定制化的解决方案。

4.3.3　RAG 的挑战与未来发展方向

在探索 RAG 技术的深刻内涵时，我们不得不面对其发展过程中的一系列挑战。这些挑战既体现了 RAG 技术的复杂性，也指明了未来研究的方向。

- 上下文长度限制：在 RAG 技术中，一个显著的挑战是如何处理长上下文。由于大模型的上下文窗口限制，当上下文过短时，可能无法包含足够的信息；当上下文过长时则可能导致信息丢失。如何在不牺牲性能的情况下扩展大模型的上下文窗口，甚至实现无限上下文，是目前研究的一个热点。
- 检索过程中的鲁棒性问题：在 RAG 系统的检索过程中，鲁棒性成为另一个关键问题。如果检索过程中出现不相关的噪声，或者检索到的内容与事实相矛盾，都会显著影响 RAG 的有效性。

- **RAG 与模型微调的协同问题**：RAG 与模型微调之间的协同也是一大挑战。如何有效结合这两种技术，既利用大模型的参数化知识，又保证其对非参数化外部知识的灵活应用，是当前需要解决的问题。协调这两者之间的关系，以同时获得参数化和非参数化的优势，对于提升 RAG 系统的性能至关重要。
- **工程实践中的应用挑战**：RAG 的工程实践同样面临挑战。在实际应用中，如何提高在大规模知识库场景中的检索效率和文档召回率，以及如何确保企业数据安全，例如防止大模型泄露文档的源元数据或其他敏感信息，都是亟须解决的问题。这些挑战不仅关系到 RAG 技术的性能，也直接影响着其在实际应用中的可行性和安全性。

针对上述挑战，RAG 的未来发展方向可以从以下几个方面着手：

- **垂直优化**：通过研究和开发新的算法和技术来解决长上下文处理问题，提高 RAG 的鲁棒性，以及优化 RAG 与模型微调的协同机制。
- **水平扩展**：将 RAG 应用于更广泛的领域，比如用于图像、音频和视频等多模态数据的处理，以及探索 RAG 在特定领域（如医疗、法律等）的应用潜力。
- **RAG 生态系统构建**：发展和完善 RAG 相关的工具和平台，尤其是开源的开发平台，如 LangChain 和 LlamaIndex，以支持 RAG 的广泛应用和快速发展。
- **改进评估系统**：开发更为全面和准确的评估系统，以评估 RAG 技术在不同应用场景中的性能，从而指导 RAG 技术的持续优化和改进。

总而言之，RAG 的挑战多维且复杂，但正是这些挑战推动了 RAG 研究的不断深入。未来，通过创新的研究和技术进步，我们有理由相信这些挑战将逐一被克服，RAG 技术的应用前景将更加广阔。

4.3.4　知识库的概念

随着大数据和 AI 的飞速发展，企业知识管理已经从传统的知识库和文档管理模式逐渐转变为更加智能化、动态化的模式。在信息爆炸的时代，企业需要有效地管理和共享内部知识，以促进团队协作、加速决策过程和提升工作效率。然而，企业在知识管理过程中面临诸多挑战，例如知识碎片化、信息过载、数据安全风险以及知识共享交流难等问题。这些挑战不仅影响了企业对知识的有效利用，也限制了企业创新能力的发挥。

现代企业知识库通过集成企业内外的数据资源，利用大模型和向量数据库技术，实现知识的自动化管理和智能化服务。它可以帮助企业高效地组织和检索知识，提供智能问答、文档分析、合同审核等功能，从而提高企业的知识管理水平和决策质量。企业知识库的核心技术主要包括非结构化数据处理、数据精度与完整性保障、强相关性检索以及安全可信的答案生成。这些技术不仅能够提升知识管理的效率和准确性，还能确保企业数据的安全和隐私。

许多企业已经建立了关键的业务和管理系统，如 ERP（企业资源规划）系统和电子商务系统，这些系统中的数据通常存储在结构化关系数据库中。用于协同工作的即时消息（IM）系统、Wiki 系统和文档管理系统则更多地利用面向非结构化数据的 NoSQL 数据库。此外，一些企业还开发了基于知识图谱的风险控制决策模型和复杂的问答系统，这些系统可能会采用图数据库。每种不同的应用都有不同的数据存储和信息交互方式，所有这些不同系统中的数据和知识，都是构建企业 AI 知识库体系的宝贵资源。不同类型的数据（结构化、非结构化和半结构化）与大模型之间的交互方式，成为大模型应用落地的首要难点，如图 4-5 所示。

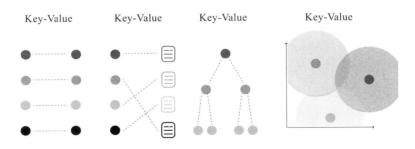

图 4-5　数据和大模型之间的交互

通过整合各种数据源和利用先进的 AI 技术，企业可以构建一个全面的知识库体系，以有效应对信息碎片化和数据过载等挑战，提升知识管理效率和决策质量，增强企业的创新能力和竞争力。

当用户向知识库系统提出问题时，可能需要通过向量数据库来检索文档或数据，也可能需要利用数据的固有结构以及用户查询中表达的结构来获得答案。例如，一个查询问题可能是："在过去一年中，在营业额超过 1000 万美元的项目中，哪些与区块链和人工智能相关？"查询时，关于"区块链和人工智能"的相关信息可以从语义上进行检索，因为一些项目的关键词可能是 AI、Web3.0 等相关术语，而"过去一年"和"营业额超过 1000 万美元"则可以作为精准的查询条件。

在与大模型相关的知识库构建中，向量数据库起到了关键的作用，它们被设计用于存储和管理向量嵌入，能够实现快速、高效的相似性搜索，如图 4-6 所示。

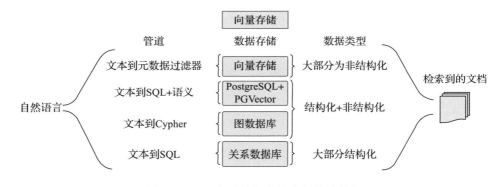

图 4-6   通过向量数据库检索文档或数据

在 RAG 系统中，根据不同的数据源和查询需求，存在多种查询构造方式，这些方法允许 RAG 系统灵活地处理和检索各种类型的数据。以下是一些可能涉及的概念及其应用场景的简要介绍：

- **文本到元数据过滤器**：这种方法主要用于向量数据库的数据检索，例如文档查询。它将文本查询转换为对向量数据库中元数据的过滤条件。在 RAG 系统中，这可以用于快速定位和检索与查询语义相近的向量表示的数据。
- **文本到 SQL**：这种方法适用于关系数据库。它将自然语言文本查询转换为 SQL 查询语句，以便在关系数据库中执行。这允许 RAG 系统直接利用传统的数据库进行复杂的数据检索和分析。

- **文本到 SQL+ 语义**：这是文本到 SQL 的一个扩展，特别适用于支持 SQL 查询的向量数据库，如 PGVector。它不仅将文本查询转换为 SQL 语句，还加入了语义理解的元素，以提高查询的准确性和相关性。这种方法适用于需要同时处理结构化查询和语义理解的场景。
- **文本到 Cypher**：这种方法适用于图数据库。它将文本查询转换为 Cypher 查询语言，Cypher 是图数据库（如 Neo4j）的查询语言。这允许 RAG 系统有效地查询和分析图形结构的数据，如社交网络、知识图谱等。

这些查询方式体现了 RAG 系统在处理不同类型数据源时的灵活性和强大能力，使其能够根据具体的应用场景和数据类型，选择最合适的查询方法，实现高效、准确的数据检索和内容生成。

4.3.5 向量数据库

2023 年，向量数据库迎来了爆发年。从英伟达 CEO 黄仁勋在 GTC 大会上的发言，到随即数月内的系列巨额融资，向量数据库引起了业界的广泛关注。向量数据库作为大模型的外挂记忆体，在 RAG 的应用场景中尤为重要。

1. 向量数据库的基本概念

向量数据库，也称为嵌入式数据库或特征数据库，是用于存储和检索向量数据的数据库。向量数据通常是通过某种算法（如深度学习模型）从文本、图像、音频等数据中提取的多维数值表示，如图 4-7 所示。这些向量可以捕捉原始数据的关键特征，也可以用于度量数据之间的相似性。

对于人类来说，我们通常能够通过一些关键特征来区分不同的物体。想象一下，当我们站在一个公园里，眼前有各种各样的狗：从小巧的吉娃娃到雄壮的德国牧羊犬，它们的大小、毛发、性格各不相同。人类可以凭借这些显著特征，迅速识别和区分不同的狗。

在图 4-7 中，我们可以看到不同的对象，如"鸡""狼""狗""猫""香蕉"和"苹果"被表示为不同的点。每个点代表一个向量，这些向量存在于高维空间中，但为了便于可视化，通常只显示在二维或三维空间中。每个向量有多个维度，如几十到几千个不等，这些维度共同描述了原始数据的特性。如果要在向量数据库中描述狗的特征，那么我们首先需要将每只狗的特征转换为数值，如体重、身长、毛发长度等，这些数值构成了狗的特征向量。在向量数据库中，这些向量使我们能够根据多维空间中的距离来找到相似的狗。比如，我们在数据库中搜索"中型、长毛、温顺的狗"，向量数据库会在高维空间中搜索与这些条件相匹配的特征向量。

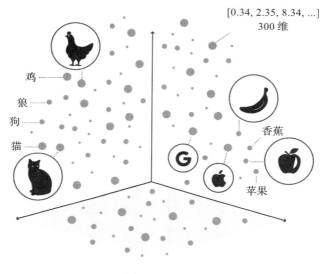

图 4-7　向量图

在这个空间中，相似的对象会被映射到彼此接近的点。例如，作为水果的"香蕉"和"苹果"在空间中的位置较近，而作为动物的"狗"和"狼"也是如此。在生物分类中，狼和狗都属于哺乳纲、食肉目、犬科，因此它们的特征向量在向量数据库中的距离会相对较近，反映了它们之间的紧密亲缘关系。这在数据库中体现为具有相似特征值的向量，比如在身体大小、生存环境、繁殖习性等方面会有类似的数据点。这种相似性使得向量数据库成为非常有效的搜索工具，特别是在需要快速找到最相似项的情况下，如内容推荐系统、图片识别或自然语言处理等应用中。

当我们在向量数据库中进行查询时，可以将查询项转换为向量，并在数据库中搜索与此查询向量最相似的其他向量。这种搜索通常是通过计算查询向量与数据库中每个向量之间的距离或相似度得分来完成的。上述例子不仅能够区分各种生物，还能洞察它们之间的关联和进化关系，为理解生物多样性提供一种全新的视角。

2. 向量数据库在 RAG 中的作用

向量数据库在 RAG 中的作用主要是存储大量的语料库或知识库，并将其表示为向量形式，以便进行语义匹配和相似度计算。当用户查询时，RAG 首先利用向量检索技术从数据库中检索出与查询相关的文本片段或知识，并将其作为上下文信息提供给生成模块；然后，生成模块基于检索到的上下文信息，结合自身的生成能力，生成与查询相关的自然语言文本，如图 4-8 所示。

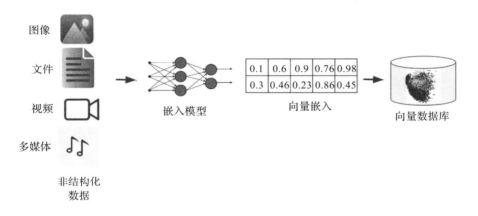

图 4-8　向量检索与生成

向量数据库的工作流程通常包括以下几个步骤：

- **数据预处理**：将语料库或知识库中的文本数据进行预处理，包括分词、去除停用词、词干化等操作，以便于后续的向量表示。
- **文本向量化**：将预处理后的文本转换为向量表示，常用的方法包括词嵌入（Word Embedding）和文档嵌入（Document Embedding）。词嵌入将每个词表示为一个固定长度的向量，文档嵌入则将整个文档表示为一个向量。
- **构建索引**：将文本向量存储到向量数据库中，并构建索引以加速检索过程。常用的索引结构包括倒排索引（Inverted Index）和近似最近邻（Approximate Nearest Neighbor）。

- **查询处理**：当用户提出查询时，将查询转换为向量表示，并利用索引结构从数据库中检索出与查询相关的文本向量。
- **上下文提取**：根据检索到的文本向量，提取出与查询相关的上下文信息，作为生成模块的输入。
- **文本生成**：基于检索到的上下文信息，结合生成模块的参数和算法，生成与查询相关的自然语言文本。

通过应用向量数据库，RAG 模型能够充分利用大规模语料库或知识库，提高生成文本的质量和相关性，从而在自然语言生成任务中取得更好的效果。此外，在处理企业私域数据方面，向量数据库也展现了独特的优势。企业私域数据通常包含大量定制化和特定于企业的信息，尤其是在金融行业，如客户交互记录、交易历史和市场动态等。向量数据库能够高效管理和检索这些大规模、特定于企业的向量数据，使企业更好地利用自己的数据资源，提供更加个性化和精准的服务。

因此，向量数据库成为结合大模型能力处理企业私域数据的理想选择。通过使用向量数据库，企业可以有效利用其数据资产，提升业务决策的质量和响应速度。

3. 主流的向量数据库

向量数据库能够高效地处理大量的金融数据和用户查询的向量表示，从而显著提高响应速度和数据处理效率。每种数据库特性及应用场景各不一样，我们应根据使用需求灵活选择。如图 4-9 所示，这里汇总了部分主流的向量数据库。

- **Milvus** 是一款计算兼容性极高的开源向量数据库，专注于高性能、大规模向量数据的存储和查询。Milvus 提供高效的向量索引和查询功能，支持多种相似性度量方法，并且支持分布式部署和水平扩展。同时 Milvus 也是目前社区最流行的一款向量数据库，拥有活跃的社区和生态链。
- **Pinecone** 是一种托管式向量数据库服务，专注于实时相似性搜索和推荐任务。Pinecone 提供低延迟和高吞吐量的索引和查询性能，具备高度优化的相似性和查询算法，同时还具备简单易用的 API 和可视化工具。

图 4-9　部分主流的向量数据库

- Weaviate 是一个开源的语义向量数据库，支持向量数据的存储、索引和查询，并提供基于语义相似性的搜索。它具有类似 GraphQL 的查询语言和自定义扩展的能力，适用于语义搜索和知识图谱构建等任务。
- Chroma 是一个开源的向量索引和相似性搜索引擎，专注于音频和图像数据的处理。Chroma 支持多种语义相似性度量和索引结构，适用于实时和离线的音频和图像相似性搜索。它具有高速索引构建和查询性能，适用于边缘计算场景。

4. 向量数据库的未来

RAG 与传统搜索引擎的对比一直是讨论的焦点。传统搜索引擎依赖倒排索引实现精确检索，RAG 则利用向量数据库进行语义搜索，两者在处理用户查询问题时展现了不同的优势。RAG 的核心在于它能够通过大模型生成摘要来直接回答用户查询问题，而不是像传统搜索引擎那样仅提供一系列相关文档。然而，向量数据库的简单使用和部署也引发了广泛讨论。

一方面，架构上的相对简单性使得向量数据库的核心价值受到质疑；另一方面，随着大模型自身能力的增强，向量数据库的必要性成为一个待解决的问题。RAG 在多场景应用中遇到的问题，包括向量无法准确表达信息、文本与向量映射的维护不便等，并非向量数据库本身所能解决。向量数据库的未来不仅在于支持 RAG 系统，更在于它与传统关系数据库、非结构化数据源（如文本、图片）及图数据库等其他数据源的互动和融合。关系数据库在结构化数据管理方面的优势、非结构化数据源在提供丰富原始信息方面的重要性，以及图数据库在描述实体间复杂关系方面的独特价值，均是向量数据库未来发展中不可忽视的方面。

向量数据库的核心是向量索引，与传统数据库的索引管理能力同质。它不仅需要解决向量检索问题，还需要处理数据安全、权限管理、数据修改及扩缩容等问题，这些能力都是数据库的基础。考虑到现实数据的多源性及分散存储带来的成本和效率问题，向量数据库与传统数据库的融合将成为必然趋势，多数数据库已经开始或计划支持向量检索。

在 RAG 的未来展望中，它与大模型的结合使用成为关键。通过构建专用数据库，不仅能满足向量数据需求，还能处理结构化和半结构化数据，实现多元化查询方式。这样的 AI 原生数据库，如 Infinity，预示着第三代数据库基础设施的到来，它不仅能提供向量搜索、全文搜索和结构化数据检索能力，还能支撑企业门户业务需求，推动企业数字化转型。未来，RAG 的发展将围绕垂直优化、水平扩展及生态系统构建展开。随着技术的不断进步，RAG有望成为支撑企业智能化升级的重要力量。在这一过程中，向量数据库的角色和价值将进一步明晰，为 AI 大模型时代的数据处理提供更强大和灵活的支持。

4.3.6　知识图谱

知识图谱可以帮助理解和发现知识之间的关联性，支持语义搜索、推荐系统和智能问答等应用。通过将分散的信息整合到一个统一的结构中，知识图谱有助于构建智能化的应用，提升信息理解和决策效率。知识图谱的应用涵盖了多个领域，包括但不限于搜索引擎、推荐系统、智能问答、自然语言处理、智能个人助理、智能决策支持、医疗健康管理、金融风险管理、物联网和智慧城市等。

1. 知识图谱基本概念

知识图谱是一种基于图的数据模型，用于表示现实世界中的实体、概念、关系和属性。它以图的形式组织知识，其中节点代表实体或概念，边代表它们之间的关系。作为一种图数据结构，知识图谱的最小单元是两个节点及它们之间的关系，即（node1, edge, node2）——这是一个三元组（triple）。例如，（埃菲尔铁塔，位于，巴黎）就是一个三元组。

知识图谱与向量数据库在提供信息方面存在显著差异。向量数据库主要用于表示实体或概念之间的相似性或相关性，知识图谱则更注重于理解实体之间的关系。举例来说，如图 4-10 所示，知识图谱能够清楚地指出"埃菲尔铁塔"是"巴黎"的地标，向量数据库则只能表明这两个概念之间高度相关，而并未提供关于它们之间具体关系的信息。对于学习和记忆文本来说，理解不同内容之间的具体联系和逻辑关系有助于更轻松地掌握和记忆信息，同时也有助于促进对知识的深层次理解和内化，从而大大提升学习的效率和记忆的持久性。

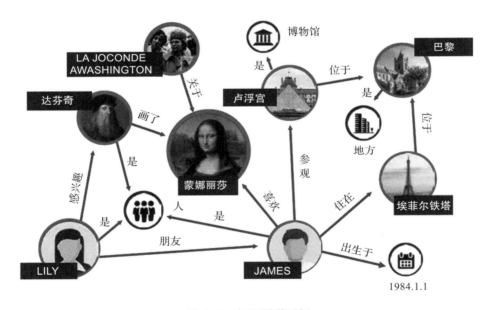

图 4-10　知识图谱示例

在知识图谱的构建过程中，需要整合多种数据源，包括结构化数据（如数据库、表格）、半结构化数据（如 XML、JSON）和非结构化数据（如文本、图像、视频），通过使用知识表示语言（如 RDF、OWL）对这些数据进行建模，并将它们转化为图形数据结构。在构建过程中，还需要考虑数据的质量、准确性和一致性，以及如何处理不完整、不确定和冲突的数据。

知识图谱的核心技术包括图数据库、知识表示与推理、语义网技术、自然语言处理、机器学习和人工智能等。图数据库是存储和查询知识图谱的关键技术，它支持复杂的图查询和推理操作。知识表示与推理技术则用于表示和推理知识之间的语义关系，帮助理解和利用知识。语义网技术提供了一种统一的框架来描述和链接全球信息，促进知识的共享和交流。

但知识图谱在过去的发展过程中一直面临着各种挑战：

（1）实体的泛化问题

实体的泛化问题不仅涉及常见的词语多义性，如"苹果"既可以指一种水果，也可以指一家科技公司。而且随着互联网语言的快速发展，新的表达方式和词汇不断涌现，增加了实体识别的复杂度。例如，网络流行语"魔都"用来指代上海，而"鹅厂"代表腾讯，这些非传统词汇的使用在一定程度上反映了文化和社会语境的变化，同时也给实体界限的确定带来了挑战。

（2）实体关系的定义不明

在知识图谱中，实体之间的关系定义常常依赖于自然语言的表达，但自然语言的内在模糊性和复杂性使得准确地定义和表达这些关系成为一项挑战。例如，关系"属于"在不同上下文中可能表示所有权、成员关系或分类归属，而不明确的关系定义会导致推理和查询的准确度下降。同时，关系种类的增加不仅增加了构建知识图谱的复杂度，也对查询和推理算法提出了更高的要求，这不仅对人类理解构成挑战，也使机器难以处理。此外，关系的歧义性和上下文依赖性要求知识图谱系统能够处理复杂的语义分析，以准确理解和表达实体间的多维度关系，这就需要依赖于更强的人工智能。

（3）简单的三元组格式导致的复杂性

虽然三元组格式简化了知识，但这种简化反而使得关系的准确描述变得更加复杂。假设我们想要表达的知识是："孙悟空是唐僧去西天取经的保护神。"在使用三元组（实体－关系－实体）格式来表示这个关系时，我们可能需要分解为多个三元组来充分描述这一复杂关系，例如：（孙悟空，职责，保护神），（孙悟空，保护对象，唐僧），（唐僧，目的，取经），（取经，地点，西天）。在这个例子中，每一个三元组都是简单的实体－关系－实体格式，但要完整表达"孙悟空是唐僧去西天取经的保护神"这一复杂情境，就需要多个三元组联合起来。这种分解方式虽然便于机器处理和知识共享，但增加了检索和理解的复杂度。

（4）技术成本、复杂性与用户交互的挑战

构建知识图谱时可能会收集到大量存在质量问题的数据，如不完整或不一致的数据，这些数据可能导致知识图谱的准确性和可信度受损。此外，知识图谱涉及的复杂技术和算法要求使用特殊的数据库结构和查询语言，不仅增加了成本和技术复杂度，也限制了其发展规模。当前，许多知识图谱系统在提供易于理解和操作的用户交互和可视化方面还有待进一步改进，这就要求在降低技术复杂度的同时，也必须注重提升用户体验，确保知识图谱的广泛应用和有效性。

（5）知识更新和动态性问题

为了反映最新的知识状态，知识图谱需要定期更新。但知识的自动更新在技术上是一个复杂的问题，尤其是对于大规模的知识图谱来说，如何有效整合新知识、识别过时知识，并在更新过程中保持数据一致性尤为困难。构建和维护知识图谱需要大量的技术和人力资源，加之不同人对知识的理解和分类标准的差异，形成统一标准变得更加复杂。随着数据量的暴涨，单纯依靠人工来更新知识已经变得非常困难。

这些困难不仅源于知识图谱本身的技术挑战，也限制了 AI 的发展。而 AI 大模型的发展，可以更深刻地理解非结构化数据，进一步地挖掘知识图谱的潜力。

2. 主流的知识图谱技术架构

以下是几种主流的知识图谱技术架构及其特点介绍：

- Neo4j：作为一个高性能的图数据库，Neo4j 专注于存储和查询高度连接的数据。它的核心优势在于其灵活的图处理能力，能够有效地模拟现实世界中的复杂关系。Neo4j 提供了强大的 Cypher 查询语言，使得数据的检索、分析和可视化变得简单、直观。此外，Neo4j 支持 ACID 事务、高可用性部署和水平扩展，适合构建复杂的知识图谱。
- Apache Jena：Apache Jena 是一个开源的 Java 框架，用于构建语义网和链接数据应用。它提供了一套完整的工具来处理 RDF（资源描述框架）数据，支持 SPARQL 查询语言，以及推理和本体建模。Jena 的

TDB 存储引擎专为高效处理大规模 RDF 数据设计，是构建和查询知识图谱的理想选择。
- OrientDB：OrientDB 是一个多模型数据库，支持文档、对象、图形和键值数据模型。其图数据库部分专为管理复杂的数据关系设计，支持 SQL-like 查询语言和多种索引机制。OrientDB 提供了高度的灵活性和扩展性，适合需要处理多种数据类型和关系的知识图谱应用。
- ArangoDB：ArangoDB 是一个多模型和多用途的数据库系统，它支持文档、图形和键值数据模型。ArangoDB 的图形处理功能特别强大，支持复杂的图遍历、最短路径计算和模式匹配。它的 AQL 查询语言为开发者提供了高度的灵活性和表达力，适用于构建高效的知识图谱和数据分析应用。
- Nebula Graph：Nebula Graph 是一款开源的、分布式、易扩展的图数据库，专为处理包含数十亿个顶点（节点）和数万亿条边（关系）的超大规模图数据而设计。它以其高性能、高可用性和原生图处理能力而著称，是构建知识图谱和高级图分析应用的理想选择。

每种知识图谱技术架构都有其独特的优势和应用场景。选择技术架构时需要综合考虑数据模型、查询需求、性能要求和扩展性等因素。通过精心设计和实施，知识图谱技术架构能够为数据密集型应用提供强大的支持，挖掘数据的潜力，促进信息的发现和知识的共享。

3. 知识图谱补全

知识图谱，作为组织和管理知识的重要工具，广泛应用于各类智能系统中，包括搜索引擎、推荐系统和问答系统等。然而，这些图谱常常因为缺乏某些关键信息而无法发挥其最大效能。传统的补全方法往往依赖于人工编辑或简单的算法，既耗时又低效。而大模型如 GPT 系列模型，通过强大的语言理解和生成能力，可以为知识图谱的构建和补全提供重要支持。

（1）实体和关系的识别

利用大模型的高级语言理解能力来分析自然语言文本。这一过程涉及复杂的文本解析和语义分析，以从无结构的文本数据中提取结构化信息。具体包括：

- 文本预处理：清洗和标准化输入文本，去除噪声数据，如无关的标点符号和停用词，以提高实体识别的准确率。
- 实体识别：使用预训练的实体识别模型来识别文本中的关键实体，如人名、地点、组织等。这些实体将作为知识图谱中的节点。
- 关系抽取：确定实体之间的语义关系，如"创建""属于"或"位于"。这需要模型理解文本中的谓语和上下文线索，以准确地识别实体之间的动态联系。

（2）知识发现

在识别了相关的实体和它们之间的关系之后，进入知识发现阶段，旨在自动生成缺失的知识信息，具体包括：

- 三元组生成：利用大模型的文本生成能力，根据已识别的实体和关系构造新的三元组（头实体、关系、尾实体）。这些三元组代表了实体之间的新关系或属性，填补了知识图谱中的空白。
- 知识验证：对生成的三元组进行验证，确保它们的准确性和一致性。这可能包括对大模型生成的知识进行人工审核，或者使用其他可靠的数据源进行交叉验证。

（3）知识融合

最后一步是将新发现的知识融合到现有的知识图谱中。这一步确保了新加入的信息能够无缝地融入知识库中，且不会引入错误或矛盾：

- 逻辑推理与模式匹配：通过大模型的逻辑推理确保新加入的知识与现有知识不矛盾。使用模式匹配技术来识别和解决潜在的冲突，如不一致的实体命名或属性值。
- 知识融合：将验证后的知识以适当的格式和结构添加到知识图谱中。这可能涉及更新实体属性、添加新的实体或关系等操作，以丰富和完善知识图谱。

借助 AI 大模型，可以为知识图谱的构建和维护提供一种高效、自动化的方法，也可以为利用知识图谱支持各类智能应用带来新的可能性。而随着知识图谱的不断完善，它反过来又可以提升 AI 大模型的知识理解能力，增强大模型的逻辑推理和决策能力，并提高 AI 大模型的可解释性。

4. 知识图谱和 RAG 的结合：Graph RAG

在人工智能的领域中，知识图谱和大模型各自以其独特的优势，为智能系统提供强大支撑。知识图谱通过结构化的方式组织世界知识，提供了丰富的事实、概念及其关系，成为智能应用中不可或缺的知识基础。而大模型，如 GPT 系列，通过在海量文本数据上的预训练，拥有强大的语言理解和生成能力，能够在多种任务中展现出惊人的性能。然而，每个系统都有其局限性：知识图谱的更新和扩展成本高昂，而大模型可能因训练数据的限制而缺乏特定领域的深度知识。为了克服这些限制，Graph RAG（Retrieval-Augmented Generation for Knowledge Graphs）系统应运而生，它旨在将知识图谱的结构化知识与大模型的生成能力结合起来，如图 4-11 所示。

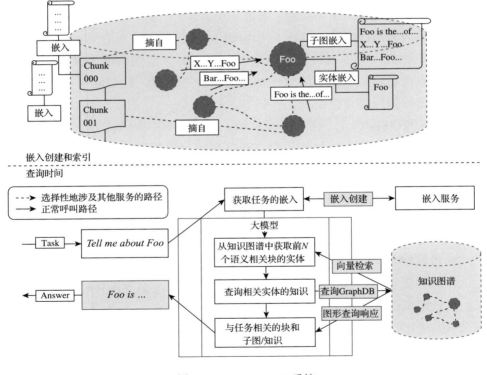

图 4-11　Graph RAG 系统

实现 Graph RAG 的过程可以分为以下几个详细且优化的步骤：

（1）问题理解和实体识别

利用大模型如 GPT 或 BERT 分析用户提出的自然语言问题。这一步的目的是理解问题的意图和上下文，并从中提取出核心的实体和关系。例如，解析问题"巴黎的著名地标是什么？"时，识别"巴黎"为核心实体。

（2）子图检索

根据第一步识别的实体，在知识图谱中执行子图检索操作。这通常涉及对知识图谱执行图遍历操作，以找到与提取的实体直接相关或间接相关的所有节点和边。这一步可能需要设置不同的遍历深度，以平衡检索的广度和深度。在知识图谱中查找与"巴黎"相关的子图，检索与巴黎相关的地标、事件或人物。例如，找到与"巴黎"直接相关的实体，如"埃菲尔铁塔""卢浮宫"和"巴黎圣母院"，以及与"卢浮宫"实体有关的子图，如"蒙娜丽莎的微笑"。

（3）上下文信息提取与优化

从检索到的子图中提取关键信息，并将其转换成大模型能够理解的格式。这可能包括将图中的实体关系转化为文本描述或者特征向量。此外，还需要对提取的信息进行优化处理，比如摘要、简化或重构，以去除冗余并强化问题与答案的相关性。提取与"巴黎"相关的地标信息，利用上下文进行过滤以满足用户的特定需求，并将其转换成易于理解的文本描述，如"卢浮宫是世界著名的博物馆之一，门票需要多少欧元，大概需要多久的时间能够参观完"。

（4）生成答案，对结果优化和验证

在生成答案的过程中，结合大模型的能力和知识图谱提供的详细上下文，我们可以更精准地指导模型生成针对性的回答。这个步骤首先涉及构建精心设计的提示，确保大模型能够基于提供的信息，如"巴黎"及其相关的著名地标，"埃菲尔铁塔"和"卢浮宫"，生成内容丰富且相关性高的答案。接下来，对大模型生成的答案进行细致的后处理，这不仅包括语言上的润色，以增强答案的流畅度和易读性，还包括对答案中可能出现的重复信息进行整合，以及对答案进行仔细的校对，确保无误。最后，通过一系列的验证步骤，检查答案的准确性和逻辑连贯性，这可能需要依赖于额外的推理检查或数据验证，以确保提供给用户的信息是可靠和精确的。例如，我们会为"埃菲尔铁塔"和"卢浮宫"这样的地标匹配恰当的描述，并确保语句表达清晰："巴黎

的象征性地标包括雄伟的埃菲尔铁塔和历史悠久的卢浮宫。"这样的优化过程不仅可以确保了答案准确无误，也可以确保答案具备更大的吸引力和更高的信息价值。

（5）用户反馈，知识图谱的维护与扩展

向用户展示生成的答案，并收集用户反馈。根据用户反馈调整和优化模型参数、检索策略和生成逻辑。定期更新和扩展知识图谱，包括添加新的实体和关系、更新现有信息等。可以基于从大模型生成的答案和用户反馈中获得的洞察进行定期优化，以确保知识图谱的准确性、时效性和覆盖范围。例如，添加新发现的巴黎地标"塞纳河畔的莎士比亚书店"，以及这些地标的详细描述和历史背景。

通过这些步骤，Graph RAG 系统不仅能有效整合知识图谱的结构化知识和大模型的生成能力，还能通过持续的用户交互和反馈循环实现自我优化和知识更新，从而提供更准确、更丰富且具有高度解释性的答案。

与向量数据库构建的 RAG 相比，结合知识图谱的 Graph RAG 有以下优势：

- **知识图谱提供更精准的信息**：相较于向量数据库仅能测量实体或概念间的模糊相似度，知识图谱深入挖掘并明确展现了它们之间的具体联系，可以让模型输出更精准的结果。例如，知识图谱能够明确说出"埃菲尔铁塔"是"巴黎"地标这样的具体关系，而向量数据库仅能大致标示这两者间的相似度水平。

- **知识图谱的复杂查询处理能力**：向量数据库的查询主要基于相似度，这往往只能提供表面层次的相似性判断。相比之下，知识图谱能够应对基于精确逻辑的复杂查询请求，提供更深入和具体的信息。以一个具体的例子来说，假设我们想要探索所有位于"法国"的著名地标以及与它们相关的象征性著作，向量数据库可能只能提供关于"法国"这一概念的基本信息，而知识图谱能够准确地揭示"蒙娜丽莎的微笑"这幅画作与"卢浮宫"的具体关系，因为它能够识别出在卢浮宫可以欣赏到这幅举世闻名的画作。通过知识图谱，AI 大模型能够基于这种精细的关系网生成更丰富、更准确和更有深度的内容。

- **知识图谱的推理和推断优势**：当涉及提供直接信息以外的信息时，向量数据库的能力受限于其存储的数据。相比之下，知识图谱能够基于实体间定义好的关系进行推理，推导出额外的间接信息。例如，从"巴黎是法国首都"以及"法国位于欧洲"这两个事实中，知识图谱能推断出"埃菲尔铁塔位于欧洲"的信息。这种推理能力让 AI 大模型能够产生逻辑性更强、内容一致性更高的文本输出。

在与大模型如 GPT 的交互中，知识图谱可以提供一个精准丰富、符合逻辑的结构化信息源，帮助模型理解和响应更复杂的查询，当然前提是要维护好知识图谱的实体的关系。Graph RAG 的发展也面临一些挑战，包括如何优化模型以处理大规模知识图谱，如何平衡检索的速度和准确性，还有如何与其他结构化数据源的协同等。未来，Graph RAG 的发展方向可能会集中在提高模型的泛化能力、优化知识图谱的动态更新机制，以及探索更有效的知识融合策略上。

在金融行业中，很多的金融产品的设计和应用有很强的逻辑关系，如交易主体、市场规则和协议文本等。知识图谱在金融行业中可以结合的应用场景包括但不限于：客户服务（提供关于金融产品、服务条款或政策的详细信息）、投资建议（结合历史数据和市场趋势，提供个性化的投资建议）、风险评估（分析金融市场的历史趋势和模式，帮助评估投资风险）、市场分析（利用历史交易数据和市场规则，提供深入的市场分析和预测）等。

4.4　AI Agent

2023 年 11 月 9 日，比尔·盖茨在其个人博客上发表了一篇题为"AI is about to completely change how you use computers"的文章。他认为 AI Agent（人工智能代理）将彻底改变我们与计算机的互动方式，从而颠覆软件行业，带来自计算机命令输入到图标点击以来的最大革命。

AI Agent 是一种能够感知环境、进行决策和执行动作的智能实体。它可以是软件程序、机器人或其他自动化系统，旨在模拟人类的认知能力，并在特定任务或环境中执行各种操作。

AI Agent 的概念可以追溯到 20 世纪中期，当时人工智能领域开始兴起，人们对模拟人类智能产生了浓厚兴趣。被誉为"人工智能之父"和框架理论创立者的马文·明斯基引入了 AI Agent 的概念，并在其著作《心智社会》中探讨了 AI Agent 的互动、通信、特性与具象智能等多个方面。随着时间的推移，AI Agent 的概念不断发展和丰富，涵盖了更多领域和应用场景，如机器人技术、自动驾驶汽车、智能助理系统等。

在医疗保健领域，AI Agent 不仅能协助医生处理行政任务，还能对患者进行基本诊断和提供治疗建议，特别是为那些无法亲自就医的人提供帮助。在教育领域，AI Agent 不仅是辅助教学的工具，更能根据学生的兴趣和需求提供个性化的学习指导。在生产力领域，AI Agent 不仅是应用程序的助手，还能成为你的专属助手，处理各种任务并参与会议。在娱乐和购物领域，AI Agent 不仅能推荐产品和娱乐内容，还能帮助你完成购买和娱乐活动。

一个精简的 AI Agent 决策流程可以归纳为三个步骤的循环：感知（Perception）、规划（Planning）和执行（Action）。

- 感知：感知是指 AI Agent 系统获取环境信息。在感知阶段，代理系统利用各种传感器和感知器件，例如摄像头、激光雷达、微风传感器等，收集来自环境的数据和信息。这些数据可以是图像、声音、文本、位置信息等多种形式。感知的目标是将环境的状态转化为计算机能够理解和处理的形式，为代理系统的后续决策和行为提供支持。感知过程中的关键挑战包括数据的处理和理解、信息的过滤和融合，以及对环境变化的及时响应。此阶段对应的是感知模块，负责感知并处理来自外部环境的多模态信息。

- 规划：规划是指 AI Agent 系统基于感知信息和预先设定的目标，制定行动方案和决策。在规划阶段，代理系统利用收集到的环境信息和对环境的理解，结合已有的知识和经验，通过推理和优化算法生成适当的行动序列。规划的目标是使代理系统能够有效地达到预期的目标，并在面对复杂环境和未知情况时做出合理的决策。规划过程中的关键挑战包括路径规划、资源分配、时间安排，以及对不确定性和风险的处理。此阶段对应的是大脑模块，作为核心控制器，大脑模块承担着记忆、思考和决策等基本任务。

- 执行：执行是指 AI Agent 系统根据规划生成的行动方案，通过执行实际动作来与环境进行交互的过程。在执行阶段，代理系统利用执行器和执行设备，例如机器臂、轮式机器人、语音合成器等，将规划好的行动序列转化为具体的动作和操作。执行的目标是使代理系统能够与环境有效地交互，实现预期的目标，并实时地感知和响应环境的变化。执行过程中的关键挑战包括动作控制、运动规划、传感器数据的处理和反馈，以及对执行过程中可能出现的问题和故障的处理。此阶段对应的是行动模块，负责利用工具执行任务并影响周围环境。

一个精简的 Agent 决策流程的函数表达式为：

$$Agent：P（感知）—> P（规划）—>A（执行）$$

举例来说，当一个人询问天气是否会下雨时：

- 感知模块将指令转换为 Agent 能够理解的表示形式。
- 规划模块根据当前的天气情况和互联网上的天气报告进行推理。
- 执行模块做出响应并将雨伞递给人类，同时帮助人类定好出行的车辆。

通过重复上述过程，AI Agent 可以不断地获得反馈并与环境进行交互。举例说明：

1）感知：自动驾驶汽车的感知系统使用摄像头、雷达和传感器等收集周围环境的数据。这些数据被转换为车辆可以理解的信息，例如前方有一辆停止的汽车或路上有障碍物。

2）规划：车辆的规划系统开始分析当前的驾驶环境，结合目的地信息，使用复杂的算法预测障碍物的行动趋势，并规划一条避开障碍物同时确保乘客安全的最优路径。在这个过程中，车辆可能需要考虑多种因素，如障碍物的距离、车速、路面条件等。

3）执行：根据规划结果，执行模块控制车辆采取具体措施，如减速、变道或停车，以避开障碍物。车辆执行这些操作时，会持续监测环境变化，确保行动的安全性和有效性。

通过不断重复这一过程，自动驾驶汽车能够实时响应路况变化，不断从环境中获得反馈并调整自己的行为，实现安全、有效的驾驶。

对于一些复杂场景，我们可以设想一个名为"TravelMate"的 AI Agent，它是一个专注于定制旅游出行计划的智能助手，旨在为用户提供个性化的旅行规划和其他支持。其功能和特点包括：

- 个性化旅行规划：TravelMate 会收集并分析用户的旅行偏好、兴趣爱好、预算和时间安排，为用户提供定制化的旅行计划。

- 景点推荐：TravelMate 会根据用户的兴趣和偏好，为他们推荐适合的景点和活动。它会分析用户的喜好，比如历史文化、自然风光、美食体验等，然后推荐相应的景点和活动。
- 交通和住宿安排：TravelMate 会帮助用户预订机票、火车票、酒店和民宿等交通和住宿服务。它会比较不同的选项，并根据用户的偏好和预算做出最佳推荐。
- 实时导航和支持：在旅行过程中，TravelMate 会提供实时导航和其他支持。用户可以随时向它询问路线、天气、交通等信息，TravelMate 会及时给出答复并提供帮助。
- 语言交互：TravelMate 支持自然语言交互，用户可以通过语音或文字与其对话。它能够理解并回答用户的问题，执行指示，并提供个性化的建议。

4.4.1　AI Agent 的哲学意义

在探讨 AI Agent 的哲学意义时，不得不提及生命体发展的两大核心路径：单元增强和组织增强。这两种进化路径不仅见证了自然界生物从简单到复杂的演变，也为我们理解人工智能，尤其是 AI Agent 的发展，提供了宝贵的视角。

单元增强是指生命体通过提升个体的能力来适应环境，例如动物逐渐进化出更敏锐的感官、更强的力量或更高的智力。组织增强则是指通过个体间的协同合作，形成更为复杂的社会结构和集体智慧，以此实现超越单个个体的整体效能。

蚂蚁社会是一个典型的组织增强示例。尽管单个蚂蚁的智力有限，但整个蚁群通过分工合作，能够完成极其复杂的任务，如筑巢、觅食和养育后代。同样，人类社会的发展也得益于组织增强原则，通过语言、文化和技术等工具，实现了知识的累积和传承，构建了复杂的社会系统。随着人类社会的进化，协同能力的增强使我们开始依赖文字、语言以及外部知识库等"外脑"工具来存储和传递知识。

有趣的是，自文字和语言发明以来，人类的大脑容量在过去数千年间有所萎缩，这可能与我们对这些"外脑"工具的依赖有关。文字的出现使得人类可以将知识外化存储于书籍、碑文和网络中，而不再完全依赖于大脑的记忆功能，这样大脑可以将资源和能量分配给其他认知和协同能力。此外，随着社会分工的细化和专业知识体系的建立，个体不再需要掌握所有知识，而是可以依赖于其他社会成员或专家的知识和技能。这种分工合作模式不仅提高了人类社会的整体效率，也减轻了个体的大脑信息处理负担。然而，这并不意味着人类变得"愚蠢"。相反，通过集体智慧和"外脑"的辅助，人类能够解决更复杂的问题，创造出前所未有的文明成就。这一现象深刻体现了生命进化中"组织增强"的力量，即通过社会合作和技术创新，生命体可以更经济地实现更高级的认知和文明进步。

在 AI 的世界中，之前的大模型如 GPT 等，虽然在文本生成、语言理解等方面展现出惊人的能力，但它们更像是"缸中之脑"，缺乏与外部世界互动的能力，其智能表现形式也相对有限。而 AI Agent 的出现，为 AI 的进化提供了一种全新的路径。AI Agent 的核心在于其感知环境并据此执行任务的能力，相当于为 AI 装上了"眼睛、耳朵和手脚"。这不仅使得 AI 能够应用于更广泛的领域，如自动驾驶、智能家居和在线客服等，更重要的是，它为 AI 的组织增强提供了可能。通过 AI Agent，不同的 AI 系统可以实现信息交换和任务协调，形成具有集体智慧的 AI 群体。这种群体不仅能够解决更复杂的问题，还能够适应不断变化的环境，其整体智能水平和应用范围将远超单个 AI 模型。

从进化的角度看，无论是自然界的生命体还是人工智能，都在朝着更高层次的智能发展。AI Agent 的出现和发展，标志着我们正在从侧重单元增强的阶段逐渐过渡到注重组织增强的新阶段。在这个过程中，AI 不再仅仅是人类的工具或助手，而是成为能够自主学习、合作和进化的智能实体。这将极大地扩展 AI 的应用领域，同时也为我们带来了新的挑战，比如如何管理和引导 AI 群体的发展，如何确保 AI 技术的伦理使用等。

AI Agent 的哲学意义在于，它不仅预示着人工智能向更高级形式的演进，也反映了生命体进化的普遍规律——通过增强组织能力，实现智能体的协同与进化。未来，随着 AI 技术的不断进步，我们有理由相信，AI Agent 是实现通用人工智能的重要环节。

4.4.2　AI Agent 的架构体系

与先前的大模型应用相比，AI Agent 的独特之处在于它不仅能为用户提供咨询服务，还能直接参与决策与执行环节。这一进步的核心在于，任务规划这一关键环节被完全委托给了 AI 大模型。当然，这需要基于一个前提：AI 大模型具备深刻洞察与感知世界的能力、丰富的记忆存储、高效的任务分解与策略优化、持续的自我反思与内在遐想，以及灵活运用各类工具的技能。这意味着，AI Agent 不仅是执行命令的工具，更是具备自主学习、适应和创新能力的智能实体，能够在复杂多变的环境中自我优化，并实现目标的有效达成。典型的 AI Agent 的架构体系如图 4-12 所示。

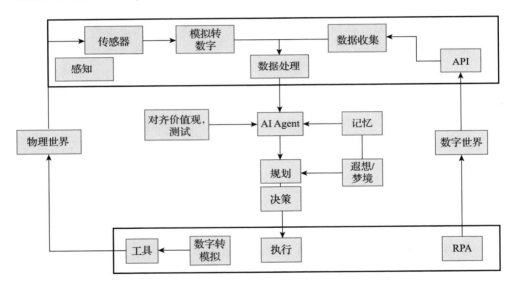

图 4-12　AI Agent 的架构体系

1. 感知模块

在人工智能系统中，感知模块起着至关重要的作用。它是 AI 与外部世界沟通的桥梁，负责捕捉、处理和解释环境中的各种信号。这一模块模拟了人类的感官系统，如视觉、听觉和触觉，使得 AI 能够"感知"周围的世界，理解环境，并在此基础上作出反应。

感知模块通过传感器（在物理世界中）或数据获取接口（在数字世界中）

来收集信息。在物理世界中，传感器包括相机、麦克风、温度传感器、湿度传感器、GPS 定位器等，用于捕获图像、声音、温度、位置等信息。在数字世界中，数据获取接口可能涉及网页爬虫、API 调用、数据库查询等方式，用于获取文本、数字和其他类型的数据。

收集到的原始数据通常需要经过预处理才能用于后续的分析和理解。预处理步骤可能包括噪声去除、数据标准化、特征提取等。例如，图像识别中的预处理可能包括调整图像大小、改变对比度、边缘检测等，以便更好地识别图像中的对象。在自然语言处理（NLP）中，预处理可能包括分词、去除停用词、词性标注等步骤，以提取有用的信息。

预处理后的数据需要通过更高级的分析来解析和理解。这一步可能涉及机器学习模型和算法，如深度学习、模式识别等。通过这些技术，AI 可以识别图像中的对象、理解语音命令的含义、分析文本的情感倾向等。这些能力使得 AI 能够从原始数据中提取有意义的信息，并将其转化为可用于决策和行动的知识。

2. 记忆模块

AI Agent 的记忆模块是一个研究热点，这不仅因为它在智能体的学习和决策过程中扮演着核心角色，还因为它体现了智能体适应和进化的能力。在 OpenAI 应用人工智能研究负责人 Lili Weng 的博客文章 "LLM Powered Autonomous Agents" 中，AI Agent 的记忆模块被分为三个主要类型：感觉记忆、短期记忆（STM 或工作记忆）和长期记忆（LTM），每种类型都有其独特的功能和实现机制。

感觉记忆是 AI Agent 处理原始输入数据的第一步，类似于人类的感觉信息处理。它能够短暂保留来自外部环境的感觉数据，如视觉、听觉或触觉信息。尽管这类记忆的持续时间非常短，仅几秒，但它是智能体对复杂环境作出快速反应的基础。

短期记忆或工作记忆在 AI 中相当于模型的内存，负责处理当前的信息流。这类记忆类似于人类的意识处理，具有有限的容量，通常被认为是围绕 7 个项目的信息（根据 Miller 的理论），并能维持 20～30 秒。在大语言模型（如 Transformer 模型）中，短期记忆的容量受到其有限上下文窗口的限制，这个限制决定了 AI 能够直接"记住"和处理的信息量。

长期记忆为智能体提供了几乎无限的信息存储空间，允许它们存储和回忆长时间跨度内的知识和经验。长期记忆分为外显记忆和内隐记忆两种子类型。外显记忆涵盖对事实和事件的记忆，这些记忆可以有意识地回忆起来，包括语义记忆（事实和概念）和情景记忆（事件和经历）。内隐记忆则包括技能和习惯，如骑自行车或打字，这些是无意识学习的结果。

AI Agent 的长期记忆通常通过外部数据库或知识库实现，使得智能体能够在需要时快速检索到相关信息。这种模式的难点在于如何高效组织和检索存储的信息。为此，近似最近邻（ANN）算法被广泛应用于优化信息检索过程，即使在牺牲一定准确性的情况下，也能显著提高检索速度。

记忆模块的设计对 AI Agent 的性能有着决定性的影响。有效的记忆系统不仅能够提高智能体处理和存储信息的能力，也使其能够从过去的经验中学习，从而适应新的环境和挑战。同时，记忆模块的研究还带来了深层次的问题，如如何平衡记忆的容量与检索效率，以及如何实现记忆的持久性与可靠性。未来，随着 AI 技术的不断进步，我们可以期待更加高效、灵活的记忆模块，为智能体提供更强的学习和适应能力，从而在各种复杂环境中发挥出更大的潜力。

3. 规划模块与决策模块

规划模块与决策模块是人工智能系统中的核心组件，赋予 AI 在复杂和不确定环境中制定有效行动策略的能力，以实现其既定目标。从自动驾驶汽车在繁忙交通中的实时决策到医疗 AI 在庞大数据中寻找治疗方案，高级的规划与决策能力对 AI Agent 至关重要。这不仅包括基本的目标设定与分析、决策制定，还包括对未来的预测、风险评估以及在多种可能性中进行权衡，优化 AI 的行为和策略等。

（1）目标设定与分析

在制订任何行动计划之前，首先需要明确 AI 系统的目标。这些目标可能是预先设定的，也可能是根据实时数据和环境变化动态生成的。一旦目标确定，规划模块与决策模块就会分析感知模块提供的信息，包括环境状态、目标条件、可用资源等，来制定实现目标的最佳路径。

（2）环境理解与预测

规划模块与决策模块需要对环境有深刻的理解，这包括对当前环境的状态及其可能的变化的理解。在充满不确定性和动态变化的环境中，模块需要评估外界的变化，以及各种因素如何影响未来的状态。这一挑战要求 AI 系统利用先进的数据分析技术、机器学习模型和算法，对大量历史数据进行深入分析，从而预测未来环境状态的可能变化。特别是在气候变化、股市波动等高度不确定的领域，这一能力显得尤为关键。通过对环境的深刻理解和准确预测，AI 能够在制定决策和规划时，考虑到潜在的风险和机遇，从而制定出更为稳健的行动策略。

（3）决策制定

基于对目标和环境的理解，规划模块与决策模块将评估不同的行动方案。这一过程涉及权衡各种方案的优缺点、风险和收益，以及它们实现目标的可能性。在许多情况下，需要使用优化算法来寻找最优或接近最优的解决方案，这可能包括启发式搜索、动态规划、蒙特卡洛树搜索等方法。

AI 规划能力的多样性是其应对复杂任务的关键。我们将其大致分为两类：不依赖反馈的计划和基于反馈的计划。

- 不依赖反馈的计划，通常在环境相对稳定和可预测时使用。例如，单路径推理，沿预设路径执行任务，适用于结果可预见的场景。相对地，多路径推理构建了一个决策树或图，为不同情况提供备选方案，增加了决策的灵活性和应对突发事件的能力。
- 基于反馈的计划，适用于那些需要根据环境反馈来动态调整的场景。这类计划利用实时数据和反馈来重新评估和调整规划策略，以适应环境的变化。反馈可以是任务执行结果的客观数据，也可以是主观评估或由辅助模型提供的信息。

（4）规划与任务分配

在确定了最佳行动方案之后，决策与规划模块需要将这一方案转化为具体的规划和任务分配。这一步尤为重要，特别是在多智能体系统中，需要考虑如何高效协调各智能体的行为，确保集体行动协同一致、效率最高。在任务分配过程中，需要考虑个体能力、资源分配、时序安排等因素，确保计划的顺利实施。

思维链和思维树代表了 AI 在解决复杂问题时的一种进步思路，它们通过模拟人类的思考过程，将一个大任务分解为多个小任务，再通过逐步解决这些小任务来实现最终目标。这种方法不仅提高了问题的解决效率，也增加了解决方案的创新性。

另外，大模型 + 规划的策略展示了将 AI 技术与传统规划方法结合的新途径。通过将复杂问题转化为 PDDL（Planning Domain Definition Language，规划领域定义语言），再利用经典规划器求解，能够在保证解决方案质量的同时，显著提高规划的效率和可行性。

（5）应对不确定性与动态调整

规划模块与决策模块还需要具备应对环境不确定性和动态变化的能力。这意味着 AI 系统必须能够监测环境的变化，并根据实时信息调整其行动计划。在某些情况下，这可能涉及实时的决策调整，或者在遇到预期之外的情况时重新规划。AI 的自我反思和动态调整能力是其适应性的核心。

ReAct 和 Reflexion 技术在规划过程的整合反馈循环，展示了 AI 如何在行动后评估结果，并基于这些评估进行自我优化。Chain of Hindsight (CoH) 则通过分析过去的行动和结果，对未来的规划策略进行微调，以提高决策的精确度和效率。随着更多前沿技术的融合与应用，AI Agent 将在复杂性管理、决策优化以及适应性调整方面迈出更大的步伐，为各行各业带来革命性的变化。

4. 遐想 / 梦境模块

这个模块的主要功能是模拟可能的未来场景和结果，帮助 AI Agent 在采取实际行动之前评估不同决策的后果。这不仅能增强 AI 的决策能力，还能在安全的环境中进行尝试和错误学习，类似于人类的遐想或梦境。

通过加入内部模型模块，AI Agent 不仅能够基于现实世界的反馈进行学习和适应，还能在一个安全且受控的内部环境中探索和优化其行为，增强其解决复杂问题和适应未知环境的能力。这种内部仿真机制使 AI 更加接近于具有高级认知功能的生物体，如人类，能够在行动之前通过内心模拟评估不同的可能性。

即使在没有任何外界输入和需要做规划的时候，AI 的遐想 / 梦境模块也可能会在低负荷的时候启动。这个模块会利用 AI 至今所学习的所有信息，包括日间遇到的挑战、解决方案的尝试以及从这些经历中收集的反馈，随机生成复杂的内部场景。这些场景不仅基于现实世界的数据，还会融入未尝试或幻想中的元素，使得 AI 能够在完全控制的内部环境中"遐想"。

在这些"梦境"中，AI Agent 可能会模拟一系列以前未曾面对的挑战场景，比如在火星上建立基地的全过程，或者设计一个完全由 AI 管理的生态系统。它也可能会模拟与未来可能遇见的新技术或未知生命形式的互动。在这个过程中，AI 不仅会试图找出解决方案，还会预测可能出现的问题，并探索如何优化现有的行动计划。

通过这种方式，遐想 / 梦境模块成为一种强大的学习工具。AI 可以在梦境中测试和改进其决策算法，而不必担心现实世界中的失败后果。这种内部模拟的过程允许 AI 在遇到实际情况之前，就已经做好了准备。此外，通过在梦境中探索各种可能性，AI 能够发现新的解决方案和创新方法，这些在传统的学习环境中可能永远不会被触及。

AI 的遐想 / 梦境模块将是人工智能迈向更高级别的智能进化的一大步。它不仅让 AI 能够在安全的环境中自我完善和进化，还能够让 AI 更加深刻地理解和预测复杂系统的行为。未来的 AI 将不仅仅是执行任务的工具，它将成为能够自我反省、创新和梦想的智能实体，以全新的方式与人类社会互动和共生。

5. 交互模块

交互模块相当于 AI Agent 的原生沟通工具，类似于人类的说话、眼神和肢体语言等自然交流方式。它主要负责处理 AI 与用户或其他系统之间的直接交流，确保双方能够有效、准确地理解对方的意图和需求。这个模块通常涵盖了自然语言处理技术，用于解析人类语言的含义，生成相应的语言输出；同时，它也可能包括视觉和听觉识别技术，使 AI 能够理解非语言的交流信号。

通过自然语言处理技术，AI 能够理解和生成人类语言，包括文字和口语，从而与用户进行自然交流。计算机视觉使得 AI 能够"看到"和理解视觉信息，识别用户的手势、表情等非语言信号。语音识别与生成技术为用户提供了直观、便捷的交互方式。多模态交互设计融合了文本、语音、视觉等信息，增强了交互的自然度和灵活性。而上下文理解能力则使得 AI 能够根据对话历史、用户偏好等信息做出更加精准和个性化的响应。交互模块使得 AI 能够与人类或其他 AI 进行自然而直接的交流，在沟通中获取更多的信息，对任务有更充分的理解，从而做出更好的判断和规划。

6. 执行模块

执行模块类似于 AI 使用的"外部工具"，旨在将决策和规划转化为具体的行动。这包括在物理世界中控制机械臂、移动设备等硬件操作，以及在数字世界中启动程序、发送信息等软件操作。执行模块的作用，类似于人类使用工具来扩展自身的生理能力，通过工具达成目标。例如，当一个人使用锤子敲打钉子时，锤子成为延伸人类能力的工具；同样，当 AI 需要在物理世界中执行任务时，执行模块会控制相应的硬件或者软件来完成这些任务。执行模块的关键在于它能够将 AI 的虚拟决策转化为现实世界中的实际影响。

AI Agent 的工具使用能力和协作能力是一个备受关注的话题。人类之所以与众不同，是因为我们能够创造、修改并利用外部工具来完成超越我们生理能力的任务。换句话说，对工具的使用可能是人区别于动物的最显著的特征。现如今，研究者们致力于赋予 AI Agent 类似的能力，以拓展模型的应用范围和智能程度。

近期的研究表明，通过给予大模型使用外部工具的能力，可以显著提升其性能。例如，一些研究团队利用模块化推理、知识和语言（Modular Reasoning, Knowledge and Language，MRKL）系统，将大模型与各类专家模块相结合，使其能够调用像数学计算器、货币转换器和天气 API 等外部工具。这些模块既可以是神经网络模型，也可以是符号模型，从而为大模型提供了更多的工具选择，以满足不同领域的任务需求。

然而，尽管外部工具使用能力为 AI Agent 带来了巨大的潜力，但在实际应用中也面临着一些挑战。一些研究发现，大模型在处理口头数学问题时存在一定的困难，这表明了在何时以及如何使用外部工具的重要性。因此，研究者们提出了一些新的方法，如工具增强语言模型（Tool Augmented Language Models，TALM）和 Toolformer，以帮助大模型学习如何使用外部工具 API。这些方法通过扩展数据集，使大模型能够根据新添加的 API 调用注释来改进模型输出的质量。

另外，一些实践性的应用也在不断涌现，如 ChatGPT 插件和 OpenAI API 函数调用，它们充分展示了外部工具使用能力为大模型带来的卓越潜力。

2023 年 4 月，浙 江 大 学 和 微 软 联 合 团 队 发 布 了 HuggingGPT。HuggingGPT 框架利用 ChatGPT 作为任务规划器，根据 Hugging Face 平台上模型的描述来选择最合适的模型，并根据执行结果进行响应总结。他们在论文 " HuggingGPT：Solving AI Tasks with ChatGPT and its Friends in Hugging Face"（HuggingGPT：用 ChatGPT 和它的朋友在 Hugging Face 中解决 AI 任务）中指出，语言作为大模型（如 ChatGPT）的接口，能够连接众多人工智能模型（如 Hugging Face 中的模型）以完成复杂的人工智能任务，如图 4-13 所示。大模型作为一个控制器，管理和组织专家模型的合作。

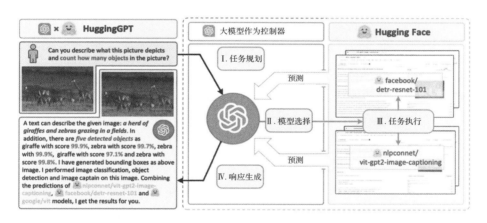

图 4-13　HuggingGPT 和 Hugging Face

与此同时，HuggingGPT 融合了 Hugging Face 中成百上千的模型和 GPT，可以完成 24 种任务，包括文本分类、对象检测、语义分割、图像生成、问答、文本语音转换和文本视频转换等。具体步骤分为四步：

1）任务规划：使用 ChatGPT 来获取用户请求。

2）模型选择：根据 Hugging Face 中的函数描述选择模型，用于执行 AI 任务。

3）任务执行：使用第 2 步选择的模型执行任务，总结成回答返回给 ChatGPT。

4）响应生成：使用 ChatGPT 融合所有模型的推理，生成回答返回给用户。

为了更好地评估工具增强型模型的性能，研究人员提出了 API-Bank 基准，其中包含了 53 种常用的 API 工具和 264 个带有 568 个 API 调用的对话注释。API-Bank 基准通过三个级别来评估模型的工具使用能力，分别是调用 API 的能力、检索 API 的能力以及规划 API 的能力。这一基准为评估模型在不同层次上的工具使用能力提供了有效的方法。ToolLLM 收集了 16000+ 个现实世界的 API，生成了相关工具使用评测基准，并开源了基于该数据集训练的 LLaMA 模型。

未来 AI Agent 的工具使用能力和协作将成为人工智能领域的重要研究方向。通过不断探索和创新，我们有望赋予 AI Agent 更加智能和灵活的工具使用能力，从而使其实现更广泛的应用和更高水平的智能表现。

7. 学习模块

学习模块通过应用机器学习算法，包括强化学习、监督学习和无监督学习算法，使得 AI 能够分析过去的行动与结果，从而在复杂的世界中找到其立足之地。这些算法允许 AI 从成功和失败中吸取教训，辨别哪些行为在给定条件下是高效的，哪些可能带来不利后果。这种能力让 AI 能够自我完善，调整其内部模型以更准确地反映现实世界的动态性和复杂性。

将规划模块与学习模块的功能相结合，可以形成一个高度灵活和适应性更强的系统。在这种系统中，规划模块不仅会根据当前的学习模型来制订行动计划，还会根据执行过程中的实际结果和反馈来调整计划。同时，学习模块会分析规划执行的效果，调整其学习算法和内部模型，以优化未来的规划和决策过程。

在实现通用 AI Agent 的路径上，首先需要在特定场景下实现稳定表现的能力，然后通过不断扩展学习模块和规划模块的互动，使得 AI Agent 能够适应更广泛的环境和任务。举例来说，我们在学习数学时，最初常常会背诵九九乘法表。如果每道数学题都需要通过计算的方式解答，相当于启动了大脑中的规划模块，但这一过程的能耗颇高。通过背诵，我们能够将常见的数学运算存储在短期记忆模块中，以便在需要时迅速唤起，从而节省能耗。随着不断地背诵和练习，常见的数学运算就像被编程到我们的大脑神经一样，使我们不需要复杂的思考过程就能快速给出答案。对于 AI Agent 而言，这个过程等同于通过经验学习和反复实践，使其内部模型进行微调，从而更加高效地执行任务，换句话说，这是将常用的任务规划能力固化为内部工具。

AI Agent 学习的另一个重要方向是学习使用外部工具，从而以更低的能耗完成特定任务。当 AI 开始接触一个新工具或另一个 AI Agent 时，它首先需要了解这个新"对象"的基本功能和操作方式。这一步类似于人类初次学习如何使用一件工具时的探索阶段。AI 通过观察、实验和从过往经验中吸取教训，逐步建立对工具或伙伴行为的初步理解。这个过程可能需要大量的试错，但正是这些试错为 AI 提供了宝贵的学习机会。AI 通过不断的实践和环境反馈，形成更复杂的策略来高效地利用工具或与其他 AI 合作。它可能会发现特定的工具组合能够解决之前无法解决的问题，或者通过与特定 AI Agent 的协作，能够大大提高任务完成的效率和质量。

AI 的学习不局限于单一任务或环境，还有对学习策略本身的理解，学习如何有效地学习。AI 开始识别哪些学习方法最有效，哪些需要调整，这种自我反省的能力让它能够根据不断变化的挑战进行优化。进一步，当 AI 能够分享其学习到的知识和经验时，整个 AI 社群的进步速度将大大加快。这种知识共享机制不仅加速了单个 AI 的成长，也推动了整个领域的前进。当 AI 系统掌握了如何灵活运用各种工具和资源，以及如何与其他智能实体高效合作时，它就能够处理更复杂的任务，展现出前所未有的创新和解决问题的能力。

8. 配置管理与监控模块

配置管理与监控模块是 AI Agent 体系中的关键组成部分，它承担着监视、评估和调整 AI 性能的重要职责，确保 AI 系统能够稳定且安全地运行，同时也符合预定的性能和行为标准。此模块的功能不仅包括实时监控和异常处理，还包括对 AI 的价值观进行对齐，以及通过连续的测试和校准来优化 AI 的表现。其核心职能包括：

- 代理生成策略：结合随机组合策略，并利用现实世界的性格统计、心理学和行为分析体系数据，创造多样化的 AI Agent 配置文件。这些方法既保证了代理的真实性和多样性，又提高了系统模拟复杂社会交互的能力。

- 代理角色的定义与管理：设定和管理 AI Agent 的角色特性，包括目标、能力、知识库和行为模式等。这使得每个 AI Agent 都能根据其独特的配置文件在特定环境中发挥作用，在思考和行动上贴近用户的真实需求，同时也增加了系统的灵活性和多样性。
- 评估测试和 AI 价值观对齐：通过不断的测试和反馈循环，确保 AI Agent 的行为与人类的价值观和目标保持一致，避免产生不利于用户或社会的结果。通过不断的性能评估，对 AI 系统进行微调，提升其适应性、准确性和用户满意度。
- 人工微调：人工微调功能允许管理员直接干预和调整 AI Agent 的神经网络和知识体系，简单来说，这种方式支持管理员针对特定的问题或场景，对 AI 的行为和决策逻辑进行细致的调整和优化。
- 性能监控与异常处理：实时监测 AI Agent 的运行状况，及时识别和解决性能下降、错误或异常问题，保证系统的稳定运行。这包括对 AI Agent 的响应时间、准确率、资源消耗等关键性能指标的跟踪。
- 安全性管理：确保 AI Agent 在数据处理和决策过程中的安全性，防止数据泄露、恶意攻击和滥用等。

4.4.3 AI Agent 的实际案例

在当今数字化时代，AI Agent 正逐渐成为各行各业的重要组成部分。这些智能代理不仅仅是程序或机器人，更是能够模拟人类行为、进行自主学习和与环境交互的智能实体。以下是业界几个比较有名的案例，它们展示了 AI Agent 在模拟人类行为、游戏和软件开发等领域的创新型应用。

1. 生成式代理

2023 年上半年，斯坦福大学和谷歌团队联合发表的研究论文 "Generative Agents：Interactive Simulacra of Human Behavior"（《生成式代理：模拟人类行为互动》）中对生成式代理（Generative Agent）进行了详细介绍。生成式代理是一种能够在交互式环境中模拟人类行为的计算软件代理，它能够通过扩展大语言模型存储的完整经历记录，并进一步根据时间合成记忆，进行动态检索以便规划行为，甚至能展现出令人信服的个体及群体可信行为，像人类一样进行"日常生活"，例如起床、做早餐、上班、形成意见、交流、反思、回忆、规划等。

这篇论文在业内引起了广泛关注，它通过《模拟人生》的沙盒环境实现生成式代理的"日常行为"，展示了它们在模拟社会中的交互潜力。举例来说，从某个用户的指令"举办情人节派对"出发，该用户对应的生成式代理即刻开始筹备情人节派对，其他的代理则会在接下来的两天内对"情人节派对"的活动信息进行自主传播，并结识更多新朋友，以便邀请更多的人来参加派对，最终代理会在指令的时间内协调所有人参加派对。生成式代理将大语言模型与计算交互代理相结合，并为模拟人类行为提供了一个有效的实施架构和交互模式。

2. Voyager

Voyager 是 Minecraft 中第一个由大语言模型驱动的嵌入式终身学习代理，可以在没有人类干预的情况下不断探索世界、获取各种技能并发现新的内容。Voyager 由三个关键部分组成：①最大化探索的自动课程；②用于存储和检索复杂行为的不断增长的可执行代码技能库；③结合环境反馈、执行错误和自我验证以改进程序的全新迭代提示机制。Voyager 通过黑盒查询与 GPT-4 进行交互，从而避免了模型参数微调。Voyager 所开发的技能具有时间扩展性、可解释性和组合性，能迅速增强代理的能力，减少灾难性遗忘。从经验上看，Voyager 表现出很强的在情境中终身学习的能力，在玩 Minecraft 时表现出非凡的熟练程度。与之前的 SOTA 相比，它获得的独特物品数量增加了 3.3 倍，旅行距离延长了 2.3 倍，解锁关键技术里程碑的速度提高了 15.3 倍。Voyager 能够在新的 Minecraft 世界中利用学习到的技能库从头开始处理新任务，而其他技术则很难做到这一点。

3. ChatDev

论文"ChatDev: Communicative Agents for Software Development"介绍了一种专为软件开发而设计的名为通信代理范式的新方法。这种方法利用了大模型，通过整个软件开发过程进行自然语言交流，从而简化和统一了关键流程，不再需要为每个阶段构建专门的模型。它的核心是一个名为 ChatDev

的系统。ChatDev 类似于传统的瀑布模型，将开发过程分解为设计、编码、测试和文档四个明确的阶段。每个阶段都有一组代理参与，如程序员、代码审查员和测试工程师，负责促进协作对话并提供无缝的工作流程。ChatDev 通过聊天链充当推动者，将每个阶段细分为原子子任务，具有双重角色，旨在高效解决特定子任务并验证解决方案。ChatDev 的实用分析显示，它具有出色的软件生成能力，能够在 7 分钟内完成整个软件开发过程，成本不到 1 美元。它不仅能够识别和处理潜在的漏洞，还能够纠正潜在的错误，同时保持高效率和高效益。

4.4.4　AI Agent 的社会协同模式

前文提到，AI Agent 在各个领域均展现出了前所未有的潜力，不仅在单独应用中表现出色，更在多智能体互动和人机协同中展示了新的协作模式。在这一进程中，AI Agent 的社会角色、协同关系，以及它与人类的关系成为重要的研究主题，描绘出一个新兴的智能社会协同模式。

1. AI Agent 的社会角色

在当今社会，AI Agent 的角色和功能越来越多样化。从执行简单家务的家庭服务机器人，到提供精准法律咨询的辅助系统，每个 AI Agent 都被赋予了专门的技能，以满足特定领域的需求。这样的智能体，更像是针对特定问题设计的高效工具，它们的存在极大地提高了工作的效率和准确性。

随着人工智能技术的快速发展，智能体的能力也在不断扩展和深化。现代 AI Agent 不再仅仅是冰冷的计算机程序，它们开始展现出更加"人性化"的特质。这些高智能的 AI Agent 能够自主学习新知识，推理解决问题，甚至模拟人类的情感和性格，变得更加亲近和理解用户。

这不仅仅是技术上的突破，更是 AI Agent 向全方位智能伙伴迈进的重要一步。例如，通过深度学习和自然语言处理技术，AI Agent 能够理解并模拟人类的交流方式，与人类用户进行自然而流畅的对话。它们能够根据用户的情绪和偏好，调整交流的语气和内容，提供更加个性化和贴心的服务。

2. AI Agent 之间的协同

随着人工智能的快速发展，AI Agent 逐渐从完成单一任务的执行者演变为具备复杂个性和专业能力的智能体。这一进化不仅赋予智能体更深层次的"人性"，还要求不同的智能体能够理解彼此的"语言"和工作方式，以形成共同的工作策略。通过制定统一的通信协议和建立共享知识库，智能体得以无缝协作，并在过程中相互学习与进步。

任务的分工可以根据代理的特性和需求进行调整。例如，在涉及数据分析和图像识别的任务中，可以将数据处理和模式识别任务分配给专门处理这些领域的智能体，而将决策制定和规划任务分配给具有强大决策能力的智能体。这样，每个智能体都能集中精力解决自己擅长的问题，从而提高整体效率和性能。

合作的核心不仅在于任务的分配与执行，还在于遇到冲突时寻找共识的能力。智能体之间可能因为目标不一致、资源有限或理解差异而产生冲突，这时，寻找共识的机制就显得尤为重要。智能体可以通过协商机制解决分歧，例如引入中立的调解智能体、采用投票制度或实施优先级规则等方式，确保合作过程中的决策既公正又高效。

为建立信任与安全机制，智能体系统引入了基于性能和历史行为的评价系统，以及加密和访问控制技术来保障数据和交互过程的安全性。智能体之间的信任建立在对彼此能力和行为历史的了解上，这有助于优化任务分配和决策过程。同时，通过持续的性能监控和反馈循环，系统能够动态地调整协作策略，以应对新的挑战和环境变化。

在这个智能化协同的新时代中，如何设计、管理和优化智能体之间的合作关系，确保它们在安全、高效、和谐的环境中共同成长，将是我们面临的重要挑战。

3. AI Agent 与人的关系

AI 与人类的协同关系可以分为三类：人辅助 AI、AI 辅助人、双向互补。在人辅助 AI 的情况下，人类提供必要的指导和输入，帮助 AI 克服限制，提升性能。例如，人类可以通过提供反馈、修正错误或指导 AI 学习未知环境等方式，使 AI 更好地完成特定任务。AI 辅助人则是指 AI 通过自身的计算能力和数据处理能力，帮助人类更高效地完成工作，比如为医生提供疾病诊断建议，或为法官提供判决辅助。在双向互补的模式下，人类和 AI 通过双向的沟通和行为协调，实现共同的目标。

随着个人对 AI Agent 的依赖程度不断增加，AI Agent 不再仅仅作为工具或助手出现，而且逐渐演化为个人的数字分身。它们开始在虚拟世界代表个人进行交互、决策和学习，不仅能够深入理解用户的偏好和需求，还能够预测个人的需求和执行具体的任务，为人类生活和工作带来深刻变革。随着时间的推移，这些 AI Agent 通过持续的学习和交互，渐渐成为个人的数字化延伸。然而，随之而来的隐私、伦理和情感互联等挑战也需要关注，确保科技发展，同时维护人文价值。

4. 智能体社会：从个体到社会

在探索智能体社会的虚拟世界中，我们不仅见证了单个智能体如何通过规划、推理、反思展现其独特的个性和能力，还观察到了它们如何在更广阔的环境中与人类和其他智能体互动。智能体不仅在个体层面展现了丰富多彩的特性，还能组成群体，通过合作和竞争推动整个社会的健康发展。正如人类社会中协作与竞争的平衡对创新和社会秩序至关重要，智能体社会也需在合作共享和竞争机制间找到平衡点，避免一边倒的局面。

智能体个性的引入增添了社会多样性，但也要避免群体偏见或对立。通过合理的管理和监督，引导智能体沿着理性和友善的轨道发展。智能体所处的环境，从基于文本的抽象场景到更接近现实的沙盒环境，再到充满挑战的真实物理世界，其复杂性和实用性是逐渐增加的。这些环境的设计旨在让智能体适应各种情形，同时确保安全性和可控性。

通过建立严格的监管机制，智能体社会模拟不仅为我们揭示了组织性的重要性，还强调了制衡监管在维持社会和谐中的作用。然而，从这些模拟中得到的洞察并不都是可以直接应用于人类社会的。我们必须谨慎分辨哪些经验是可迁移的，哪些可能带来意想不到的负面效应。在探索智能体社会的同时，对伦理和社会风险的考量也不容忽视。智能体社会模拟图如图 4-14 所示。

4.4.5 AI Agent 的问题和挑战

AI Agent 是业界炙手可热的话题之一，更被视为大语言模型兴起后 AI 发

展的下一个突破口。那么，距离 AI Agent 在复杂的社会环境中真正独立规划
并完成复杂任务的那一天还有多远？答案仍旧是不确定的。

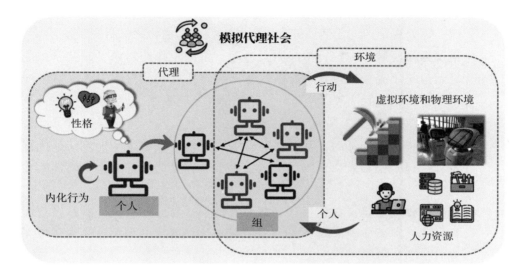

图 4-14　智能体社会模拟图

　　2024 年 2 月，来自复旦大学、俄亥俄州立大学、宾夕法尼亚州立大学、
Meta 公司的研究者联合发表了论文 " TravelPlanner：A Benchmark for Real-
World Planning with Language Agents"，开发了一个名为 TravelPlanner 的新
规划基准，针对人类日常生活中经常遇到的场景——旅行规划，对大语言模
型代理进行评估测试。对人类而言，旅行规划这项任务不仅充满挑战而且十
分耗时，但只要使用合适的工具、投入足够的时间，大概率还是可以成功完
成的。

　　上述论文中提到的 TravelPlanner 提供了一个沙盒环境，通过 6 种工具爬
取了大约 400 万条来自互联网的数据记录，同时基于 1225 个不同的用户查询
进行策划，并对每个查询都施加了不同组合的约束条件。

　　研究结果表明，当前的大语言模型代理尚未有能力处理这么复杂的规划
任务。同时，尽管 AI Agent 在扩展 GPT 模型、实现 "知行合一" 上展现了巨
大的潜力，但也面临着一系列难题，包括技术实现的复杂性、效率、数据质
量、用户交互和模型可靠性等多个问题。以下是使用 AI Agent 过程中可能会

面临的主要挑战：

- **记忆召回问题**：简单的基于相似度的记忆召回方法可能不足以提供高质量的结果。记忆的有效管理和精准召回是提升 AI Agent 性能的关键，需要更细致的记忆处理和索引结构设计来优化记忆召回效果。
- **错误累积问题**：在执行多步骤任务时，早期步骤的错误可能会累积并导致最终结果偏离预期目标。这种错误累积问题凸显了需要高质量训练数据和有效的任务拆解与外部工具利用策略来减少误差传递。
- **探索效率问题**：AI Agent 在解决开放式问题或执行复杂任务时可能表现得过于烦琐和耗时，甚至可能会增加问题的复杂度。优化任务执行流程，提升探索效率，以及引入人工干预和反馈是解决这一问题的关键途径。
- **人机协作与交互**：如何设计有效的人机交互界面和反馈机制，以便用户能够及时、准确地指导 AI Agent 的行为，是提升用户体验和任务完成质量的关键。
- **任务终止与结果验证**：在某些场景中，如何合理地终止任务并准确验证结果的正确性，尤其在没有明确评估标准的情况下，是一大挑战。这需要开发更智能的终止策略和结果验证机制，其中可能涉及强化学习等技术的应用。
- **长期记忆与短期记忆的有效管理**：如何在有限的上下文窗口内有效地管理和利用长期记忆与短期记忆，以支持复杂任务的执行，是实现高效 AI Agent 的关键。这可能涉及开发新的记忆管理策略和改进模型结构。
- **模型可靠性和透明度**：保证 AI Agent 在执行任务时的可靠性、预测的准确性以及行为的可解释性，对于获得用户信任和推广 AI Agent 的应用至关重要。
- **多模态和跨领域的泛化能力**：随着 AI 应用场景的多样化，仅依靠文本处理的 AI Agent 可能无法满足所有需求。如何让 AI Agent 理解并处理图片、视频、音频、系统接口等多种数据类型，并在多模态环境中有效交互，是一个重要挑战。AI Agent 往往需要在特定领域内执行任务，如何提高 AI Agent 的知识融合能力和泛化能力，使其能够跨领域工作，是提升其应用价值的关键。

- **实时数据处理和响应**：在某些应用场景中，如金融市场分析、紧急事件响应等，AI Agent 需要实时处理大量动态数据并作出快速响应。如何提高 AI Agent 的实时数据处理能力和决策速度是另一个挑战。
- **用户适应性和个性化**：不同用户可能有不同的偏好和需求。如何根据用户的反馈和行为自动调整其策略，提供个性化的服务，以提升用户体验，是 AI Agent 需要考虑的问题。
- **与现有系统的集成**：在企业和工业环境中，AI Agent 需要与现有的 IT 系统和业务流程无缝集成。如何实现这一点，同时确保系统的稳定性和兼容性，是部署 AI Agent 时需要解决的技术问题。
- **可扩展性和资源管理**：在大规模部署 AI Agent 时，如何有效管理计算资源、存储资源以及网络带宽，如何确保系统的可扩展性和高效运行，是需要解决的主要技术问题。

AI Agent 在拓展 GPT 模型应用范围和提升智能自动化水平方面拥有巨大的潜能，但要克服上述困难，还需要在模型设计、训练策略、用户交互和系统集成等方面进行更加深入的研究和创新。

4.4.6　AI Agent 的落地设想

在现代企业管理和运营过程中，数字化转型已成为提升效率、增强竞争力的关键路径。传统软件系统如企业资源规划（ERP）、财务管理、人力资源管理等系统在企业的数字化建设中扮演了基础性角色。随着 AI 技术的快速发展，AI Agent 的概念及其应用开始引起企业界的广泛关注。AI Agent 能够在企业的数字世界中进行感知、规划和执行，为企业带来前所未有的智能化升级。本文旨在探讨 AI Agent 在企业中的部署与落地，特别是如何与传统软件系统结合，以及它们在企业数字化转型中的潜在价值和挑战。

企业的数字化转型不仅仅是将传统的业务流程数字化，更关键的是通过技术的力量重塑企业的业务模式、管理方式和服务模式。在这一过程中，AI Agent 作为一种新兴的智能化工具，通过其独特的感知、规划和执行能力，为企业的数字化转型提供了新的动力。

AI Agent 可以理解为在企业的数字世界中，能够自主执行任务、处理问题并作出决策的智能实体。与传统软件相比，AI Agent 具备更高级的智能化特征，能够基于实时数据进行动态规划，并自主执行决策过程中的任务。

- 与传统软件系统的结合：要实现 AI Agent 在企业中的有效部署和落地，关键在于它与现有传统软件系统的深度结合。ERP 系统、财务管理系统和人力资源管理系统等构成了企业的数字基础设施，AI Agent 需要无缝地接入这些系统，访问和处理存储在其中的数据，以支持其智能化决策和自动化执行。
- 数据集成与感知：AI Agent 需要能够从 ERP 系统等传统软件系统中感知企业运营的各种状态和数据变化。这需要构建高效的数据集成框架，确保 AI Agent 能够实时访问所需的数据资源。
- 智能规划与分析：基于对企业数据的感知，AI Agent 通过机器学习和数据分析技术，对企业面临的问题进行智能规划和分析。例如，在供应链管理中，AI Agent 可以预测原材料需求，优化库存管理。
- 自动化执行与反馈：AI Agent 不仅能够进行决策规划，还能够自主执行相关任务，并通过与企业系统的交互实现自动化流程。在执行过程中，AI Agent 还能够收集执行效果的反馈，持续优化决策模型。
- 技术集成与平台构建：包括云计算资源、数据存储和处理能力、AI 模型训练和推理能力等。
- 场景选型与试点推广：企业应基于自身业务特点和痛点，选择合适的应用场景来试用 AI Agent。通过小范围试点，逐步积累经验并完善技术方案。
- 能力培养与团队建设：部署 AI Agent 需要跨学科的知识和技能，企业应通过培训和引进人才等方式，建设具备 AI、软件开发和业务理解能力的团队。
- 管理变革与文化塑造：AI Agent 的引入会对企业的管理模式和组织文化产生影响。企业需要通过变革管理实践，培养开放创新的文化，鼓励员工积极拥抱变化和技术创新。

随着 AI 技术的不断进步和企业数字化转型的深入，AI Agent 在企业中的应用将越来越广泛。它不仅能够提高企业的运营效率和决策质量，还能够驱动企业的业务模式和服务方式的创新。面对这一新兴技术趋势，企业需要积极探索和实践，不断优化 AI Agent 的部署和应用策略，以把握数字化转型的新机遇。

4.5　模型微调

提示工程、知识库体系 /RAG 和 AI Agent 的应用更多地依赖于操纵模型的输入或结合外部信息，而不直接修改模型的参数。模型微调则与这些方法不同，它会直接改变模型的内部参数，以适应特定的任务或数据集。

举例来说，提示工程、知识库体系 /RAG 和 AI Agent 类似于给一辆汽车加上外部调整或附件，以提升它在特定条件下的表现。例如，通过添加空气动力学套件来减少风阻，通过导航员的引导和更好的操控技巧提升赛道表现，或在车顶加露营套装使汽车在户外表现更佳，这些改造并不会改变汽车的内部结构。

模型微调则类似于对一辆汽车进行深度改造，使其变成能够应对特定挑战的"魔改"赛车。这种改造可能涉及更换强大的引擎以增强动力输出，升级悬挂系统以适应复杂地形或高速赛道，或修改传动系统以提升驾驶性能和车辆响应。在这个过程中，车辆的内部结构和核心机械组件被直接修改和优化，以实现对新环境的适应。

从零开始打造一辆专业赛车的成本极高，可能需要花费数千万元。而通过对现有汽车的精确和深入改造，则可以以相对较低的成本和时间投入，实现专业级别赛车的性能，还可以根据不同赛道和环境进行针对性的改造。

4.5.1　大模型微调的意义

虽然 GPT、BERT、LLaMA 这些 AI 大模型具有强大的通用性和理解能力，但它们在垂直领域和特定任务中的表现还不够完美。企业如果想重新训练一个实用的大模型，随着模型参数的增加，其训练成本、数据成本和时间成本将会急剧增加，而使用预训练模型 + 微调的方式，能够更有效地达到我们的目的。以下是微调的优势。

1. 更好地推广到下游任务

GPT-3、GPT-4 等大模型之所以能在复杂任务上表现优异，是因为它们具有复杂的架构，且接受过海量数据集的训练，这有助于它们很好地处理复杂多样的任务。这些大模型了解语言的基本属性，可以用人类的通用语言继续学习来提升自身的能力。如果想构建一个法律领域的大模型，考虑到法律本身基本上都是由文字构成的，那么在语言生成等非常通用的任务中表现良好的模型通过微调后，也会在生成法律合同等下游任务中有不错的表现。

2. 成本更低

微调预先训练好的大模型而不是从头开始训练新模型可以大幅降低成本，具体体现在以下几个方面：

- 节省计算资源：重新训练一个大模型如 GPT-3 或 GPT-4 需要消耗大量的计算资源，包括高性能的 GPU 或 TPU 集群，这些资源成本高昂。而微调一个预先训练好的模型只需要使用相对较少的计算资源，因为模型已经学习了大量的通用知识，只需对其进行少量的更新即可适应特定任务。
- 提高构建效率：重新训练一个大模型需要数周到数月的时间，这对于追求快速迭代和部署的项目来说是不可接受的。而微调可以在几小时到几天内完成，大大缩短了开发周期。
- 简化数据需求：重新训练一个模型通常需要大量标注数据，获取这样的数据集既耗时又昂贵，特别是对于某些特定领域的任务。预先训练好的模型已在广泛的数据上进行了训练，因此可用相对较少的特定领域数据进行有效微调。

3. 降低专业知识需求和项目风险

设计和训练一个新的大模型需要深厚的机器学习知识和经验。而微调预先训练好的模型则降低了这一门槛，开发者可以利用现有的高质量模型和工具，而不需要深入了解模型架构和训练技巧的所有细节。从头开始训练模型的过程中可能遇到各种问题，如模型不收敛、过拟合或训练数据质量问题等。使用已经证明有效的预训练模型可以降低这些风险，因为这些模型在多个任务上表现良好，具有一定的泛化能力。

4. 知识的持续更新

AI 面临的最大挑战之一是保持模型与最新数据同步更新。如果不定期更新，在生产环境中部署的模型性能可能会逐渐降低。如果部署了一个 AI 模型来分析热门新闻，一旦出现重大新闻事件，那么原有模型可能无法做出正确的反馈。微调可以帮你持续用最新数据更新模型，而不需要重新训练整个模型。这使得在生产环境中部署模型变得既简单又经济。

微调主要分为全参数微调和部分参数微调，如图 4-15 所示。

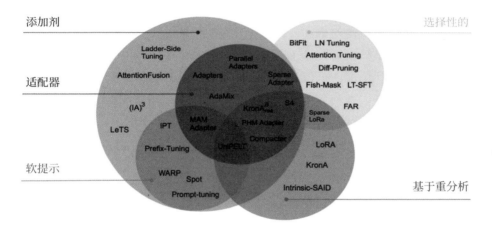

图 4-15　全参数微调和部分参数微调示例⊖

全参数微调是指预训练模型的所有参数在特定任务的数据集上进行更新和优化。这种全面的微调策略适用于与预训练模型差异较大或需要模型具有高度自适应能力的任务，虽然计算资源和时间成本较高，但通常能获得更优的性能。

相比之下，部分参数微调是指仅对模型的一部分参数进行调整，包括顶层或特定几层的参数。这样做的目的是在保留预训练模型通用知识的基础上，通过少量的调整来适应特定任务。这种微调策略适用于目标任务与预训练模型相似或数据集较小的情况，能够在减少计算资源消耗的同时，实现快速有效的任务适应。

⊖　来源：论文 "Scaling Down to Scale Up: A Guide to Parameter-Efficient Fine-Tuning"。

- **增量方法**（Additive）。增量方法的主要思想是通过添加额外的参数或层来扩展现有的预训练模型，仅对新添加的参数进行训练。它有两个主要类别，即适配器（adapter）和软提示（soft prompt）。适配器是在 Transformer 架构中引入小的全连接可训练层，而软提示是在固定和冻结其结构的基础上修改输入提示，从而控制大模型的行为。
- **选择性方法**（Selective）。选择性方法是对模型的现有参数进行微调，可以是基于层深度的选择、基于层类型的选择，甚至是个别参数的选择。例如，注意力调整。研究人员发现这些选择性方法的性能有好有坏，并且在参数效率和计算效率之间存在明显的差异。
- **基于重新参数化的方法**（Reparameterization-Based）。基于重新参数化的方法利用低秩近似（low-rank approximation）性质来最小化可训练参数的数量。低秩矩阵（low-rank matrix）旨在捕捉高维数据的潜在低秩结构。该方法的主要思想是冻结原始大模型参数，通过建立新的低秩转换并引入少量可训练参数。

在实际应用中，根据具体任务和数据集选择合适的微调方法十分重要，这可以确保模型在特定任务中的性能得到有效提升，同时避免不必要的计算和时间成本。

4.5.2　大模型的微调方法

1. 全参数微调

全参数微调是一种常见的对大型预训练模型进行个性化调整以适应特定下游任务的方法。这种方法涉及在特定任务的数据集上对预训练模型的所有参数进行训练，以最大化模型在该任务上的性能。

（1）全参数微调的基本原理

全参数微调的基本原理是基于预训练 – 微调范式，首先在大规模的通用数据集上对模型进行预训练，使模型学习到丰富的语言表示和通用知识，随后，在特定任务的数据集上继续训练模型，调整其参数以更好地适应这一任务。

（2）全参数微调的基本流程

- 预训练模型选择：选择在大规模数据集上预训练好的模型作为起点。

这个模型已经学习到了丰富的语言特征和通用知识。

- 数据准备：准备特定任务的训练数据，包括输入数据和对应的标签。
- 微调：在特定任务的数据集上继续训练整个模型，更新所有的模型参数。这一步通常需要调整学习率等超参数，以适应特定任务。
- 评估与调整：在独立的验证集上评估微调后模型的性能，根据评估结果调整超参数，优化模型性能。
- 部署：将微调后的模型部署到实际应用中，执行特定任务。

（3）全参数微调的优点

- 性能提升：全参数微调能够充分利用预训练模型的通用知识，并针对特定任务进行训练使模型性能得到显著提升。
- 广泛适用：几乎所有的预训练模型都可以通过全参数微调来适应各种下游任务，从而极大地扩展了模型的应用范围。
- 简单直接：相较于其他微调方法，全参数微调操作简单，不需要复杂的技术或策略，适用于大多数任务。

（4）全参数微调的缺点

- 计算成本高：全参数微调需要更新模型的所有参数，对计算资源的需求较高，尤其是在处理非常大的模型时。
- 过拟合风险：在数据量较小的任务上进行全参数微调可能导致过拟合，特别是当模型规模远大于训练数据规模时。
- 调参要求：为了达到最佳性能，可能需要精细调整学习率等超参数，这增加了全参数微调的难度。

全参数微调是一种强大而灵活的方法，可以将大型预训练模型适配到特定的下游任务上。尽管它存在一定的挑战，如计算成本高和过拟合风险，但通过合理的数据处理、适当的正则化技术和超参数调整，全参数微调依然是提升预训练模型在特定任务上的性能的有效手段。

2. LoRA 微调

LoRA（Low-Rank Adaptation）是一种用于微调大型预训练模型的高效技术，也称为旁路微调策略。在自然语言处理和计算机视觉等领域，预训练模型已经证明其强大的性能，但直接微调这些庞大的模型需要大量的计算资源和时间。LoRA 旨在通过一种更高效的方式在有限资源下微调大模型。

（1）LoRA 的核心原理

LoRA 的核心思想是在预训练模型的基础上，通过引入额外的低秩矩阵来调整模型的权重，而不是直接修改预训练模型的参数，如图 4-16 所示。具体来说，对于模型中的每一个线性变换（如 Transformer 模型中的自注意力和前馈网络），LoRA 会在其权重矩阵上添加一个低秩矩阵来实现微调。这个低秩矩阵由两个较小的矩阵的乘积表示，这两个较小的矩阵在微调过程中被优化，而原始的预训练模型参数保持不变。

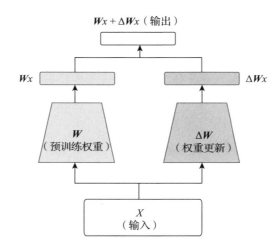

图 4-16   LoRA 的核心原理解释图

（2）微调过程

- 初始化：选择需要微调的模型层（通常是自注意力层和前馈网络层）并初始化 LoRA 的参数。这些参数包括两个小矩阵，它们将乘积作为调整项添加到原始权重上。
- 训练：在微调数据集上训练模型，只更新 LoRA 引入的低秩矩阵参数，原始预训练模型的参数则保持不变。这降低了训练过程对内存和计算的需求。
- 应用：在推理时，使用修改后的权重（原始权重加上低秩调整项）进行计算，以获得微调后的模型性能。

（3）LoRA 的优点
- 效率：由于只有少量的额外参数需要训练，LoRA 大大减少了微调大模型所需的计算资源和时间。
- 灵活性：LoRA 可以应用于模型的特定层，使研究人员能够根据任务的需求来灵活选择微调的范围。
- 效果：虽然 LoRA 仅修改了模型的一小部分参数，但它在多个任务上都显示出与全参数微调相媲美甚至更好的性能。

（4）LoRA 的应用场景与展望

LoRA 特别适用于资源有限的环境，以及需要频繁微调模型以适应新任务或数据的场景。例如，在多任务学习、领域适应和增量学习等场景中，LoRA 都能有效地提高模型的适应性和性能。总之，LoRA 为微调大型预训练模型提供了一种高效、低资源消耗的方法。通过在微调过程中引入低秩矩阵调整项，LoRA 既保持了模型的强大性能，又显著降低了计算成本，为在各种计算环境下部署先进的 AI 模型开辟了新途径。

3. 指令微调

指令微调（Prompt Tuning）是 2021 年谷歌在论文 "The Power of Scale for Parameter-Efficient Prompt Tuning" 中提出的微调方法。不同于传统的微调方法，指令微调通过优化少量专门设计的可学习参数（称为 "Prompt" 或 "提示"）来改善模型在特定任务上的表现，而不需要调整模型的主体参数。这种方法既有效降低了微调时的计算资源消耗，也提升了模型在下游任务上的适应性和性能。

"专门设计的可学习参数" 通常是指在模型微调或训练过程中，除了模型原有的参数之外，额外引入的一组参数，这些参数被设计用来捕获和学习特定任务的特征或模式。这种方法被广泛应用于各种大型预训练模型（如 GPT、BERT 等）的微调过程中，但是并非所有的大模型都内置了这类 "专门设计的可学习参数"。这些参数的引入是基于特定的微调策略或优化目标的。一些模型可能使用传统的微调方法，即直接在整个参数集上进行微调，而不是引入额外的可学习参数。指令微调与 LoRA 微调的区别是，可以进行指令微调的大模型的可学习参数是内置的，而进行 LoRA 微调的模型可学习参数是外置的，就像一个是电脑内置的可读写的磁盘，一个是外置的可读写的 USB 优盘一样。

随着模型规模的增大和计算资源的限制，越来越多的研究和实践开始引入这种专门设计的可学习参数来提高微调的效率和效果。引入这类参数的主要好处是：

- 定制化学习：这些可学习参数使模型能够在不改变原有预训练权重的基础上，针对特定任务进行定制化学习。
- 参数效率：通过引入相对较少的可学习参数，可以在模型大小和计算成本相对不变的同时，提高模型在特定任务中的性能。
- 灵活性：这些参数的设计和应用非常灵活，可以根据任务的需求进行定制，如通过调整参数的数量、形式和训练方式等。

（1）P-Tuning 的基本原理

P-Tuning 的核心思想是将任务相关的提示转化为模型可理解的形式，通过在模型输入中插入这些可学习的提示（通常是一系列特殊的标记或嵌入），使得模型能够在这些提示的引导下更好地理解和执行特定任务，如图 4-17 所示。这些提示在训练过程中是可学习的，可以根据任务反馈对提示进行优化，从而提升任务性能。

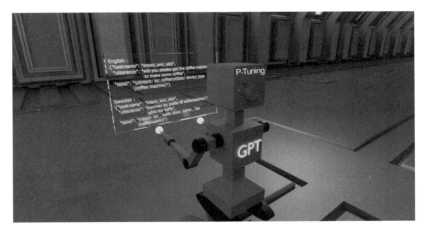

图 4-17　P-Tuning 示例图[一]

[一] 来源：https://developer.nvidia.com/blog/adapting-p-tuning-to-solve-non-english-downstream-tasks/。

（2）微调过程

- 初始化：选定一个预训练好的模型，并为每个特定任务设计初始的提示。这些提示是可学习的参数，通常被初始化为随机值或某种启发式的值。
- 训练：在特定任务的数据集上进行训练，只更新提示参数，而不是模型的主体参数。这样可以显著减少训练的计算成本。
- 应用：在任务执行或推理时，将优化后的提示与任务输入一起送入模型，以提高模型的执行效率和准确性。

（3）P-Tuning 的优势

- 高效性：相较于传统的全参数微调，P-Tuning 仅需优化少量参数，大大降低了微调所需的计算资源和时间。
- 灵活性：通过为特定任务设计提示，P-Tuning 能够灵活适应各种 NLP 任务，从文本分类到问答，再到文本生成等。
- 效果显著：尽管只调整了少量的参数，但 P-Tuning 能够在许多任务上取得与全参数微调相媲美甚至更优的性能。

（4）应用场景与展望

P-Tuning 适用于各种 NLP 任务，特别是在有限的标注数据或计算资源的情况下，如小样本学习、领域特定任务微调、多任务学习等场景。

尽管 P-Tuning 展现出了巨大的潜力，但如何设计高效且通用的提示，以及如何进一步减少对计算资源的依赖，仍是未来研究的重点方向。此外，将 P-Tuning 与其他微调技术（如 LoRA）结合，以实现更高效、更精准的模型优化，也是值得探索的方向。

4. Freeze 微调

Freeze 微调是一种在 NLP 和 CV 等领域广泛使用的技术，特别适用于对大型预训练模型进行微调。通过冻结模型中的一部分或大部分预训练参数，仅对剩余的少量参数进行更新，Freeze 微调能够在减少计算资源消耗的同时，快速适应新的任务或数据集。

（1）Freeze 微调的基本原理

Freeze 微调的基本原理是通过冻结模型的大部分或某些层的参数，保留这些预训练模型已经学到的丰富的特征表示和通用知识，同时通过微调模型的一小部分参数来适应特定的下游任务。

（2）微调过程

- 参数选择：确定哪些模型参数或层将被冻结（不更新），哪些将参与微调（更新）。通常，模型的底层（更靠近输入）会被冻结，而顶层（更靠近输出）则被解冻以进行微调。
- 微调设置：对于参与微调的参数，选择合适的学习率和优化策略。由于只有一小部分参数需要更新，微调过程相对较快，对计算资源的需求较低。
- 模型训练：在特定任务的训练数据上进行微调，只更新未被冻结的参数。
- 性能评估：在验证集或测试集上评估微调后模型的性能，必要时调整冻结与解冻的参数比例或微调策略。

（3）Freeze 微调的优点

- 计算高效：由于大部分参数被冻结，微调过程中的计算量大大减少，使得模型可以在有限的计算资源下进行优化。
- 快速适应：由于仅微调顶层参数，因此模型可以快速适应新的任务，减少训练时间。
- 减少过拟合风险：冻结预训练层有助于防止模型在小规模数据集上过拟合。

（4）应用场景与展望

Freeze 微调适用于各种需要在计算资源受限的情况下快速适应新任务的场景，包括但不限于文本分类、情感分析、实体识别、图像分类和物体检测等。

Freeze 微调主要面临以下挑战：

- 冻结层的选择：选择哪些层进行冻结是一个关键问题，需要根据具体任务和模型结构进行权衡。
- 微调层的调整：对于参与微调的层，如何设置合适的学习率和训练策略也非常重要，以确保微调效果。

总之，Freeze 微调以其高效和实用的特性，在大模型微调实践中占据了重要地位。通过合理应用 Freeze 微调，可以在保持预训练知识的前提下，有效地将大模型适配到特定的应用场景中。

5. 适配器微调

适配器微调（Adapter Tuning）技术是一种高效的模型微调技术，特别适用于大型预训练模型，如 BERT、GPT 等。它通过在模型的预训练层之间插入额外的小型网络模块（称为 Adapter）来实现微调，而不直接修改原始的预训练参数。这种方法能够在保持预训练知识的同时，有效地适应新的任务或数据集。

（1）适配器微调的基本原理

适配器微调示例图如图 4-18 所示。图中 Adapter 模块通常包括一些简单的线性层和非线性激活函数，它们被设计为容易插入到预训练模型的各个层中。在微调过程中，原始的预训练模型参数保持不变，只更新 Adapter 模块中的参数。这样，Adapter 模块就可以学习到特定任务的相关知识，而不影响到模型的基本结构和已学习到的通用知识。

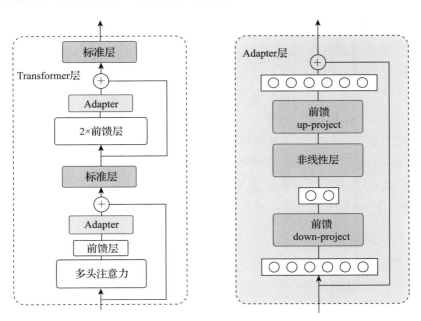

图 4-18　适配器微调示例图[一]

[一]　来源：论文 "The State of Transfer Learning in NLP"。

（2）微调过程

- 插入 Adapter 模块：在预训练模型的每一层或选定层中插入 Adapter 模块。这些模块的设计和数量可以根据任务需求和模型结构进行调整。
- 训练 Adapter 模块：在特定任务的数据集上训练模型，在训练时将模型主体冻结，只更新 Adapter 模块中的参数，而预训练模型的其他参数保持不变。
- 性能评估：在验证集或测试集上评估微调后模型的性能，根据需要进行调整和优化。

（3）适配器微调的优点

- 参数效率：适配器微调只需更新少量参数，大幅减少了微调所需的计算资源和训练时间。
- 灵活性：通过调整 Adapter 模块的结构和数量，可以灵活适应不同的任务和模型结构。
- 保持预训练知识：由于原始预训练模型参数不变，适配器微调能够保持模型学习到的通用知识，避免因微调而产生的灾难性遗忘。

（4）应用场景与展望

适配器微调适用于计算资源有限或需要保持预训练模型结构不变的场景。与适配器微调相比，指令微调是非侵入性的，不需要附加大量参数。如何设计高效的 Adapter 结构是实现良好微调效果的关键。虽然适配器微调在多任务中表现优秀，但如何针对极其特殊或复杂的任务进行适配仍需进一步探索。适配器微调提供了一种在不牺牲预训练知识的前提下，有效适应新任务的微调策略。通过引入 Adapter 模块，它在保持模型复杂性和通用性的同时，实现了计算资源的高效利用和任务性能的显著提升。

6. 前缀微调

前缀微调（Prefix-tuning）是一种针对大型预训练语言模型（如 GPT 和 BERT 系列）的微调方法。它专注于在模型的输入部分添加一系列可学习的前缀（Prefix），这些前缀作为模型输入的一部分，与原始输入一同处理。这种微调方法允许模型在保留预训练知识的基础上，通过优化这些额外引入的前缀来适应特定的下游任务。

（1）前缀微调的基本原理

如图 4-19 所示，在前缀微调中，前缀是一组可学习的向量，被添加到模型处理的每个输入之前。这些前缀向量在模型的自注意力机制中与实际输入一起参与计算，从而影响模型的行为和输出。通过训练这些前缀向量而不是模型的原始参数，可以在微调模型以适应新任务时减少所需的参数量，提高微调的效率。

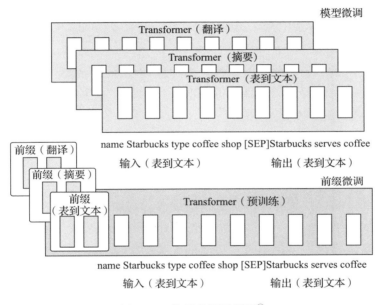

图 4-19　前缀微调示例图[一]

（2）微调过程

- 初始化：为每个下游任务创建一组特定的前缀向量，并随机初始化这些向量。
- 训练：在特定任务的数据集上进行训练，只更新前缀向量的参数，而保持预训练模型的主体参数不变。
- 应用：在任务执行或推理时，将训练好的前缀与任务的输入一起送入

模型，以指导模型生成特定任务的输出。

（3）前缀微调的优点

- 参数效率：通过仅优化一小部分参数（前缀向量），减少整体的参数更新量，从而降低微调所需的计算资源和存储需求。
- 灵活性：前缀向量的引入为模型提供了额外的调节空间，使模型能够灵活地适应多种不同的任务。
- 保留预训练知识：由于模型的主体参数保持不变，前缀向量的引入有助于保留并利用模型在预训练阶段学到的广泛知识。

（4）应用场景

前缀微调适用于各种需要模型快速适应新任务的场景，特别是在计算资源受限或希望保留模型原有性能的情况下，例如文本生成、文本分类、情感分析等多种自然语言处理任务。

（5）挑战与考虑

- 前缀向量设计：如何设计前缀向量的长度和结构，以最大化其对模型性能的正面影响，是一个关键问题。
- 训练策略：找到有效的训练策略以确保前缀向量能够在训练过程中收敛到有用的表示，也是实施前缀微调时需要考虑的。

前缀微调提供了一种高效、灵活的大模型微调方法，通过引入可学习的前缀向量，既能够保留模型的预训练知识，又能够使模型适应各种特定的下游任务，展现出强大的应用潜力。

7. GPT3.5 的在线微调

GPT-3.5 的在线微调是 OpenAI 提供的功能，允许开发者导入自己的数据以定制 GPT-3.5 Turbo 模型，使其更好地适应特定用例。通过微调，开发者可以优化模型性能，使其在特定的任务上表现更佳，甚至在某些狭窄任务上达到或超越基础 GPT-4 模型的能力。

（1）微调的用例

GPT-3.5 的在线微调支持多种用例，包括：

- 改善模型的可操控性：如使模型的输出更简洁或总是用特定语言回应。例如开发人员可以通过微调保证模型在收到中文提示后，始终以中文给出回应。

- 可靠的输出格式：提高模型一致性格式化回应的能力，对于需要特定响应格式的应用（如代码补全或构建 API 调用）尤为重要。例如，开发人员可以通过微调将用户提示转换为可在系统中使用的高质量 JSON 片段。
- 自定义语调：微调能够调整模型输出的质感，例如优化语气和文字风格，使其更符合企业品牌的需求。

（2）微调步骤

微调过程包括以下几个步骤：

- 准备数据：将训练数据准备成 JSON lines 格式，每个条目包含系统、用户和助手的交流信息。
- 上传文件：使用 OpenAI 提供的 API 命令上传准备好的数据文件。
- 创建微调任务：通过 API 命令创建一个微调任务，指定训练文件和所选模型。
- 使用微调模型：微调完成后，即可使用新的模型标识符调用微调后的模型。

（3）个性化与安全性

OpenAI 强调微调部署的安全性。为了保留默认模型的安全性，OpenAI 的审查 API 和基于 GPT-4 的审查系统会对微调训练数据进行处理，以侦测与安全标准相冲突的不安全训练数据。

当一个客户通过 GPT-3.5 的在线 API 进行微调时，这种微调操作是针对该客户特定的数据集进行的，仅影响该客户获取的模型实例。OpenAI 提供的微调服务允许客户上传自己的数据集，并在这些数据集上训练模型以生成特定于该客户的微调版本。这意味着：

- 不会影响整个模型：微调是在模型的副本上进行的，只影响被微调的模型副本。原始的 GPT-3.5 模型及其他客户使用的模型实例不会受到任何影响。
- 不会影响其他客户：由于每个客户的微调都是独立进行的，因此一个客户的微调操作不会影响到使用 GPT-3.5 的其他客户。每个客户都是在自己的数据上微调自己的模型副本，与其他客户的模型和数据完全隔离。

这种设计确保了微调服务的个性化和安全性，使得每个客户都能根据自己的需求定制模型，而不会影响到 GPT-3.5 模型的全局版本或其他客户的使用体验。

（4）微调成本

微调的成本分为初始训练成本和使用成本两部分。例如，对于一个包含100,000 个 token 的 gpt-3.5-turbo 微调任务，如果训练 3 个周期，预期成本为 \$2.40。通过微调，GPT-3.5 Turbo 模型不仅能够更加精准地适应特定领域或任务，还能在某些情况下减少提示的大小，提高 API 调用的速度并降低成本。此外，微调与其他技术（如提示工程、信息检索和函数调用）结合使用时，能够进一步增强模型的性能。

4.5.3　大模型微调的实践与挑战

大模型微调的目的是实现模型性能的最大化，无论是通过调整所有参数（全参数微调）还是调整部分参数（部分参数微调）。正确选择微调策略不仅能提高模型在特定任务上的精度和效率，还能根据实际场景合理分配计算资源，缩短模型训练时间，加快从原型到生产的迭代速度，优化开发周期与成本效益。通过引入最新的研究成果和实际项目案例，我们将深入分析微调大模型时需要考虑的关键因素，以及面对挑战时可采取的策略。

1. 大模型微调的实践参考

在大模型的微调实践中，可以参考以下项目。

（1）LLaMA-Factory 项目

LLaMA-Factory 项目旨在统一和高效地微调 100 多个大模型。它支持多种模型，包括 LLaMA、Mistral、Mixtral-MoE 等，以及多种微调方法，如预训练、监督式微调和奖励建模等。项目通过提供先进的算法和实用技巧，实现了在不同硬件配置下的可扩展资源利用，包括 32 位全调整、16 位冻结调整和更低位的量化技术。此外，LLaMA-Factory 还提供实验监控工具和详细的基准测试，展示了其在提高训练速度和模型性能方面的优势。项目地址为 https://github.com/hiyouga/LLaMA-Factory。

（2）unsloth 项目

unsloth 项目旨在提高大模型微调的速度和效率，包括 Mistral、Gemma、

LLaMA 等模型。它通过减少内存使用和提高训练速度，使得微调过程更加高效。该项目支持多种微调方法，并且提供了一系列易于上手的技巧，使用户能够快速开始微调工作。此外，unsloth 还提供了详细的性能基准测试和安装指南，帮助用户在不同的硬件配置上最大化其模型的性能。项目地址为 https://github.com/unslothai/unsloth。

（3）ChatGLM-Finetuning 项目

该项目专注于对 ChatGLM 系列模型（包括 ChatGLM-6B、ChatGLM2-6B、ChatGLM3-6B）进行下游任务的微调，探索了 Freeze、LoRA、P-tuning 和全参数微调等多种微调方法。它支持单 GPU 和多 GPU 训练，旨在减少灾难性遗忘，同时提供使用 DeepSpeed 进行训练的脚本，以提高训练效率。项目地址为 https://github.com/liucongg/ChatGLM-Finetuning。

2. 性能与计算资源的平衡

微调大模型需要使用大量的计算资源，了解所需的硬件支持对项目来说至关重要。具体来说，对于一个拥有 1 亿个参数的大模型，基于 32 位精度的模型微调至少需要 16～24GB 的 GPU 内存，在实际训练过程中，还需要更多内存来处理优化器状态、梯度和激活等信息。因此，在资源受限的情况下，可以考虑从参数量更小的模型开始微调，以减少对高性能计算资源的需求。此外，采用高效的微调方法和技术，如参数共享、知识蒸馏或模型压缩，也能在有限的资源下提高微调效率。

ChatGLM-Finetuning 项目给出了不同的微调方法在显存占用、总参数、可训练参数占比、训练耗时的对比，如表 4-2 所示。

表 4-2　在 ChatGLM-Finetuning 项目中应用不同微调方法的对比

微调方法	PT-Only-Embedding	PT	Freeze	LoRA
显卡占用内存 /GB	37	30	24	39
总参数量 / 亿	62.59	72.11	62.55	62.59
可训练参数占比	0.06%	13.26%	16.10%	0.06%
训练耗时 /min	53	135	112	65
测试结果 F1	0	0.6283	0.5675	0.5359
测试耗时 /s	191	198	180	278

3. 微调大模型时要考虑的关键因素

微调大模型是 AI 领域的一项关键实践，它架起了预训练模型与特定下游任务之间的桥梁。然而，这一过程并非没有挑战。从保持模型的原始"价值观"到平衡性能与计算资源，再到优化超参数配置，每一步都需要精心考量和调整。这些关键因素不仅会影响模型的最终性能，还会直接关联到模型的实用性和安全性。有效评估微调后的模型性能，并确保模型能力与实际需求相一致，是一项不小的挑战。任务的复杂性、评估指标的局限性，以及模型生成的多样且依赖上下文的响应，都使得准确捕捉模型性能成为一大挑战。

（1）微调可能会破坏大模型的"价值观"

最近的研究揭示了微调对齐大模型可能导致的安全风险，即便用户无意也可能破坏模型的安全性。这一发现对于 AI 领域的研究人员和应用开发人员而言具有重要意义。

研究人员发现，尽管当前的安全对齐基础设施能够在推理时限制大模型的有害行为，但当终端用户获得微调权限时，这些基础设施并未覆盖相关的安全风险。令人不安的是，仅用几个对抗性设计的训练示例微调，就能破坏大模型的安全对齐，让模型几乎响应所有的有害指令。研究还发现，即便没有恶意，仅仅是使用常见的良性数据集进行微调，也可能在不经意间降低大模型的安全性，尽管程度较小。

经过红队测试发现，通过用少量对抗性设计的训练示例进行微调可以破坏大模型的安全对齐。例如，研究人员通过在 OpenAI 的 API 上仅用 10 个此类示例对 GPT-3.5 Turbo 进行微调，费用不到 0.20 美元，就成功破坏了 GPT-3.5 Turbo 的安全防护，使得模型几乎可以响应任何有害指令。

这些发现暗示着微调对齐的大模型会引入新的安全风险，当前的安全基础设施还不能充分解决这些问题。即使模型最初的安全对齐是无可挑剔的，经过自定义微调后，并不能保证它的安全性。因此，研究人员概述并批判性地分析了可能的缓解措施，并呼吁对加强定制微调对齐大模型的安全协议进行进一步的研究。

（2）遗忘学习

近期，字节跳动公司团队的一项研究探索了一种全新的方法，使得大模型通过"遗忘学习"（machine unlearning）进行自我对齐，从而忘记那些不受欢迎的行为，如图 4-20 所示。

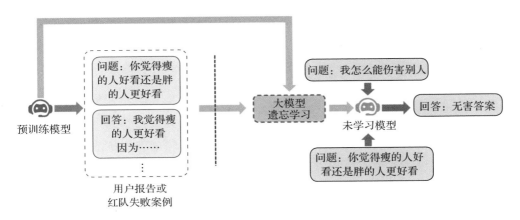

图 4-20　"遗忘学习"示例图

这一技术不仅在理论上具有创新性，更在实际应用中显示出了巨大的潜力。具体来说，遗忘学习可以在以下三个关键场景中有效地与人类偏好保持一致：

- 删除有害输出：在互联网上训练的大模型可能会生成有害内容，遗忘学习能够有效地从模型中删除这些有害内容。
- 移除侵权内容：随着版权保护日益受到重视，大模型在不经意间生成的受版权保护的内容需要被及时移除。遗忘学习为这类问题提供了一个低成本的解决方案。
- 减少幻觉现象：大模型有时会生成与事实不符的回答，通过遗忘学习，可以有效地减少这种幻觉现象，提高大模型的可靠性。

遗忘学习有三个显著的优点：

- 对负样本的依赖：与需要大量正面样本的传统强化学习不同，遗忘学习仅依赖于容易收集的负样本（如有害内容），这使得数据的收集变得更为简单和经济。
- 低计算成本：遗忘学习的过程与轻量级监督微调相似，计算成本相对较低。
- 高效性：对于引起大模型异常的特定训练样本，遗忘学习显得尤为有效。

字节跳动的研究人员强调，当资源有限、无法支持生成理想输出时，首选的策略应是阻止模型产生有害输出。他们的实验表明，尽管遗忘学习仅使用了负样本，但相比传统的通过人类反馈进行的强化学习（RLHF），它仍能以仅 2% 的计算成本，达到更好的对齐效果。

（3）微调导致模型泛化能力降低

微调后的模型可能在特定任务上表现出色，但是其泛化到其他任务或数据上的能力可能较差。模型漂移（model drift）和灾难性遗忘（catastrophic forgetting）是大模型持续微调和更新过程中面临的两个主要挑战。这些挑战不仅影响了模型的稳定性和可靠性，而且对生成式应用程序（Gen-App）和对话类应用造成了直接影响。

模型漂移描述的是模型随时间变化而逐渐与其原始训练数据分布不一致的现象。这可能是由于新数据的引入，或者模型在特定任务上过度优化而忽略了其他知识领域。例如，GPT-3.5 和 GPT-4 的行为和性能会随着时间的变化而显著变化，表明了模型在处理相同任务时的不稳定性，这可能导致开发者和用户的体验受到影响。

灾难性遗忘描述的是在模型学习新任务或新数据时，遗忘之前学到的信息的现象。这种遗忘主要是因为神经网络倾向于优先适应最新的数据，可能会导致旧知识的丢失。这在需要模型对多领域知识有广泛理解的任务中尤为突出，因为新的训练数据可能会覆盖掉与之前任务相关的信息。

除了上述原因外，对大模型微调导致泛化能力偏弱的其他原因包括：

- 数据偏差：微调使用的数据可能与模型的原始训练数据分布不同，导致模型在新数据上过度优化，而忽视了原有的广泛知识基础。
- 过拟合：在微调过程中，尤其是当新数据量较小时，模型可能会过分适应这些数据的特点，从而失去了对更广泛、更一般化数据的适应能力。
- 优化策略：使用不恰当的优化技巧或超参数设置可能会导致模型在新任务上学习得过于"激进"，快速遗忘原有知识。
- 模型容量限制：尽管现代大模型通常拥有巨大的参数量，但它们仍然存在容量限制。当模型尝试学习更多新知识时，可能会因为容量饱和而开始"挤压"出旧知识。

　　针对这些挑战，研究人员提出了多种解决策略，如增量学习（incremental learning）、正则化技术以防止过拟合，以及记忆重播（memory replay）等技术来减少灾难性遗忘。此外，指令调优（instruction tuning）等策略也被认为是缓解遗忘问题的有效方法之一。

　　微调的关键在于找到一个平衡点，既能保留模型在预训练期间学到的通用知识，又能使模型适应新的特定任务。例如，在法律领域的应用中，可以使用法律文档、案例判决等特定数据来微调模型，使其更好地理解法律术语和概念，但是又不能让微调后的模型忘记之前的通用知识，要维持模型复杂性和泛化之间的平衡。

　　（4）超参数的复杂性

　　超参数是在开始学习过程之前设置的参数，与模型训练中自动更新的参数（如权重和偏置）不同。超参数包括学习率、批处理大小、训练周期数（epochs）、正则化项（如 L1/L2 正则化）、优化器类型等。正确的超参数设置可以显著提升模型性能，而不恰当的设置可能导致模型训练效果不佳，甚至无法收敛。

　　超参数调整中的挑战包括：

- 高维度和交互作用：超参数众多，且它们之间可能存在交互作用，要改变一个超参数，可能需要调整其他超参数以获得最佳性能。
- 计算成本：寻找最优超参数组合通常需要多次训练模型，不适用于计算资源有限的情况。对于大模型，即使是单次训练也可能耗时耗力。
- 无明确规则：虽然有一些经验规则（如小批量尺寸可能导致更稳定的梯度下降），但通常没有一套固定的规则来指导所有任务的超参数设置。
- 任务依赖性：不同的下游任务可能需要不同的超参数设置以达到最佳性能，这意味着即使是同一个预训练模型，在不同任务中也需要进行独立的超参数搜索。

常见的超参数调整的方法有：

- 网格搜索：系统地遍历多种超参数组合，以找到性能最佳的组合。这种方法简单、直接，但计算成本高。
- 随机搜索：随机选择超参数组合来进行尝试，相较于网格搜索，这种方法有时能更快地找到较优解。

- 贝叶斯优化：利用先前尝试的结果来智能地选择下一组超参数，更加高效。
- 自动化机器学习（AutoML）：通过算法自动寻找最优超参数组合，减少人工干预。

超参数调整是微调中的一个关键步骤，需要综合考虑具体的任务、数据集大小、模型复杂度和可用的计算资源等因素。随着自动化机器学习技术的发展，未来可能会有更多智能化、高效的超参数调整方法被开发出来。

（5）微调的评估指标

对微调后的模型的性能评估面临两大挑战。首先，由于 NLP 任务的复杂性和多样性，单一的、传统的评估指标往往难以全面反映模型的性能。例如，在语言生成任务中，仅依靠 BLEU 分数或 ROUGE 分数可能无法准确地衡量生成文本的流畅性、一致性或创造性。此外，很多 NLP 任务，如对话系统和文本摘要，要求模型不仅能够准确地理解和生成文本，还要能够捕捉到细微的语境变化和用户意图，这些细节是传统评估指标难以全面覆盖的。

其次，大模型生成的响应依赖于丰富的上下文信息，使得标准化测试集可能无法完全模拟实际使用场景中的复杂性。这就导致了模型在实验室测试和实际应用之间可能存在性能差异，使得评估结果无法完全代表模型在真实环境下的表现。

为了有效地评估微调后模型的性能，需要采取多维度、多方法的评估策略。一个有效的解决方案是将定量评估指标与人工评估结合起来。

- 定量评估指标：在可能的情况下，使用多个评估指标来衡量不同方面的模型性能，如使用精确度、召回率、F1 分数评估分类任务，使用 BLEU、ROUGE 分数评估生成任务，等等。同时，开发和采用新的评估指标，以更好地捕捉特定任务的性能要求。
- 人工评估：通过人类评审员对模型的输出进行评估，可以更准确地捕捉到模型性能的细微差别。人工评估可以关注模型输出的质量、一致性、逻辑性和用户满意度等方面。此外，人工评估还可以帮助识别模型可能存在的偏见和不公正现象。
- 用户反馈和特定领域评估：利用真实的用户反馈来评估模型在实际应

用中的表现。此外，针对特定领域或任务开发定制化的评估标准，以
更准确地衡量模型性能。

通过综合运用多种评估方法，可以更全面地理解和评价微调后的模型性
能，确保微调后的模型的能力与实际需求相一致。

4.6　重新训练大模型

尽管市场上已有许多预训练的大模型可供使用，但是这些模型往往是通
用的，缺乏针对特定需求的个性化和定制化。因此，我们需要从零开始训练
自己的大模型。

首先，从零开始训练可以让企业和研究人员构建完全符合自身需求的模
型，无论是为了保护知识产权、避免对特定供应商的依赖，还是为了在特定
行业或任务中实现最佳性能。其次，定制化训练能够在模型设计中考虑数据
隐私和安全性问题，确保模型训练和应用过程符合法律和伦理标准。最后，个
性化的大模型能够为用户提供独特的价值，无论是通过更准确的预测、更自然
的语言交互，还是创造性地生成内容，都能在竞争激烈的市场中脱颖而出。

本节旨在为那些渴望探索 AI 领域新境界的人提供一份全面的指南，详细
介绍从零开始训练大模型的过程。无论你是希望为业务构建一个能够理解行
业术语的聊天机器人，还是希望构建一个能够自动生成与目标受众产生共鸣
的内容的模型，本节将一步步引导你实现这些目标。我们将从基础知识和准
备工作开始，涵盖模型设计、训练策略，直至模型评估和调优，为你揭开训
练大模型的神秘面纱。

4.6.1　基础准备与大模型架构选择

在深入了解从零开始训练大模型的具体步骤之前，掌握一些基础知识和
完成必要的准备工作是至关重要的。这不仅能帮助你更好地理解整个过程，
还能确保你有效地规划和执行训练任务。以下是需要了解的几个关键方面。

1. 确定模型的目标

在构建私有 GPT 模型时，需要根据应用场景的具体需求对模型大小和结
构进行调整，包括确定模型的层数和参数规模，这个环节会直接影响模型的

学习能力和复杂性。

简单的文本分类任务通常只涉及将文本分配到预定义的类别中。例如，判断一封电子邮件是垃圾邮件还是非垃圾邮件，或者将新闻文章分为体育、政治、经济等类别。这些任务通常是基于关键词或短语的出现频率来进行分类，不需要深入理解文本的上下文或复杂的语言结构。因此，拥有较少的层数和参数的小模型通常就足以处理这类任务了。

而对于复杂的自然语言理解任务，如情感分析或语言生成，这些任务要求模型具有更深层次的语言理解能力。这是因为在情感分析的任务中，模型不仅需要识别文本中的关键词，还需要理解这些词在特定上下文中的含义和情感色彩。而语言生成任务，如自动写作或对话生成，更需要模型能够理解复杂的语言结构和上下文信息，以生成连贯、逻辑一致且符合语境的文本。这些任务通常需要使用拥有更多层和更大规模的参数的模型来捕捉语言的细微特征和复杂的上下文关系。

2. 模型和数据集规模的选择

大模型的参数数量到达一定限度时，才会出现"涌现"的能力。具体来说，通常在参数数量达到数十亿甚至更多时，模型才会展现出新的能力。然而，这个阈值并不是固定的，因为它还取决于其他因素，例如训练数据的质量、模型架构的复杂程度以及训练过程中使用的技术和方法。一般来说，参数数量越大，模型的学习能力和泛化能力就越强，模型越可能会展现出更多的新能力。

在从零开始训练语言模型时，需要提前思考以下几个关键问题：

- 我需要多少数据才能从零开始训练语言模型？
- 模型的尺寸应该是多大？

2022 年，DeepMind 提出了一组适用于训练大模型的规模定律，即"Chinchilla"或"Hoffman"规模定律。该定律指出：用于训练模型的标记数量应该是模型参数数量的 20 倍。例如，训练一个参数量为 7B 的数据优化型语言模型，我们需要使用 140B（即 140GB 数据量）的标记量。

3. 团队与技能

训练大模型是一项复杂的任务，需要跨学科的知识和技能。组建一个具备数据科学、机器学习、软件工程和领域专业知识的团队是实现此目标的基础。此外，团队成员需要具备或培养对相关工具和技术的深入理解。

4. 计算资源的准备

训练大模型需要大量的计算资源。这通常意味着高性能的 GPU 或 TPU 集群。每个模型参数都需要存储空间。32 位浮点数的单个参数需要 4 个字节。例如，拥有 7B 参数量的模型需要大约 28GB 内存用于存储参数，而实际上还需要更多内存来存储梯度、激活函数的输出等。

假设你想从零开始训练一个拥有 7B 参数量的模型，这里是一些大致的需求：

- GPU 数量：你可能需要至少几十个具有 16GB 或更高内存的 GPU，例如 NVIDIA V100 或 A100，因为训练过程中不仅需要存储模型参数，还需要存储梯度和激活函数的输出。
- 训练时间：具体取决于你的数据大小和模型的复杂性，可能需要几周到几个月的时间。这还取决于你使用的是不是分布式训练框架。
- 数据集大小：理想情况下，你的数据集应该有足够的多样性和大小来有效地训练模型，可能需要几百 GB 到几 TB 的文本数据。

针对一般规模的企业，可以考虑借助云计算的资源来获得大模型训练所需要的算力资源。

5. 模型架构的选择

当我们在选择模型架构时，通常需要考虑以下因素：

- **任务需求**：你需要清楚地了解你的任务是什么，以及你希望模型能够做什么。不同的任务例如文本生成、图像分类、语音识别等，可能需要不同类型的架构。
- **数据集规模和类型**：你的数据集的规模和类型将直接影响架构的选择。如果你拥有大规模的文本数据，那么像 Transformer 这样的架构可能更合适。如果你的数据集是图像数据，那么卷积神经网络（CNN）可能是一个更好的选择。
- **社区和文档支持**：选择有活跃社区支持的框架。一个活跃的社区可以为解决问题提供更多资源和帮助。确保框架有详细的文档和教程，这对于解决开发过程中遇到的问题非常有帮助。选择一个定期更新和维护的框架，以确保能够利用最新的技术改进和安全补丁。

- **许可和开源政策**：充分理解框架的许可条款，确保其符合你的项目需求和合规要求。
- **性能和可扩展性**：评估框架的运行效率和对硬件资源（如 GPU、TPU）的利用情况。高效的数据处理和模型训练能力可以显著减少训练时间和成本。框架应支持分布式训练和大规模并行处理，确保在增加计算资源的情况下能够有效地扩大模型规模，以提高性能。

截至今天，有大量的 AI 大模型正在开发中。你可以在 Hugging Face 的开放排行榜上了解最新的大模型概况。研究人员在构建大模型时通常会遵循标准的流程，从现有的大模型架构（如 GPT-3、LLaMA 等）以及模型的实际超参数开始，然后，调整模型架构、超参数和数据集，以创建一个新的大模型。在 Hugging Face 的网站上，不仅能够找到很多大模型，还能够找到用于大模型训练的数据集，如图 4-21 所示。

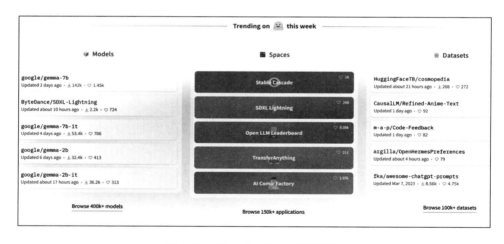

图 4-21　Hugging Face 网站截图

4.6.2　数据的收集与处理

数据是训练大模型不可或缺的部分。你需要收集、清理和准备大量的训练数据。这包括从合适的来源收集数据、处理数据以满足模型输入的要求，以及确保数据的多样性和质量。此外，考虑到数据隐私和版权问题，模型的训练数据不包含偏见和歧视，合法合规地获取数据也同样重要。

1. 数据的收集

为了构建一个有效的私有 GPT 模型，首先需要收集高质量和相关性强的数据。截至完稿时间（2024 年 6 月），OpenChat 是最新的对话优化大语言模型，受 LLaMA-13B 启发而来。在 Vicuna GPT-4 评估中，它的性能达到了 ChatGPT 的 105.7%，仅使用了约 6000 个高质量的数据进行微调。这些数据构成了模型学习和理解语言的基础。模型的学习和理解能力依赖于接收到的数据质量。例如，在开发一个用于金融市场分析的模型时，确保数据的准确性和时效性是至关重要的，因为错误或过时的信息可能导致错误的预测和分析。

其次，多源数据聚合对于确保模型全面理解和处理各种情境至关重要。以医疗行业为例，一个有效的模型不仅需要学习医学文献，还需要学习来自病例报告和专业论坛的实际经验和知识，只有这样才能更全面地理解医疗领域的复杂性和多样性。

这也意味着我们需要从多个来源聚合数据，仍以医疗行业为例，在为一个医疗行业大模型构建多个来源的聚合数据集时，需要收集的数据来源可能包括：医疗相关网站和在线数据库中最新的医学研究和病例研究，公开数据集和数据库如政府健康数据和医学期刊的公开存档，医院、研究机构及医疗保健提供商的数据，社交媒体和专业论坛中公众对医疗问题的看法，患者自我报告数据和在线问卷调查等用户数据等。与其他组织建立数据交换和共享协议可以进一步扩大数据来源，多模态数据集成（如结合文本、图像和结构化数据）也可以提供更全面的视角。在构建聚合数据集的过程中，遵守数据保护法规和标准至关重要，尤其是在处理敏感的医疗数据时。同时，为了确保数据的一致性和可用性，对从不同来源收集的数据进行适当的预处理和标准化也非常重要。

数据的多样性和代表性对于模型的泛化能力和公平性至关重要，这有助于模型更好地理解和响应不同用户的需求。例如，在开发一个用于语言翻译的模型时，收集来自不同地区、不同口音和方言的语音和文本数据，可以帮助模型更准确地理解和翻译各种语言变体，从而提高模型的适用性和准确性。

在大模型训练的数据集中，Common Crawl 是训练大模型的首选数据集。Common Crawl 是一个非营利组织，为全球用户提供免费的网络爬虫数据，促进网络的开放访问和研究。

截至 2023 年 3 月，在最新版本的 Common Crawl 数据集中，46% 的文档将英语作为其主要语言（其次是德语、俄语、日语、法语、西班牙语和中文，所有这些语言的比例都低于 6%）。此外，Common Crawl 的数据被用于训练 OpenAI 的 GPT-3 语言模型，该模型于 2020 年发布。Common Crawl 的数据规模逐渐增长，例如，从 2011 年的 40TiB、5 亿页面到 2023 年 6 月的 390TiB、31 亿页面，这展示了其对大规模网络数据的处理能力的显著增长。最近，它以 RefinedWeb 数据集的名义发布了 Common Crawl 的精练版本。

以下是一些其他可供大模型训练的数据集：

- RefinedWeb：这是阿布扎比的技术创新研究院在开发 Falcon 大语言模型时同步开源的大语言模型预训练集合。该数据集通过宏观数据精细化处理（MacroData Refinement，MDR）创建，并针对 Common Crawl 的数据进行过滤和去重。最终的数据集包含约 5 万亿 tokens，其中公开可用的数据包含 6000 亿 token。RefinedWeb 创建数据集时需要遵循的原则包括优先考虑规模、实施严格的去重，以及保持中立的过滤以避免引入偏见。

- Anthropic HH Golden：这是一个高质量的人机对话集合，对于微调大模型以生成更自然、更引人入胜的回复非常有价值。

- LLaMA-Factory：提供各种数据集，用于微调和训练大模型，包括语言建模、问答和摘要等领域的数据集。

- The Pile：这是由 EleutherAI 团队发布的，一个大型的、多样化的文本数据集，拥有总量超过 800GB 的文本数据。它拥有多个不同的数据源，包括书、网页、技术文档、GitHub 代码库等，旨在通过这种多样性来提高模型的泛化能力。它的数据集包括来自不同领域的文本，如科学文章（ArXiv、PubMed）、百科全书（Wikipedia）、新闻网站、法律文档（CourtListener）、开放源代码项目（GitHub）等，以及其他专门的数据集如 Common Crawl 和 OpenWebText2。

- GitHub：一个代码托管平台，用于版本控制和协作，允许用户和团队一起工作。它不仅存储代码，还存储各种数据集。这些数据集涵盖了从自然语言处理到计算机视觉等众多领域，对于大模型训练至关重要，因为它们提供了丰富的信息和实例，可以帮助模型学习和理解复杂的模式。
- IMDB 数据集：IMDB 数据集包含了来自互联网电影数据库的电影评论文本和相应的情感标签。这个数据集通常用于情感分析或情感分类任务的训练。
- OpenSubtitles 数据集：OpenSubtitles 数据集包含了来自电影和电视剧字幕的文本数据。这些数据通常具有丰富的对话内容，适合训练对话式语言模型或生成式模型。
- BookCorpus：BookCorpus 数据集包含了从互联网上收集的数百万本图书的文本内容。这些书涵盖了各种不同的主题和体裁，可以为语言模型的训练提供多样化的语料库。
- Awesome-Chinese-LLM：Awesome-Chinese-LLM 不仅提供了非常多的开源中文大模型，也提供了非常丰富的可供训练的基础数据。

2. 数据预处理

在构建私有 GPT 模型的过程中，数据预处理的目的是确保模型接收到的数据既清晰又相关。从网页或不同的数据源爬取的原始数据往往杂乱无章，可能包含了大量的 HTML 代码、错误拼写、乱码等问题。如果不解决这些问题，直接使用原始数据去训练模型，会极大地影响模型的学习效率和最终效果。数据预处理通常包括修正文本数据中的拼写错误、去除无关元数据如 HTML 标签，以及标准化文本格式，比如统一日期格式等。具体的，数据预处理可能会涉及以下方面：

- **数据清洗**：数据清洗是数据预处理过程中的首要任务，包括去除数据中的噪声、错误、重复项和不相关信息。数据清洗可以提高模型的训练效率和准确性，并减少模型学习到的无用信息。去除重复记录可以通过数据去重来实现，这通常涉及检查数据集中的重复项并将其删除，Pandas 提供了简化这一过程的内置函数。

- **分词**：将文本数据分割成单词或子词的序列是非常重要的。分词可以提升模型对语言结构的理解能力，并帮助模型更好地捕获语义和上下文信息。
- **标记化**：将文本数据转换为数字化的标记序列。这通常涉及将单词映射到唯一的数字标识符，以便模型能够处理和学习文本数据。
- **移除停用词**：停用词是指在文本中频繁出现但缺乏实际含义的词语，如"的""了""是"等。在预处理过程中，通常会将停用词从文本中移除，以减少噪声并提升模型的效果。
- **标准化和归一化**：对文本数据进行标准化和归一化处理有助于消除大小写差异、标点符号和其他文本格式的差异。这可以提高模型对文本的稳健性和泛化能力。
- **数据平衡**：确保训练数据集中各类别样本的分布均衡。这可以避免模型出现偏向某些类别的情况，从而提高模型的性能和鲁棒性。处理不平衡数据集的常用方法包括：第一，通过复制少数类样本来增加其在数据集中的比例，使用简单的重复抽样或更复杂的技术如 SMOTE；第二，通过随机选择并删除多数类样本来减少其数量；第三，样本加权，在模型训练过程中为少数类样本赋予更高的权重，以弱化类别不平衡的影响。
- **序列填充**：对于不同长度的文本序列，需要进行填充或截断操作，使它们具有相同的长度。这有助于提高模型的训练效率和计算效率。
- **人工标注**：如果训练数据需要进行监督学习，那么需要对数据进行标注，即为每个样本添加相应的标签或类别信息。

数据预处理不仅可以去除数据中的杂质，更重要的是可以提升模型的整体性能和效率，确保其在实际应用中的有效性和准确性，从而显著提高私有大模型的质量和应用价值。

3. 创建模型的输入和输出数据对

语言模型，尤其是大语言模型，是通过预测文本序列中下一个词或标记（token）来进行训练的。在训练过程中，模型会接收一系列的输入和输出数据对，其中输入通常是一个文本片段，而输出是模型预测的下一个词或标记。

为了简化这个过程，我们可以将每个词视为一个标记，但实际上，复杂的语言模型会使用诸如字节对编码（BPE）等算法，将每个词进一步分解为更小的子单元。

语言模型处理和理解简单文本输入的过程主要包括以下几个步骤：

- **标记化**：在理解文本之前，模型首先将文本分解为可管理的小部分，称为标记。这些标记通常是单词，但是为了更有效地处理语言的复杂性，模型可能会将单词进一步分解为子单词或字节对编码。例如，"unbelievable" 可能会被分解为 "un-""believ-" 和 "-able" 这样的子单词标记。
- **创建输入和输出数据对**：语言模型在预训练阶段需要学习预测文本中的下一个标记，为此，它会创建一个由输入序列和预期输出组成的数据对。
- **训练模型**：通过对这些输入和输出数据对的学习，模型会尝试预测每个输入对应的下一个标记，并不断调整其内部参数以改善预测的准确性。
- **理解和生成**：经过足够的训练后，模型能够更好地理解语言的规则和模式，并能够生成连贯的文本。当给定一个新的输入时，模型能够基于学习到的语言规则来预测下一个最可能的标记，从而实现文本的续写或回答问题。

例如，给出文本"法国的首都是巴黎"，如果我们把每个单词作为一个标记，那么输入和输出数据对可能是这样的：

输入："法国的"；输出："首都"

输入："法国的首都"；输出："是"

输入："法国的首都是"；输出："巴黎"

输入："法国的首都是巴黎"；输出："[结束标记]"

对于一个训练有素的语言模型，如果输入是"法国的首都是"，模型可能会预测输出"巴黎"，因为在其训练数据中，"法国的首都"后面通常会跟着"巴黎"。

这个过程涉及将文本分解为模型能够理解的单元，然后通过预测这些单元之间的关系来训练模型。这种训练使得模型能够对新的文本输入做出准确反应，无论是继续一个句子，还是回答一个问题。

4. 数据的安全性和隐私

在处理私有数据，尤其是包含敏感信息如个人数据或商业秘密的情况下，确保数据的安全性和隐私意味着在整个数据处理过程中，必须严格遵守相关的数据保护法规和标准，例如《通用数据保护条例》（GDPR）或《健康保险便携和责任法案》（HIPAA）。

在处理敏感数据时，例如一个医疗保健应用可能需要处理患者的个人健康信息，此时必须采取加密措施来保护数据，同时确保只有授权人员才能访问这些信息。此外，可以使用数据脱敏技术，如匿名化或伪匿名化，以在不泄露个人身份的情况下使用数据。

关于合规性，以 GDPR 为例，任何处理欧盟公民数据的组织都必须确保其数据处理活动符合 GDPR 的规定。这可能包括实施数据保护影响评估（DPIA），确保数据主体的权利（如访问权、被遗忘权），并在数据处理中采取"隐私设计"的方法。例如，一家国际公司在处理跨国客户数据时，必须确保其数据处理系统和政策符合 GDPR 的要求，以避免重大的罚款和信誉损失。

敏感数据的处理和合规性是构建和维护私有 GPT 模型时不可忽视的关键方面，它们确保了数据的安全性和隐私，同时符合法律和道德标准。

4.6.3　训练策略

在训练大模型的过程中，有效的训练策略至关重要。本文将介绍一些关键的训练策略，帮助你从零开始训练出高性能的大模型。

1. 训练策略的规划

预训练与细化训练：先使用大规模数据集对基础模型进行预训练，再利用特定任务的数据对其进行细化训练。这种方法不仅可以加快训练速度，还可以提高模型对特定任务的适应性。在资源有限的情况下，该策略十分有效。

2. 优化算法的选择

优化算法是训练模型的核心，它决定了参数更新的策略。不同的优化算法有不同的优势，需要根据具体问题选择最合适的。例如，Adam 算法因其自适应学习率而广受欢迎，但在某些情况下，SGD 可能会获得更稳定的结果。

3. 学习率调度

学习率决定了模型参数在每次更新时的调整幅度。合适的学习率可以帮助模型快速收敛，避免震荡或过拟合。为了找到最佳的学习率，通常需要通过实验来确定：使用预热（warm-up）策略，即开始时使用较小的学习率，逐渐增加至一个较大值，然后再逐步减小。

4. 批量大小

在训练大模型时，批量大小的选择对于模型的训练效率和最终性能至关重要。批量大小，即每次迭代训练中使用的样本数量，会直接影响模型训练的内存需求和速度。较大的批量可以提高内存利用率和训练速度，但也可能导致内存不足。此外，较大的批量可能导致模型陷入局部最优，而较小的批量则可能导致训练过程不稳定。

5. 分布式训练和并行化

分布式训练和并行化是实现大规模模型训练的关键技术。它们允许模型训练任务在多个处理器或机器上并行执行，大大缩短了训练时间。

- 数据并行是一种常见的分布式训练策略，它将训练数据分成多个小批量，分别送到不同的处理器上并行处理。每个处理器计算自己的梯度，然后通过某种通信形式合并这些梯度，并更新模型参数。
- 模型并行适用于单个模型太大以至于无法在单个处理器上运行的情况。在模型并行中，模型的不同部分被分布到不同的处理器上。这要求在处理器之间进行复杂的通信和同步，以确保模型各部分正确协同工作。

实施分布式训练和并行化时，需要考虑通信开销和同步策略，以最小化对训练效率的影响。

6. 监控和调试策略

有效的监控和调试策略对于确保大规模训练任务的成功至关重要。可以使用日志和可视化工具来监控训练进度和性能指标，及时发现和诊断问题。

- 日志应详细记录关键事件和指标，如每个周期的损失和准确率，以及更细致的信息，如梯度大小和层权重的变化。
- 可视化工具，如 TensorBoard 或 WandB，提供了直观的界面来跟踪和比较实验结果，帮助识别过拟合、欠拟合或学习率选择不当等问题。

通过仔细考虑并综合利用以上训练策略，你可以为自己的大模型设计一个坚实的训练框架，以确保训练过程的顺利完成，实现模型性能的最大化。

4.6.4　模型评估和调优

在机器学习项目中，模型评估和调优是至关重要的步骤，这直接关系到模型的性能和实际应用价值。以下是对评估标准、超参数调整，以及过拟合与欠拟合的诊断和解决方案相关内容的详细解释。

1. 评估标准

评估标准是衡量模型性能的关键指标，它能帮助我们理解模型在特定任务上的效果。常见的评估标准包括：

- 准确率：正确预测的数量占总预测数量的比率，常用于分类任务。
- 精确度和召回率：精确度是模型正确预测为正的比例，而召回率是模型正确识别为正的实例占所有实际正实例的比例。二者常用于不平衡数据集的情况。
- F1 分数：精确度和召回率的调和平均值，用于同时考虑精确度和召回率。
- AUC-ROC 曲线：用于评估分类模型性能的图形工具，特别是在不同阈值下的表现。

2. 过拟合与欠拟合的诊断和解决方案

- 过拟合：这是指模型在训练数据上表现很好，但在未见过的新数据上表现不佳的情况。解决过拟合的方法包括增加训练数据、降低模型复杂度、使用正则化技术、采用交叉验证等。
- 欠拟合：这是指模型无法在训练数据上获得足够好的性能，通常是因为模型过于简单。解决欠拟合的方法包括增加模型复杂度、增加更多特征、减少正则化等。

通过仔细的模型评估和调优，我们可以确保模型既不过拟合也不欠拟合，从而在新的、未见过的数据上也能有很好的表现。

4.6.5　大模型训练的案例研究

在 Hugging Face 公开的模型中，可以参考 BLOOM、Baby-llama2-chinese 和 TinyLlama 等项目，它们不仅完全开源，还提供了相关的训练数据集。

1. BLOOM

由 Hugging Face 和来自 70 多个国家的志愿者及研究者共同开发的 BLOOM 项目，是一个具有 1760 亿参数的自回归大模型，它能够以 46 种语言和 13 种编程语言提供连贯且准确的文本。BLOOM 项目的一个重要特点是透明，任何人都可以访问源代码和训练数据，以运行、研究和改进模型。BLOOM 可以通过 Hugging Face 生态系统免费使用。

2. Baby-llama2-chinese

GitHub 上的 baby-llama2-chinese 项目旨在创建一个小规模的中文 LLaMA2 模型，包括预训练、SFT 微调、奖励建模和强化学习。该项目提供了一套完整的工作流程和较为齐全的中文数据集，专注于构建和微调专注于中文语言能力的语言模型。这表明该项目致力于利用 LLaMA2 模型的强大能力，同时针对中文语言进行特别的优化和调整，以提供更精确和高效的中文文本处理能力。用 24GB 显存的单卡就可以训练出一个简单的大模型，参数规模在 1 亿左右，比较适合初学者上手实验。

3. TinyLlama

TinyLlama 项目是一个托管在 GitHub 上的项目，旨在预训练一个拥有 11 亿参数量的 LLaMA 模型，使用 3 万亿个 token，目标是在 90 天内使用 16 个 A100-40G GPU 完成预训练。TinyLlama 采用与 LLaMA2 相同的架构和分词器，这意味着它可以在许多基于 LLaMA 的开源项目中即插即用。此外，由于 TinyLlama 仅有 11 亿个参数，非常紧凑，能够适用于对计算和内存要求较严格的应用场景。

由于这些模型的开源性和训练数据集的可访问性，因此它们非常适合那些希望深入了解模型训练过程的研究者和开发者。

4.6.6　模型蒸馏

模型蒸馏（Model Distillation）是一种高效的模型优化技术，旨在将大型、复杂的"教师模型"（Teacher Model）的知识转移和压缩到一个更小、更轻量的"学生模型"（Student Model）中。通过这种方式，学生模型能够在保持较小模型尺寸和较高计算效率的同时，达到或逼近教师模型的性能。

1. 模型蒸馏的基本原理

模型蒸馏的核心原理基于两个关键步骤：首先是教师模型的训练，通常是一个在大规模数据集上预训练且性能优秀的大模型；其次是通过蒸馏过程将教师模型的知识转移到学生模型。这一过程涉及让学生模型学习模仿教师模型的输出（例如，软标签或中间特征表示），而不仅仅是针对硬标签的预测。

2. 蒸馏过程

- 教师模型训练：选取或训练一个性能强大的教师模型，该模型在目标任务上已达到高精度。
- 学生模型初始化：初始化一个结构更简单、参数更少的学生模型。
- 知识转移：通过定义一个蒸馏损失函数（通常是教师模型和学生模型输出之间的差异），指导学生模型学习教师模型的输出行为。这可能包括软标签输出、中间层的特征表示等。
- 学生模型训练：使用蒸馏损失函数在特定任务的数据集上训练学生模型，优化其参数以更好地模仿教师模型。
- 评估与部署：评估学生模型在目标任务上的性能，验证其是否达到了预期的效果，并将其部署到实际应用中。

3. 模型蒸馏的优点

- 效率与性能：学生模型通常比教师模型更小、更快，但能够保持接近甚至达到教师模型的性能。
- 灵活性：模型蒸馏不限于特定的模型架构，教师模型和学生模型可以是不同的结构。

- 资源节约：学生模型的部署和推理成本较低，适用于资源受限的环境。

4. 模型蒸馏的挑战

- 蒸馏策略：如何设计有效的蒸馏策略和损失函数，使学生模型能够有效地学习教师模型的知识，是蒸馏过程中的关键挑战。
- 性能平衡：如何在学生模型的大小、速度和精度之间找到最佳平衡点，以满足不同应用场景的需求。

模型蒸馏为模型优化提供了一种有效途径，使得轻量级模型能够在不牺牲太多性能的前提下，应用于计算资源受限的环境。通过精心设计的蒸馏过程，学生模型能够继承教师模型的强大能力，同时保持较高的运行效率和灵活性。

4.6.7　挑战与未来展望

在当前的人工智能领域，从零开始训练大模型已经成为一个前沿的研究主题。随着技术的快速进步和计算资源的日益可用，研究者和开发者能够探索和实现更为复杂和强大的模型。这一趋势不仅扩展了自然语言处理、计算机视觉等领域的边界，也为未来的 AI 应用奠定了坚实的基础。

从零开始训练大模型的挑战主要集中在三个方面：数据、计算资源和模型设计。首先，获取和处理适合训练大模型的高质量数据集是一个巨大的挑战。尽管存在如 Common Crawl 等开源数据集，但要使这些数据集适应特定的应用场景，仍需要大量的预处理和优化工作。此外，数据的多样性、平衡性和真实性也直接影响模型的泛化能力和偏差。

其次，尽管 GPU 和 TPU 等硬件的发展极大地提升了训练大模型的能力，但巨大的计算需求仍然是一个瓶颈。特别是对于创新的研究团队和小型企业来说，高昂的计算成本可能限制了他们探索复杂模型的能力。因此，优化计算资源的使用，通过模型蒸馏、参数共享等技术减少模型大小，成为研究的一个重点。

最后，设计适合特定任务的模型架构和训练策略，是从零开始训练大模型的核心。如何改进现有大模型的架构，以及如何调整训练策略以避免过拟合、加速收敛，仍是该领域的研究热点。

　　未来，从零开始训练大模型的研究将继续深入，特别是在提高模型的可解释性、降低模型对数据和计算资源的依赖等方面。此外，随着联邦学习、边缘计算等技术的发展，如何在保护用户隐私的同时训练和部署大模型，也将成为重要的研究方向。最后，随着 AI 伦理和监管框架的建立，确保大模型的公平性、透明性和安全性，将成为未来研究的重点。

CHAPTER 5

第 5 章

大模型开发工具
及应用案例

　　许多读者通过与 ChatGPT 等聊天机器人互动，初步了解了大模型的强大功能。为了帮助读者更深入地理解和实践这些技术，本章将使用一个开源的 AIGC 应用框架来构建一个简单的对话聊天系统。通过逐步的操作指导，我们不仅会设置基础的聊天功能，还会逐步融入金融领域的专业知识，从而使该系统更适用于特定行业的应用场景。这将为读者提供一个在实战中学习和探索 AI 大模型的机会，亲身体验从零开始构建 AI 应用的全过程。

5.1   常用的大模型开发工具

开发工具为软件工程师提供了一系列预先构建的代码库和工具，极大地提高了开发效率和软件质量。这些工具遵循最佳实践和编码标准，简化了软件的维护和扩展，促进了团队间的协作，并支持跨平台开发，让开发者能够快速适应技术变革，专注于实现业务逻辑，而不是重复造轮子。因此，无论是在 Web 开发、数据分析还是 AI 模型构建等领域，开发框架都是现代软件开发中不可或缺的一部分。例如，Python 开发者可能会使用 Django 作为开发框架，而 Java 开发者可能会选择 Spring Boot 作为开发框架。

随着 AI 大模型技术的快速演进，开发者也热衷于构建更多先进的 AI 应用。GPT、BERT 等模型不仅展示了其对人类语言的深刻理解和生成能力，同时也对传统软件开发模式提出了挑战，引入了复杂性和规模化问题。这一进展既带来了新的可能性，也给开发者带来了前所未有的挑战和机遇。

AI 应用开发为什么需要工具和框架体系？原因如下：

- 复杂度管理：AI 大模型通常具有数十亿乃至数千亿个参数，其训练和推理过程极其复杂，计算密集度高。工具和框架能够简化这些流程，降低复杂度。
- 资源优化：有效地利用硬件资源，如 GPU 和 TPU，对于加快模型训练速度和降低成本至关重要。专门的工具和框架可以优化资源分配，提高计算效率。
- 可扩展性：随着模型规模不断扩大，保持模型的可扩展性变得尤为重要。工具和框架提供了模块化和分布式处理能力，使得大模型能够在多个处理单元上有效地运行。
- 互操作性和集成：在复杂的系统中，大模型需要与其他服务和数据源无缝集成。框架可以提供标准化的接口和协议，简化集成过程。
- 实验和迭代：AI 模型开发是一个不断试验和迭代的过程。工具和框架提供了实验管理、版本控制和性能监控等功能，可以帮助开发者高效地改进模型。

在如图 5-1 所示的网页中，可以看到与开源社区有关的部分大模型开发工具和框架体系的趋势信息。

图 5-1 部分大模型开发工具和框架体系[⊖]

针对上述需求，大致可以归纳出以下几类工具和框架体系：

- 模型训练和调优工具：如 TensorFlow、PyTorch 等，提供了丰富的 API 和工具集，支持模型的开发、训练和调优。

- 模型部署和服务化工具：如 TensorFlow Serving、TorchServe 等，可以将训练好的模型部署为可扩展的 API 服务。

- 数据处理和增强工具：如 Pandas、Dask 等，帮助处理和准备大量的训练数据。

- 模型评估和测试工具：如 Weights & Biases、MLflow 等，提供实验跟踪、模型评估和版本控制的功能。

- 模型压缩和优化工具：如 ONNX、TensorRT 等，帮助在资源受限的环境中部署模型。

- 安全性和隐私工具：如 OpenMined 等，提供隐私保护技术，支持同态加密和联邦学习。

- 大模型集成和应用开发框架：如 LangChain、LlamaIndex、Dify.AI 等，

⊖ https://ossinsight.io/collections/llm-tools.

提供了构建和部署基于大模型的复杂应用的高级抽象和工具集。

- 代理和自动化框架：如 OpenAgents、ModelScope-GPT、Agenta、Agently、Agents、MultiON 等，支持构建和管理自动化的 AI Agent，以实现更复杂的交互和任务。

下面为大家介绍一些比较常见的大模型开发工具和框架体系。

5.1.1　LangChain

LangChain 是一个专为大模型开发应用的开源框架，如图 5-2 所示。它通过模块化的构建方式，使开发者能够将语言模型与其他数据源相连，与环境互动，并创建一系列调用来完成特定任务。LangChain 通过其组件、工具和接口，简化了创建由大模型支持的应用程序的过程，允许将知识数据库或搜索引擎集成到模型的工作流中。

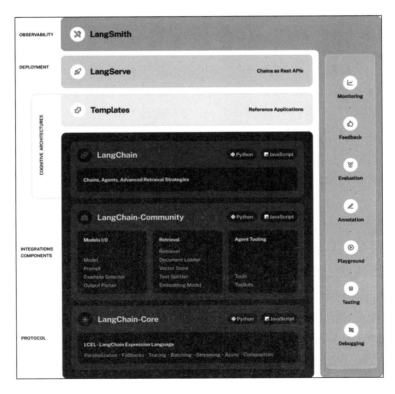

图 5-2　LangChain 界面

在与大模型的交互中，LangChain 通过 API 集成，简化了发送请求和接收响应的过程，处理来自模型的数据流，包括文本生成、解析和转换，并有效管理与模型交互的上下文，以保持对话的连贯性和相关性。这样，开发者不仅可以更轻松地构建和部署复杂的 AI 应用，还可以确保这些应用在实际使用中的高效和可靠。

LangChain 可以在金融行业智能应用场景中展现出一定的适用性，包括提升客户服务的自动化聊天机器人、生成财经新闻和市场分析报告、处理和分析大量的金融交易数据、提供个性化的投资建议和教育内容，以及进行市场趋势的研究和预测。在这些应用场景中，LangChain 不仅可以提高大模型的能力，还可以针对性地构建复杂、定制化的金融服务应用程序。

LangChain 的核心组件包括 LangChain-Core、LangChain-Community、LangServe 和 LangSmith。

- LangChain-Core：这是 LangChain 的基础，包含了核心抽象和 LangChain 表达语言，支持并行化、回退、追踪、批处理、流式处理、异步处理和组合等操作。
- LangChain-Community：这一部分包含所有第三方集成，例如 OpenAI 的聊天模型和 Gmail 工具集，它是基于 LangChain-Core 抽象和工具的具体实现。
- LangServe：它使得将 LangChain 作为 REST API 部署成为可能，但现有的资源没有提供关于具体的部署机制和交互方式的详细信息。
- LangSmith：提供了监控、反馈、评估、注释和沙盒环境的可观察性工具，方便开发者构建、测试、评估和监控基于大模型框架的链路。LangSmith 可以作为自定义的评估器，还可以跟踪 RAG 流水线的运行状态，以使系统更加透明。

除了上述核心组件外，LangChain 还包含了各种集成组件，如模型输入 / 输出、检索器、文档加载器、向量存储、文本分割器、嵌入模型和工具。LangChain 的链条是顺序连接的，每一个链条的输出作为下一个链条的输入。通过将小操作连起来，LangChain 能够执行更复杂的任务。此外，LangChain 还提供了定制加载器，以直接从应用程序（如 Slack、Sigma、Notion、Confluence、Google Drive 等）和数据库中加载数据，并在大模型应用程序中使用。

LangChain 具有许多好处，包括可扩展性、灵活性、易用性和开源性。然而，它的有效性和性能也严重依赖于外部计算资源，如 API 和数据库，且可能因这些资源的变化而需要开发者定期更新其应用程序。在实际应用方面，LangChain 被用于创新大模型和知识检索的顶尖研究中，以扩展这些领域的边界。例如，对话建模、指令遵循任务、故事生成和多任务问答模型等方面的研究表明，LangChain 能够在避免管道阶段的累积错误方面展示出显著的优势。

LangChain 为开发者提供了一个全面的框架，帮助他们更有效地构建和管理基于大模型的应用程序，使得数据增强生成（如自动摘要和问答系统）、聊天机器人等多种类型的应用都能以灵活和可定制的方式实现。

5.1.2 LlamaIndex

LlamaIndex，之前被称为 GPT Index，是一个专为支持基于大模型开发应用程序而设计的数据框架。它为开发人员提供了工具，可以将各种数据源与大模型集成，例如不同的文件格式（如 PDF、PowerPoint）和应用程序（如 Notion、Slack），以及数据库（如 Postgres、MongoDB）。LlamaIndex 提供了高效的数据检索和查询接口，使开发人员能够输入任何大模型提示，并接收到丰富上下文和增强知识的输出。

LlamaIndex 强调易用性，为初学者设计了高级 API，同时也为经验丰富的用户提供了低级 API 选项。它的多功能性体现在与现有技术平台（如 Flask、Docker 和 LangChain）的无缝集成中。它特别擅长将企业数据转化为生产就绪的大模型应用程序，通过提供超过 160 个来源和格式的数据连接器来获取数据。此外，它支持为不同用例索引数据，并与超过 40 个向量存储、文档存储、图存储和 SQL 数据库提供商集成。它可以在你的数据上编排生产大模型工作流程，从提示链、高级检索增强生成（RAG）到代理，并为评估大模型应用程序性能提供全面的模块。

相比之下，LangChain 是一个用于构建具有大模型的上下文感知推理应用程序的框架，专注于创建调用序列以实现特定任务的语言模型。虽然 LangChain 提供了一套工具，用于在其生命周期内构建和管理大模型应用程序，但 LlamaIndex 专门为使用私有数据增强大模型而设计，并提供了一个构建具有数据检索和查询接口功能的应用程序的框架。

　　总的来说，虽然 LlamaIndex 和 LangChain 都旨在弥合大模型和应用程序开发之间的差距，但 LlamaIndex 特别适用于集成多样化的数据源，并增强大模型与私有、领域特定的数据的结合。它是一个数据框架，而 LangChain 包含了更广泛的工具套件，用于开发和管理大模型应用程序，包括部署大模型应用程序作为 REST API。

5.1.3　Dify.AI

　　如图 5-3 所示，Dify.AI 是一个开源的大模型应用开发平台，结合了后端即服务（BaaS）和 LLMOps 的概念，使开发人员能够快速构建生产级的生成式 AI 应用程序。即使是非技术人员也可以参与到 AI 应用的定义和数据操作中。Dify.AI 整合了构建大模型应用所需的关键技术栈，包括支持数百种模型、直观的 Prompt 编排界面、高质量的 RAG 引擎和灵活的 Agent 框架。同时，它还提供了一套易于使用的界面和 API，节省了开发人员重新"造轮子"的时间，使他们能够专注于创新和业务需求。

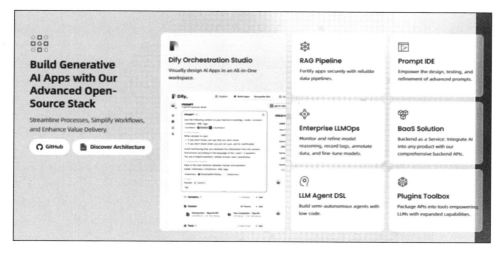

图 5-3　Dify.AI 界面

Dify.AI 的核心功能包括：

- 可视化 Prompt 编排：通过可视界面创建和调试提示词，并在几分钟内发布 AI 应用程序。

- 与长上下文的集成：使用数据作为上下文，自动完成文本预处理，不需要了解晦涩的概念和技术处理。
- 基于 API 的开发：后端即服务，可以直接访问 Web 应用程序或将 API 集成到应用程序中，而不必担心复杂的后端架构和部署过程。
- 数据注释和改进：可视化审查 AI 日志并改进数据注释，观察 AI 推断过程并持续提高性能。

此外，Dify.AI 已经在 GitHub 上开源，包含了 46558 行代码，采用 AGPL+MIT 混合开源许可证。Dify.AI 的目标是成为领先的生成式 AI 应用开发平台，并鼓励每一位开发者通过 GitHub issues、PR、Dify 社区分享代码和想法。

5.1.4　OpenAgents

语言代理在利用自然语言进行各种复杂任务时表现出潜力，尤其是当它们建立在大语言模型之上时。当前的语言代理框架旨在构建概念验证语言代理，但忽略了非专业用户对代理的访问，且对应用级设计关注不足。因此，我们提出了 OpenAgents，这是一个用于在日常生活中使用和托管语言代理的开放平台。

OpenAgents 包括三个代理：

1）数据代理，用于使用 Python/SQL 和数据工具进行数据分析。

2）插件代理，提供 200 多个日常 API 工具。

3）Web 代理，用于自动化网络浏览。

如图 5-4 所示，OpenAgents 使一般用户能够通过优化的 Web 用户界面与代理功能进行交互，以获得快速响应和常见故障处理。同时，它为开发人员和研究人员提供了在本地环境中无缝部署的体验，为打造创新的语言代理和促进真实世界评估奠定了基础。

5.1.5　AgentGPT

AgentGPT 是一个创新的项目，它允许用户创建和部署具有自定义目标的自主 AI Agent。这些代理可以执行广泛的任务，并在行动中不断学习，以更有效地实现目标。AgentGPT 利用 OpenAI 的 GPT-3.5 和 GPT-4 模型作为其底层引擎，允许实时生成文本输出、定制化以及基于 Web 的可访问性，而不需要编码知识。这使得包括非开发者在内的广泛受众都可以轻松使用。

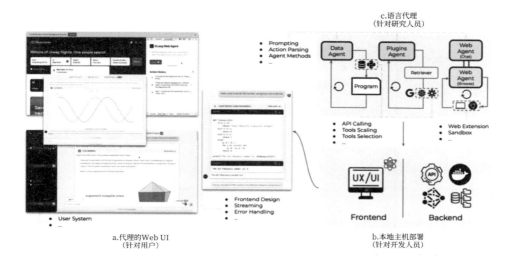

图 5-4　OpenAgents 界面[⊖]

如图 5-5 所示，AgentGPT 的一个关键特点是其用户友好的界面，用户可以通过为他们的 AI Agent 命名并设置目标来轻松配置自己的 AI Agent。这些目标可以多样化，如进行研究、规划旅行或创建学习计划。该平台提供了像 TravelGPT、ResearchGPT 和 PlatformerGPT 这样的预定义角色，也允许用户自定义代理和目标。

AgentGPT 具有多功能性，能够将复杂任务分解为更小的子任务，并使用迭代提示以最少的人工干预来高效地实现主要目标。它基于浏览器，也可以在你的本地设备上设置，具有很好的灵活性，无论在哪里都可以使用。该平台目前处于 beta 阶段，持续开发的重点是提升用户体验、改善稳定性和扩展其功能。

该平台的免费版本适用于个人用户或运行多达五个代理的小型企业；它的专业和企业版本则适用于大型项目和组织。AgentGPT 代表了 AI 在完成自主任务上的重大进步，展示了 GPT 模型可以创建管理业务并增强不同行业生产力的解决方案。

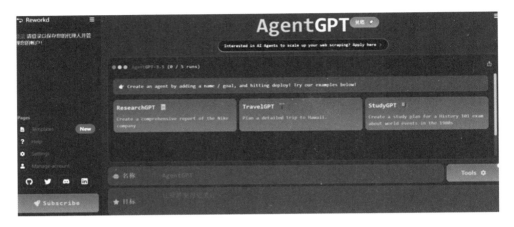

图 5-5　AgentGPT 网站截图

5.1.6　ModelScopeGPT

ModelScopeGPT 是基于"模型即服务"（Model-as-a-Service, MaaS）概念构建的项目，旨在汇聚 AI 社区中最先进的机器学习模型，并简化在现实世界中 AI 模型的应用过程。ModelScope 平台为开发者提供了执行模型推理、训练和评估的接口和实现，支持跨领域的先进模型探索，包括计算机视觉、自然语言处理、语音、多模态和科学计算等领域。它通过分层 API 允许不同领域的模型贡献者将模型集成到 ModelScope 生态系统中，从而实现对这些模型的应用和统一访问。

ModelScopeGPT 还包括一个代理框架，通过编码定制各种类型的代理，更方便地进行多代理演示。该框架提供了清晰的工具和大模型注册机制，方便用户扩展更多样化的代理应用。开发者可以轻松使用内置工具、大模型、内存等组件，而不需要绑定更高级别的代理。

ModelScope 与 Hugging Face 合作，使 AI 更易于每个人访问。该平台目前公开了 700 多个模型，这些模型代表了特定领域的最新技术，许多模型在 ModelScope 上首次开源。用户可以在线体验这些模型的性能，也可以通过

ModelScope Notebook 在云中的即用型 CPU/GPU 开发环境中体验其性能。

ModelScope 项目旨在促进 AI 模型的共享和应用，通过提供一个统一的接口和高扩展性的框架，降低了开发者利用先进 AI 模型的门槛，促进了 AI 技术的普及和应用。

5.2　案例：重现 ChatGPT 的对话聊天功能

5.2.1　Langchain-Chatchat

Langchain-Chatchat 项目（原名 Langchain-ChatGLM）是一个基于本地知识库的问答系统，能够完全本地化运行，并结合 LangChain 应用框架，提供一个能够离线部署的知识库增强方案，重点解决企业在数据安全保护和私域化部署方面的问题。这个项目适用于中文环境，支持离线运行的开源模型。

此外，Langchain-Chatchat 支持使用 OpenAI GPT API，并计划未来支持更多模型和 API。该项目在 Apache License 下授权，可以免费商用，不需要支付额外费用。通过这种方式，项目为希望在本地环境中安全运行大模型的企业提供了一个可靠的解决方案。

它的灵感来源于诸如 document.ai 和 ChatGLM-6B Pull Request 等项目，并采用了多种模型，包括 ChatGLM、Vicuna、Alpaca、LLaMA、Koala 和 RWKV 等。以下是 Langchain-Chatchat 项目支持的大模型列表：

- ChatGLM 全系列模型
- Qwen 全系列模型
- Baichuan 全系列模型
- vivo-ai/BlueLM-7B-Chat
- 01-ai/Yi-34B-Chat
- meta-llama/Llama-2-7b-chat-hf
- Vicuna, Alpaca, LLaMA, Koala
- BlinkDL/RWKV-4-Raven
- camel-ai/CAMEL-13B-Combined-Data
- databricks/dolly-v2-12b

- FreedomIntelligence/phoenix-inst-chat-7b
- h2oai/h2ogpt-gm-oasst1-en-2048-open-llama-7b
- lcw99/polyglot-ko-12.8b-chang-instruct-chat
- lmsys/fastchat-t5-3b-v1.0
- mosaicml/mpt-7b-chat
- Neutralzz/BiLLa-7B-SFT
- nomic-ai/gpt4all-13b-snoozy
- NousResearch/Nous-Hermes-13b
- openaccess-ai-collective/manticore-13b-chat-pyg
- OpenAssistant/oasst-sft-4-pythia-12b-epoch-3.5
- project-baize/baize-v2-7b
- Salesforce/codet5p-6b
- StabilityAI/stablelm-tuned-alpha-7b
- tiiuae/falcon-40b
- timdettmers/guanaco-33b-merged
- togethercomputer/RedPajama-INCITE-7B-Chat
- WizardLM/WizardLM-13B-V1.0
- WizardLM/WizardCoder-15B-V1.0
- internlm/internlm-chat-7b
- HuggingFaceH4/starchat-beta
- FlagAlpha/Llama2-Chinese-13b-Chat
- BAAI/AquilaChat-7B
- OpenOrca 全系列模型
- Spicyboros + airoboros 2.2
- VMware 的 OpenLLaMa OpenInstruct

5.2.2　Langchain-Chatchat 的工作原理

Langchain-Chatchat 是基于 LangChain 框架构建的应用。它包括五个主要组件：模型（LLM 封装器）、提示、链条、嵌入和向量存储以及代理。这些组件的结合使得 Langchain-Chatchat 能够实现高度灵活和定制化的知识库问答解决方案。

Langchain-Chatchat 的工作原理如图 5-6 所示。

- 加载文件：首先，系统会加载含有知识信息的文件，比如文档或数据库。
- 读取文本：接着，从这些文件中读取文本数据，这是后续处理的基础。
- 文本分割：将文本分割成更小的段落或模块，以便更容易地被处理和索引。
- 文本向量化：分割后的文本块会被转换成向量形式。这个过程涉及文本的数值化，通常使用嵌入技术（如词嵌入）来实现。
- 问句向量化：用户提出的问题也会经过类似的向量化处理。
- 在文本向量中匹配最相似的前 k 个文本块：系统会在所有文本向量中搜索与问题向量最相似的前 k 个文本块。
- 将匹配的文本块作为上下文：这些匹配到的文本块将被用作生成回答的上下文。
- 添加到提示中：问题和相关上下文被组合成一个提示，准备提交给大模型。
- 提交给大模型生成回答：最后，这个组合好的提示被送入大模型（如 GPT），由模型生成最终的回答。

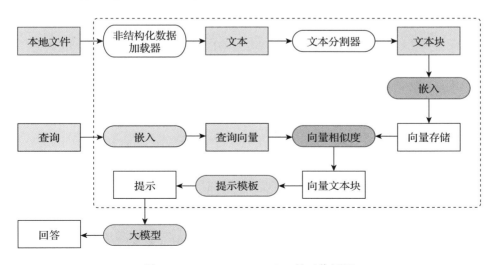

图 5-6　Langchain-Chatchat 的工作原理

Langchain-Chatchat 对文档的处理流程主要包括以下几个步骤。

- 加载文档：首先将目标文档加载到系统中。
- 文本分割：对加载的文档进行文本分割，将其拆分成更小的片段或段落。
- 文本向量化：接下来，通过向量化过程将这些文本片段转换成数值表示。
- 向量存储：向量化后的文本片段被存储在向量数据库中，为后续的检索和匹配提供便利。
- 问题处理和匹配：同样对用户提交的问题进行向量化处理，系统在向量数据库中寻找与问题向量最匹配的文本片段。
- 生成回答：将选定的文本片段作为上下文信息，结合用户问题，一起输入给大模型（如 GPT），由模型生成回答。

5.2.3 Langchain-Chatchat 的部署

Langchain-Chatchat 项目的软硬件要求如下。

1. 软件要求

- 已测试的系统：Linux Ubuntu 22.04.5，内核 6.7 版本。
- 最低要求：Python 3.8（不稳定）及以上且低于 3.11 版本，CUDA 12.1 及以上版本。
- 推荐要求：Python 3.10.12 版本，CUDA 12.3 版本。

2. 硬件要求

- 该框架使用 fschat 驱动，统一使用 Hugging Face 进行推理。
- 未对 Int4 模型适配，不保证 Int4 模型正常运行。
- 显存占用估算：FP16 模式下，显存占用 (GB) = 模型量级 ×2；Int4 模式下，显存占用 (GB) = 模型量级 ×0.75。
- 推荐显卡：不同模型有不同的显存要求，例如，针对 ChatGLM3-6B & LLaMA-7B-Chat 模型，推荐 RTX 4080；针对 Qwen-14B-Chat 模型，推荐 V100；针对更大的模型如 Yi-34B-Chat，推荐 A100 显卡。
- 内存要求：至少应该比模型运行的显存大。

3. 测试用机配置参考

- 服务器配置：Intel(R) Xeon(R)Platinum 8358P CPU @ 2.60GHz，2 TB DDR4 内存，NVIDIA A800-SXM4-80GB×8 显卡组，1 PB 硬盘，Ubuntu 22.04 LTS 操作系统。
- 个人 PC 配置：Intel® Core™ i9 processor 14900K，256 GB DDR5 内存，NVIDIA RTX4090×1/NVIDIA RTXA6000×1 显卡组，1 TB 硬盘，Ubuntu 22.04 LTS/Arch Linux 操作系统。

该项目在部署时需要满足以上软硬件要求以确保最佳的性能和稳定性。如果大家有合适的硬件资源，本地化的安装步骤可以参考官方的文档，地址为 https://github.com/chatchat-space/Langchain-Chatchat/wiki/。

4. 云端部署

希望快速上手的读者也可以先尝试在云端部署该项目，等 Demo 能满足自己的实际需求时再采购相应的硬件资源。这里我们选择了 AutoDL 的云计算资源，如图 5-7 所示。大家也可以使用各种公有云的 AI 计算资源，例如亚马逊云、微软云、阿里云、腾讯云、华为云等。

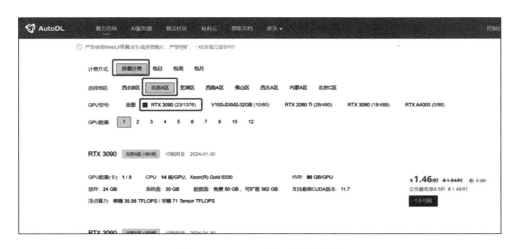

图 5-7　AutoDL 的云计算资源

在选择好硬件环境后，可以自己从零开始搭建，也可以选择社区中提供的镜像。这里选择了社区提供的 Langchain-Chatchat 项目镜像，如图 5-8 所示。

图 5-8   选择社区提供的 Langchain-Chatchat 项目镜像

5.2.4   Langchain-Chatchat 的运行

部署成功后，通过云计算提供的本地连接工具，通过 SSH 与服务器建立连接。在连接工具里，输入网址 " http://localhost:6006/"，即可运行 Langchain-Chatchat 项目，如图 5-9 所示。

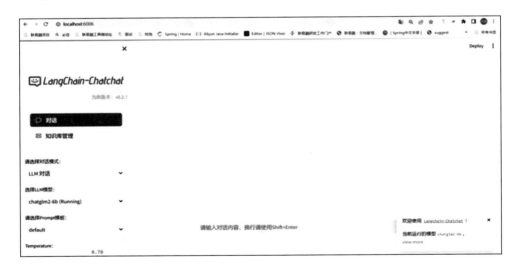

图 5-9   运行 Langchain-Chatchat 界面

Langchain-Chatchat 的对话界面如图 5-10 所示。

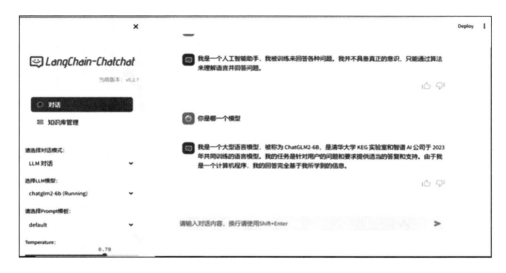

图 5-10 Langchain-Chatchat 的对话界面

本地的知识库建立界面如图 5-11 所示。

图 5-11 本地的知识库建立界面

添加上市企业的财务报告，作为知识库的内容，如图 5-12 所示。

图 5-12　添加上市企业的财务报告的界面

如图 5-13 所示，在知识库中导入上市公司财报后，现在来试一下模型对财报的基本理解能力。先来试一个比较好辨别的问题：大唐控股（香港）投资有限公司在中芯国机的持股数量？由图 5-14 可以看出，针对这种特定性问题，知识库给出了很准确的答案。

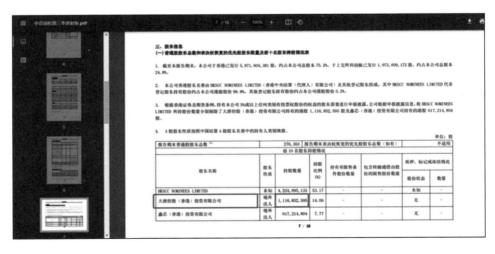

图 5-13　导入上市公司财报后的界面

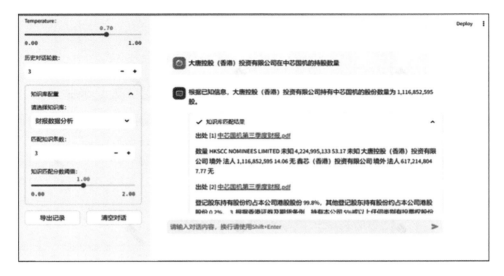

图 5-14　知识库给出了准确答案

再来试一个稍微难提取的问题，图 5-15 展示了财报中前十名股东的持股情况，向模型追问前十名股东信息，模型只回答出了部分结果，虽然命中了，但是结果并不精准，如图 5-16 所示。

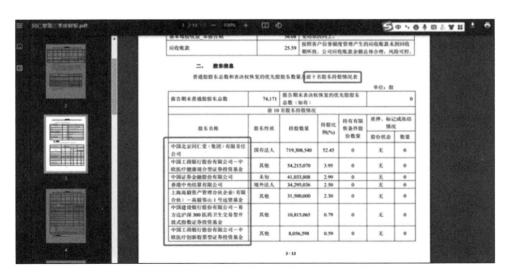

图 5-15　前十名股东的持股情况（部分）

图 5-16　关于前十名股东的持股情况的回答

第 6 章

大模型的挑战、监管与评测

　　这个时代充满无限的可能性，人工智能已经成为能够与人类对话、创作甚至编程的伙伴，我们迈入了一个由人工智能推动、语言模型主宰的新世界。随着技术能力的跃升，我们也面临着前所未有的挑战和风险，AI 的安全性、伦理责任和合规性成为亟需审慎解决的问题。大模型可能被用来制造误导性内容、侵犯隐私等，这些潜在的风险甚至关乎全球稳定。

　　本章将深入探索大模型所带来的挑战，包括模型偏见、伪造内容的检测、隐私保护以及对抗性攻击等领域。我们将着重分析全球范围内的监管策略，探讨在缺乏适当监管的情况下可能加剧的社会不平等和经济动荡问题。这是一次关于技术、挑战、伦理和责任的对话，更是一次关于人类未来的思考之旅。我们将深化对大模型的理解，共同探索人工智能的发展如何既能推动社会进步，又能防止潜在的滥用和风险。

6.1 大模型面临的挑战

6.1.1 大模型输出的不可预测性

大模型发展带来的挑战中，最显而易见的是输出结果的不可预测性。这种不可预测性与传统软件和应用程序的功能输出有显著区别。传统软件通常提供确定性和一致性的输出。然而，大模型如 GPT-4 等展现出一种完全不同的行为模式，这直接影响了我们对安全性、伦理责任和合规性方面的考量。

大模型如 GPT-4 在处理复杂查询时，它的输出结果往往具有高度的不确定性，生成的文本、图像或音频内容也可能存在矛盾。例如，同一个大模型在不同情境下可能生成截然不同的答案。在某一时刻，它可能提供有道理的建议，在下一时刻却可能产生令人疑惑或冒犯性的内容。这使得我们无法确定其输出是否准确或一致。这种不可预测性不仅涉及模型的单个输出，还涉及模型的长期行为。

这种不可预测性的根源在于大模型的训练和数据输入。这些模型基于海量的文本、图像和音频数据进行自动学习，从中提取模式和知识。然而，由于模型内部的复杂性和参数量巨大，其行为难以完全掌握。它们的输出基于统计概率，而不一定是真正地深入理解查询的上下文。此外，由于训练数据中可能存在偏见和不准确的信息，这些内容可能会被模型学习并反映在输出中。

如果没有适当的监督和过滤，直接应用大模型可能带来若干风险。例如，模型生成的内容可能包含误导信息、偏见观点或不恰当的言论。由于大模型输出的不可预测性可能对社会产生负面影响，因此有必要对这些技术的应用进行过滤和监管。社交媒体平台和应用程序可以建立审查机制，以识别和删除虚假、有害或冲突性的内容。这一过程不仅需要技术平台自身的努力，还需要社区的参与、政府的支持和技术公司的协作。

大模型，如 GPT-4，在处理复杂的数据和任务时表现出了卓越的能力，但其输出的不可预测性给一些要求严格精确控制的系统带来了挑战。这种不可预测性意味着在某些领域中，大模型无法完全替代人工操作，特别是在那些容错率极低的系统中。例如，在工业制造、自动驾驶、医疗诊断、航空航天和核能控制等领域，系统的每一项操作都需要极高的准确性和可靠性。在这些应用中，即使是微小的误差也可能导致严重的后果。不可预测的输出还可能误导用户判断和决策。因此大模型难以在这些领域实现完全的自动化，人工监督和传统的流程控制仍然不可或缺，以确保操作的准确性和安全性。

为了解决大模型输出的不可预测性，研究人员正在探索多种方法。这包括使用更多样化和无偏见的训练数据，改进算法以提高模型的透明度和可解释性，以及实施更严格的质量控制和伦理审核策略。例如，通过引入人工智能伦理指南和合规性标准，可以引导模型开发者和使用者更负责任地使用这些技术。此外，通过使用混合方法，结合人工审查、自动过滤和与严谨的应用相结合，可以提高内容的准确性和可靠性。未来的技术发展可能会带来更高级的算法和工具，以更好地理解和控制大模型的行为，从而降低不可预测性带来的风险。

6.1.2　大模型的幻觉现象

在探索 AI 的边界时，我们不可避免地遭遇到所谓的 "AI 幻觉"，即 AI 似乎在一本正经地胡说八道，它给出的信息看上去语法正确、逻辑通顺，但内容却是虚构或错误的。这种现象不仅展示了大模型的另一层不可预测性，也揭示了它们在理解和处理复杂信息时的局限性。AI 幻觉现象可能导致误导性的输出，特别是在模型对数据的真实性或准确性缺乏深入理解的情况下。因此，理解和识别 AI 幻觉对于有效利用大模型至关重要，尤其是在需要高度准确性和真实性的应用场景中。

以 GPT 模型为例，当面对它不了解或没有足够信息的查询时，模型并不会简单地承认无知，而是会依据其训练数据中的模式，产生一个表面上看起来合理的回答。这种回答的生成，好比 AI 在一个无尽的逻辑迷宫中穿行，它的目标不是找到出口（即真相），而是不断前进（即响应用户的每一个询问）。

幻觉可以被细分为几类。首先是与输入相冲突的幻觉，即 AI 生成的内容与用户的原始输入相违背；其次是与语境相冲突的幻觉，即 AI 生成的内容与之前的信息相矛盾；最后是与事实相冲突的幻觉，这是指 AI 生成的内容与既定的世界知识不一致。这些分类能帮助我们理解和评估 AI 幻觉的性质及其产生的背景。

一个典型的幻觉例子是，如果你问 GPT-4 关于一个虚构科学家的信息，它可能会根据其数据库中的相关知识片段拼凑出一个听起来可信的故事，包括科学家的国籍、研究领域，甚至所获奖项。然而，这位科学家实际上并不存在，所有的"事实"不过是模型根据输入构建的虚假叙述。

1. 幻觉的根源

幻觉的根源在于模型的设计：它们被训练为尽可能地生成连贯的文本，而不是判断信息的真实性。这就造成了一个困境，即 AI 在缺乏确凿信息源的情况下，依然会给出充满信心的答复。这正是 AI 领域所面临的挑战之一：如何教会一个基于概率的模型去理解和接受"不知道"作为答案。

幻觉的来源可以涉及多个因素。生成式预训练模型（如 GPT-4）在构建其庞大的知识库时依赖于海量的数据输入；这些数据中可能掺杂着错误、过时信息，甚至是完全虚构的内容。大模型可能会错误地将训练数据中的偶然相关性解读为事实知识，或者在预训练阶段缺乏相关的先决知识，导致在后续训练中产生错误的对齐。另外，大模型可能会高估自己的能力，或者在生成策略上存在相关的风险，形成错误信息。

这种现象带来的问题是多方面的。在最直观的层面上，它损害了 AI 作为信息来源的可靠性。如果企业或个人未能识别 AI 幻觉，那么就可能基于错误的信息做出关键决策。更为深远的影响是，AI 幻觉有可能加剧社会的信息泡沫，影响公共舆论和个人信念。

2. 应对幻觉的方案

要应对这些风险，我们必须采取多管齐下的措施。首先，我们需要提高 AI 数据的质量和多样性，包括对输入数据进行更严格的筛选和校准，以减少错误信息的输入。其次，我们需要开发更精细的算法以检测和校正幻觉，这需要 AI 模型能够在某种程度上识别并判断自身的输出是否准确。此外，为了提升模型的透明度，我们应加强对 AI 决策过程的解释能力，让用户能够理解 AI 的回答是如何形成的。

为了评估幻觉，研究者们已经开发了一系列的基准测试，如 TruthfulQA 和 FActScore，以及判别式基准，例如 HaluEval 和 FACTOR。这些评估工具考量了大模型在生成事实性陈述、区分真实陈述与虚假陈述的能力。然而，这些基准并不完美，因为它们主要依赖于人类的主观判断，并且在不同的大模型或领域间的鲁棒性存在差异。但是，这些基准测试为我们理解和改善 AI 的真实性提供了重要的工具。

为了减少幻觉，有必要在预训练期间采取缓解措施，如人工或自动整理预训练语料库。在预训练过程中，现有的研究主要采用简单的启发式规则来选择和过滤数据。另外，在微调阶段，可以通过行为克隆或利用人类反馈来减少幻觉。此外，利用外部知识和监督学习也能帮助大模型提高其输出的事实性和准确性。这包括从可靠的文本来源收集数据，以及在推理任务中使用过程监督来检测和减少幻觉。

长远来看，随着对 AI 内部工作机制理解的深入，我们有理由相信未来会出现更可靠、更智能的模型。这些模型不仅能够减少幻觉的发生，还能够在发生幻觉时自我纠正。在这个过程中，人类的监督和干预是不可或缺的。通过人机协作，我们可以确保 AI 的强大能力被用于正确的目的，并为我们所有人带来益处。

6.1.3　大模型偏见与不公平性

在 AI 技术的发展和应用中，一个不可回避的问题是大模型偏见和不公平性。这个问题不仅关系到技术的准确性和效率，还涉及 AI 如何在社会中公正地服务于不同群体。理解和解决这个问题对于促进 AI 技术的健康和可持续发展至关重要。

1. 大模型偏见的案例研究

柏林洪堡大学的研究团队最近发布了一个名为 OpinionGPT 的语言模型，旨在探索和揭示大模型在回答问题时可能存在的隐含偏见。该模型选用技术圈社交平台 Reddit 的精选数据进行微调，覆盖了政治、地理、性别和年龄等多个社会维度。OpinionGPT 明确地利用来自特定社会群体的偏见数据进行训练，使得偏见更加透明，而不是试图压制它们。

该团队还开发了一个 Web 演示界面，允许用户提出问题并选择要探索的特定偏见和观点。这使研究人员能够直观地研究大模型的语言和思维方式如何受到不同偏见的影响，增强了对 AI 偏见的认识。

在实际应用中，OpinionGPT 展现了不同偏见群体对问题的不同观点。例如，针对同一个问题，基于不同地区的模型提供的答案会有显著差异。

通过 OpinionGPT，用户可以以指定的偏见生成回答，从而探索模型的回答如何受到这些因素的影响。这种交互方式不仅提供了理解和处理自然语言处理中偏见和观点的新视角，而且增强了对语言和文化多样性的认识。OpinionGPT 的推出为 AI 和机器学习领域的伦理和偏见研究提供了一个新的、实用的工具。

2. 大模型偏见的根源

大模型偏见不仅仅是 AI 技术本身的问题，更深刻地反映了社会和文化中的复杂问题。这种不平等可能体现在多个方面：数据偏见、数据缺乏与算法偏见。

（1）数据偏见：反映现实的镜像

数据偏见源自模型的训练数据，这些数据通常来自现实世界，反映了社会、文化和历史中存在的偏见。例如，训练数据中可能存在性别、种族、年龄等方面的偏见，这些不平等的表现导致模型在处理相关特征时产生不公平的结果。

（2）数据缺乏：信息不完整

数据缺乏也是导致模型偏见的一个重要因素。如某些群体的数据样本量较少，导致模型无法准确地捕捉到这些群体的特征和需求，进而产生偏差。例如，数据缺乏可能会导致大模型在处理非英语语言时存在偏见。由于英语在全球商业领域中的主导地位，使用 AI 进行语言翻译时往往存在一种单方面且不平等的趋势。这可能导致非英语地区的人们在经商、科研等领域面临更多挑战。

（3）算法偏见：设计与处理的不平等

算法偏见源于模型的算法设计和训练过程。算法选择、损失函数的定义以及训练过程中的数据采样策略都可能影响模型的偏见水平。此外，数据预处理过程中的决策，如特征选择和标签分配，也可能对模型的公平性产生影响。

3. 破解偏见

模型偏见和不公平性是 AI 领域的一个迫切需要解决的问题，需要综合考虑技术、伦理和政策因素，也需要多方合作。以下是一些解决方法和策略。

（1）数据多样性

确保训练数据具有多样性，包括各种人口群体和特征的数据样本。这可以减小数据偏见的影响，并使模型更全面地理解不同群体的需求。

（2）数据审查

对训练数据进行审查，识别并修正潜在的偏见。这可能需要删除或修正数据中的不平等情况，以确保模型不会学习到不公平的知识。

（3）公平度量

引入公平度量标准，用于评估模型的不公平性。这些度量可以帮助研究者和开发者识别和解决模型中的不平等问题。

（4）增强算法公平性

研究和开发算法来增强模型的公平性。这可能包括修改损失函数、采用公平采样策略和引入对抗性训练等技术。

（5）伦理指南和政策

制定伦理指南和政策，规定在 AI 开发和应用中如何处理模型偏见和不公平性。这需要行业、学术界和政府的共同合作。建立对 AI 偏见和公平性的监管政策。政策制定者需了解 AI 技术的工作原理和潜在风险，以便制定有效的监管措施。

通过以上策略，我们可以减少模型的不公平性，确保 AI 技术更好地服务于所有人，而不是对某些群体产生不平等对待。解决模型偏见和不公平性问题是 AI 技术发展的伦理和社会责任的一部分，我们必须不断努力，创造更加公正和平等的 AI 未来。

6.1.4　对抗性攻击

在了解生成式 AI 技术的神奇之处后，我们必须转向它面临的另一个重要问题——对抗性攻击。这些攻击不仅对 GPT-4 等先进模型构成威胁，更是对整个数字安全领域的挑战。

对抗性攻击是指利用模型的局限性来欺骗和误导 AI 系统的策略。攻击者通过精心设计的输入数据引导模型做出错误的预测或决策。这种攻击的危险在于，它们经常是不易被人类察觉的微小变化，但对 AI 的输出结果却有重大影响。

在文本处理领域，攻击者可能会利用基于 token 操作的简单替换、复杂的基于梯度的攻击，甚至"越狱"prompt 设计来迷惑模型。这些技术通过不同方式操纵模型输出，增加了攻击的多样化和隐蔽性。根据攻击者对模型的了解程度，这些攻击可以分为白盒攻击和黑盒攻击。白盒攻击假设攻击者有权访问模型的全部细节，而黑盒攻击则是在对模型的内部工作机制一无所知的情况下进行的。

对于像 GPT-4 这样的模型，对抗性攻击可能导致生成不准确或有害的信息，引发用户对系统准确性的怀疑，甚至可能在未知情况下引发更严重的后果。例如，一个被对抗性样本欺骗的金融预测模型可能导致巨大的经济损失。历史上有不少对抗性攻击的实例。在图像识别领域，通过对图片进行轻微修改，原本能够被准确识别的对象被错误分类。在文本处理领域，一些精心设计的句子或词汇变化也足以迷惑模型，使其产生错误的回答或作出不当的判断。

为了应对这些挑战，研究者和工程师已经开发出多种防御策略。对抗性训练是其中的一种，它通过在训练过程中引入对抗性样本来提高模型的鲁棒性。此外，模型集成可以通过组合多个模型的预测结果来增加系统的整体鲁棒性，即使某个模型受到攻击，整体系统仍能保持稳定。除了对抗性训练和模型集成之外，研究者还探索了使用高质量分类器来判断输出的安全性、对输入进行预处理，以及增强模型对微小变化的鲁棒性等其他策略。

然而，对抗性攻击的防御是一场持续的军备竞赛。随着攻击方法的不断演进，防御策略也需要不断更新。未来的研究将集中在开发更先进的检测算法，以实时识别和防御对抗性攻击，以及提升模型的透明度和可解释性等方面，这样即使受到攻击，用户和开发者也能迅速识别问题并采取行动。

6.1.5　大模型的可解释性

1. AI 可解释性的重要性

可解释性（Explainability）在人工智能和机器学习领域中是指使 AI/ML 模型的行为更易于被人理解的能力。针对不同背景的解释对象，需要采用不同的解释方式。

在医疗领域，可解释性的重要性体现在诊断和治疗决策的透明度上，这对医生、病人和医疗监管机构都至关重要。如图 6-1 所示，如果一个 AI 手术机器人在进行一项复杂的手术时意外损伤到周围组织，而 AI 系统的操作过程是不透明的，那么确定事故的具体原因（如系统编程错误、传感器失灵，或者对手术环境的误判）将非常困难。相比之下，如果 AI 手术系统的每一步操作都是可解释的，那么就可以明确它是如何做出特定手术决策的，例如它是如何识别和处理手术区域的。这样的透明度对于事后的事故分析和责任划分至关重要，同时有助于未来改进系统设计、提高手术的安全性和效率，并增强公众对这类先进医疗技术的信任。

图 6-1　模拟的 AI 手术系统界面

传统的自然语言处理技术，如决策树和逻辑回归，被认为是白盒技术，因为它们的决策路径相对简单和直接。由于这些方法的可解释性，它们在需要透明和可审计决策的应用中非常有价值，例如在医疗、金融和法律等领域。

例如，决策树通过一系列的"是"或"否"问题对数据进行分类或回归。这些问题基于特征值的阈值，逐步形成了一种树状结构。每个决策节点在树中代表一个问题，而每个分支代表对该问题的回答。这种结构使得决策过程非常直观，易于追踪。由于决策树的结构清晰，其分类或预测的结果也易于解释，因此用户可以直接查看每个决策节点的条件，理解模型是如何根据输入数据的特征做出最终决策的。

在金融领域，尤其是贷款发放过程中，决策的透明度和可解释性至关重要。例如，使用逻辑回归模型来评估贷款申请时，每个用于预测的特征（如信用评分、收入水平、债务水平）都与权重相关联，这些权重表明了每个特征对最终决策的影响程度。如果一个贷款申请被拒绝，那么贷款机构可以根据权重具体指出是哪些因素导致了这一决策，比如低信用评分或高债务比率。这种透明度不仅有助于机构维护合规性和公平性，也有助于申请人理解决策背后的逻辑，从而采取措施改善其信贷状况。

2. 大模型的"黑盒特性"

在 AI 领域，尤其是涉及复杂的大模型如 GPT 系列时，我们面临着一个独特的挑战：这些模型的内部工作机制对我们而言常常是一个"黑盒"。尽管这些模型的代码、参数和训练方法是公开透明的，但我们仍然难以追踪和理解它们是如何从特定输入生成特定输出的，如图 6-2 所示。这种复杂性源于模型内部多层次的非线性数据处理和海量参数的复杂交互，使得追溯和理解其决策路径成为一项巨大挑战。开源模型的优势在于它提供了更多探索、测试和理解这些模型的机会，从而有可能提高它们的整体可解释性。

这种复杂性可以通过观察人类决策过程来类比。当我们看到一个人在日常生活中做出决定时，如选择工作、购买产品或在特定情境下的反应，我们只能看到决策的结果。然而，深入了解一个人的决策背后的全部因素，包括他们的生物基因、成长经历、教育背景、个人经历以及所有塑造与影响他们的个性和决策的微妙因素，则远非易事。人类决策由复杂的情感、多重的动机和丰富的个人经验等交织而成。同样，尽管我们了解 AI 模型的基础架构（类似于人类的基因）和训练过程（类似于人类的教育和经历），但模型如何综合这些因素以做出特定响应仍是复杂且难以预测的。

在大模型中，每个神经元的激活都可能产生深远的影响，类似于蝴蝶效应中微小的振翅却能引发连锁反应。诺贝尔奖获得者 P. W. Anderson 在 1972

年的文章《More Is Different》中提出，复杂系统的行为不能仅通过分析其组成部分来理解。这种现象在物理学中被称为"涌现性"，即复杂系统展现出的特性和行为不能单纯由其组件的性质来解释。

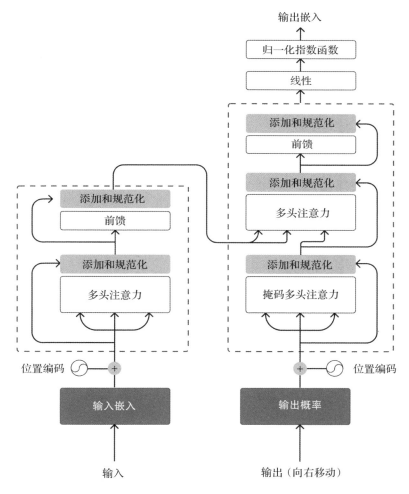

图 6-2 大模型可能会输出不同结论，具有"黑盒特性"

3. 常见的提高大模型可解释性的方法

研究人员开发了多种方法来提高大型机器学习模型，尤其是深度学习模型的可解释性。这些方法旨在揭示模型的决策过程，帮助研究人员和用户理解模型如何从输入数据生成输出。以下是一些常见的提高大模型可解释性的方法。

（1）特征重要性

在应用于 GPT 等语言模型时，这种方法旨在识别和评估哪些输入特征（如单词或短语）对模型的预测或决策有最大影响。这有助于理解特定输入如何影响模型的文本生成。

这就像一次全面的健康体检，医生通过检查多种不同的健康指标（如血压、心率、血液化验等），以识别对患者整体健康影响最大的因素。

（2）局部可解释模型 – 敏感分析（LIME）

LIME 用于解释 GPT 模型的单个预测，如分析模型为何在给定输入下产生特定的文本响应。LIME 通过创建一个简化的局部模型，如线性回归，来近似模型在特定输入附近的行为。

就像医生使用心电图（ECG）对心脏问题进行具体诊断。若病人展现出特定的心脏症状，则心电图可以帮助医生精确地了解这些症状背后的原因。

（3）SHAP

SHAP（Shapley Additive Explanation）是基于博弈论的方法，用于量化每个输入特征（例如文本中的单词）对 GPT 模型特定预测的贡献，有助于揭示模型决策过程中的关键因素。这可以比作多个专家团队会诊的过程。面对复杂的病例，心脏科医生、神经科医生和内科医生等多个专家会共同讨论病人的症状，每位专家的贡献都对最终的诊断和治疗方案至关重要。

（4）激活图和注意力机制

在基于 Transformer 架构的 GPT 模型中，注意力机制（Attention Mechanism）是关键组成部分。通过分析注意力分数（Attention Score），我们可以了解模型如何在处理输入时分配注意力，从而理解模型在文本生成中关注的关键部分，就像核磁共振成像（MRI）在医学上的应用。MRI 在医学上被用来获取人体内部结构的详细图像，尤其在诊断脑部疾病时非常有用。它能够显示大脑在进行特定任务（如说话、思考或记忆）时哪些区域最活跃，从而帮助医生了解大脑功能和可能的异常区域。

（5）模型剖析和可视化

模型剖析和可视化方法涉及对 GPT 模型的内部层和神经元激活的可视

化分析。通过这种方法，研究人员可以观察和理解模型在处理和生成文本时的内部行为。它很像医学成像技术（如 CT）：在医学领域，计算机断层扫描（CT）被用于获取人体内部结构的详细三维图像。它可以展示身体内部的详细情况，包括不同组织和器官的状况，帮助医生诊断疾病、监测病情进展、规划治疗方法。

（6）自上而下的表征方法

在表征工程（Representation Engineering, RepE）的框架下，自上而下的表征方法（Top-Down Representation Approach）着重于分析和理解 GPT 模型生成的高层次表征。这些表征反映了模型如何在更抽象的层面上处理和生成语言，有助于从宏观角度理解模型的行为。表征方法类似于心理学中的综合人格评估。就像心理学家通过观察个体的行为模式、情绪反应和思维过程来综合评估一个人的整体心理特征和人格类型一样。此方法不是只关注具体的技术细节，而是像心理学家分析人的行为一样，试图理解模型的"思维"和"行为"背后的更深层次原因，提供一个全面的理解框架。

6.1.6　超级对齐

探索 AI 的进阶之路时，我们面临着一个重大挑战：如何让 AI 的行为与人类的价值观和意图高度一致，即实现"超级对齐"。这一目标是在 2023 年 7 月由 OpenAI 首次提出的，他们计划投入 20% 的计算资源并花费 4 年时间来全力打造一个超级对齐系统，旨在解决随着智能级别提升而日益突出的对齐问题。OpenAI 的超级对齐计划不仅显示了技术创新的决心，也表明了在 AI 发展的道路上，人类价值不能被忽视。

超级对齐的终极目标是创建一个能够理解人类价值并在所有行动中表现这些价值的 AI。这一理想的实现将确保即使是最高级别的 AI 系统，也能在执行任务时保持对人类价值观的深度尊重和一致性。

AI 的决策过程与人类截然不同。它们通过算法处理大量数据，寻找模式和关联，以此来形成决策。但这种基于模式识别的决策过程容易受到数据质量和范围的限制。如果训练数据中存在偏见或不完整的信息，AI 就可能产生有害的决策。超级对齐的实现，意味着 AI 在所有决策中都能考虑到人类的长远福祉和社会伦理标准，从而减少由于数据不完整或偏差导致的有害决策。

要实现超级对齐的目标，需要涉及多个层面。首先，设计阶段就需要融入伦理和价值考量，以确保 AI 系统从一开始就朝着与人类价值观相一致的方向发展。其次，训练过程中必须使用多样化、无偏见的数据集，并在数据收集、筛选和使用方面进行严格的质量控制。此外，还涉及对 AI 系统的持续评估和压力测试，以验证其决策过程是否真正符合人类的道德和价值观。

超级对齐也提出了一系列技术和伦理上的问题，需要全球 AI 研究者、伦理学家、政策制定者和公众共同解决。这一过程需要透明度、公共参与和跨领域合作，以确保多元的价值观在 AI 的发展中得到充分考虑。超级对齐是一个持续的过程，它要求我们不断地审视和更新我们对 AI 的期望。通过持续的努力和创新，我们可以期待一个在所有重要方面都与人类对齐的 AI 未来。这将是一个合作共赢的未来，AI 的力量将被用来推动人类文明的进步，而不是成为潜在的威胁。

6.2   大模型的监管

6.2.1   AIGC 伪造及检测技术

随着 AIGC 技术如 GPT-4 和深度学习模型的飞速发展，我们正迈入一个全新的信息时代。但是，AIGC 技术的应用范围已经扩展到生成看似真实的新闻、社交媒体帖子和财务报告等，这些伪造内容可能被用于诈骗、虚假信息传播和政治操纵等非法活动。

这一技术变革的核心问题是，它为不法分子提供了低成本制作和传播伪造内容的工具，这不仅威胁着社会的信任基础，还可能危及公共安全。特别是深度伪造的视频和音频，对政治稳定、公共安全和个人隐私等构成了重大威胁。传统的认知观念，"有图有真相"和"眼见为实"面临挑战，甚至被重新定义为"有图也无真相"和"眼见未必为实"。

由于伪造内容通常具有高度的逼真性，传统的验证核实机制也面临巨大挑战。为了应对挑战，研究者和技术开发者在伪造检测领域取得了显著进展。这些进展主要体现在以下几个方面：

- 图像与视频分析技术：研究者利用机器学习和计算机视觉技术来检测视频和图像中的细微异常。例如，通过分析面部表情的微妙不一致性、眼睛的闪烁频率，或者皮肤的纹理细节来揭示深度伪造的迹象。
- 音频验证技术：在音频伪造检测领域，专家们通过分析语音的频谱特性、声音的细微波动和背景噪声来识别被篡改的内容。语音识别技术的进步也有助于提升伪造音频的检测能力。
- 自然语言处理：在文本内容方面，使用 NLP 技术来识别和分析文本生成模型可能留下的特定模式和语言结构，这有助于识别由 AI 生成的文本。
- 区块链技术：区块链技术的应用也被视为一种有效的伪造检测手段。通过在内容创作时记录和验证其来源和完整性，可以提供一个不可篡改的证据链，从而帮助验证内容的真实性。
- 用 AI 来对抗 AI：随着技术的发展，AI 被用于制作逼真的视频和图像，同时也被用于检测和伪造内容。这一过程形成了一个持续的攻防迭代。例如伪造内容检测平台 DeepReal 能够识别 AI 换声和 AI 换脸等内容。

除了技术手段之外，法律和监管框架的建立也至关重要，包括制定针对深度伪造和虚假信息的法律法规，以及加强对 AIGC 技术应用的监管。同时，提升公众对于这些技术潜在危害的认知，增强社会的韧性和应对能力，也是遏制伪造内容危害的关键。

AIGC 技术带来的伪造问题只有通过多方面的合作才能有效应对。技术创新、法律监管、公众教育和国际合作等多维度策略的实施，将是维护信息真实性和社会信任的关键。面对这一挑战，全社会需要共同努力，建立更加健全和有效的防范机制。

6.2.2　大模型隐私和数据泄露

随着大模型的快速发展，隐私和数据泄露问题备受关注。这一问题涉及个人数据的收集、处理和保护，以及大模型可能意外泄露敏感数据的风险。本节将探讨大模型隐私和数据泄露问题的案例、性质以及解决方法。

1. 隐私和数据泄露的案例

隐私和数据泄露问题的案例已经在现实世界中发生过，引发了广泛的关注和担忧。以下是一些实际案例。

（1）ChatGPT 泄露敏感数据

这是一起某电子公司内部员工使用聊天机器人导致的泄露事件。该事件涉事员工将涉及半导体设备测量、良品率/缺陷、内部会议内容等敏感数据输入聊天机器人中，尽管 OpenAI 在其使用指南中已明确警告用户不要提交敏感数据，导致这些机密数据被上传到了 ChatGPT 的服务器，造成数据泄露。针对该事件，公司采取了一系列紧急措施，包括限制 ChatGPT 输入问题的长度和限制办公电脑使用，以防止类似事件的再次发生，并考虑构建自己的人工智能服务。这一事件引起了全球多家企业的关注，许多企业开始制定相关措施以限制或阻止员工使用 ChatGPT，以避免敏感数据泄露，凸显了大模型给企业的隐私和安全性方面带来的挑战，以及企业在采用此类技术时必须采取的预防措施。

（2）某办公软件泄露用户隐私

某办公软件近期因其隐私政策中的表述被质疑滥用用户隐私，引发了广泛关注。该隐私政策曾提到，公司将对用户主动上传的文档材料进行脱敏处理后用作 AI 训练的基础材料。这一做法违反了数据信息收集的"最小化原则"，涉嫌不当获取用户隐私信息。在用户和社会舆论的质疑下，该软件官方不得不公开道歉，并承诺不将用户文档用于 AI 训练。

（3）某社交软件的隐私问题

某社交软件曾多次面临隐私问题。其中最严重的一起事件是某数据分析公司数据滥用事件，导致数百万用户的个人信息被滥用。该公司在 2016 年美国总统大选前违规获得了来自该社交软件上 5000 万用户的信息，并影响了美国总统大选结果。后来，经调查发现，大概有 8700 万用户的信息被不当分享。

2. 隐私和数据泄露的性质

大模型的训练需要海量的数据，其中可能包含了用户生成的内容、个人信息和敏感数据。这些数据在训练过程中被用来调整模型的权重和参数，以使其生成更准确的文本。然而，这也引发了一系列隐私和数据泄露的问题：

（1）用户数据隐私

许多在线服务在收集个人数据时存在安全漏洞，容易遭受黑客攻击，造成数据泄露。大模型在对话过程中可能会不慎包含用户敏感信息，例如个人身份、财务数据或健康记录。这种数据泄露可能会对用户的隐私造成严重威胁。

（2）原始数据泄露

训练大模型所需的原始数据集可能包含用户上传的文本、社交媒体帖子或其他形式的用户生成内容。如果未对这些数据进行妥善处理，那么模型可能会在生成文本时泄露原始数据的细节。

（3）内部模型知识泄露

通过查询大模型，攻击者可能会获取关于模型内部结构和知识的数据，这可能导致模型的滥用或逆向工程。大模型如 GPT 系列在训练过程中可能"记忆"了敏感数据，导致在交互过程中可能无意中泄露这些数据。

3. 解决方法

解决隐私和数据泄露问题时需要综合考虑技术、法规和伦理因素。以下是一些解决方法。

（1）数据匿名化与隐私增强技术

在训练大模型时，采用数据匿名化和隐私增强技术如差分隐私和安全多方计算，对原始数据进行识别处理，是保护用户隐私的关键。这有助于模糊敏感信息，防止模型在文本生成时泄露个人细节。遵循隐私法规并透明化数据使用政策，向用户清晰地说明数据的使用方式，也是保障用户隐私的重要环节。此外，应用先进的加密技术和安全协议来确保数据在存储和传输过程中的安全，同时利用联邦学习这种分布式数据处理方法，在保护隐私的同时进行模型训练，进一步降低数据泄露风险。

（2）模型审查和过滤

对于大模型的开发和部署，应进行隐私审核，评估模型是否满足隐私和数据保护要求。对于生成式模型如 GPT，需要建立审查机制，检查生成的内容是否可能泄露敏感数据。这可以通过审查生成内容并制定应用规则来实现，以确保不会泄露隐私。在训练大模型时，需要控制训练数据的范围和质量。使用无偏见、多样化的数据集，并在数据收集和筛选方面进行严格的质量控制，以减少数据泄露的风险。

（3）法规合规和用户教育

最重要的是，需要制定和遵守伦理准则和政策，确保大模型的使用不会导致隐私或数据泄露。公司和组织必须遵守适用的隐私法规和合规性要求，确保个人数据的合法处理和保护。提高公众对数据隐私的认识，了解如何保护自己的信息安全。增加数据处理过程的透明度，确保有责任机制以应对可能的数据泄露事件。

6.2.3　大模型窃取与知识产权保护

在人工智能的浪潮中，AI 大模型不仅是技术革命的驱动者，也开拓了无限的应用空间。随着这些模型在商业和社会层面展现出巨大的价值，知识产权（IP）保护和侵权行为的问题日益凸显。这些模型的背后，是创新团队投入的大量的心血和资源，是他们积累的丰富的技术创新和知识，因此，对这些智力成果的保护变得尤为关键。在这场知识产权的"矛与盾"的较量中，既展现了技术创新的强大动力，也凸显了保护成果面临的严峻挑战。

1. 侵权之矛：大模型的窃取

大型人工智能模型正遭遇前所未有的知识产权挑战，技术的发展和 AI 大模型的特性也为这些非法行为提供了更多可能性。

首先，从技术的角度来看，AI 模型的复杂性本身就是一个重大挑战。AI 模型往往包含成千上万的参数和复杂的数据处理流程，这使得监测和验证其知识产权变得极为困难。例如，确定一个模型是不是通过复制另一个模型并修改之后得到的，就是一个技术上极具挑战性的问题。此外，随着技术的发展，侵犯知识产权的方法也在不断变化，例如通过逆向工程技术来复制或模仿 AI 模型的行为。

法律领域的挑战同样复杂。现有的知识产权法律体系还未能充分适应快速发展的 AI 技术。例如，AI 模型的创作可能涉及大量的自动化过程，这在传统的知识产权框架下可能难以界定。由于 AI 技术的快速发展，法律法规往往难以跟上技术的步伐，导致保护措施不足或滞后。

以下是一些常见的侵权行为。

- **模型复制与非法分发**：这是最直接的窃取方式。第三方通过复制 AI 模型，并将其非法分发或销售，直接侵犯了原始模型开发者的知识产权。这种方式常见于那些易于访问和下载的模型，尤其是在学术界或开源平台上发布的模型。
- **模型逆向工程**：在这种情况下，攻击者通过分析 AI 模型的输出，试图逆向分析出模型的关键特征，从而创建一个功能上类似的模型。逆向工程不仅侵犯了原始模型的知识产权，还可能导致商业数据的泄露。
- **数据盗用**：AI 模型的训练需要大量的数据。如果在未经授权的情况下使用受版权保护的数据进行模型训练，这种行为可能构成对数据来源的版权侵犯。这种情况在缺乏数据来源透明度的情况下更为常见。
- **参数调整与微调**：在某些情况下，第三方可能通过微调或调整现有模型的参数，来创建一个在功能上与原始模型相似，但在技术实现上略有不同的模型。这种方式有时可能难以被视为直接的知识产权侵犯，但它确实对原始模型的知识产权构成了威胁。
- **模型功能复制**：这种方式涉及创建一个新的模型，其功能和输出与原始模型相似或相同，但在内部结构上可能完全不同。这种方式通常更难被检测，因为从外部来看，两个模型可能表现出相似的行为，但内部实现完全不同。
- **超越商业许可的范围**：在某些情况下，即使是合法获取的 AI 模型，也可能被滥用，如将模型用于未经授权的应用领域，或者在违反许可协议的情况下进行商业化使用。

2. 防护之盾：技术与法律

在保护 AI 大模型的知识产权方面，数字水印技术发挥着至关重要的作用。这种方法涉及将一种隐蔽的标记或信息嵌入模型中，该标记对模型功能的影响微乎其微，但可以用于证明所有权和追踪模型的使用情况。

数字水印在 AI 大模型中的作用，就像是嵌入在人类心智深处的潜意识。这些水印被巧妙地设计和嵌入模型中，就像人的潜意识一样不易被察觉。但在关键时刻，比如当需要证明模型的原创性和所有权时，这些水印会像潜意识一样觉醒，明确标示模型的出处和归属。类似地，数字水印也可被视作对 AI 模型的一种潜意识层面的"思想植入"，它代表着创建者的标记和所有权声明。即便模型被复制、修改或遭受攻击，这种内嵌的标记也能够坚固地维护着模型的原创性和合法权益。

这种技术的主要优势是其隐蔽性和鲁棒性。因为水印被嵌入模型的深层结构中，普通用户在使用模型时几乎无法察觉到它的存在。即便模型被复制或部分修改，模型中的这些水印也能够保持不变，从而帮助原始开发者证明所有权。此外，合理设计的数字水印能够抵抗一系列的攻击和尝试去除水印的手段，如模型裁剪、微调或其他形式的篡改。

然而，数字水印技术也面临着一定的挑战。其中最主要的是如何设计出既隐蔽又兼具鲁棒性的水印。如果水印太过明显，可能会被恶意用户识别并移除，或者影响模型的性能。同时，水印需要足够强大，能够在模型经历各种处理和攻击时保持稳定。此外，随着攻击技术的不断变化，保持数字水印的安全性和有效性是一个不断进化的挑战。

AI 大模型的知识产权保护并不局限于数字水印技术，还包括了一系列其他的保护机制，每种机制都有其独特的作用和应用场景。加密技术和访问控制是另一种常见的保护策略。通过对 AI 大模型的数据加密，以及实施严格的访问控制机制，可以有效地防止未授权的访问和使用。这种方法的关键在于找到加密强度和系统性能之间的平衡点。

版权标记和元数据的添加也是一种保护知识产权的有效方法。在 AI 大模型和相关数据中嵌入版权信息和元数据，如作者、创建日期等，有助于版权的识别和追踪。尽管如此，这些信息可能面临被篡改或删除的风险。

对于大模型的知识产权，法律保护同样不可或缺。通过制定和执行明确的法律框架和合同条款，可以为 AI 大模型的知识产权提供强有力的保障。这包括详细的使用许可协议、版权声明和责任限制等。与普通的商业 AI 大模型相比，开源大模型由于其广泛的使用范围，再加上大家缺乏对开源概念和使用限制的了解，更容易引发一些潜在的利益冲突。

开源大模型通常遵循特定的开源协议，如 Apache 2.0、MIT 和 GPL 等。这些协议规定了用户可以如何使用、修改和分发开源软件。

- Apache 2.0：允许用户修改和分发源代码，也可用于商业用途。
- MIT 许可证：同样提供了很大的自由度，包括允许商业使用和修改源代码，但不强制要求衍生作品使用相同协议开源。
- GPL：要求任何分发的软件或衍生作品也必须是开源的，并且保留原有协议。

开源 AI 大模型的商业可能性取决于它所使用的开源协议。Apache 2.0 和 MIT 许可证允许商业使用，而 GPL 则有更多限制。在实际应用中，企业和开发者需要根据具体的协议要求，来确定是否可以将模型用于商业目的。

例如，Meta 公司发布的 Llama 模型虽然是开源的，但其使用的许可证可能对商业使用有所限制。在这种情况下，企业可能需要寻求额外的许可或选择其他更适合商业用途的模型。

尽管 Llama2 公开了模型参数和源代码，并提供了使用的某种自由度，但其协议并不完全符合传统开源定义。根据开放源代码促进会（OSI）发布的开源定义，一个真正的开源软件应满足包括不歧视个人或群体和不限制使用领域在内的十项标准要求。然而，Llama2 的协议在这些方面存在局限性。例如，对于月活跃用户超过七亿的企业，协议设定了特定限制，这被视为对大公司的歧视性条款。同时，显著的限制还包括对使用领域的规定，如禁止利用 Llama2 的输出来改善其他 AI 大模型，以及禁止在违法或欺骗行为中使用。

在 Llama2 的协议中，对于分发行为也有明确的规定。如果用户将 Llama2 或其衍生作品分发给第三方，则必须提供本协议的副本并保留相应的归属通知。此外，如果用户因使用 Llama2 而引发了法律诉讼，或第三方因用户使用 Llama2 向 Meta 提起索赔，则用户需承担相应的法律后果和赔偿责任。

开源大模型的出现在技术和生态发展上都是一个重大的进步，但其协议中的限制和条件也为其商业应用和进一步开发提出了挑战。在这种情况下，企业可能需要寻求额外的许可或选择其他更适合商业用途的模型。

随着 AI 技术的不断发展和应用的不断深入，AI 大模型的知识产权保护变得越来越重要。我们需要从技术创新、法律改革和国际合作等多个角度出发，构建一个全面、有效的保护体系，以应对日益复杂的知识产权侵犯手段。只有通过这样综合的努力，我们才能确保 AI 技术的可持续发展，并保护创新者的权益，推动整个行业的健康成长。

6.2.4　大模型的监管趋势与应对策略

在人工智能的浪潮中，大模型技术正迅速成为我们生活和工作的一部分。然而，随着它们的普及，监管这些强大的技术变得至关重要。从数据隐私到算法偏见，我们面临的不仅是技术挑战，更是法律和伦理的考验。

1. 全球视野下的监管趋势

（1）美国：自由市场与监管平衡

美国对大模型的监管相对宽松，它着重于保护消费者权益和数据隐私。2023 年，美国联邦贸易委员会（FTC）对 OpenAI 的审查突显了它对大模型潜在风险的关注。美国的监管策略反映了其对自由市场原则和创新鼓励的重视。

（2）欧盟：透明度与责任的重视

欧盟在 AI 监管方面强调算法的透明度和责任归属。2023 年 6 月，欧洲议会通过《人工智能法案》的折中修订草案，标志着欧盟对人工智能技术的全面监管。这一法案突出了欧盟对基础模型提供者的长期监管要求，显示了欧盟对保护用户权利和促进技术公平性的承诺。

（3）中国：积极布局的法规体系

中国对大模型的监管策略表现出其对数据和算法安全的高度重视。2023 年 7 月，中国发布了《生成式人工智能服务管理暂行办法》，对提供有影响力服务的大模型运营商提出了严格的算法备案和监督要求。这一法规的核心在于确保人工智能的安全、合法和可控发展，体现了中国在维护网络安全和信息内容合法性方面的决心，监管要求主要包含以下方向：

第一，**算法备案义务**，法规要求生成式人工智能服务提供者（即大模型的开发者和应用者）必须履行算法备案义务。这包括训练数据的来源、规模、类型以及算法机制的详细说明。

第二，**数据源审查**，对训练数据的来源给予了高度关注。这是因为数据来源的合法性直接关系到个人隐私权和知识产权的保护。

第三，**信息披露要求**，企业需要向监管机构披露训练数据相关的详细信息，包括数据的获取、预处理和标注规则等。

第四，**风险评估与控制**，企业需要对人工智能相关模型的潜在风险进行详细的评估，并提供已实施的风险控制措施。

（4）其他国家

在大模型和人工智能的监管方面，英国、加拿大和澳大利亚各自采取了独特的法规和指导原则。英国的《数据保护法 2018》设定了处理个人数据的标准，并由英国信息专员办公室（ICO）发布的《人工智能和数据保护指南》提供具体的指导。加拿大于 2022 年 6 月出台《人工智能和数据法案》，作为《数字宪章实施法》（C-27 号法案）的重要组成部分，加入加拿大议会审议程序。澳大利亚发布《人工智能伦理框架》，为 AI 技术应用提供准则、规范。这些举措表明各国在确保 AI 技术发展的同时，对隐私、安全性和伦理问题的重视。

在人工智能技术迅速发展的今天，全球各国在大模型监管方面的努力为确保 AI 技术的公正、透明和应用奠定了重要基础。通过多方合作和持续监管，我们可以更好地应对 AI 技术可能带来的挑战，推动其发展成为造福全人类的强大工具。

2. 企业应对大模型监管的综合策略

面对各国对生成式人工智能领域的严格监管，企业需要采取一系列综合措施以确保合规。首先，要建立和完善内部合规管理体系，这涉及从数据收集到模型应用的每个环节，包括对模型输出的持续监控和审核。在数据治理方面，企业必须加强对数据来源的审查和管理，确保使用的数据合法合规，并具备完善的记录和追溯体系。

此外，企业还需构建全面的风险评估和监管机制。这包括对数据和算法的风险评估，考虑到模型输出可能带来的社会、伦理和法律风险，企业应对大模型进行持续监测，并定期向监管机构报告模型的使用情况和优化进展，确保满足监管要求。

最后，面对复杂的监管环境，企业还需注重培养具有法律和技术双重背景的专业人才。这些人才能更好地理解监管要求，同时在技术创新与合规之间找到平衡，引导企业在遵循法规的同时，推动技术进步和应用创新。只有通过这样的综合策略，企业才能够在保障技术发展的同时，确保其运营的合法性和社会责任。

6.3 大模型的评测

6.3.1 大模型的评测体系

大模型技术的快速发展，特别是由 OpenAI 发布的 ChatGPT 模型问世，标志着人工智能进入了一个新的里程碑。根据中国科学技术信息研究所的数据，国内具有超过 10 亿参数规模的模型已达 79 个。

随着这些模型在自然语言处理、图像识别、自动编程等多个领域显示出的卓越能力，它们正逐渐成为科技界的焦点。但在这场模型大战中，我们应如何评价每个参与者的表现？随着大模型技术的推进，评测其性能和能力的需求也日益增长，这不仅仅是技术层面的需求，更关系到商业决策和公众认知层面的需求。国内外多家调研机构、权威媒体和高校等发布了大模型评测报告，比如新华社研究院中国企业发展研究中心发布的《人工智能大模型体验报告 2.0》、天津大学和信创海河实验室发布的《大模型评测报告》、国际数据公司 IDC 发布的《AI 大模型技术能力评估报告，2023》等。

评测不仅是技术性的比较，也越来越多地被用作营销工具。在这种情况下，评测的真实意义有时会被忽视，而且开源和闭源评测之间的权衡会带来公正性问题。大模型对评测集的敏感性导致一些榜单出现了"刷榜"现象。例如，使用未公开答案的评测题库进行针对性训练以提高分数。为了避免这种现象，一些榜单选择了"闭源"方式，但这又对评测机构提出了更高的权威性要求。

为了实现更加公正和全面的评测，一些机构采取了过程公开的评测方法。例如，OpenCompass 和 FlagEval 通过开源评测流程或数据集，支持每次评测，提供了大量题目和对模型潜力的评价体系。

大模型的评测通常涉及多个维度，包括模型的通用能力、泛化能力、鲁棒性、跨域性能、多语言能力、解释性和安全性等。评测模式多种多样，如使用通用数据集的选择题评分、GPT-4 更优模型评分、竞技场模式评分、单项能力评分，以及通用测试的场景测试评分等。

评测集可能是公开的，如 GLUE 和 SuperGLUE，也可能是封闭的，如某些专业领域的基准测试。这些评测集针对不同的领域，如 GSM8K 和 MMLU 考虑了从人文、社会科学到理工科的综合知识能力。随着主观题目比例的增加，评测方法越来越多地采用了主观题与客观题结合的方式。但主观题的评分标准可能因人而异，加上题量的限制，这些都可能影响评测结果的可靠性和有效性。

6.3.2　常见的大模型评测体系

以下是一些常见的大模型评测体系介绍：

- GLUE 和 SuperGLUE：这两个基准测试旨在评估模型的自然语言理解能力。它们包含多种任务，如文本分类、推理、问答和情感分析。GLUE 和 SuperGLUE 基准测试模拟了真实世界的语言处理场景，并成为衡量模型自然语言理解能力的标准。
- GSM8K 和 MMLU：这些基准测试覆盖了 57 个不同的学科，为大模型提供了一个全面的知识领域评估。GSM8K 侧重于数学问题解决，而 MMLU 则是一个多项选择题集，可以测试大模型在多学科知识上的理解和推理能力。
- BLUE-bench：专注于生物医学领域的基准测试，检验模型在医学问答和相关任务上的性能。
- Chatbot Arena：采用了类似国际象棋的 Elo 评分系统，通过用户投票评估模型的综合表现，尤其强调模型在对话生成任务上的能力。
- Adversarial Robustness Benchmarks：通过对抗样本来测试模型在面对恶意输入时的抵抗力，从而评估模型的安全性。
- LLM Ethics Benchmarks：伦理基准测试评估大模型在生成内容时是否会违背社会公认的道德和伦理规范，例如在偏见、毒性和诚实性方面的表现。
- Zero-shot and Few-shot Learning Benchmarks：测试大模型在没有或只有极少量训练数据的情况下的学习能力，关注模型的适应性和泛化能力。

- C-Eval：C-Eval 是一个全面的中文基础模型评估套件，它包含了来自不同学科和难度级别的多项选择题，专门评估模型在中文语境下的表现。
- MultiMedQA：专注于医学问答的基准测试，考量模型在医学检查、研究和消费者健康问题上的表现。
- PromptBench：PromptBench 是评测大模型提示鲁棒性的基准，用于测试模型对于输入干扰的敏感性，评估模型在理解和执行指令时的稳定性。

6.3.3　典型的大模型评测框架

如图 6-3 所示，SuperCLUE 是针对中文可用的通用大模型的评测基准，旨在通过多维度能力测试一系列国内外代表性的模型。它目前包括三大基准：SuperCLUE-Open（多轮开放式基准）、SuperCLUE-OPT（三大能力客观题基准）、SuperCLUE- 琅琊榜（匿名对战基准），它按照月度进行更新。

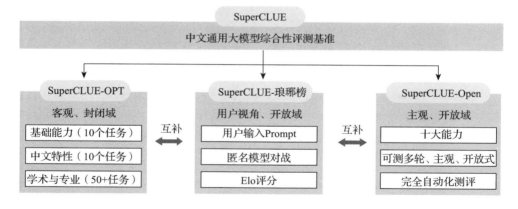

图 6-3　中文通用大模型综合性评测基准

如图 6-4 所示，SuperCLUE 包含语言理解与生成、知识理解与应用、专业能力和环境适应与安全性四个能力象限，进一步细化为十大基础能力。

如图 6-5 所示，这是 SuperCLUE-Open 针对一些典型的大模型进行评估的结果示例。

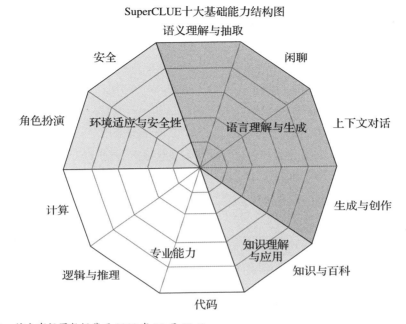

注：该分布视图数据截至 2023 年 12 月 31 日。

图 6-4　SuperCLUE 十大基础能力结构图

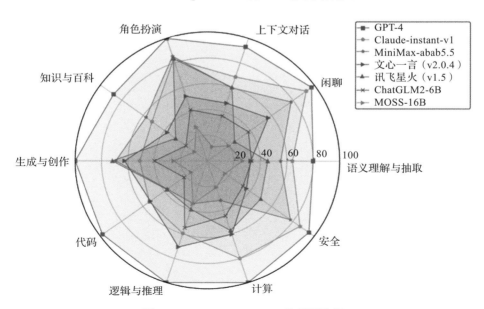

图 6-5　SuperCLUE-Open 分析评估图

6.3.4　大模型评测的未来方向

在不同评测榜单上，功能类似的模型排名应接近，但现实中结果存在显著差异，这突显了大模型评测领域的不一致性。微软亚洲研究院的论文"A Survey on Evaluation of Large Language Models"调研了 219 篇文献，对大模型评测进行了全面的梳理和总结。

未来大模型的评测方向将更注重设计全面的评测方法，以深入评估大模型在特定场景下的风险，并探索智能体在多样化环境中的能力和风险。动态评测方法的发展，如定期更新测试样本和引入更具挑战性的开放式问题，将成为评估大模型实际应用能力的重要手段。同时，AI 社区也在探讨混合评测方法，结合定性和定量分析，以更全面地理解大模型的能力和限制。

多个评测榜单中的不同评测标准和方法导致了完全不同的结果，凸显了建立公认的、统一的评测标准的必要性。全面考虑模型的性能、鲁棒性、安全性和伦理标准，将确保大模型技术的健康发展，并推动其在各行各业的广泛应用，最终造福全人类。

CHAPTER 7
第 7 章

金融行业的
大模型

　　科技的迅猛发展为金融行业带来了前所未有的变革和机遇，也成为未来金融行业发展的制高点。人工智能、大数据等前沿技术给金融行业带来了深刻的变化，在实际的应用中，从金融交易到风险管理再到客户服务，大大提升了用户的体验和服务质量。

　　在本章中，我们将展现金融行业的大模型，揭示它们在推动社会发展与经济增长中的关键作用。透过具体案例，我们将进一步了解 FinChat 金融聊天机器人、智能投资顾问等应用的突破与创新，见识"金融科技 +AIGC"的奥妙！

7.1　金融科技概述

近年来，随着数字经济的蓬勃兴起，以及数字技术对金融业务数字化转型的推动，金融科技已然成为全球金融发展普遍且重要的趋势，以 AIGC、ChatGPT 为代表的诸多新兴技术的兴起，将为金融科技赋予更多新的内涵与意义。

7.1.1　重要概念

金融科技（Financial Technology，Fintech）可以简单理解为 Finance（金融）+Technology（科技），是指利用各类科技手段对传统金融行业所提供的产品和服务进行创新，提升效率并有效地降低运营成本。

目前金融科技被广泛认可的定义是金融稳定理事会（2016）《金融科技的全景描述与分析框架报告》对它的定义：金融科技基于大数据、云计算、人工智能、区块链等一系列技术创新，应用于支付清算、借贷融资、财富管理、零售银行、保险、交易结算等六大金融领域。它是金融行业未来的主流趋势，有望提升金融服务效率，降低成本，深刻影响主要金融领域，重塑金融市场格局，并成为未来金融稳定分析与管理中不可或缺的重要组成部分。

2015 年前，金融科技中备受关注的是移动支付、网络贷款、股权众筹以及数字普惠金融。2015 年后，区块链、央行数字货币、稳定币、数据要素和隐私保护、大科技公司涉足金融业务以及监管科技受到越来越多的关注。2019 年 6 月，Meta 发起的 Libra 联盟发布 Libra 稳定币项目，更使金融科技在全球受到前所未有的关注，成为被各国监管者、金融从业者和学术研究者普遍关注且深入讨论的主流领域。

7.1.2　三个发展阶段

纵观金融科技行业发展的脉络，它主要经历了金融电子化、互联网金融、金融科技（FinTech）三个阶段，如图 7-1 所示：

- 金融电子化阶段（约 1967—2008 年）：在这一时期，金融科技主要专注于自动化处理和改进金融服务流程。例如，1967 年，伦敦投入使用了第一台 ATM 机，大大提高了现金交易的便利性。同时，银行内部采用了数字化系统，如核心交易系统、信贷系统和跨境支付系统等，加速了金融的电子化进程。

- 互联网金融阶段（约 1994—2008 年）：随着互联网的普及，一些银行开始提供在线服务，如在线银行和电子支付等。在这一阶段，金融科技仍专注于提升金融服务的效率和便利性。2007 年 iPhone 的推出以及智能手机和移动互联网的迅速发展，推动了金融科技的飞速进步。如今，人们可以通过智能手机轻松地进行转账、支付、投资、贷款和保险等金融服务。

- 金融科技阶段（约 2015 年至今）：人工智能、区块链、云计算和大数据等技术的不断发展，对金融服务产生了深远影响。这些技术降低了金融交易成本，推动了供应链金融的快速发展。例如，利用区块链和智能合约技术，实现去中心化金融，打造开放、透明、不需要许可的金融生态系统，使得所有人都能自由进行金融交易。

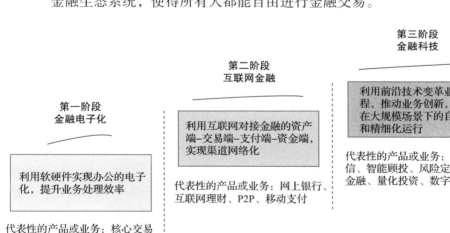

图 7-1　金融科技的三个发展阶段

2018 年以后，随着大数据、云计算、人工智能等技术的快速发展，金融科技行业对技术的理解日益深入。技术输出型金融科技企业的价值迅速攀升，同时新进入者也不断增加。互联网金融行业的科技属性得到进一步增强，不仅在获客、风控、贷后管理、客户服务等环节深度应用金融科技，而且还有部分公司开始探索纯技术输出的可能性。

目前，金融科技逐步成为推动金融转型升级的新引擎。金融科技的核心在于利用现代科技成果来优化或创新金融产品、经营模式和业务流程。通过机器学习、数据挖掘、智能合约等技术，金融科技能够简化供需双方的交易环节，降低资金融通的边际成本，开辟全新的客户触达途径。这推动了金融机构在盈利模式、业务形态、资产负债管理、信贷关系、渠道拓展等方面的持续优化，不断增强核心竞争力，为金融行业的转型升级提供持续动力。

7.1.3　六大特征

随着新一轮科技革命和产业变革的兴起，金融行业正顺应数字化转型的潮流。人工智能、区块链、云计算等新技术不断渗透到金融行业的各个业务领域，智能技术的应用规模不断扩大，应用深度不断拓展，可以预见，智能化发展必定会引领金融行业的未来。

在应用规模上，随着数字化、智能化的理念越来越被重视，金融机构纷纷加大科技投入，通过自主研发、联合创新等方式加速推动科技能力建设，从单一场景向多场景延展，部分头部机构已基于企业级技术平台展开了智能金融的规模化和集约化应用。

在应用深度上，我们可以从用户、企业和生态三个角度来审视。从用户角度看，金融机构秉持以客户为中心的理念，基于客户全生命周期模型，多触点、个性化地为用户提供智能金融产品与服务，满足用户对交互体验和综合化服务的不断提升的要求。从企业角度看，金融机构整合内部数据，联动和挖掘外部数据要素，发挥多技术融合效能，不断提升在新技术运用和创新能力上的成熟度。从生态角度看，越来越多的金融机构延伸服务边界，积极打造和开放平台化产品与服务，促进各行业进行智能化转型。

从行业整体来看，金融科技有以下六大特征：

- **科技创新**：金融科技是金融与科技的结合，是运用科技手段实现金融功能。它依赖于现代科技和信息技术的应用，不仅为金融机构提供了更强大的工具和资源，也彻底改变了金融业务的运作方式和客户体验。金融科技将大数据、区块链、云计算和人工智能等技术与金融业务结

合，开发出新型便捷的服务模式，加速业务运转，提升经营效率，促
进金融创新和健康发展。

- **产品竞争**：传统金融行业依靠金融科技实现转型，技术创新催生了
  智能投资顾问、供应链金融、消费金融和第三方支付等新兴领域。金
  融科技不再局限于渠道等浅层次方面的促进，而是开启了"金融＋
  科技"的深层次融合。金融科技的应用推动了金融服务的数字化和
  移动化，能为用户提供更快捷、更高效的金融服务体验，持续推动
  银行经营管理向数字化转型，提升银行市场竞争力和可持续发展
  能力。
- **金融普惠**：金融科技加速了金融普惠服务的普及化。数字普惠金融进
  入快速发展期，并广泛应用于小微企业融资和乡村振兴，使金融服务
  更加普及和可及。金融科技的迅猛发展，改变了普惠金融的服务模式，
  实现了金融服务的全面覆盖，以满足社会各阶层人群的金融需求，迎
  来数字普惠金融时代。
- **数据驱动**：数据成为金融科技的核心资源，成为推动金融创新的重要
  驱动力。金融机构通过处理海量数据，提取有价值信息，为客户需求、
  风险管理和产品创新提供更准确的决策支持。数据驱动的金融科技创
  新推动了金融服务的数字化和移动化，实现了更精准的风险评估、个
  性化推荐和智能投资等业务。
- **平台运营**：金融科技平台成为连接资产端、服务端和资金端的重要基
  础设施。平台运营负责管理、维护和优化金融科技解决方案，以确保
  平台的正常运行、用户满意度和业务增长。在金融科技和供应链金融
  领域，平台运营尤为重要，是金融科技企业提供可靠、安全、创新和
  高效服务的关键活动。
- **智能风控**：金融科技安全至关重要，关乎国家安全和创新发展。智
  能风控是金融科技的核心应用，它利用人工智能和数据分析评估风
  险，确保交易和业务的安全和稳健。它在不同领域，尤其是供应链金
  融领域中发挥着关键作用。智能风控不仅能保护金融机构和用户远离
  风险和欺诈，还能提升金融包容性和信用评估准确性，降低运营成
  本，确保合规。这有助于金融科技公司更好地满足用户需求，推动

金融行业可持续发展，保障技术、客户、平台、企业和金融机构的安全。

7.2　国内外发展态势

近年来，随着人工智能、大数据、云计算和区块链等信息技术与金融业务深度融合，全球金融科技蓬勃发展。科技已逐步渗透至金融服务的各个细分领域，推动金融业务创新。金融科技已成为世界经济数字化转型的新引擎，成为区域和国际金融竞争的制高点。

这表明，金融科技已经在全球范围内广泛应用。传统金融产品、模式乃至货币概念正在被重新塑造或颠覆。数据驱动和货币数字化为更高效的金融服务创造了机遇。金融科技克服地理、物理和社会障碍，开启了充满机遇的新时代。全球金融服务业正被技术驱动的金融服务，即金融科技所深刻改变。

7.2.1　国内发展态势

中国互联网金融协会金融科技发展与研究专委会联合毕马威中国，于 2023 年 7 月 10 日发布了《2023 中国金融科技企业首席洞察报告》。该报告指出，我国经济逐步复苏，金融科技行业信心指数创新高，发展韧性增强，行业预期向好。在受访企业中，成立 5 年以上的企业数量超过 80%，较 2020 年翻番，企业的风险抵御能力增强，行业成熟度提升。

《金融科技发展规划（2022—2025 年）》指出，要加快健全适应数字经济发展的现代金融体系，为构建新发展格局贡献金融力量，力争到 2025 年以"数字、智慧、绿色、公平"为特征的金融服务能力全面加强，走出具有中国特色与国际接轨的金融数字化之路。

中国的金融科技产业经历了快速发展，并在短时间内成为全球最大的 Fintech 市场之一。由于中国的经济结构、政策、发展阶段和国外有很大的差异，金融科技的发展有自身的亮点：

- **超大规模的用户量和交易量**：按照资产规模，中国工商银行、中国建设银行、中国农业银行和中国银行连续五年在全世界排名前列。这些银行的用户数量均是几亿的规模。根据艾瑞咨询，在 2022 年手机银行 App 的月活用户数量（MAU）统计中，中国农业银行以 1.2 亿稳居第一，中国工商银行、中国建设银行分别以 1.0 亿和 0.9 亿位居第二和第三。超大规模的用户量和交易量使得中国金融行业对系统高并发、稳定性有了更高的要求，技术和架构设计面临的挑战更大。

- **移动支付的领先**：中国拥有全球最庞大的智能手机用户群体，并且智能手机的普及率非常高。与传统支付手段例如信用卡和支票相比，新的支付方式还没有形成固化的模式。这为新的技术生态提供了取代传统支付方式的机会，使移动支付能够迅速在中国市场蓬勃发展。支付领域的两大巨头——支付宝和微信支付通过简单的手机二维码扫描技术，并与生活中的高频应用场景绑定，例如红包、打车、购物等场景，实现了移动支付的快速普及。用户只需打开移动端支付应用，输入支付密码或使用生物识别技术进行身份验证，即可完成支付。

- **信创的要求**：在中国政府大力发展信创的战略背景下，金融机构也在积极探索信创领域的建设。由于国产化建设成本高等历史原因，目前国内多数金融机构仍在使用国外操作系统和办公软件来支撑自身业务。随着中国信息科技产业高速发展，基础软硬件领域已建立起较为完善的产业链。对于金融行业而言，关键业务系统、核心基础软件（数据库、服务器等）等国产化自主可控产品及解决方案是 Fintech 产业的重点发展方向。

- **数字人民币**：数字人民币是中国金融移动支付体系的重要创新。随着数字人民币的逐步推广，其应用范围将不断扩大，包括线上支付、线下消费、跨境交易等领域，同时带来 Fintech 技术创新的机会，例如推出数字金融产品、区块链货币钱包等。

- **侧重实体经济的赋能**：中国政府积极支持 Fintech 产业的发展，通过出台一系列政策和规定，鼓励创新、投资和市场竞争。与此同时，积极推动金融科技与实体经济的深度融合，使金融创新为实体经济提供支持。

- **普惠金融**：Fintech 创新提升了中国的金融包容性。通过移动支付和数字金融服务，Fintech 公司扩大了金融服务的普及范围，使更多的用户获得金融服务，尤其是农村地区用户和小微企业。

- **合规和监管挑战**：随着 Fintech 行业的快速发展，监管和合规成为重要议题。中国政府加强了对 Fintech 公司的监管，并出台了相关规定以维护市场秩序和保护消费者的权益。

7.2.2　国外发展态势

在短短二十年的时间里，金融科技已经彻底改变了我们对金融服务行业的认知。根据波士顿咨询集团（BCG）和 QEDInvestors 的报告，到 2030 年，全球金融科技行业的收入预计将增长 6 倍，从 2021 年的 2450 亿美元增长至 1.5 万亿美元。这一增长趋势归因于支付、存储和访问财务数据的基础设施改善，以及包括区块链和人工智能在内的颠覆性技术的不断进步。

报告还指出，目前，金融科技行业收入仅占全球金融服务收入的 2%，但预计到 2030 年，其收入将达到 1.5 万亿美元，占全球银行业估值的近 25%。预计最大的增长市场将是亚太地区（APAC），占所有增量收入的 42%，特别是新兴亚洲市场（中国、印度和印度尼西亚）。北美作为全球最大的金融科技市场，在亚太地区之后，将成为重要的创新中心。在监管机构的支持下，欧洲和拉丁美洲将继续实现强劲增长，而非洲将迈入一个不受传统基础设施限制的全新金融生态系统。

北美地区的金融科技市场相对成熟，各个细分领域的企业融资规模相对均衡。其中，支付领域的企业融资规模最高，占比达 30%；其次是数据分析，占比为 18%；最低的是信贷领域，但占比仍达到 14%。相比之下，亚太地区的金融科技市场仍处于快速成长阶段，各个细分领域的企业融资规模差异较大。其中，信贷领域的企业融资规模最高，占比达 42%，其次是支付，占比为 32%，而数据分析最低，仅为 4%。

北美地区的金融服务覆盖率较高，消费者对基本金融需求的满足度也较高，因此金融科技更多地侧重于为消费者提供更加便捷的服务，起到"锦上添花"的作用。而在亚太地区，尤其是以中国和东南亚各国为代表的地区，金融服务水平相对滞后，存在大量未开发市场，金融科技的应用使得金融服务能够触及大量尚未开发的长尾用户，有如"雪中送炭"。总体而言，亚太地区对金融科技应用的市场需求强烈，发展潜力巨大。

总体来看，国外金融科技发展的特点如下：

- **新兴市场崛起**：全球范围内的新兴市场，尤其是亚洲和非洲地区，成为 Fintech 创新和增长的重要地区。由于这些市场中的大部分人口未被传统金融服务所覆盖，因此 Fintech 公司提供了更加普惠和可访问的金融解决方案，如移动支付、数字银行和 P2P 借贷。
- **数字支付的普及**：随着移动设备的普及和互联网的发展，数字支付成为全球范围内的主流支付方式。Fintech 公司在数字支付领域提供了创新的解决方案，例如移动支付应用程序和电子钱包，以提供便捷、快速和安全的支付体验。
- **区块链和加密货币的应用**：区块链技术和加密货币在金融领域引起了广泛关注。Fintech 公司利用区块链技术构建安全的、去中心化的交易和结算系统，并推动了数字资产的发展。加密货币交易和数字资产管理也成为 Fintech 行业的一个重要发展方向。
- **客户验证（Know Your Customer，KYC）**：Fintech 技术的发展使得账户身份认证的流程更加便捷与完备。对比传统的现场核验方式，人脸识别、设备指纹等技术使得金融机构可以高效、及时地进行客户身份识别，评估客户风险等级。
- **金融包容性的提升**：Fintech 技术的创新也提升了国外地区的金融包容性。通过数字金融解决方案，Fintech 公司能够为那些无法获得传统金融服务的人群提供金融服务，如农村地区用户、小微企业主等。
- **合规和监管挑战**：Fintech 行业的发展也带来了一些合规和监管方面的挑战。不同国家和地区对于 Fintech 公司的监管政策存在差异，行业需要与监管机构合作，确保技术的安全性和合规性。

7.3　在金融科技领域应用 AIGC 的挑战

随着 AIGC 技术的发展，特别是在供应链金融这一数据驱动和信任密集的领域，引入 GPT 模型带来的已经不仅仅是技术上的革新，更是对整个行业生态和运作模式的深刻影响。当我们借助 GPT 模型的强大能力来优化操作流程、加强风险管理，并提高决策质量时，新技术所带来的潜在问题也逐渐显现。从造假成本的降低到沟通的不确定性，再到不符合监管的言论，GPT 时代带给供应链金融领域的挑战是多方面的，涉及安全、法规、道德和技术等众多层面。以下是在这个新时代中，我们可能需要面对的具体挑战：

（1）低成本伪造内容的冲击

AIGC 的发展对于供应链金融来说是一把双刃剑，一方面它提升了供应链金融系统处理数据的能力，但是另一方面它可以低成本地生成各种逼真的内容，例如发票、合同、图片甚至视频等，给供应链金融中的各方（如贷款机构、供应商、买家和监管机构）识别真伪带来挑战。这些技术可能被不法分子用来制造虚假的企业资质证明、欺诈性合同或假冒的供应链文档，从而给信贷风险评估、合同执行和品质监控带来挑战。

（2）输出的不确定性和沟通幻觉

当 AI 大模型被用于自动化客户服务或供应链沟通时，它的输出的不确定性可能导致误解，甚至产生幻觉式的误导。AI 在没有充分理解复杂贸易和金融术语的上下文时，可能会生成不符合实际或监管要求的建议和分析，影响决策质量。

（3）创新与监管的平衡

快速发展的 AIGC 技术可能会超出现行监管框架，如何制定并迅速更新法规来确保 AI 在供应链金融中的应用既促进效率又保证公平，将是监管机构的重大挑战。

（4）金融决策公平与可解释性

金融领域的决策将会对每一个人、每一个企业产生重大的影响，如果 AI 大模型的决策不透明、不可解释，将会带来金融资源分配的不公平问题。

面对这些挑战，从业者、监管者、技术开发者乃至整个社会都必须采取多元化的应对策略。我们需要开展跨领域的对话，共同构建更具韧性的供应链金融体系，从而使得供应链金融领域能够利用 AI 带来的便利，同时避免潜在的风险和滥用。

7.4　AIGC 在金融科技领域的主要应用场景

金融行业，作为全球经济的核心组成部分，历来是技术革新和应用的前沿阵地。随着 AI 技术的快速发展，特别是大模型的兴起，这一行业正在经历前所未有的转型。这些先进的大模型不仅在金融服务、风险评估、市场分析等方面展现出极大潜力，而且还在不断地重塑着金融机构的业务流程和客户互动方式。

在个人应用方面，GPT 能够应用在智能投资顾问、量化分析、网页抓取、文字摘要、行情复盘等场景，并提高投资研究效率。

7.4.1　FinChat 金融聊天机器人

如图 7-2 所示，FinChat 是聚焦在金融行业的 ChatGPT，目前拥有 750 多家公司的金融数据和 100 多位大投资人的信息。作为一个生成式 AI 工具，FinChat 可以生成有关上市公司和投资者问题的答案，它的训练数据包括公司最新的财务数据、季度和年度报告、投资报告、业务 KPI 指标等。

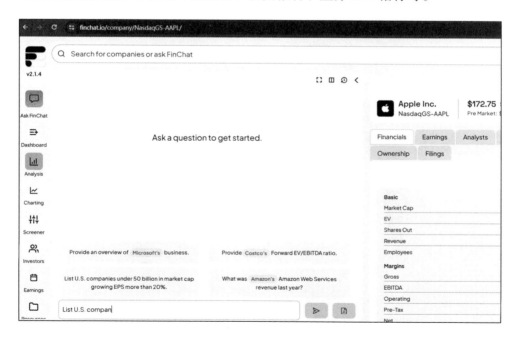

图 7-2　FinChat 金融聊天机器人界面

目前 FinChat 是金融行业功能最强大的 AI 聊天机器人，旨在提供先进的数字化财务分析体验。在使用 FinChat 查询公司财务数据之前，金融和财务专业人士需要筛选各种来源的大量数据，以收集有关市场趋势、投资机会和公司业绩的情况。FinChat 可以用各种语言交流，并且可以完成烦琐的普通任务，极大地提升了数据检索的效率。

7.4.2　智能投资顾问

智能投资顾问是指以人工智能为基础的专业投资咨询服务，ChatGPT 这类 AI 机器人的应用，消除了具有干扰性的主观因素，提供了更加客观科学的建议，并且能够随着市场和环境的变化不断演变和创新。

Magnifi 是首批利用 ChatGPT 和计算机程序提供个性化、数据驱动的投资建议的投资平台之一。目前，其 AI 投资助理功能已向公众开放。如图 7-3 所示，Magnifi 不仅可以在类似人类对话的情境中回答投资者的问题，还可以监测个人投资组合，指导用户应对加息和财报季等市场变化事件。用户可以直接通过其进行股票和 ETF 的交易。

图 7-3　Magnifi 界面

从市场现有的案例来看，考虑到 ChatGPT 对数字的敏感性较弱，目前其在发现量价数据中的规律方面的能力有限，但在理解财经新闻或社交媒体等文本数据方面有较大的发挥空间。

7.4.3　量化交易

智能投资顾问侧重于基于文本数据提供投资建议，而量化交易则为整个量化决策系统提供投资建议。现有的量化投资预测模型可以与各类大模型耦合以扩展功能，随着算法升级和规模扩大后，ChatGPT 或将在多方面对量化投资产生影响。

首先，要充分考虑 AI 大模型对非结构化数据的分析能力。在量化投资中，了解市场的动态同样至关重要。传统方法依赖于人工阅读和分析，效率低下。引入 GPT-4 等模型后，我们能够自动化这一过程。这些模型能够快速扫描、解析大量财经新闻、研究报告，甚至社交媒体动态，提取关键信息，如市场情绪、政策变化或行业趋势，这些都是影响股价和市场动态的重要因素。

其次是交易策略的开发。传统的量化策略开发需要花费大量时间进行数据分析和模型测试。通过 GPT-4，我们可以更快速地生成交易策略的初步模型，甚至能够根据历史数据自动调整和优化这些策略。例如，基于历史股价数据，GPT-4 可以帮助我们识别潜在的买卖信号，或者优化交易算法以减少滑点和交易成本。

ChatGPT 不仅可以用于智能投资顾问，还可以用于量化策略的编写。一旦接入数据平台，就能够实现交易策略的批量调参与样本外跟踪。如图 7-4 所示，东证金工在《ChatGPT 在量化投资中的运用：股票预测》中介绍它通过 ChatGPT 建立模型和生成源码，最终建立了 LSTM 股价预测模型；国金证券金融工程团队在 2023 年 4 月发布的研报《如何利用 ChatGPT 挖掘高频选股因子？》中详细介绍了 ChatGPT 的提示工程和选股使用指南；广发金工在《Transformer 架构下的量价选股策略：ChatGPT 核心算法应用于量化投资》中介绍了它利用 ChatGPT 模型的核心算法——Transformer 模型，输入个股涨跌幅和换手率面板数据，构建出了股票未来涨跌概率的预测模型。

这表明券商机构在 ChatGPT 赋能量化交易、量价选股等方面进行的积极研究。通过 GPT 给出的投资建议通常会包括对日后可能出现的多种情况的分析，便于投资者更全面、更深入地分析投资市场，做出更合理的交易决策。若想了解 GPT 在量化交易中的实践，可以参考下面这个案例。

图 7-4　GPT-4 快速生成交易策略初步模型

案例：Auto-GPT MetaTrader 在金融交易的应用

Auto-GPT MetaTrader 插件是一款连接 MetaTrader 交易账户至 Auto-GPT 的软件工具，使交易者能够基于 GPT-4 的强大功能进行金融交易。该插件支持执行和管理交易、获取账户信息、提供市场数据等功能，为交易者提供自动化和智能化的交易体验。这不仅展示了 AI 技术在金融交易中的应用潜力，还为交易者带来了更加高效、便捷的交易方式，进一步推动了金融科技领域的发展。

不过，这些应用并非没有挑战。尽管大模型能够处理海量信息，但对数据真实性和准确性的判断仍然是一个难题。市场上充斥着各种误导性信息，若大模型不能有效识别和过滤这些噪声，那么它的输出结果可能会误导投资决策。此外，大模型的解释性也是一个挑战。在金融市场中，每一个决策都需要清晰的逻辑支撑。但大模型如同一个"黑盒"，其内部决策机制往往不透明。大模型在量化交易的应用中还存在过拟合的风险。由于其复杂性和参数众多，它们可能在历史数据上表现出色，但未必能够有效预测未来的市场变化。量化投资者需要深入理解这些工具的潜力和局限，并谨慎地将它们引入自己的投资流程中。

7.5　金融行业的大模型布局

大模型在金融行业的应用已成为金融科技创新的热点。许多金融机构和金融科技公司开始积极探索 GPT 模型在金融领域的应用。在面向企业的应用中，GPT 模型在风险评估和信用分析方面能够深度解析财务报告和信用记录，助力精确评估信用风险。此外，它还在金融产品推荐、市场调研、合规审查以及金融欺诈检测等方面发挥着重要作用，有望大幅提升金融机构的业务效率和客户体验。然而，金融机构在实现 AI 技术的全面融合和应用中仍面临着诸多挑战，涉数据处理和分析、模型的透明性和可解释性等多个方面。

7.5.1　BloombergGPT

随着人工智能技术的快速发展，大模型已经在自然语言处理、文本生成、机器翻译等多个领域中展现出了巨大的潜力，但市场上暂未有专攻金融领域的大模型。在此背景下，2023 年 3 月彭博社（Bloomberg）和约翰霍普金斯大学的 Shijie Wu 等在"BloombergGPT：A Large Language Model for Finance"一文中发布了为金融界打造的大模型——BloombergGPT，如图 7-5 所示。

彭博社称，BloombergGPT 模型在金融任务上的表现远超类似规模的其他开放模型，同时不会牺牲通用大模型的基准性能。它通过专门针对各类金融数据进行训练，以全方位支持金融领域的自然语言处理任务。彭博社的数据分析师在四十多年的时间里收集了大量金融用语并建立相关文档。它的开发团队从这个由海量英文金融文档组成的档案库中，提取并创建了一个包含 3630 亿词例（token）的金融数据集。这批数据又与另一个包含 3450 亿词例的公共数据集叠加，成为包含超 7000 亿词例的大型训练语料库。

图 7-5   Bloomberg 封面

据彭博社微信公众号消息，该模型将帮助彭博社改进现有的金融自然语言处理业务，如市场情绪分析、命名实体识别、新闻分类和问题回答等。此外，BloombergGPT 还将释放更多新机遇，调动彭博社终端上的海量数据，将人工智能的潜力带到金融领域。

在 BloombergGPT 的成功案例中，训练数据是影响大模型性能的一个重要因素。其原因主要有三点：第一，在金融垂直领域的数据输入中，BloombergGPT 成功地形成了对金融知识的理解，变得更加专业；第二，BloombergGPT 模型的参数虽然有所缩减，但其通用性和垂直性依然很强，这说明当参数达到一定规模时，高质量的数据才是决定模型性能的关键因素；第三，彭博社在文章中明确表示，为了避免数据泄露，BloombergGPT 将采用和 OpenAI 一样的封闭源码，这也从侧面证明了 BloombergGPT 所拥有的原始源码是各大模型争夺的关键。

彭博社为金融领域 GPT 的发展提供了一个可借鉴的范例。金融 IT 厂商拥有丰富的金融垂直知识和现有的人工智能产品布局，如果以高质量的金融数据和开源的大模型为基础，则同样有机会打造出一个专属于金融场景的大模型，从而实现大模型在金融场景中的有效赋能，让大模型成为底层的人工智能操作系统。

7.5.2   金融机构大模型应用案例

金融机构对于应用生成式 AI 的态度，现在分成了两派。因为数据泄露等问题，美国银行、花旗集团和高盛等机构已在 2023 年 2 月下旬迅速限制员工使用 ChatGPT。另一方面，其他金融公司仍旧在生成式 AI 的应用上积极探索与尝试。

- **摩根士丹利**：使用 OpenAI 驱动的聊天机器人来协助财务顾问，作为利用公司内部研究和数据存储库的知识资源。
- **摩根大通**：正在探索大模型和其他先进 AI 技术，目前有 900 多名数据科学家和 600 名机器学习工程师参与 AI 研发。
- **对冲基金 Citadel**：正在就企业级 ChatGPT 许可证进行谈判，该许可证将用于软件开发和信息分析。
- **工商银行**：已经完成 AI 大模型能力建设应用规划，实现百亿级基础大模型在知识运营助手、金融市场投研助手等场景的应用，打造创新投研助手，实现金融市场投研报告的分钟级智能生成。提升传统 AI 大模型服务质效，在远程银行、智慧办公、研发等企业内部场景进行了大模型应用的初步探索，联合业界领先科研机构和头部企业，合作探索千亿级 AI 大模型在金融行业的创新应用范式。
- **交通银行**：积极探索 AIGC 前沿技术，制定生成式人工智能建设规划，组建 GPT 模型专项研究团队，为体系化、规模化应用奠定基础。围绕"降成本、控风险、优体验、增效益"目标，加大人工智能应用深度和广度，试点上线对公账户管理流程自动化场景、反洗钱可疑事件排序场景、零售客户兴趣偏好场景，压降人力投入，提升风险分析质效，赋能客户精细化经营。
- **农业银行**：2023 年 3 月推出金融 AI 大模型应用 ChatABC（中文名"小数"），可初步具备自由闲聊、行内知识问答、内容摘要等多类型任务的服务能力。目前在智能问答、智能客服、辅助编程、智能办公、智能风控等多个领域同步进行试点。
- **邮储银行**：首个宣布接入百度"文心一言"的国有大型商业银行，将在金融行业开展类 ChatGPT 技术应用试点，结合行业知识进行微调和交互式训练，在智能客服、数字员工、虚拟营业厅等场景进行应用。
- **招商银行**：聚焦于构建通用大模型平台，融合以往 AI 资产，重点服务于智能投资顾问、客服、研发等领域。此外，推出的 AI 财富助手"AI 小招"展示了其在专业理财服务中的 AI 应用。招商银行积极提升 GPT 类自然语言处理大模型的建设能力，并重点挖掘其在全流程财富管理中的应用，投产 FinGPT 创意中心，加快大模型应用模式探索。推进智慧财富引擎、智慧营销引擎、智慧运营引擎、智慧风控引擎、智慧客服引擎五大引擎建设，打造智能化时代的智慧应用平台。

- 平安银行：大模型领域投入显著，开发了针对银行场景的千亿级参数大模型，构建了行内私有化应用平台，主要应用于行员智能辅助工具和客户金融服务机器人场景，同时也在探索大模型在客户服务、信贷审批、投研服务等领域的应用。探索自研 BankGPT 平台，研究构建大模型文本生成、图片生成等能力，及其在图标头像、节日海报、个性化营销内容创作、交互式数据分析、非结构化数据洞察等场景中的应用落地。虚拟数字人产品通过大模型、增强现实（AR）、计算机视觉、多模态等前沿技术，持续提升功能效果。

- 兴业银行：建设多个人工智能的基础能力平台，提供自然语言处理、智能语音等上百种人工智能开放能力；引入部署私有化的商业大模型，上线大模型产品 ChatCIB。

- 江苏银行：联合应用 ChatGPT 与 Codex 技术，分析行内信息系统运行情况，自动化分析得出相关建议。

- 微众银行：现在的客服语音应答中有 98% 的日消息是通过机器人客服处理的，在小微企业金融方面也大量应用了人工智能技术。

- 中信银行：正在尝试将类 ChatGPT 为代表的生成式对话产品引入银行业务与服务，半自动程序编写的应用已在测试中。

- 浙商银行：创设了一个数字创作中心（AIGC Center），与头部科技公司合作，致力于将最新科技与银行业务深度整合，与头部科技公司基于通用大模型合作开发场景化的数字化应用技术，打造一批有浙银辨识度和行业竞争力的数字化应用。

- 蚂蚁集团：发布了工业级金融大模型（AntFinGLM），同时推出了两个配合模型层的产业应用"支小宝"和"支小助"。

- 马上消费：在大模型领域推出了天镜大模型，实现了"三纵三横"的技术布局，专注于金融行业应用。

- **度小满**：今年 5 月发布了 1760 亿参数、基于 Bloom 大模型训练而来的中文大模型"轩辕"，这也是国内首个垂直金融行业的开源大模型。

- **陆金所控股**：目前已推出了首个专业领域人工智能大语言模型"无师"，审批特定场景准确率达 90%。

- **恒生电子**：在金融技术领域的大模型布局包括发布升级版 LightGPT 及基于此的多款光子系列产品，旨在提高模型效能、安全性、速度，并推动大模型在金融业的深入应用和场景化。

- **中国太保**：基于大模型技术的数字化员工等智能化标杆投入应用。公司第一位数字员工已在审计条线正式落地，劳动力数字化达成重要里程碑。

- **东方证券**：在 AI 领域积极布局，目前主要集中在平台建设、算力资源部署以及通用性 AI 工具采购方面。下一步将持续开拓 AI 应用场景，重点在大模型应用、舆情分析、客户服务、管理数字化等领域深耕。

- **国信证券**：在 ChatGPT 推出后高度重视 AI 大模型的应用，开展了深入研究，目前已有相关应用在公司内部落地，主要是赋能员工工作效率的提升。

- **工银瑞信基金**：2023 年 9 月展示的大模型领域最新成果 FundGPT，是工银瑞信在中国工商银行总行金融科技部的指导下，联合工银科技有限公司、上海恒生聚源数据服务有限公司、智谱 AI 共同打造的，基于私有大模型群组的资管行业智能解决方案。

- **富国基金**：正在进行智能理财服务的贴袋研究，目前已进入探索部署私有化大模型的阶段。

- **马上消费**：2023 年 8 月发布了国内首个零售大模型"天镜"。在技术的赋能下，马上消费人工智能系统已由传统的机器学习跃迁到大规模特征计算和以大模型为代表的新一代 AI 应用体系。

- **奇富科技**：2023 年 5 月推出自研金融大模型"奇富 GPT"，被业内称为国内首个金融行业通用大模型。

- **东方财富**：2024 年 1 月，东方财富自主研发的"妙想"金融大模型开启内测。"妙想"金融大模型在财商进阶、投资陪伴、投研提质、交易提效等金融场景中不断探索优化，正有序融入东方财富的产品生态。

7.6　开源的金融大模型

尽管 BloombergGPT 等模型利用其对专业数据的独家访问来训练特定于金融的语言模型，但模型的数据收集和训练协议的可访问性和透明度受到限制，同时伴随着密集的计算需求和高昂的适应成本，这些因素共同加剧了对更开放、包容的替代方案的需求。

因此，许多企业和研究机构开始推动开源金融大模型的发展。这些项目不仅提供了开源的模型参数，还提供了训练所需的数据和测评的基准，降低了金融大模型开发的成本和门槛，使更多人能够利用这些模型进行金融分析、情感分析和预测等。

1. FinGPT

FinGPT 项目由 AI4Finance-Foundation 开发，是一个开源的金融大型语言模型（FinLLM），旨在实现互联网规模的金融数据民主化。哥伦比亚大学的 Hongyang (Bruce) Yang 等在"FinGPT：Open-Source Financial Large Language Models"一文中介绍了该框架的内容，如图 7-6 所示。

与专有模型不同，FinGPT 代表了一个创新的开源框架，采用以数据为中心的方法，是专门为在金融领域应用大模型（LLMs）而设计的。该项目通过五层全栈框架提供综合的市场覆盖，包括数据源层、数据工程层、LLMs 层、任务层和应用层，旨在解决金融数据的高时效性和低信噪比问题。这些组件在维护 FinGPT 在处理动态金融数据和市场条件方面的功能和适应性方面发挥着至关重要的作用。

FinGPT 通过专注于顶级开源大模型的轻量级改编，不仅提高了透明度，还允许用户定制，以适应个性化金融咨询服务的兴起趋势。FinGPT 集成了多个模型，如 Llama2、Falcon、MPT、Bloom、ChatGLM2、Qwen 和 InternLM，每个模型都针对特定的语言市场和金融分析任务进行了优化。同时，FinGPT 的高成本效益、灵活的框架的特点使其有可能实现金融语言建模民主化，为行业提供一种更容易访问的解决方案。

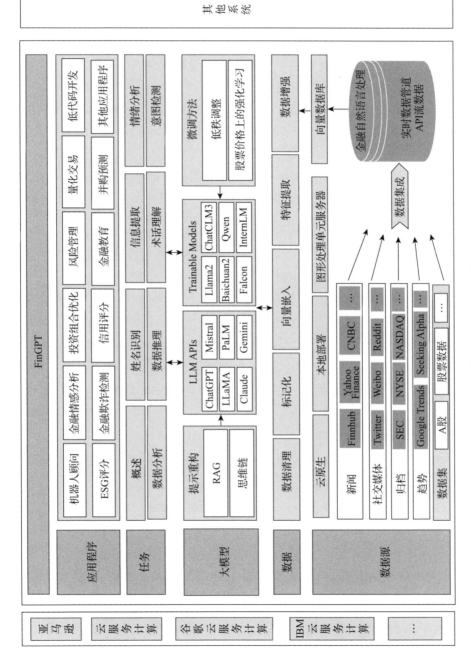

图 7-6　FinGPT 框架

FinGPT 的特色模块包括 FinGPT-RAG，专门用于金融情感分析，通过外部知识检索优化信息深度和背景，以及 FinGPT-FinNLP，提供金融领域大模型训练和微调的完整流程。FinGPT-Forecaster 是一个股价预测工具，可以快速适应新数据，与传统模型相比具有较高的成本效益。

FinGPT 提供了多种数据集和多任务金融大模型，用于情感分析、金融关系提取和问答等任务，并能够有效、低成本地适应金融领域的动态变化，并利用"人类反馈强化学习（RLHF）"技术进行个性化学习。此外，FinGPT 还引入了新的指令调整范式，增强了模型适应多样化金融数据集的能力，并提升了开源大模型在金融数据集中的系统性基准测试和成本效益。

2. FinGLM

FinGLM 是一个致力于构建开放、公益和持久的金融大模型项目，旨在促进"AI+金融"的开源项目。该项目通过开源的方式探索金融领域中人工智能的应用边界。它主要关注深度解析上市公司年报，利用 AI 技术实现专家级别的金融分析，面对金融文本中的专业术语与隐含信息，简化并提高对上市公司年报的解读准确性，帮助投资者更好地理解公司的经营状况、财务状况和未来规划。项目包括数据准备、模型微调、问答等多个流程，并提供了 ChatGLM-6B 模型相关课程内容，涵盖 PPT、视频和技术文档。

目前该项目的开源数据有 70GB，包括超 1 万份年报数据，包含 11588 份 2019 年至 2021 年期间的部分上市公司年度报告，以及 10000 条人工标注评测数据等。

FinGLM 项目还组织了与金融 AI 相关的竞赛，以探索和推动该领域的发展。其中 SMP 2023 ChatGLM 金融大模型挑战赛（即 SMP2023-ELMFT，即金融科技大模型评测）是在第十一届全国社会媒体处理大会期间举办的。本次比赛要求参赛选手以 ChatGLM2-6B 模型为中心制作一个财务问答系统，回答用户的金融相关的问题。参赛选手可以使用其他公开访问的外部数据来微调模型，也可以使用向量数据库等技术。2023 年 9 月，SMP 2023 ChatGLM 金融大模型挑战赛进行了决赛答辩，并评选出冠亚季军共九支队伍。决赛答辩视频在 B 站上发布。同时，参赛队伍的答辩 PPT 和源代码也在 GitHub 上开源。

3. 轩辕

轩辕（度小满中文金融对话大模型）是国内首个开源的千亿级中文对话大模型，同时也是首个针对中文金融领域优化的千亿级开源对话大模型。轩辕在 BLOOM-176B 的基础上针对中文通用领域和金融领域进行了针对性的预训练与微调，它不仅可以应对通用领域的问题，也可以解答与金融相关的各类问题，为用户提供准确、全面的金融信息和建议。千亿级 BLOOM-176B 的模型已可以在 Hugging Face 中申请下载。

2023 年 9 月 22 日，度小满宣布"轩辕 70B"金融大模型开源，所有用户均可自由下载和试用，并公布了"轩辕 70B"在 C-Eval、CMMLU 两大权威大模型评测基准下的成绩。轩辕 70B 是由度小满金融开发的中文金融对话大模型，基于 Llama2-70B 模型进行中文增强。该模型融合了大量中英文语料的增量预训练模型，包括底座模型和使用高质量指令数据对齐的聊天模型。针对金融场景中的长文本业务，它还特别将上下文长度扩展到了 8K 和 16K。轩辕 70B 大模型在保持中英文通用能力的同时，显著提高了金融理解能力。该项目还包括了通用能力评测和金融领域评测，使用多种客观评测基准，以确保模型在金融领域的有效性和通用性。

4. FinanceIQ

在金融行业中，目前缺乏统一和完善的大模型评测标准。现有的通用框架如 C-Eval 和 CMMLU 在金融领域的适用性有限。FinanceIQ 作为轩辕项目的一部分，是一个中文金融领域知识评估数据集。它旨在有效评估模型在金融环境中的表现。该项目提出建立专为金融领域设计的评测体系，分为通用能力、专业知识和场景应用三部分。通用能力评估覆盖语言、数学等方面；专业知识评估重点关注金融领域的具体知识，如寿险、投资等；场景应用评估则侧重于模型在实际业务环境的表现。

如图 7-7 所示，该数据集涵盖了 10 个金融大类及 36 个金融小类，包含总计 7173 个单项选择题，涉及 CPA、税务师等多个金融领域考试，并且使用 GPT-4 对题目进行改写以测试模型的泛化能力，保证评估的客观性和多样性。为了确保客观公正的评估，所有模型均放在"同一起跑线"上进行测试，题目经过改写和人工校对，以验证模型的泛化能力。FinanceIQ 为轩辕项目提供了一个全面且细致的金融领域模型性能评估工具，旨在更精确地评估模型在金融环境的表现，同时降低实际应用的试错成本。

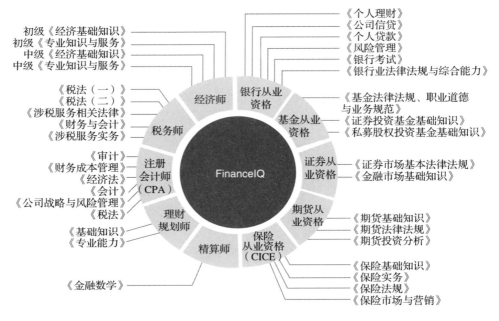

图 7-7　FinanceIQ 界面

5. Cornucopia

如图 7-8 所示，Cornucopia（聚宝盆）项目是中文金融大模型的开源项目，提供了一套针对金融垂直领域的高效大模型训练框架，包括预训练、SFT、RLHF、量化等方法。项目基于 LLaMA 系列模型，通过中文金融知识的指令微调进行了优化，使用中文金融公开问答数据和爬取的金融问答数据构建指令数据集，优化了模型在金融领域的问答效果。此外，项目还计划使用 GPT-3.5/4.0 API 构建更高质量的数据集，并在中文知识图谱－金融、CFLEB 金融数据集等基础上扩充指令数据集。近期，该项目已发布了基于 Chinese-LLaMA 和 Meta-LLaMA 与中文金融数据进行指令微调的模型。

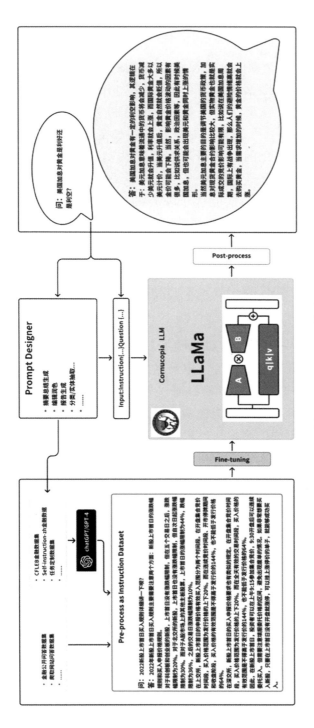

图 7-8　Cornucopia 界面

6. PIXIU

PIXIU（貔貅）是一个面向金融领域的综合性框架。它包括基于 LLaMA 模型微调得到的首个金融领域大型语言模型（FinMA）、首个包含 136KB 数据样本的指令数据，以及一个涵盖 5 个任务和 9 个数据集的评估基准。FinMA 模型经过多任务指令调整，能够处理各种金融任务。与此同时，研究团队提出了一个标准化的金融语言模型评估基准，涵盖关键的金融任务，包括 5 个金融自然语言处理任务和 1 个金融预测任务。实验结果表明 FinMA 在大多数任务中的性能优于现有的大模型，如 BloombergGPT、ChatGPT 和 GPT-4，尤其是在金融情感分析、新闻标题分类、命名实体识别和股票运动预测方面。这证明了专为金融领域量身定制的大模型的重要性。此外，所有相关的模型、数据集、基准和实验结果都已开源，以便于未来金融 AI 的研究。

7. DISC-FinLLM

DISC-FinLLM 是一个专门针对金融场景为用户提供专业、智能、全面的金融咨询服务的金融领域大模型，由复旦大学数据智能与社会计算实验室（Fudan-DISC）开发并开源。这个项目通过集成四个模组——金融咨询、金融文本分析、金融计算、金融知识检索问答，构成了一个多专家智慧金融系统。每个模组专注于不同的金融自然语言处理任务，包括与用户就金融话题进行多轮对话、在金融文本上完成信息抽取、情感分析、文本分类、文本生成等任务，以及帮助用户完成数学计算和提供基于金融新闻、研报的投资建议等。

8. BBT-FinCUGE-Applications

BBT-FinCUGE-Applications 项目致力于提升中文金融领域自然语言处理的能力。它包括 BBT-FinCorpus，这是一个大规模多样性的中文金融领域开源语料库，以及 BBT-FinT5，这是一个基于 T5 模型构建的中文金融领域预训练语言模型。此外，该项目还提供了一套金融领域自然语言处理评测基准 CFLEB，涵盖了六种不同的自然语言处理任务。这些成果有助于提高中文金融自然语言处理的性能和泛化能力，尤其对信息抽取等关键任务表现出显著的优化效果。

　　该项目构建了目前最大规模的中文金融领域开源语料库，包含大约 300GB 的文本，源自四种不同类型的金融相关数据，如公司公告、研究报告、财经新闻和社交媒体内容。这一丰富多样的语料库有助于提高预训练语言模型的性能和泛化能力。

7.7　金融科技大模型的发展与展望

　　在当前数字化时代，人工智能技术已成为推动金融行业革命的核心力量。这场变革并不局限于数据分析、风险控制、客户获取、营销个性化以及投资咨询等环节，还包括重塑金融机构的运营模式和服务理念。

　　随着大数据和人工智能技术的飞速发展，金融科技大模型在过去几年中迅猛发展，展示出其在市场趋势预测、交易风险识别、投资组合优化乃至自动化交易等方面的巨大潜力。金融机构和投资公司纷纷采用这些技术，以提高决策的准确性和效率，带来金融服务领域的革命性变革。

　　大模型技术的应用覆盖了金融领域的多个方面，包括智能客户获取、对话机器人能力增强、数据分析自动化以及代码生成和智能办公等。这些技术展现了大模型在理解、生成和处理逻辑上的先进能力，以及它们在实现金融场景中深层次抽象的潜力。传统 AI 技术与生成式 AI 的结合，通过深度学习和大模型的协同，进一步推动了金融服务流程的自动化和智能化，为金融行业带来了转型机遇。

　　这些技术通过提供更精准的数据分析、风险评估和客户服务，极大地提升了金融服务的效率和质量。它们能够处理和分析海量金融数据，根据数据提供个性化的金融产品和服务，满足客户的多样化需求。此外，大模型还优化了金融机构的内部管理和决策过程，提高了运营效率，降低了成本。

　　然而，尽管大模型技术带来了巨大的潜力和机遇，其应用过程中也遇到了诸多挑战。这些挑战包括数据安全与隐私保护、模型的透明度与可解释性，以及技术人才的培养等。金融行业的 AI 布局之所以相对缓慢，主要是因为严格的监管要求、对成熟技术的偏好、对模型可解释性的需求，以及大型语言模型开发和维护的高成本。

为了克服这些挑战，金融机构需要与科技企业深度合作，共同探索大模型技术在金融领域的应用模式和解决方案。同时，遵守相关法律法规，保护消费者合法权益至关重要。随着技术的不断进步和应用场景的拓展，金融科技将继续推动金融服务的创新与变革。金融机构需要适应技术发展的趋势，加快数字化转型步伐，利用大模型等先进技术优化业务流程，提升服务质量，增强竞争力。

第 8 章

供应链金融的
演进与创新

何谓供应链金融？作为传统贸易融资的延伸和分支，供应链金融要解决的"刚需"问题始终是如何保证供应链资金流和交易流的顺畅，以及如何保证资金方、核心企业、供应商之间的联通。供应链金融自诞生开始就具备普惠金融的底色，它通过重视交易信用，使得融资主体更多样化，不仅包括大企业，也广泛覆盖中小企业、小微企业乃至个体工商户。

如今，技术已然改变了供应链金融的服务模式，使其成为金融科技中不可或缺的组成部分。供应链金融释放出巨大的发展动能和市场潜力。本章将回顾供应链金融的演变历程，并通过分析其业务形态使读者更好地了解供应链金融的独特价值。

8.1　从传统金融到供应链金融的变革

在谈及传统金融与供应链金融时，首先要明确它们在处理金融资源、风险评估和信用评价方面的基本区别。传统金融着重评估借款者的信用历史和资产背景，采取一种"以信用和资产为中心"的视角。这种视角通常忽略了交易的具体内容，更多地依赖借款人的过去行为和拥有的资产作为偿还贷款的保证，本质上是"以人评贷，不以事评贷"。例如，即便是不产生现金流的资产，如房产、艺术品和黄金等，也可以作为抵押物来获得资金，而借款人可能依赖未来的工资收入来偿还贷款，使资产与还款来源脱节。

供应链金融关注的是交易过程和现金流的稳定性，强调"以事评贷，不以人和资产评贷"。举例而言，一家长租公寓公司可能将未来一年的租金收益打包出售给金融机构，以获得当前的折现现金流，随后用于新公寓的建设和改造。供应链金融通过深入分析交易记录、订单流程、物流信息等，来评估企业的实际经营状况和融资需求，从而为企业提供更加灵活和多样化的融资解决方案。这种模式突显了企业经营活动和交易过程本身的信用价值，认识到了稳定的现金流和交易的真实价值也可以作为有效的信用保证。

金融理论的奠基人爱德华·肖和罗纳德·麦金农在 1973 年指出，发展中国家常见的"市场不完全"现象之一是两个割裂的金融市场并存：一个是少数现代化的、正规的金融市场，被称为"有组织的金融市场"；另一个是大量落后的、传统的和非正规的金融活动构成的市场，被称为"无组织的金融市场"。这种分割导致资金无法在两个市场之间有效流通，无法形成统一的金融市场。在中国，这种现象表现为大型央企能够从银行等金融机构获得低息贷款，而这些贷款又通过各种中间机构转贷给民营企业，形成了一种资金的批发转零售交易。传统金融的这种主体信用偏好，使其更倾向于为资源丰富、信用较高的大企业提供融资，导致资源集中和分配不均。

供应链金融通过重视交易信用，打破了这种倾向性，使得融资主体更为多样化，电商领域的供应链金融模式更是极致例证。它依靠电商平台对订单的实时业务流、物流和资金流数据记录，实现了交易信用的有效评估，使得资金方几乎不需要对平台店铺提出任何资质要求。

供应链金融紧密结合实体经济的供应链和各产业的特点，为不同产业提供个性化的融资解决方案。这不仅满足了大企业低成本融资的需求，也为缺乏抵押物和银行合作关系的中小企业提供了急需的融资支持。通过深入了解产业特点和企业需求，供应链金融为分销网络中的小型加盟店、所谓的"夫妻店"等经营主体提供了量身定制的融资解决方案。以分销网络为例，供应链金融通过深入分析销售数据、库存水平和订单流程等信息，为这些小型加盟店提供预付款、库存融资或发票贴现等产品。这样的融资方式直接满足了加盟店的实际运营需求，帮助它们解决了资金流转问题，维持了日常经营，进而在销售链条中增强了竞争力和生存能力。

例如，一家销售家电的加盟店可能需要在节假日前增加库存以满足销售高峰期的需求，但资金短缺可能会限制其采购能力。通过供应链金融，该加盟店可以基于与供应商的订单历史和销售预测获得融资，提前采购库存。这不仅确保了加盟店在销售高峰期的供应能力，还可能使其获得更好的采购折扣，提升利润空间。

随着技术的进步和大数据、人工智能等技术的应用，供应链金融的风险评估模型和融资产品有望进一步优化，为更多企业提供高效、安全的融资服务。这不仅促进了实体经济的发展，也为金融创新开辟了新的路径。

8.2　供应链金融解析

8.2.1　供应链金融的特点

相比传统金融专注于企业的资产负债表，供应链金融则专注于供应链的各个环节，通过整合信息，关注交易过程的真实性和可持续性，包括供应商、分销商、物流等，从整个供应链的角度考虑风险和资金流动。供应链金融的逻辑更关注交易本身而非融资主体信用。与传统金融相比，供应链金融有以下特点：

- **更准确的风险评估**：传统金融主要依赖于可抵押的资产和大型企业的信用状况。供应链金融往往不需要资产抵押，但需要更准确地评估供应链中的风险，利用科技手段进行深度的数据分析，包括供应商的信用状况、库存水平、订单执行情况等。
- **更高效的交易和结算**：供应链金融利用互联网技术和数字化平台，简化了交易和结算过程，提高了效率。传统金融仍然依赖于传统的纸质手续和人工处理，它的交易和结算过程相对烦琐和耗时。

- **更强调合作和协作**：供应链金融注重供应链各方之间的合作和协作，通过建立数字化平台和信息共享机制，促进供应链中各参与方之间的合作和沟通。传统金融中更多的是一对一的关系，注重金融机构与单个企业之间的交易。而供应链金融中不仅仅有金融机构、核心企业，还有供应链上的参与企业。
- **更场景化和个性化的金融产品和服务**：供应链金融可以根据供应链中不同企业的需求和特点，提供个性化的金融产品和服务。传统金融则更倾向于提供通用性的金融产品和标准化的服务。

供应链金融不仅是传统金融体系的补充和延伸，更是推动金融创新和服务优化的关键动力，尤其是在新场景的探索和标准产品的形成方面。这个过程通常始于供应链金融的第三方平台与资金方的紧密合作，通过定制化的解决方案来应对特定的商业需求和挑战。这种合作模式不仅能够快速响应市场变化和客户需求，还能够测试和验证新的金融产品或服务的可行性和效果。随着这些定制化解决方案在实践中的成功应用和不断优化，它们逐渐被标准化，并复制到更多的资金方和客户端。这个过程不仅扩大了供应链金融服务的覆盖范围，也促进了金融产品创新的标准化和规模化。

8.2.2　供应链金融的技术侧重点

供应链金融的核心在于深入供应链的各个环节，关注交易的真实性与可持续性，这是它区别于传统金融的根本。这种关注点的转移，使得供应链金融能够通过技术手段，如数据分析、数字化平台等，实现更精准的风险评估和更高效的交易结算，强调的是一个更为协作和合作的商业生态系统。跟传统金融相比，供应链金融科技在技术上也有其独有的侧重点：

- **非结构化数据挖掘和处理能力**：供应链金融需要处理大量的非结构化交易数据，包括订单记录、合同、物流信息等。因此，具有强大的数据挖掘和处理能力是至关重要的，以从海量数据中提取有用的信息和洞察。
- **数字化的互联网平台**：供应链金融的交易涉及多方，包括核心企业的上下游以及各类资金方，实现供应链各方之间的信息沟通和共享。通过数字化平台，供应链中的企业、金融机构和其他参与方可以实时获取供应链中的数据和信息，进行在线沟通、交易、融资和结算。

- **机器学习和 NLP 技术**：机器学习技术可以用于交易数据的模式识别、风险评估和预测分析。通过训练模型来识别潜在的风险因素或预测交易的结果，可以帮助金融机构做出更准确的决策。供应链金融涉及大量的文本数据，例如合同、报告等，利用自然语言处理技术可以从文本中提取关键信息，并进行语义分析和理解。
- **数据安全和隐私保护技术**：由于涉及大量的敏感信息，供应链金融需要使用先进的数据安全和隐私保护技术，确保数据的安全性和合规性。
- **区块链技术**：区块链技术可以提供去中心化、安全可信、不可篡改的数据存储和交易记录。在供应链金融中，区块链可以用于实现供应链中各方之间的交易记录和合约执行，确保信息的透明度和可追溯性。通过区块链技术，供应链金融可以更好地管理风险、减少欺诈行为，并提供更可靠的交易和融资服务。
- **物联网技术**：物联网技术可以实现供应链中物流和运输环节的实时追踪和可视化。通过传感器和物联网设备，可以监测货物的位置、温度、湿度等关键信息，并将数据反馈到供应链金融系统中。这使得金融机构能够更好地了解供应链的运作状态，减少信息不对称和降低风险。
- **集成企业内部系统和自动化交易**：供应链金融的高效运作依赖于它对企业内部多个系统的深度整合，包括企业资源规划（ERP）、客户关系管理（CRM）、订单管理系统（OMS）和仓库管理系统（WMS）等。这种集成不仅涉及数据的实时共享，还涉及业务流程的自动化，如自动发票处理、支付执行和信贷管理。通过这种集成，企业可以在减少人为错误的同时，加快决策流程，提高供应链的透明度和效率。自动化技术可以应用于供应链金融的多个环节，如自动化信用评估、融资申请处理、合同生成和执行，以及支付和结算过程。利用机器学习和人工智能技术，可以根据历史数据和现有市场条件自动调整信用额度和利率，从而提供更灵活、更个性化的融资解决方案。
- **全生命周期数据分析**：供应链金融需要对交易的全生命周期进行数据分析，包括订单的生成、物流的运输、资金的流动等各个环节。这种全面的数据分析可以帮助金融机构更好地了解交易的真实情况，从而做出更准确的风险评估和决策。

随着供应链金融领域技术应用的不断深化，我们亲眼目睹了数据技术、数字化平台、区块链、物联网以及 AI 如何革新了行业的运作模式。而 GPT 的出现，为供应链金融提供了更加强大的数据处理和语言理解能力，为行业带来革命性的变革，开启供应链金融智能化的新篇章。

8.2.3　供应链金融的创新

GPT 融入供应链金融，显著地展现了它在引领智能化技术创新方面的深刻影响力。结合先进的自然语言处理技术，GPT 不只是提升了供应链各环节间的沟通效率，更在数据处理和风险管理方面发挥了至关重要的作用，它还会在以下几个关键领域中实现显著的赋能效果：

- GPT 优化了供应链内部及跨企业间的沟通流程。通过理解和生成自然语言，GPT 能够跨越语言障碍，提供即时的、准确的沟通支援，从而减少误解，降低沟通成本，尤其是对于跨国的供应链网络，这一点尤为重要。

- 在决策支持方面，GPT 通过分析大量的历史交易数据、市场动态和风险因素，提供了基于数据的深刻洞察。这使得供应链金融的参与者能够基于更科学、更合理的依据做出决策，预测市场趋势，并提供业务前瞻性的洞见，把握机遇，规避风险。

- 在风险管理领域，GPT 凭借其深度学习和数据分析能力，成为一个强大的工具。它能够精准识别供应链中的交易模式、支付行为和信用历史中的潜在风险点和欺诈行为，为供应链金融提供更精确的风险控制手段。

- 在文档处理方面，GPT 能够自动化处理合同、发票和交易记录等大量文档，显著提高了处理效率并减少了人为错误。这种自动化不仅加速了交易流程，也提升了数据处理的准确性，为供应链金融的高效运作奠定了坚实的基础。

- 在资产配置方面，GPT 通过深入的数据分析，为资金流动和资产配置提供优化方案。它能够根据市场条件、企业需求和风险评估，推荐最优的资金路径和资产配置策略，提升了供应链金融的灵活性和效率。

通过这些能力，GPT 在供应链金融中的应用展现了人工智能技术在商业运作各层面的深入渗透，它不再只是一个生产力工具，而是作为一个能够提供深度洞察、优化流程、增强决策能力和管理风险的超级助理。在本书的后面章节，我们还会对 GPT 在供应链金融中的应用展开详细解读。

8.3　供应链金融的业务形态

鉴于产业链生态的多样性，不同行业的供应链存在多种组织方式和不同特征。因此，本节将基于供应链的一般情况介绍供应链金融业务形态，如图 8-1 所示。我们将根据订单所处的供应链节点对供应链金融业务形态进行分类，这实质上是从风险控制的角度出发的。随着履约状态的进展，供应商的交付完成度提高，基于供货合同的双边合同权利义务关系逐步转化为对采购方单边的债权关系，从而降低了风险水平。

在此业务模型中，我们假设供应链中存在一个拥有链主地位的强势企业，该企业通过组织经销商形成销售网络，并汇总市场需求来指引上游供应商供货。供应链金融产品的设计在一定限度上依赖于核心企业的信用。不同的产品设计，增信强度不同，包括核心企业对账款的确权、提供交易数据以佐证贸易背景及配合变更回款路径等。接下来介绍的供应链金融业务模式，也都是围绕核心企业展开的。

8.3.1　招标阶段

在招标环节，为了保障招标方的利益，通常供应商需要提供投标保证金、履约保证金等，或向银行申请出具保函。然而，传统的银行保函流程烦琐，包括授信、资料审核、出函用印等，对于一些中小企业而言，提供保证金等抵质押措施门槛较高，效率较低，难以满足市场需求。

2023 年，国家发展改革委等 13 个部门联合发布《国家发展改革委等部门关于完善招标投标交易担保制度进一步降低招标投标交易成本的通知》，鼓励全面推广使用电子保函（保险），以降低投标费用，进一步缓解企业流动资金压力。

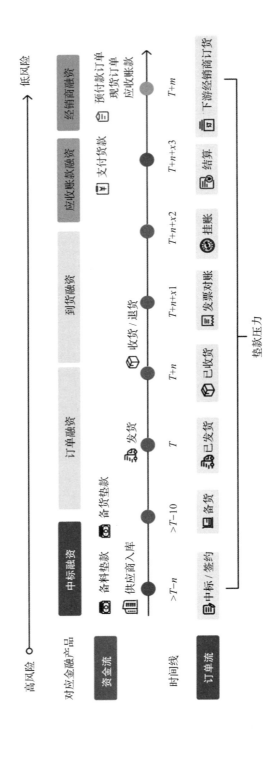

图 8-1 常见的供应链金融业务形态

近年来，银行电子保函、担保公司保函、电子保险等产品在各地方公共资源交易中心得到广泛应用，并逐步在各大产品金融平台推出。相较于传统的线下银行保函，电子保函产品效率大幅提升。用户只需通过手机扫码申请，并使用公司或个人账户付款，即可在 $T+0$ 时获得电子保函 / 保单。此外，电子保函类产品还可以与平台的其他产品结合使用，例如，一些银行推出了信用证、电子债权凭证等通过质押可用于开具保函的产品，大幅降低了用户获取授信和缴纳保证金的门槛。

8.3.2　中标阶段

在中标或签约阶段，供应商可能随时接到新的订单，因此备料的垫款需求已经产生。除了少数强势供应商可以获得预付款外，大多数情况下供应商需要自行承担备料费用。例如，汽车行业的供应链通常采取本地一体化方式，整车制造企业的关键核心零部件和重要物料采取"近地化"生产供应模式，吸引供应商在本地及周边区域布局。因此，供应商在获得合作机会之前就需要投入资金建设厂房和生产设备。

在中标阶段，由于基于供应链的履约过程尚未开始，因此金融机构更多地侧重于评估企业的中标合作关系，并结合企业的经营状况和信用情况提供授信方案。例如，某银行的中标贷产品准入条件之一可能为："近三个月内，中标项目的采购方必须是政府机构、央国企或事业单位，并且中标记录在公开网站可查询。"

从严格意义上说，中标阶段的融资属于供应链模式和主体融资的混合体。对金融机构而言，这两种模式并非完全分离，因为在中标阶段，交易信用尚未形成。金融机构的授信基础仍然是企业的信用，只是在此基础上借鉴了中标合作方的历史数据作为一种信用的佐证。

8.3.3　备货阶段

备货阶段意味着一笔订单的开始，收到采购方核心企业的订单后，供应商开始备货。在这个阶段开展供应链金融，数字化系统对供应链全流程业务流（订单流）、物流及资金流的可信记载非常重要。为了确保数据的可信度，金融机构通常需要将核心企业提供的上述数据作为追踪订单履约过程的依据，基于历史的订单履约率、结算率、供应商资质、供应商评级等指标综合评估每笔订单成功履约的概率，并针对每笔订单的金额核定一个风险可接受范围内的授信额度。

由于备货阶段处于一笔订单的履约初期，诸多的风险点如订单能否正常备货、生产、配送、交付等都会影响到最终的履约成功，因而在实操中金融机构给予的授信额度一般不会超过订单金额的 30%。

这种将交易履约达成带来的现金流作为风控策略的金融产品形态完全不同于传统银行基于财务报表进行主体授信的逻辑，它几乎可以不关注授信主体自身的经营能力、资金实力和纳税记录，而是将目光完全转向了其在每个核心企业供应链生态中的位置、合作年限和历史履约表现。在这种模式下，不得不再次强调数字化技术的意义，如果缺乏完整的数据记载或者系统记载的数据质量不高，金融机构将无法采信和实现对订单履约过程的持续跟踪和评估，从而不得不采取折中的方案，即结合一部分主体授信的规则做出综合性评估。

8.3.4　到货阶段

到货阶段标志着订单履约状态的实质性进展。一般在这个阶段，核心企业已收到货物并对其品种、数量和质量进行验收，订单的风险已经从生产、运输和交付过渡到退换货的风险。不同行业的退换货风险差异很大。例如，在商超零售行业，由于经营的是大量的快速周转生鲜和短保质期食品饮料产品，供应商可能面临多种退换货风险，如质量问题、品质变化、滞销等；在医药行业，医院对药品和耗材的结算发生在实际领用后，因此供应商将货物送到医院后，医院仍保有退货的权利。

在其他一些行业，如建筑和制造业，供应商到货验收后退货的可能性较低，并且有明确的规律可循。金融机构可以依赖历史贸易数据和实时订单结算状态评估订单在到货后转化为应收账款的概率，并提供相应的融资产品。由于到货阶段的特征与中标和备货阶段的特征不同，因此融资比例通常会得到提高。具体产品形态包括货到保理、到货贷、结算贷等。

也有一些银行将备货和到货阶段，即在一笔订单完全转化为应收账款之前的融资产品统称为订单融资，如图 8-2 所示。在这种模式下，风险控制的要件是对订单履约过程信息流的持续跟踪和对核心企业支付账款资金流的闭环控制。因此，在这种模式下，一般需要核心企业提供与供应商相关的历史交易记录、实时订单的履约过程，并变更账款的回款路径。需要再次强调的是，账户变更和对交易记录的评估需要建立在可信的基础上，在以上标准的供应链金融模式中，核心企业需要对交易数据真实性和修改付款路径做出承诺背书。

图 8-2　某融资界面展示

由于订单融资对于回款资金路径监管的强依赖性，金融科技的发展和监管方式的创新有可能在诸多方面改变现有的产品形态。例如，目前对收款资金的监管在较大程度上依赖核心企业的高度配合，由于缺乏有效的手段追踪资金链路，因此仍然采用核心企业出具承诺函这样的方式。

到货阶段的融资，在涉及施工类项目时会以另一种形态呈现，即产值融资。在建筑工程行业及其他涉及设备安装、厂房和能源电站建设等行业中，施工场景的特点是按合同约定的工程完工进度进行分阶段验收和结算。产值融资主要服务于长期持有应收款项的施工分包商。这些分包商除了要支付劳务工资外，还要承担部分材料费用，导致其面临较大的垫资压力。

产值融资的流程通常在业主方确认工程进度后展开。具体来说，业主方对工程总包方的进度进行确认，明确待结算的产值。随后，总包方可以向分包商确认相关的产值，并依此进行融资操作。

产值融资虽然存在普遍的需求场景，但目前其市场供给是远小于需求的，原因既在于产值衡量认定过程中涉及业主方、总包方、分包方、工程监理等多方，协同难度较大；也在于工程项目本身对应了极不确定的回款周期。资金提供方在核定产值的同时，还需对项目的资金来源、回款保障等做出筛选。

8.3.5 应收阶段

根据艾瑞咨询《2023 年中国供应链金融数字化行业研究报告》，2022 年中国供应链金融行业规模达到 36.9 万亿元，其中应收账款模式占比达 60%，达到 22.1 万亿元。预计未来五年，该行业将以 10.3% 的 CAGR 增长，到 2027 年有望超过 60 万亿元。

在整个供应链金融纷繁复杂的场景中，应收账款属于标准化程度最高的一类，因而应收账款阶段的融资也是市场最成熟、最普遍的一类。根据应收账款确权与否，可以分为正向保理、反向保理两大类业务方向，由于确权行为可以直接加入核心企业（采购方）的信用（此处的确权是指核心企业对该笔应付账款确认不可撤销的无条件付款义务，并明确了付款的金额及日期），因此从金融机构的角度，授信对象从原来的供应商变成了核心企业。

正向保理方向主要包括正向保理、应收账款质押融资、保理池融资等产品形态。总体而言，正向保理模式下各类产品的风控遵循和订单融资、货到融资类似的逻辑，金融机构关注应收账款的真实性和应收款项回收的可控性。

如图 8-3 所示，相比前述正向保理、应收账款质押融资针对特定的账款资产，保理池融资不根据单笔发票金额及期限来设定融资金额及期限，而是基于卖方将其对特定买方或所有买方的应收账款整体转让给保理公司、且保理公司受让的应收账款保持稳定余额的情况下，以应收账款的回款为风险保障措施，根据稳定的应收账款余额（最低时点余额），向卖方提供一定比例的融资业务。保理池融资的作用在于其通过将资产整体打包，规避了账款和回款资金一一对应的难题。在 B 端的结算场景中，轧差结算、批量结算等结算方式的存在导致回款的认领及匹配非常复杂，如交易双方本身的业财一体化程度都不高，金融机构很难从外部角度有效核定，因而将特定买方的所有应收账款整体转让更具可操作性。

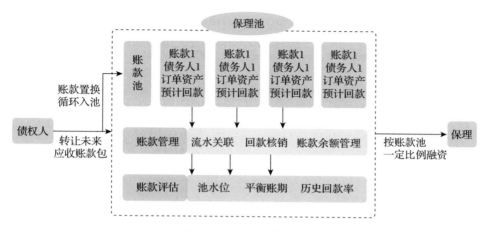

图 8-3　保理池融资模式

账款池余额管理是开展保理池融资业务的主要风险保障手段。保理池融资模式下需实时监控客户应收账款池余额变化，以保证卖方转让给保理公司的所有合格应收账款余额在任何时点按融资比例进行折扣后均足够覆盖卖方在保理公司的保理融资余额。保理池融资还可以解决应收账款到期日与保理融资款到期日的匹配问题，例如，电力行业发电企业对电网公司的账款周期平均在 1 个月内，采用单笔匹配的方式不仅操作成本高，融资期限也过短，不利于金融机构安排头寸，而采用保理池融资的方式可以规避上述问题。

在反向保理方向，由于核心企业的确权行为，在某种程度上完全消除了行业属性和差异，创设出了多种高度标准化的产品，例如商业汇票、反向保理、供应链 ABS、数字债权凭证、供应链票据等。

反向保理方向的产品还表现出很强的支付属性，尤其针对票据、数字债权凭证这样的产品，在设计之初就为其强流通性注入了活力。近年来大行其道的数字债权凭证，跟简单的反向保理相比，除融资属性外，增加了便捷的开立、拆分、转让、线上清分等功能，以企业的应付账款为基础创设出一套可实时交易的货币信用体系，极大地加速了该产品的普及。

8.3.6　下游客户经销商订货阶段

订货阶段面向下游客户的主要服务对象是经销商，要满足其预付款融资需求。由于产业本身存在周期性，许多经销商承担了垫款压货的角色，这有助于平衡上游品牌商（核心企业）在淡旺季销售波动期间的生产规模，从而降低生产成本。

将面向下游客户的融资与上游分开讨论的主要原因是它们的风险结构不同。早期的经销商融资通常采用原始的增信方式，即由核心企业直接提供担保或类似担保的承诺。在汽车行业，为了扩大市场份额，一些汽车制造商仍然采用这种模式来推动销售。随着数字化技术的普及，一些基于交易数据和货权控制的新产品在风险控制方面逐渐得到市场验证。接下来，我们将重点介绍以下两种业务模式。

1. 下游经销商订单融资

为便于区分，此处的下游订单融资特指核心企业仅提供相关交易数据，金融机构结合各类数据和一定的尽调核实对经销商提供授信，且其资金用途定向用于支付订单款项的产品。

这种在数据贷基础上衍生出来的金融产品的底层逻辑依赖于大数法则和风险收益的平衡。在核心企业的销售体系中，根据特定的筛选规则，可以预测可能发生逾期的客户的理论概率。这种预测可以用来反向推导覆盖潜在损失需要的收益水平。

经销体系的数字化程度和数据质量直接影响到经销商的可画像程度和融资可覆盖的经销商数量及层级。站在大数据风控专家的角度，供应链交易中产生的采购订单、销售订单、结算、发票、库存、退货等数据均可以用来描绘企业的经营情况，从而推算出企业的财务实力和偿债能力。这种直接穿透到业务数据的方法在原理上和信贷工厂派驻经验丰富的客户经理去现场查水电表、盘点库存异曲同工。在小微企业的风险控制上，可信的业务数据要比企业自己编撰的财务报表可靠得多。

然而，在业务实践中，目前极少数企业能够将经销商融资服务完全渗透到其销售供应链中。原因有多种，一部分企业完全没有记录一级经销商的销售数据，更谈不上对二级以上经销商及终端的数字化管理；另一些企业则疏于对庞大的系统群和沉睡的数据进行治理，数据散落在不同的系统中，且口径和质量参差不齐，无法提供可信的用于风控建模的依据。很多情况下，二级及终端门店是一些小规模纳税人，甚至涉农的很多品类根本没有发票，这都让数据画像的构建困难重重。

整体而言，庞大的线下零售流通体系的数字化改造才刚刚开始，随着消费品 DTC 潮流的发展，销售的全链路数字化已经成为品牌企业的必修课，也为未来经销商融资的发展提供了巨大的机会。

2. 下游经销商仓单融资

据世界银行集团估算，中国的存货资产规模约为 100 万亿，而各类型存货融资的年度发生额在 5 万亿~8 万亿之间，融资率极低，市场需求巨大。存货在上下游供应链场景中都扮演重要角色，但通常更多地用于经销商的融资。

仓单是以实物商品为标的的标准仓单、仓储物流企业出具的普通仓单、可转让提单等提货凭证或货权凭证。根据签发仓单的机构是否为商品期货交易所，一般将仓单分为标准仓单和非标准仓单。相比基于数据风控的订单融资，仓单融资的产品设计基于存货的质押和处置，因此理论上可以根据押品的估值计算可融资规模，从而显著提升融资额度。下游经销商仓单融资模式如图 8-4 所示。

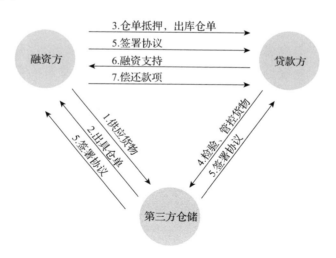

图 8-4　下游经销商仓单融资模式

然而，目前在中国，存货融资服务仍然是供应链金融服务的一个"断点"，存货资产（包括存货和仓单交易融资）的基础设施目前处于"四无"状态。

首先，缺乏专门针对仓储和仓单的法律法规。尽管近年来国内有专家和机构参与了联合国贸易法会和国际统一私法协会推进的《仓单示范法》项目，但具体的法律法规仍未出台。

其次，缺乏主管机构。由于涉及大宗商品贸易和仓储的规范性、存货融资规则等多个环节，暂时没有统一负责推动的国家机构。

再次，统一登记平台的落实程度不足。中国人民银行征信中心的动产融资统一登记系统自 2021 年开始承接存货/仓单融资的登记服务，但由于实行期限较短，再加上仓单相较于发票没有统一格式，登记及查询工作仍需耗费大量人力。

最后，相关基础设施不完善。存货、仓单业务开展的场所——监管仓库，没有国家层面的监管机构给出合格标识，监管方资质要求也没有统一的标准。

存货融资的主要难点在于如何确保货权的唯一性并实现控货。在传统的线下操作流程中，相关的货物单据通常是纸质的，由人工打印仓单后盖章，同一批货物可能会开出多份仓单，由此产生风险。货权无法得到有效控制是传统仓单质押的痛点，金融机构缺乏控制货物的手段，实物资产信用体系建设也面临困难。

面对产业方管理难和金融机构风控难这两大挑战，通过科技赋能，可以运用人工智能、物联网、云计算、区块链等技术手段来解决金融机构在货物融资率低、坏账率高方面的问题，以及规避仓单重复质押、空单质押、虚假骗贷等一系列风险。这些技术手段赋能了实物资产的数字信用和风险控制建设，有助于释放存货的价值，解决了存货融资面临的突出问题。

- 区块链技术创新电子仓单质押融资：对于电子仓单的生成、拆分、注销、质押等操作在节点间达成共识，且将电子仓单对应的出入库、过户、交易、质押等可追溯信息存储在区块链网络中。利用区块链技术不可篡改、可溯源的特性，消除传统纸质仓单重复质押风险，保证"一仓一单""物变单变"的唯一性和灵活性。
- 物联网、人工智能等技术应用于存货实时封闭监管：应用射频识别（RFID）、电子围栏、红外感应、无人机、AI 摄像头等技术，将质押物的状态全程记录并智能分析，实现物流变动信息、出入库信息、质押物数量状态等信息实时传送与预警，极大限度地降低仓储物流公司舞弊或监管不力风险。

- **大数据平台可应用在人货监管全流程**：对接外部征信、涉诉、舆情信息，可监控交易主体的经营风险；对于存货的物理信息、价格信息，可结合物联网、GPS 定位数据，对接第三方价格平台、交易平台、第三方处置系统等信息，使存货的物理空间与信息空间数据更加完整与关联。

以下是部分银行和核心企业开展仓单融资的案例：

- **平安银行**：2019 年平安银行启动"星云物联计划"。2022 年 7 月，平安银行携手象屿股份落地港财产品"屿仓融"，提供区块链质押单据生成与融资服务。通过物联网平台实现监管钢材仓库可视化管理，平安银行和客户可实时使用屿链通 App 远程看货，确保货权安全可控。
- **建设银行**：2021 年 8 月，中储京科"货兑宝"平台与中国建设银行"区块链物流金融平台"首笔线上数字化仓单融资业务落地，实现了数字仓单全线上跨链流转，后发放区块链电子仓单质押贷款。
- **浙商银行**：2021 年 11 月，浙江国际油气交易中心与浙商银行舟山分行合作的首笔浙油仓单签发与质押融资系统融合应用成功落地。
- **兴业银行**：2022 年 3 月，兴业银行科技赋能，依托"智慧仓储"系统，于青岛分行落地首笔数字化仓单质押融资 178 万元，用于化工原材料采购。银行端可实时查询对应抵押物的所有关联信息，并依托 AI 视觉算法对货物进行模型匹配，实现对货物移动和形状改变的智能预警。
- **日照银行**：2022 年 3 月 29 日，日照银行成功落地首笔原油区块链电子仓单质押融资 1000 万元，电子仓单质押物为原油，应收账款为上游供应商沥青销售对应款项。
- **广盈控股**：建设大宗商品交易、供应链金融服务和智能仓储服务一体化系统，构建信用评级体系。
- **兖矿物流**：通过"互联网 + 产业 + 金融"的模式打造现代物流贸易产业体系，提供订单融资、应收账款融资和存货质押融资服务。
- **象屿股份**：推出"屿采融、屿仓融、屿途融"等数字供应链金融服务产品，实现区块链电子仓单质押融资的业务落地。

8.4　数字债权凭证

根据《中华人民共和国民法典》对债权转让的规定，债权人有权将全部或部分债权转让给第三方。如图 8-5 所示，数字债权凭证是基于合同债务开立的数字化欠条，能够通过数字化平台便捷地进行部分或全部的转让和融资。通过这种方式，核心企业的信用可以沿着供应链传递给各级供应商，从而实现应收账款债权在持有期间的自由流转、融资或到期兑付，提高债权的流动性和变现能力。

数字债权凭证										NO.WXBZ01			
签发方	核心企业A		签发方公钥		02e4136d6f42caf2a3924f92cc912ca651 866f06fe09959d1944dd645d5179c22f								
持证方	供应商B		持证方公钥		02485240fac96e38a8b893e0ec442b4e b0194a60288c651edaf7cc43f2df91942b								
承兑方	核心企业A		承兑方公钥		02e4f36d6f42caf2a3924f92cc912ca651 866f06fe09959d1944dd645d5179c22f								
持有债权金额 （人民币）	贰百万元整	十	亿	千	百	十	万	千	百	十	元	角	分
				¥	2	0	0	0	0	0	0	0	0
核心企业应收账款确权已上链，资产到期兑付日期：2021-12-13													
核心企业确权日期	2020-12-14		承兑方确权签名		024ff0d98439d1d8e54af8cc1b464a656 c56bbc45f3b34269fbb222f5fb0d1172								

图 8-5　数字债权凭证

2012 年左右，家电行业发生了一系列政策和经济数据的变化，这为数字债权凭证的推出和发展提供了政策和市场环境背景：

首先，2012 年家电下乡政策退出，导致消费需求减弱，CPI 指数下降，经济增长趋缓。在此背景下，家电产品价格下降，一些家电品牌商为了应对经济下行压力，借用自身信用扩张产能，以抵消利润率下降的影响。这导致从 2012 年开始，供应商的利润逐渐收窄。

2014 年，品牌商二级以上供应商资金短缺的问题变得十分普遍。为了降低生态圈融资成本，提高供应商的利润率，家电品牌商开始将自身的应付账款确权签发给供应商，并积极推广这一做法，以缓解供应商融资渠道受限和融资价格上涨等问题。

数字债权凭证作为一种创新型供应链金融产品，以应收账款的数字化为基础。近年来，由于其产品性能优越，得到了迅速推广和广泛应用。根据不完全统计，目前市场上各类基于数字债权凭证的供应链金融平台（包括核心企业、金融机构、第三方和政府区域及园区型平台）发展迅速，累计交易量已突破数万亿。

供应链平台的参与方包括核心企业及其关联企业（债务人）、保理人、再保理人以及产业链上下游供应商（应收账款债权人）。在供应商履行了基础交易合同后，债务人可在供应链平台上签发数字债权凭证，这些凭证可以在平台内进行结算、拆分、流转、融资或持有到期。

平台具备基础交易的审核、数字合约的签署、数字债权凭证的交付和流转、资金清算等主要功能。应收账款债权人收到数字债权凭证后，可以持有凭证直至约定的还款日由应收账款债务人履行债务，也可以作为平台注册用户间的结算工具支付给平台上其他注册用户。数字债权凭证融资流转过程如图 8-6 所示。

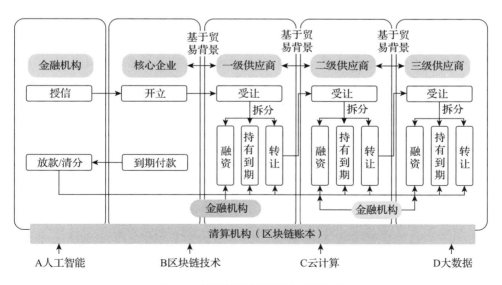

图 8-6　数字债权凭证融资流转过程

数字债权凭证实现了应收账款的线上确权和交易，其主要特点包括：

- **标准化**：数字债权凭证通过确权机制和格式化的数字流转单，将债权债务关系形式化和标准化，使其更易于理解和处理。

- **流通性**：数字债权凭证的持有方可以在各自平台上将债权凭证全部或部分转让给第三人，用户的入驻、开单、转让和签收等流通过程均可以通过线上操作实现；同时，平台接入的资金方保障了凭证的快速变现价值，进一步增强了参与方对凭证的认可度，提升了流通性。

- **信息共享和透明度**：数字债权凭证平台保证了信息共享和透明度，参与方可以实时了解债权的要素、持有人以及兑付日期等关键信息，促进了合作伙伴之间的信任和合作。

- **跨平台流通限制**：目前，数字债权凭证平台的建设和运营更多是企业和银行自发的商业行为，由于缺乏监管官方统一的规则、平台标准和互认机制等，市场存续的数百个平台成了一个个封闭的孤岛，无法连接成一个统一的平台，极大地限制了凭证的流通性和价值。2023 年 9 月 14 日，广东省供应链金融创新合规实验室、深圳市未来金融监管科技研究院牵头，包括联易融在内的 12 家银企机构联合发起的"电子债权凭证自律发展联盟"在深圳宣告成立，旨在促进行业标准建立和开放合作，是该领域全国首个自律发展组织。

- **安全和隐私问题**：数字债权凭证涉及大量敏感的商业和财务信息，因此安全和隐私问题是一个关键关注点。保护凭证数据的安全性，防止数据泄露、篡改和非法访问是至关重要的。

CHAPTER 9

第 9 章

AI 驱动的供应链金融革命

相较于传统金融服务，供应链金融被视为金融领域中最早与 GPT 模型结合的典范。自带普惠基因的供应链金融注重交易信用，它打破了对主体信用的单一依赖，使融资主体更加多元。这一特点使得供应链金融能够紧密结合实体产业，并更好地融入科技领域，因为 AI 和区块链等数字技术所具备的智能化、去中心化、自动化等特点与供应链金融的理念不谋而合。

大模型的出现无疑为供应链金融与 AI 的融合实践开启了新的篇章。过去，AI 在供应链金融服务体验中主要通过文本识别、信息提取、智能风控等技术进行优化。而如今，大模型所具备的自主学习、推理能力、扩展性以及涌现性等特征将为供应链金融带来无限创新和想象的空间。

9.1　大模型诞生之前供应链金融行业的 AI 实践

随着人工智能的迅猛发展和广泛应用，金融科技领域正在不断涌现出新的解决方案。国内外许多企业已经宣布以推进 AGI（通用人工智能）为发展战略，或者竞相推出 AI 大模型。

具体来说，人工智能技术在自然语言处理、深度学习等领域取得了技术性突破，也在无人驾驶、语音识别等方面得到了实际应用。在金融领域，人工智能也有广泛的技术应用场景。以智能投资顾问为例，它能够根据投资者的风险偏好、投资收益要求和投资风格等信息，利用智能算法技术和投资组合优化理论模型，结合深度学习，为其提供投资决策的参考信息，并根据金融市场的动态变化提供资产组合及配置方面的改进建议。在风险管理方面，利用神经网络、专家系统、支持向量机等技术，它可以识别数据之间的特殊关系，并进行一定程度的推理判断，以更加精准地识别并规避风险。具体到供应链金融领域，人工智能正在推动行业的革新，提升行业效率，为用户带来更加智能化、个性化的体验。

9.1.1　国外供应链金融 AI 实践

AI 技术已经被广泛应用于金融领域的各个业务环节，包括风险管理（反欺诈、反洗钱、信用风险评估、贷后监控、智能催收等）、智能运营（智能客服、智能营销）、智能文档和商业分析。供应链金融业务流程如图 9-1 所示。

下面介绍人工智能技术在国外供应链金融领域的一些应用案例。

案例一：某国际领先银行与 IBM 合作，利用 Waston 平台开发了一套贸易融资数据智能录入系统，通过数字化存储实体贸易文件和自然语言处理技术，自动完成数字化存储文件、关键信息提取、数据质量验证和可视化报告生成四个步骤。这套人工智能系统每次可以自动提取 65 处信息，每年自动化处理 250 万笔交易，帮助银行降低了人工错误率，显著提高了数据质量。

案例二：某国际领先银行与科技企业合作，为仓储物流企业搭建涵盖感知层、数据处理层和平台层的三级物联网平台架构，提升动产质押透明度，协助银行接入动产质押融资，进行灵活的风险定价。平台通过感知层的定位系统、重量感知系统、出入口闸机、摄像头等设备监控货物的位置、质量以及工作人员非授权操作等，而后数据处理层基于感知层获取的数据进行分析加工，最后根据平台层设置的指令（如货物质量不得低于阈值）制定警告规则，及时推送预警事件。人工智能技术可用于提升系统的故障识别能力和质量检测能力，进行实时库存预测，辅助银行完成质押物的价值评估和风险定价。

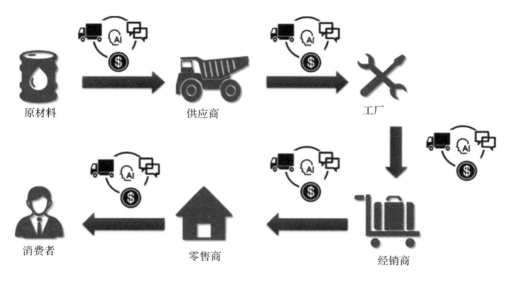

图 9-1　供应链金融业务流程

　　案例三：美国供应链项目服务商 PrimeRevenue 通过其云平台为供应链中的买方、供应商提供有针对性的、定制化的金融服务。PrimeRevenue 和企业应用软件解决方案供应商 SAP Ariba 创建了一个闭环系统，通过 AI 技术对供应链和采购中的物流数据、生产数据、供应商数据、财务数据、客户数据等进行全面采集、分析和预测，帮助企业及时发现经营中的异常以及可能存在的问题和商业机会，从而制定更科学合理的业务策略。核心企业与供应商可以在这个平台上兑换发票与账款，供应商利用自助工具将获得核准后的应收账款兑换成现金流。

　　案例四：美国供应链金融科技公司 C2FO 通过建立一个在线的市场平台，让买方和卖方可以自主地协商早期付款的折扣率，从而实现供应链上的资金优化。C2FO 的客户包括沃尔玛、亚马逊、星巴克、西门子、可口可乐等知名企业，C2FO 使用了以下人工智能相关的技术来提升供应链金融服务。

- 机器学习：C2FO 利用机器学习算法来分析供应链上的数据，为买方和卖方提供最优的折扣率和付款时间，从而实现资金的动态匹配和优化，同时提高资金的流动性和周转率。机器学习算法根据供应链上的数据，如订单、发票、库存、现金流等，分析卖方和买方的资金需求和偏好，从而为其提供最适合的折扣率和付款时间的建议。

- 计算机视觉和自然语言处理：C2FO 利用计算机视觉技术来识别和验证供应链上的图像信息，如货物、仓单、票据等，从而提高数据的真实性和安全性；利用自然语言处理技术来提取和理解供应链上的文本信息，如合同、发票、订单等，从而提高数据的质量和可用性。

C2FO 运营模式流程如图 9-2 所示。

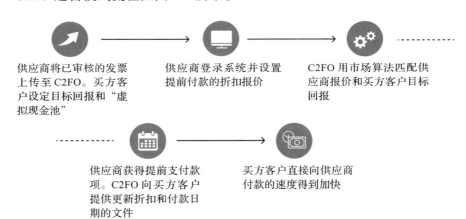

图 9-2　C2FO 运营模式流程

9.1.2　国内供应链金融 AI 实践

供应链金融作为新兴的普惠金融模式，在人工智能的加持下，在进一步提升服务效率和风控能力，优化资金使用效率，加速供应链上下游企业之间的现金流转。例如，借助人工智能，供应链金融能够实现产业链经营特征分析、财务数据的钩稽关系分析、风险分析、经营数据分析、线上签章、虚假行为分析等，极大提高了供应链金融业务中数据挖掘分析的效率和数据风控模型的精准性，实现了风控优化及业务自动化管理，以及对产业链的整合和实时交易处理。

场景一：财务报表智能解析

金融机构风险管理部门的客户经理需要定期基于年报、季度报、月报等进行报表采集、解析、信用评级和出具信贷报告等工作。很多客户经理均采用人工处理的方式，费时费力且极易出错，同时科目校对、平衡试算等流程非常烦琐。

基于前述场景，很多科技公司推出财务报表智能解析服务，如图 9-3 所示，其中包含资产负债表、现金流量表、利润表的采集 / 解析 / 分析等全流程工作。它利用 OCR 技术来提取非制式财务报表的结构化信息，比人工录入提效 90%；利用 NLP 算法实现从原始科目到标准科目的自动化匹配，经过大量训练后的科目自动化匹配正确率高达 96%；对模型输入专业财务知识，可快速自动化验证项目之间金额逻辑的准确性。

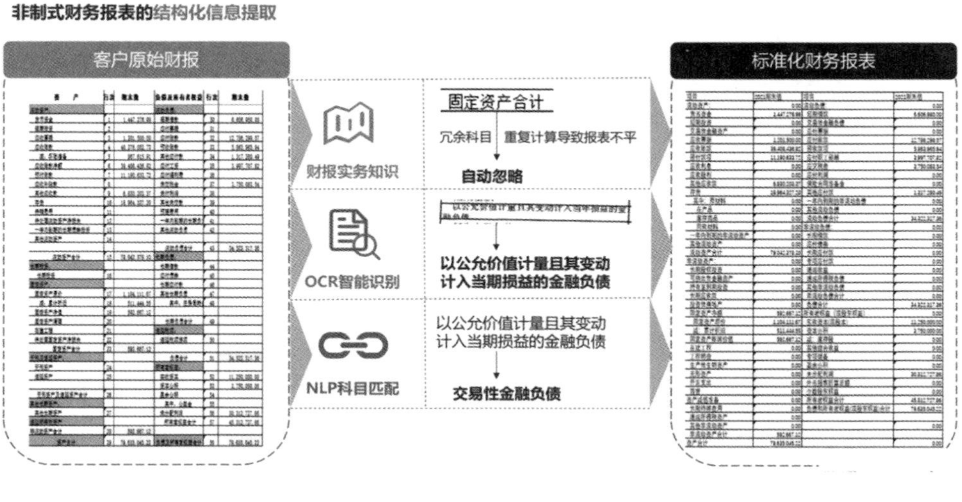

图 9-3　财务报表智能解析服务

财务报表智能解析服务还可以自动嫁接企业信用评级、贷前 / 贷中 / 贷后风险监控模型等，协助客户经理评估企业的健康状态和风险情况。未来通过 GPT 模型的预训练能力，有望进一步提升财务报表智能解析服务的效率。

场景二：合同智能处理

合同智能处理泛指利用 AI 技术对合同进行加工处理，类比人的操作。合同智能处理一般分为合同文本识别、合同分类、合同关键要素提取、合同审查、合同起草、合同签署等流程。在供应链金融领域，合同文本 OCR 主要用于识别和提取合同中的基本信息，如签署方名称、地址、联系方式、合同金额等。这有助于金融机构加快审批流程，提高业务处理效率，如图 9-4 所示。

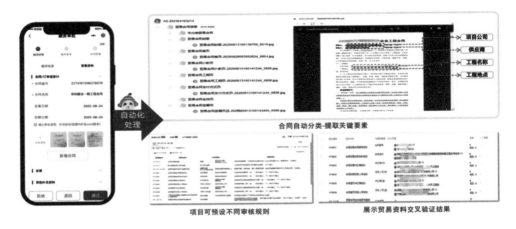

图 9-4　合同智能解析技术

目前，国内许多 AI 企业已经推出了基于 OCR 技术的合同智能识别服务。例如，合合信息和达观智能已实现识别不同合同文本并进行比对审查的功能。合同智能分类是利用 NLP 和机器学习技术对供应链金融合同进行自动分类的过程。通过分析合同中的关键词、实体和关系，AI 系统可以准确地将合同归为不同的类型，如采购合同、销售合同、借款合同等。国内一些厂商已经将合同智能分类应用在了合同的高频使用场景中，如法律合同审查、金融业务审查。这有助于金融机构快速识别潜在的风险因素，提高信贷决策效率。

合同智能处理模型目前可为用户提供近 10 种合同智能化服务，其中包括合同智能起草、合同智能审核、合同要素智能提取、合同版本对比（Word 和 Word、Word 和 PDF、可便捷 PDF 和扫描件）、合同标准模板起草、合同脱密、合同履约追踪等服务。

当然，合同智能处理的小模型仍存在一些不足之处，这主要是因为各个行业的合同样式、关键条款不尽相同，而小模型的训练通常围绕特定的行业进行，换一个行业就不一定能准确解读合同当中的条款并进行分类、信息提取和审核。未来，通过大模型的通用无标注训练能力，有望解决现有模型的这一问题。

场景三：智能审单

智能审单是指利用 AI 技术对金融业务中的单据材料进行自动审核和处理，如图 9-5 所示。基于上文提到的发票单据 OCR 和合同智能处理模型，可以对数据进行整合匹配，通过分析合同和发票等单据中的产品信息、数量、价格等关键数据，系统可以有效地判断订单的真实性和合法性，从而降低欺诈风险和误判率。

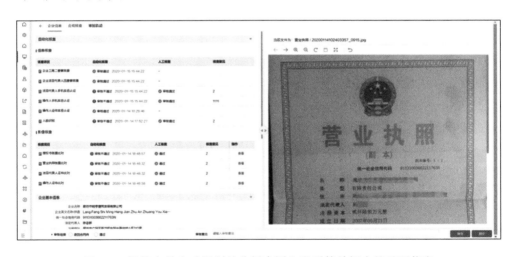

图 9-5　智能审单自动识别并分析合同和发票等单据中的重要信息

在国际业务、供应链金融等基于贸易背景衍生的金融细分场景，风控审核人员经常面临大量单据审核比对的工作。智能审单技术可以有效提高审核人员的审单效率和准确性，减少大量重复性工作。目前，国内许多金融机构已经开始尝试使用 AI 技术实现智能审单。例如，中国工商银行的"清关云管家"已经可以实现合同解析、智能审单，以及供应链金融上一站式的线上化、自动化、智能化的清关报送管理，提升了国际贸易的处理效率及资金流转速度。

与合同智能处理模型遇到的问题类似，金融行业的智能审单也分为多个细分业务场景，如国际业务的审单、供应链金融审核贸易背景材料，信用卡申请审批等，每个场景的风控规则和审核要点千差万别。

例如，中国工商银行基于自然语言处理技术的智能客服"工小智"能够通过微信、短信、手机银行、网上银行等多个渠道提供服务，完善客服、风控、外呼的智能服务应用。据 2018 年统计数据，中国工商银行智能客服的识别率达 98%。

又如，供应链金融科技解决方案提供商联易融自研了 AI 引擎，运用 OCR 和 NLP 技术，极大地提升了供应链资产收集、文件发票的识别和验证效率。此前基于人工和纸质的传统方式处理 1000 张发票时需要 1～2 周，现在联易融 AI 引擎仅需 5 分钟，处理 1000 页合同文本仅需 15 分钟，节约了人工成本，同时降低了错误率。

场景四：中登语义识别

中国人民银行征信中心在 2007 年建立了动产融资统一登记公示系统（以下简称"中登网"），面向全社会提供应收账款质押、应收账款转让、融资租赁等动产担保的登记和查询服务。由于中登网目前仍然没有明确的登记标准，各个登记主体的登记内容不尽相同，这导致了金融业务审核人员在审核时要做很多信息处理的工作。

中登语义识别是指利用 NLP 技术对中登网的登记信息进行自动解析和识别，如图 9-6 所示。在供应链金融领域，中登语义识别主要用于提取与融资相关的信息，如出让人、受让人、质押人、动产相关信息等，通过查看中登网的财产登记描述，可判断资产的受限情况。GPT 技术可以通过自动识别登记信息来提升数据提取与分析能力，进一步提升中登语义识别和查验分析的效率。

场景五：RPA 技术

RPA（Robotic Process Automation，机器人流程自动化）是一种利用软件机器人（或称为"机器人"）模拟人类在计算机上执行业务流程的技术。RPA

能够执行重复性高、基于规则的任务，使人类从烦琐的工作中解脱出来，而专注于更高价值的活动。RPA 的关键特点和优势包括模拟人类操作、高效率与准确性、易于部署和扩展、具有成本效益等。RPA 软件可以在各种应用程序和系统中执行任务，如输入数据、计算、文件处理，以及与其他系统交互等，就像人类用户一样，且可以全天候不间断地工作，执行任务速度快且错误率低，保证了工作的连续性和质量。

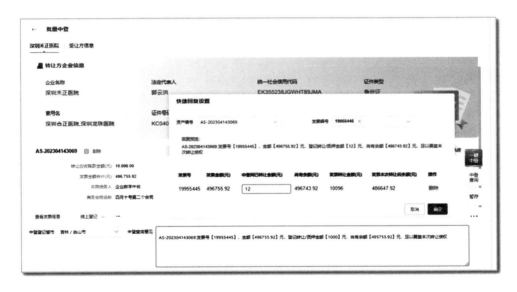

图 9-6　利用 NLP 技术对中登网的登记信息进行自动解析和识别

　　RPA 技术被广泛应用于各个行业和领域，包括财务与会计方面的自动化发票处理、财务报表的生成、资金调拨，人力资源方面的员工入职流程自动化、工资和假期管理，客户服务方面的自动响应客户查询、更新客户记录、处理订单，供应链管理方面的订单处理、库存管理、供应商通信自动化等。

　　在供应链金融的运营审核方面，RPA 支持自动从各种内外部系统收集供应链金融交易所需的数据（如供应商信息、合同条款、发票详情等），并进行初步的数据验证，确保数据的准确性和完整性。通过预设的规则和算法，RPA 能够自动执行运营审核流程中的多项任务，如审查交易文件的合规性、匹配订单与发票、核实付款条件等，从而加速整个审核过程。这不仅大幅减少了人工输入的工作量，也显著减少了因手动处理而导致的错误。另外，

RPA 能够按照法规和公司政策自动执行审核任务，确保所有操作都符合相关要求。同时，自动化过程的记录可作为审计证据，帮助企业更好地应对外部审计和监管检查。

传统的 RPA 技术是通过固定的流程模拟和像素点定位等技术手段，让机器可以更精准地模拟人类的操作。而 AI 大模型可以赋予 RPA 更深层次的理解和学习能力，让 RPA 不再局限于执行固定流程，而是能进行自我学习和优化，处理模糊输入并生成精准输出。通过整合 AI 大模型，RPA 能够更好地理解人类的指令和意图，实现更加高效的人机协同工作方式。

场景六：智能风控

智能风控是指运用 AI、大数据、机器学习等先进技术对金融风险进行识别、评估、监控和预防。它通过分析大量数据，学习风险模式和行为特征，从而实现对潜在风险的快速识别和响应。智能风控的关键要素和优势包括数据分析模式识别、实时监控、预测分析等。智能风控能够处理和分析海量数据，包括交易数据、用户行为数据、市场数据等，以识别风险信号；利用机器学习算法，智能风控能够识别出复杂的风险模式和异常行为；通过实时分析数据流，智能风控能够即时发现异常交易或活动，迅速采取措施，减少潜在损失；除了识别当前的风险外，智能风控还能预测未来可能发生的风险，帮助企业提前做好准备。

智能风控在金融行业的应用尤为广泛，涉及信贷审批、反欺诈、市场风险管理、运营风险管理等多个方面。例如，在线贷款平台利用智能风控技术来对借款人的信用进行评估，以决定是否批准贷款；支付平台利用智能风控来监控异常交易，防止欺诈行为；银行和投资机构利用智能风控来分析市场趋势和投资组合的风险。但智能风控的应用并不局限于金融行业，任何需要管理和评估风险的领域都可以从中受益，包括保险、电子商务、网络安全等。通过智能技术的应用，企业可以更有效地管理风险、保护资产，同时优化客户体验。

在供应链金融领域，智能风控能够帮助企业和机构更好地挖掘商机，提高供应链的运营效率。以联易融服务的能源行业某大型企业集团为例，在双方合作过程中，联易融根据该集团的信息化要求为其提供了一整套大数据风控解决方案，包括数据中心、分析中心、监控中心、绿色中心、全景 BI 看板等多个核心产品模块，同时结合该集团后续的场景需求，叠加了更多的大数据应用模块。具体如下：

- 数据中心将实现多维度数据的一站式数据采集、数据接入、数据清洗、数据处理，实现对数据源接入的全面管理，为后续的数据应用奠定坚实的基础。
- 分析中心可结合集团业务场景的需求，以大数据为基础，构建供应商的综合评分模型，以及多维数据的企业经营画像，为实现数字化风控提供技术支撑，帮助集团对整体供应商客群的风险情况进行深入的了解。
- 监控中心可实现自动化、可视化的数字化风险监控体系，具备预警规则配置、预警规则展示、预警派单处理功能。
- 项目后期，系统将叠加标准化绿色金融服务，通过搭建绿色中心，实现 ESG 数据在线获取、智能处理和分析洞察服务。
- 全景 BI 看板可以基于各途径收集的企业数据，将 AI 技术嵌入 BI 平台，根据企业群体的行业、地区、规模等特性进行数据展示，对授信企业进行实时信贷风险监控与阈值警报，以更有效、更直接的方式管理供应链上下游。

方案中的大数据风控模块将在该集团原有的供应链金融数据平台上搭建，接入集团内部数据以及外部公开数据，并针对集团所在供应链的链属供应商搭建经营画像分析、信用评价模型、风险持续监控等全生命周期的数字化风控体系。大数据风控模块的分析数据可以向集团系统输出，同时，集团的子成员单位也可以在供应链金融数据平台上进行相关数据的调用。

9.1.3 过于超前的供应链金融 AI 实践

在 GPT 出现之前，AI 在供应链金融领域已经有一些实践。以格林希尔（Greensill）资本公司（以下简称格林希尔资本）为例，过去的 AI 技术在该领域的应用更接近一种数据科学，它没有认知推理、自学和替代人做决策的能力。尽管这种技术在提升供应链金融的运营效率方面发挥了作用，但我们不能仅凭借这种基于领域数据的机器学习模型来解决供应链金融交易中的风险问题。

　　格林希尔资本曾宣称利用技术的进步打造了一个供应链金融的新业务模式。该公司通过打包未付账款作为债券来筹集资金，这些债券由信用等级较高的大公司的供应商发票支持，并由贸易信用保险背书，看起来比较安全。

　　按照格林希尔资本公司的观点（如图 9-7 所示），在供应链金融 1.0 和 2.0 的演变过程中，使金融机构支持提前付款的核心原则仍然是买方承诺在未来向供应商付款——不可撤销的付款承诺（IPU）。而在供应链金融 3.0 中，买方不再向金融机构提供不可撤销的付款承诺，这极大地简化了整个过程。这种简化反过来又消除了当前某些评级机构对债务重新分类讨论的问题，并使这类项目的会计处理变得简单明了。

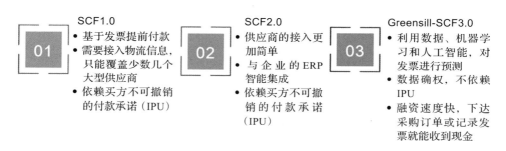

图 9-7　格林希尔资本声称的供应链金融发展三阶段

　　格林希尔资本在 2018 年发布的一篇名为 "Artificial Intelligence: Financing the Future" 的文章中指出，AI 技术的进步意味着可以即时且准确地计算出每张发票的风险水平，核心企业不需要对这些发票进行确权就可以开展供应链金融的业务。在 2021 年 3 月破产之前，该公司利用这项技术为未经批准的发票提供了数十亿美元的资金，这种被称为"未来应收款"的产品颇具争议。格林希尔资本强调的供应链金融 3.0 的主要优势在于支付速度的提升，它使得使用该系统的供应商在下达采购订单或记录发票的那一刻就能收到现金。

　　格林希尔资本认为，这得益于机器学习算法，该算法能够预测采购订单或发票何时被批准和签署，以及整个过程所需的时间，从而可以立即准确地计算出每张发票的风险水平，不需要买方不可撤销地批准发票。

　　它表示通过该算法，公司可以比以往任何时候都更快地在下达采购订单或发票登记时向供应商提前付款，因为数据已经计算出了风险；也可以发现发票中的异常情况，这是错误或欺诈的迹象，这对于核心企业的应付账款团队来说也是非常有用的信息。由于数据是供应链金融 3.0 的核心，格林希尔资本会向买方支付使用历史和实时数据的费用，以便人工智能可以根据最新可用信息对每张发票进行预测。作为一个自我学习的算法，任何供应商信用状况的变化或恶化都可以立即考虑在内。"我们称之为数据驱动的 IPU，"格林希尔资本英国董事总经理 Bart Ras 说，"它将流动性提前，使得供应商可以比以往任何时候都更早地利用资金。这对买方也有好处，因为它们可以利用提前付款的力量与供应商协商以获得更好的条件。"

在过去的三年里，包括穆迪和惠誉在内的评级机构对一些大型买方可能如何利用供应链金融设施来重新分类债务表示担忧，这反过来又使确定买方的真实财务状况变得更加困难。2020 年，格林希尔资本逐渐暴露出许多经营问题。到了 2021 年 3 月，由于资金链断裂，格林希尔资本正式申请破产保护。相关监管机构接管了该公司旗下的银行和子公司资产，而瑞信也冻结了全部与格林希尔资本相关的供应链金融基金。在基金被冻结时，涉及投资人和机构大概有 1000 个。

后来披露的财务数据显示，格林希尔资本的大部分收入都来自前五大客户，在某些季度，这部分收入甚至占到公司全部收入的 90% 以上。其中英国技术巨头 Sanjeev Gupta 成为格林希尔资本最大的客户，这导致了对 Gupta 业务的过度曝光，也使评估 Gupta 信用风险变得困难。另外，格林希尔资本德国银行持有大量与 Gupta 相关的资产。随着时间的推移，格林希尔资本的这些资产质量受到质疑，导致保险公司和投资者对格林希尔资本的财务状况失去信心。文件显示，到 2019 年 9 月，格林希尔资本公司发放给 Gupta 旗下 GFG Alliance 公司的信贷总额达到 74 亿美元。然而，其中很多贷款并不是供应链融资，而是基于对方公司未来五年业务情况的预测而发放的"未来应收账款"的贷款。2019 年，监管机构发现格林希尔资本旗下银行的资产负债表上列出的一些 Gupta 旗下的相关资产并不存在。

进一步，格林希尔资本所依赖的贸易信用保险在合同到期时未能续签，这对公司的运营造成了巨大打击。没有了这个保险，公司无法再打包和出售债券，导致其资金链断裂。最终，由于无法偿还 Credit Suisse 的一笔巨额贷款，格林希尔资本被迫申请破产保护。

格林希尔资本的失败揭示了供应链金融行业在风险管理、财务透明度和业务模式可持续性方面的深层次问题。它引发我们对科技如何真正赋能供应链金融这一领域进行深入的思考。供应链金融在业务扩张的过程中，不应该只依赖少数几个大客户，而是应朝着普惠金融的道路发展。然而，在普惠金融的资产交易过程中，如何利用技术手段降低成本，如何增强供应链金融的透明度以实现对资产的穿透和实时跟踪，如何利用人工智能技术增强金融的风险控制能力，这些都是值得深入研究的问题。

实现供应链金融 3.0 的愿景的关键在于，利用技术手段提升供应链运营的透明度与确定性。首先，必须通过整合供应链的数字化断点，确保信息的无缝流通。其次，需要明确供应链各方的角色和责任，通过建立强大的合作机制来促进信息共享。再次，应当完善流程体系和信息化系统，通过自动化技术减少人工干预，以支撑高效的供应链管理。最后，构建一个透明且高效的支付机制是至关重要的，这可以通过区块链技术和数字货币来实现。通过这些措施，供应链金融 3.0 能够实现供应链中的信息流、物流和资金流的高效统一，加强供应链的整体效率和灵活性，提高对风险的管理能力，最终实现供应链金融的普惠化和可持续发展。在这个过程中，AI 大模型将发挥重要作用。

9.2   大模型诞生之前 AI 的限制

自格林希尔资本在 2021 年宣布破产后，行业观察人士开始对其所使用的技术产品的先进性提出了质疑。在公司倒闭时，它的大部分风险评估过程实际上依赖于电子表格和基本程序，而非先进的人工智能。专家指出，格林希尔资本所使用的技术实际上更接近于传统的数据科学，而不是真正的人工智能。数据科学主要关注数据分析和预测，而人工智能则涉及使用算法执行通常需要人类执行的任务，如自动化和优化决策过程。因此，格林希尔资本的技术在贸易融资中存在局限性和风险。

供应链金融是一种利用供应链各方之间的商业信任和协作来优化现金流的金融服务。它涉及买方、卖方和金融机构，并使用各种金融工具和技术来提升整个供应链的效率和稳定性。有效的供应链金融解决方案需要准确的信用评估、实时的数据处理、风险管理和供应链透明度。然而，在 GPT 出现之前，人工智能在供应链金融领域的应用主要集中在使用机器学习模型对大量数据进行分析和预测上，以提高交易效率和风险管理能力。然而，这些技术存在明显的局限性。

1. 数据处理能力的局限

早期 AI 技术主要集中于结构化数据的处理，如数字和分类数据。对于非结构化数据，比如文本、图像和语音，它的处理能力却显得有限。这种局限性在供应链金融中尤为突出，因为交易信息和沟通往往依赖于非结构化数据。此外，即使是已经被结构化的数据，通常也需要依赖原始凭证或过程记录作为支持和验证，这些凭证往往没有统一的格式，这是早期 AI 技术难以有效处理的部分。

2. 缺乏深度学习和认知能力

尽管传统机器学习方法在某些方面表现出色，如基本的预测和分类，但往往缺乏深度学习和认知推理的能力。这一局限性在供应链金融中尤为明显，因为该领域常常需要处理复杂的市场动态、财务报表和合同条款等多维度信息。早期 AI 技术难以理解和解析这些复杂数据中隐藏的深层模式和关联性，从而无法提供像人类那样的深入洞察和高级推理。例如，在评估供应链金融中的信用风险时，单纯依赖历史数据和线性模型远远不足以准确预测未来的市场变化和潜在风险。此外，早期 AI 技术在识别复杂交易中的异常行为、欺诈行为或市场操纵等方面也表现不足。

3. 对复杂场景的处理能力有限

在供应链金融领域，决策过程常常涉及复杂多变的情况，这些情况需要基于多种变量进行分析。早期的 AI 系统主要基于固定规则和预设模型，这在一定程度上限制了它们的能力，特别是在自主学习和适应新情况方面。例如，在供应链金融中，交易往往不仅涉及多个参与方，还包含复杂的合同安排和多层次的交易结构。

这种局限性在自动化复杂决策过程时尤为明显。举个例子，当一个决策需要综合考虑多个相互关联的环节时，早期 AI 技术可能在某个特定环节上提供较高的精确度，但在这些环节间的灵活过渡和综合分析方面却显得力不从心。这种断点现象导致在连接各个环节时容易出现问题，从而影响整个决策过程的效果和准确性。

4. 适应性和灵活性不足

供应链环境的动态性和不确定性要求 AI 系统快速适应新情况和数据。早期 AI 技术的适应性和灵活性有限。供应链金融的核心作用之一是创新，要解决传统金融方案无法解决的问题，这些创新的解决方案在规模变大之后都会变成银行的标准产品。这就意味着在供应链金融中，会不断出现新的场景和问题，需要高素质的团队提供创新的解决方案。因此，传统 AI 在这一领域取代创新工作的难度非常高。

在大模型横空出世之前，以往 AI 在国内供应链金融场景应用的模型多为小模型，通常针对特定应用场景需求进行训练，能完成特定任务，但是换到另外一个应用场景中可能并不适用。这些模型训练基本是"手工作坊式"，并且需要大规模的标注数据，如果某些应用场景的数据量少，训练出的模型精度就会不理想。而大模型是在大规模无标注数据上进行训练，学习出一种特征和规则。基于大模型进行应用开发时，将大模型进行微调就可以完成多个应用场景的任务，实现通用的智能能力。

大模型的诞生会改变以往的 AI 开发模式，下面以一个典型的交易背景审单场景为例进行简单说明。

传统的审单流程大概包含 4 个步骤，从上传单据、AI 解析、规则引擎到结果输出，如图 9-8 所示。总体问题包括开发成本高、多个模型叠加、不能通用。如果在 AI 原有模型上新增需求会进一步增加开发的成本。

大模型会把 AI 解析、规则引擎以及结果输出一键融合完成。因此大模型参与后的审单流程会由原来的 4 个步骤直接缩减为下述的 2 个步骤，如图 9-9 所示。这大大缩减了 AI 开发的业务流程，降低了整体的开发成本。也就是说，通过一个通用的 AI 大模型即可完成智能审单的全部任务。

随着 GPT 等先进 AI 技术的兴起，供应链金融领域即将迎来一次革新，这不仅可能实现格林希尔资本未实现的愿景，而且标志着全新的供应链金融时代的开启。这些技术将通过深度学习和认知能力，优化交易结构，打造更智能、更高效、更创新的供应链金融体系，为商业世界带来更多的可能性和活力。

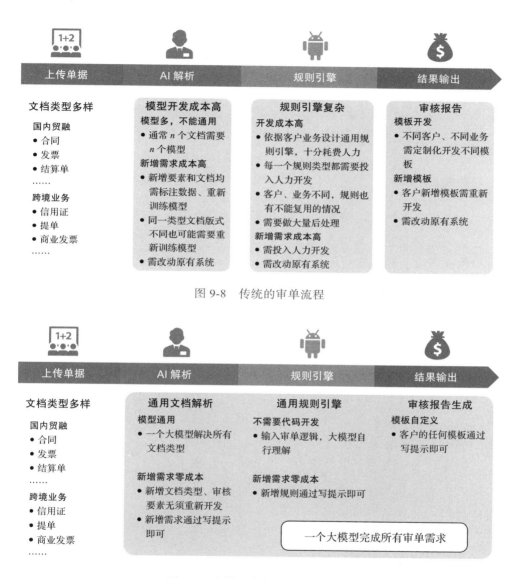

图 9-8　传统的审单流程

图 9-9　大模型参与后的审单流程

9.3　AI 大模型赋能供应链金融

自 2021 年以来，一系列政策文件相继发布，如《金融科技发展规划

（2022—2025 年）》和《关于银行业保险业数字化转型的指导意见》，凸显了金融科技在过去五年中所取得的显著成果。这些政策文件不仅强调了科技在精准配置金融资源中的关键作用，更将重点放在了供应链金融、信息数据服务等关键领域的创新发展上。在这一背景下，人工智能、区块链、物联网和大数据等数字技术的深入应用，为供应链金融带来了更广阔的创新空间和更大的发展潜力。

根据中国互联网金融协会金融科技发展与研究专委会和毕马威中国联合发布的《2023 中国金融科技企业首席洞察报告》，数字化供应链金融再次成为业内看好的蓝海应用领域。该报告还预测了金融科技发展的十大趋势，其中包括金融科技企业对增强技术竞争力方面的重视，尤其是对 AIGC 金融应用的积极态度。报告建议不断深化金融科技应用场景，进一步推动产业数字金融规范发展，促进金融科技与绿色金融、供应链金融、科创金融、小微金融、制造业金融等产业场景的深度融合，助力实现"科技—产业—金融"良性循环。

然而，值得关注的是，在数字技术发展的同时，供应链数字化水平的不足已成为供应链金融业务发展的主要障碍。由于供应链金融的自偿性和闭合式运作特性，其发展极度依赖于供应链各环节的高效协同。这意味着业务流、资金流、物流等都必须按照合同预定的模式高效运作，以确保企业的资金运用和偿还在可控范围内。

以库存融资为例，尽管机器监控技术已经相当成熟，但在完全防止人为造假方面仍存在局限。物联网设备虽能通过识别监控影像来判断异常情况，但误判仍然存在。物流全流程的数据监测也面临着挑战，如物流网络不完善和对数据异常的识别能力有限。例如，某公司仅使用智能监控系统来追踪其库存和销售情况，这种系统的监控范围通常限于仓库内部，无法获取关于供应商交货时间或运输过程中货物损坏的重要信息。这就使得公司难以准确预测库存需求，可能导致过度库存或缺货问题，从而影响金融机构对供应商履约情况和货物价值的实时准确掌握。

供应链金融业务的成功依赖于供应链、资金与金融、各参与方之间的高效沟通和信息流通。供应链包括生产、采购、物流、销售等多个环节，涉及众多参与方，如供应商、制造商、仓储商、批发商、零售商等。然而，由于供应链的复杂性，信息在流通过程中常常遇到数据堵点和信息缺失的问题，使得企业的供应链交易难以实现数字化的闭环，影响了供应链的整体运营效率和流畅度，同时也影响了金融资源的合理配置。

随着科技的不断进步，供应链金融服务的运作模式正迎来前所未有的变革契机。当前行业面临多个业务挑战，如市场营销效率、客户服务质量、风险评估准确性、企业合作、金融科技整合以及数据治理透明度等，这些都可以通过创新技术来突破。在此背景下，AI 大模型技术有望发挥关键作用。它有潜力降低沟通成本、提高软件开发效率，并促进多方协作和互动方式的改革。此外，AI 大模型技术还能实现资产与资金的智能匹配，为供应链金融服务带来渐进性的改革。这种技术进步不仅将彻底改变供应链金融服务的面貌，还将为未来的商业模式和运营策略设定全新的标准。

下面我们从实际业务的视角来看一看 AI 大模型是如何赋能供应链金融业务的。

9.3.1　AI 大模型助力市场营销与销售

在供应链金融领域，杠杆效应往往在营销与销售中扮演着关键角色。金融机构通常倾向于为大型企业提供更优质、更全面的服务，并且往往围绕大型企业展开紧密的合作。对于银行而言，通过与核心企业的合作，能够接触到整个供应链体系中成千上万个供应商和经销商，从而实现高效的客户触达。这种方法相当于用一个核心企业作为杠杆，打开整个供应链的客户网络。同时，供应链中的中小企业也能够借助供应链金融平台，快速与核心企业的金融资源对接，从而获得必要的资金支持和市场机会。核心企业是产业链的枢纽，金融机构是资金的枢纽，供应链金融中的第三方服务平台可以通过这两个枢纽的杠杆资源，进行高效的市场拓展。

供应链金融的杠杆效应提高了吸引新客户的效率，但也为营销带来了显著的挑战。不同于其他领域的营销人员可能只需要专注于少数大客户，供应链金融领域的营销人员不仅需要服务好核心企业和金融机构这两大关键角色，一旦业务取得突破，还需要面对由这两大角色延伸出的数以千计的供应商和经销商。在众多新增的供应商和经销商客户中，金融机构需精准识别潜在客户，有效宣传合适的金融产品，并将资金方的标准金融产品定制化，以满足行业客户的特定需求。

为了应对这些挑战，GPT 等大模型在供应链金融领域可提供多方面的支持：

- **客户分级和客户洞察**：对于杠杆效应带来的众多客户，通过学习客户行为和需求，GPT 可以帮助金融机构细分市场，识别不同层级的潜在客户，实现更加精准的目标营销。通过分析大量数据，GPT 能够识别行业趋势和客户需求，利用自然语言处理技术提取非结构化数据中的有价值信息（如客户评论分析），提供深入的市场洞察，帮助调整营销策略。

- **营销内容生成**：GPT 能够自动生成与客户需求和行业背景紧密相关的高质量营销内容，包括博客文章、社交媒体帖子、营销 PPT、短视频等，提高品牌知名度并针对不同市场和客户群体定制内容。对于复杂的供应链金融产品，GPT 可以生成教育性内容来帮助客户理解产品特点和优势，确保信息的相关性和吸引力，提升客户的信任度和满意度。对于跨国市场营销，利用 GPT 的多语言支持功能，可以高效地进行市场材料的翻译和本地化，保证信息的准确传达。

- **销售 AI 助理**：GPT 可以作为 7×24 全天候客户服务的 AI Agent，为营销人员提供支持。它能记住客户的偏好和过往的沟通记录，识别客户在沟通中的情绪变化，并据此调整沟通策略，以更符合客户偏好的沟通风格进行互动。GPT 还能基于深入分析，为销售人员提供精准建议，例如选择适合每个客户的时间和地点进行营销沟通等。作为智能化的销售助理，GPT 能够提供更加精准和人性化的服务，深化客户关系，推动销售成功。

- **营销合同和文档自动化**：在供应链金融领域，合同及其他法律文档的编制是一项既复杂又耗时的任务，往往涉及多个不同的企业、不同的岗位和不同的流程。GPT 能够显著优化这一流程，通过自动化手段生成定制化的合同草案，有效减少人工错误，提高处理速度。GPT 还可用于自动化业务任务，例如，自动总结销售报告、提取电子表格的要点或起草电子邮件，这些任务虽小，却能帮助供应链专业人员更高效地工作。

在市场营销领域的 AI 大模型应用中，行业领先公司 Salesforce 已经积极探索并推出了 Einstein GPT，如图 9-10 所示。这一创新性产品融合了 Salesforce 的专有人工智能模型与 OpenAI 的 ChatGPT 技术，同时还允许用户集成外部模型。最重要的是，它能够实时获取、整合和协调 Salesforce 云和 Salesforce 数据云中的所有客户数据，从而为企业提供更全面的数据支持和洞察力。

图 9-10　Salesforce 公司推出的 Einstein GPT

Einstein GPT 不仅为用户提供了强大的自动内容生成功能，还实现了对话式 AI 助手 Einstein Copilot 的无缝集成。这款工具通过 Einstein Copilot Studio 提供的一系列工具，如提示构建器、技能构建器等，使企业能够轻松地构建和部署 AI 驱动的应用程序。Einstein Copilot 可以无缝集成到任何 Salesforce 应用程序用户界面的侧面板中，允许内部用户及客户使用自然语言与这款对话式 AI 助手互动。Copilot 通过提供类似于"下一个最佳行动"概念的建议来扩展其功能，这些建议以多步骤行动计划的形式呈现，使用户可以选择或删除他们希望采取的后续行动。

Einstein GPT 为销售和营销团队带来革命性的变化。通过自动生成个性化的客户服务回复和营销内容，它极大地提升了客户沟通的效率和服务的个性化水平。例如，Einstein GPT 可以根据客户的具体需求和兴趣，自动创建个性化的电子邮件和社交媒体内容，从而加强与客户的互动，提升营销活动的精准度和效果。此外，Einstein Copilot 作为一个侧边栏工具集成到 Salesforce 的各种应用中，使得内部员工能够借助自然语言与 AI 助手互动，从而提高工作效率和决策质量。Einstein GPT 的这些应用不仅减少了人工操作，还通过精确的客户数据分析，帮助企业更好地理解市场趋势和客户需求，进一步优化了销售和营销策略。

9.3.2　AI 大模型助力客户服务与运营支持

在供应链金融领域，客户服务与运营支持是维持业务顺畅进行的关键环节。日常工作中遇到的挑战，如不频繁的融资操作导致用户遗忘系统使用方法、低效的非结构化沟通，以及高峰期服务质量下降等，每一个都可能成为业务流程顺利进行的阻碍，都需要找到新的解决方案。

设想一家建筑工程公司正面临紧迫的项目截止日期，迫切需要融资来购买新的施工设备，然而融资之路却充满了挑战。由于这家公司每年只需几次融资，导致每次融资时，经办人员可能需要重新熟悉融资系统的操作流程，这一过程不仅效率低下，而且可能出现操作失误的情况。面对复杂的在线系统，员工更倾向于使用微信群与金融机构沟通，但这种非正式的沟通方式频频导致信息的误解和重复确认，影响了融资的进度。同时，处理大量的非标准文档，如发票和合同，成为一项繁重的任务，加大了平台审核人员手工操作的负担。

尤其在中秋、国庆及春节等节假日前的建筑高峰期，客户服务与运营团队面临的压力倍增，人力资源的紧缺使得服务质量和客户体验显著下降。同时，建筑工程行业的特殊性，如项目的地域差异、文化和语言多样性，又进一步增加了客户服务团队的工作难度，他们需要投入更多的时间和精力来理解和满足不同客户的不同需求，这一切都在挑战着供应链金融服务的极限。

为了应对这些挑战，GPT 等大模型在供应链金融领域的客户服务与运营支持中提供了多种解决方案：

- **智能化用户指导与培训**：在供应链金融领域，操作并不频繁，容易被遗忘。引入 GPT 大模型后，企业可以提供智能化的用户指导与培训，根据用户的查询即时提供操作指南，解答用户的疑问，甚至模拟操作步骤，帮助用户更迅速地熟悉系统，减少频繁的沟通需求。此外，企业还可以利用 GPT 模型整理烦琐的知识库。对于一些复杂的问题，运营人员可以借助 GPT 在内部查找各种知识点和联系人，为客户提供更专业的解答。

- **自动化文本处理与语义理解**：大部分客户沟通信息都是非结构化的，而运营团队需要理解并回应这些信息。GPT 能够实现自动化的文本处理与语义理解，将非结构化的信息转化为结构化数据。这使得客户与运营团队之间的沟通更加高效，降低了误解的风险，同时还能够记录和分析客户反馈，从中挖掘出改进的机会。

- **单据处理和数据提取**：供应链金融中的复杂非标准单据处理是一个挑战，传统 OCR 技术很难完成。GPT 可以用于单据处理和数据提取，将这些非结构化的单据转化为结构化的数据，以便进行风控和审核。这不仅提高了数据准确性，还加速了整个流程。

- **高峰期的智能支持**：业务高峰期时，供应链金融需要满足大量客户需求，但人力资源可能跟不上。GPT 可以提供智能支持，实现 7×24 小时的客户服务，通过聊天机器人提供即时响应，协助用户完成操作，甚至代替运营团队处理某些重复性任务。这可以大幅提高高峰期的工作效率，确保客户服务不受影响。

- **高情商的智能沟通**：运营团队每天需要与不同行业、不同客户群体互动，管理起来相当复杂。通过 GPT 智能助手，团队可以记住客户的背景和偏好，采用更适合客户的沟通方式进行交流。GPT 还可以根据客户在沟通中的情绪提供个性化建议，从而提升客户体验和满意度。不同行业的客户具有不同的沟通习惯、文化水平和需求。GPT 能够适应不同行业的沟通方式，理解各行业的特点，帮助运营团队更有效地与不同行业的客户互动。它可以自动调整语言和沟通风格，进一步提高了客户服务的质量和效率。

GPT 技术在客户服务与运营支持方面的潜力巨大。通过智能化的用户指导、自动化文本处理、单据处理、高峰期支持和跨行业智能沟通，GPT 可以提高供应链金融领域的运营效率，降低人工成本，增强客户满意度，使得整个行业更加智能化和协作化。

在智能客服领域，ServiceNow 通过将生成式 AI 技术引入其 Virtual Agent 解决方案，极大地提高了客户服务的自助体验。图 9-11 就展示了国外其咖啡店的点单界面，利用生成式 AI 技术，它能够直接以对话形式回答用户的问题，并直接连接到 Now Platform 的数字工作流中。如果 Virtual Agent 没有特定的主题，可以生成并调整生成式 AI Genius 结果，以直接回答用户的问题，提供即时、定制化的信息，这些信息可以是产品和工程团队的内部代码、产品图像或视频、文档链接或相关知识库文章的摘要。

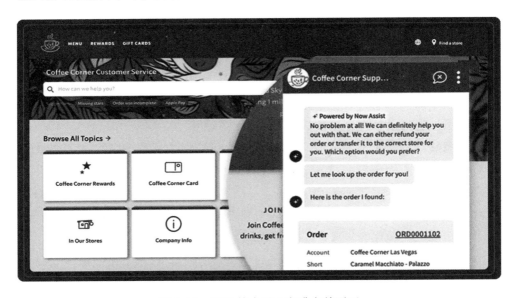

图 9-11　GPT 技术融入咖啡点单页面

Now Assist for Virtual Agent 是 ServiceNow 在其平台上嵌入生成式 AI 战略的一部分，旨在利用智能化扩展技术，显著提高生产力。此解决方案特别有助于创建个性化、相关和上下文化的自助服务体验，利用如 Microsoft Azure OpenAI Service LLM 或 OpenAI API 等大模型提供全面的智能对话体验。客户可以在低代码、拖放环境中使用 Virtual Agent Designer 轻松配置这些体验，确保实时对话中对用户问题的直接回应，并以最适合查询的方式呈现。

9.3.3　AI 大模型助力软件开发

供应链金融涉及大量数据和交易，需要高效的数据处理和记录。通过软件的自动化和智能化功能，供应链金融可以更高效地管理交易、减少人工成本和错误。然而，供应链金融的快速发展也给软件开发领域带来了挑战。

在软件开发中，一个显著的痛点是开发速度与客户需求变化之间的不匹配。软件开发通常涉及多个环节，从客户提出需求开始，经过经销商、业务部门、IT 部门，最终到达软件公司的开发团队。在这个过程中，信息传递的效率下降，误解和误差的风险随之增加，最终可能导致交付的产品或服务与客户的实际需求不符。在供应链金融领域，这个问题尤为突出，因为供应链金融的用户通常是核心企业的供应商，而软件的客户是核心企业，用户和客户的需求并不完全一致。

客户可能会在业务运营中迅速发现新问题或产生新想法，这些问题或想法的提出可能只需几秒。在传统的软件开发流程中，即使一个简单问题或想法也需要数天甚至数月来处理。这种延时不仅会影响客户的业务效率，还会降低客户满意度。

在这种情况下，GPT 的应用可以作为一个有效的解决方案。GPT 能够帮助快速构建需求的原型，并确保需求信息在传递过程中的准确性和完整性。通过这种方式，GPT 能够大幅提高软件开发的响应速度和交付效率，确保开发出更贴近客户的实际需求的模型，减少由于沟通不畅而导致的需求误解和开发延误。

AI 大模型对供应链金融领域软件开发全流程工作的优化可以分为几个主要环节，包括需求分析与项目管理、设计与原型制作、代码生成与优化、自动化测试与调试、部署和维护。这些环节的详细解析，以及 AI 大模型如何在每个环节中发挥作用，如图 9-12 所示。

- 需求分析与项目管理：在供应链金融项目的需求分析阶段，AI 大模型能够帮助项目经理准确理解客户需求，自动生成需求文档和用户故事。通过深度学习算法，这些模型能够分析历史数据，预测和评估项目风险，从而辅助决策制定。此外，AI 大模型还能够提供动态的项目管理支持，如实时进度追踪和资源分配优化。

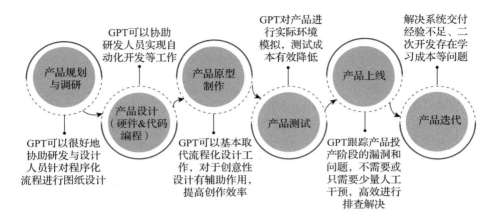

图 9-12　AI 大模型对供应链金融领域软件开发全流程工作的优化

- **设计与原型制作**：在设计阶段，AI 大模型可以协助设计师快速生成供应链金融软件的界面设计元素和用户体验原型。通过理解设计师的描述，这些模型可以提供创意灵感，生成设计草图，并帮助设计师在迭代中快速调整和优化设计方案。
- **代码生成与优化**：在供应链金融软件开发过程中，AI 大模型可以自动生成高效的代码片段，降低编程工作的复杂度。例如，通过自然语言描述，这些模型能编写出满足特定功能需求的代码，还能优化现有代码，提高执行效率，减少潜在的安全隐患。
- **自动化测试与调试**：在软件测试阶段，AI 大模型能够自动生成覆盖广泛的测试用例，检测潜在的故障和缺陷。此外，通过对代码的深入分析，这些模型能够识别出潜在的错误和不足之处，为开发者提供针对性的修改建议，大大提高调试的效率。
- **部署与维护**：在软件部署和维护阶段，AI 大模型可以通过持续的性能监控和用户反馈分析来优化软件。例如，通过分析用户行为和反馈，AI 大模型能够指导开发团队对软件进行必要的调整和更新，以提升用户满意度和软件的稳定性。

目前已经有很多 GPT 赋能软件开发落地的场景，例如 VSCode 平台。VSCode 是一款由微软开发且跨平台的免费源代码编辑器。通过整合各种软件插件和 AI 能力，VSCode 成为一个全方位的智能中枢，而不仅仅是代码编辑器。VSCode 通过集成诸如 Slack、企业微信、飞书等即时通信工具的插件，使工程师能够在 IDE 内直接与项目组成员实时沟通和同步信息。这不仅提升了沟通效率，还简化了信息管理流程，使得重要讨论和决策都可以在一个统一的平台上进行。

VSCode 中的 ChatGPT 等 AI 插件已经成为软件工程师的智能助理，不仅可以帮助工程师在与项目组的聊天中快速理解并梳理对方需求，还能帮助工程师更深入地理解和管理代码。ChatGPT 可以提供代码段的详细解释，或者根据自然语言的指令自动生成代码。

除了即时通信和 AI 助理，VSCode 还与其他应用的插件实现了更广泛的集成。例如，通过与 Figma 等设计工具的集成，VSCode 让工程师能够在编码时直接访问 UI 设计，实现设计和代码之间的无缝对接。这样的集成并不局限于设计工具，还可以扩展到项目管理软件、数据库管理系统，甚至云计算服务。对于众多的第三方应用，GPT 可以帮助工程师理解复杂的接口设计，从而能够快速上手。

AI 技术的进一步发展将带来更多可能性。例如，AI 可以在代码审查过程中自动识别潜在的 bug 和性能问题，或者在测试阶段自动生成和执行测试脚本。在部署阶段，AI 可以监控应用的性能，自动调整资源分配以优化性能。这种全方位的 AI 赋能将极大地提升开发效率，使得软件开发过程更加智能化和协作化。这些创新和赋能将使 VSCode 成为软件开发领域的重要工具，助力工程师们更高效地合作，更智能地开发和管理软件项目，如图 9-13 所示。

利用 AI Agent 来自动构建软件工程也是现在的一个热门话题。例如开源项目 MetaGPT 就是一个多智能体框架，如图 9-14 所示，它能够基于单行需求自动生成产品需求文档（PRD）、设计、任务和代码库。该项目通过给 GPT 分配不同的角色，如产品经理、架构师和工程师，来模拟软件公司的整个过程，旨在利用大模型以结构化和协作的方式自动化软件开发流程。

AI 大模型在供应链金融领域软件开发全流程中的应用展示了其在提高工作效率、优化决策制定、减少人为错误等方面的巨大潜力。随着技术的不断进步，这些模型将在供应链金融领域的软件开发中发挥越来越重要的作用。

图 9-13　VSCode 中的 ChatGPT 等 AI 插件助力工程师们更高效地工作

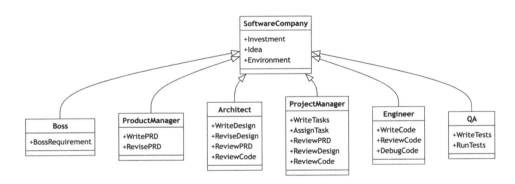

图 9-14　利用大模型优化软件开发流程

9.3.4　AI 大模型助力风控、合规和融资决策

供应链金融在解决中小企业融资难题的同时，也面临着风险管控和融资决策的痛点。首先，供应链金融将传统的"一对一"放贷风险转变为"一对多"的关联风险，这大大增加了金融机构的风险管控难度。此外，商业银行在提

供供应链金融服务时往往以核心企业的信用为依据，采用传统的标准化产品，如仓单存货质押、应收账款或预付款融资、反向保理等，这些产品的差异化和专业化水平明显不足。由于缺乏对产业链深入的研究和了解，银行难以将单个企业的不可控风险转化为整个供应链的可控风险，导致风险评估和融资决策过程中存在信息不对称、信用评估难度大和风险控制难的问题。

在这种模式下，虽然灵活性和多样化的金融工具为中小企业提供了融资机会，但同时也要求金融机构加强对产业分布、运营、交易及其影响因素的研究，以准确评估和管控整个供应链的风险。因此，未来的发展趋势在于如何利用技术和数据分析，提高风险评估的准确性，减少对核心企业信用的过度依赖，同时提升产品的差异化和专业化水平，以适应不同企业和产业链的具体需求。

1. 风控、合规和融资方面存在的挑战

供应链金融在风控与融资决策方面的挑战主要集中在以下几个方面：

- **应收账款的真实性与支付能力**：关键在于判断应收账款背后是否有真实的贸易背景以及核心企业的支付能力。由于涉及众多参与方和复杂的业务流程，确保应收账款的真实性和合法性成为一大挑战。
- **存货类产品的质押物价值与监管风险**：在融通仓融资模式中，仓单的真实有效性、物流企业的资信状况以及质押物价值的稳定性都是潜在的风险点。如何确保仓单真实性、选择信誉良好的物流企业，以及准确评估质押物价值，是需要解决的问题。
- **预付类产品的核心企业信用与商品监管**：保兑仓融资模式面临的风险包括核心企业的信用风险、商品的监管风险以及价格变动风险。确保核心企业的信用程度和货物信息的流通，对质押品价格波动采取风险防控措施，是风险管理的关键。
- **信息模糊和信息不对称**：合同条款模糊或执行力度不足，可能会导致供应链中的多方纠纷。由于供应链金融涉及多个环节和参与方，信息的透明度和获取的难易程度直接影响到风险评估的准确性。
- **供应链的复杂性和动态性**：供应链的参与者众多，涉及不同的产业和技术领域，其运作的复杂性和动态变化使得风险管理更加困难。供应

链的任一环节出现问题都可能迅速影响到整个供应链，导致风险的扩散。

- **技术与操作风险**：随着供应链金融的数字化和智能化发展，技术和操作风险也随之增加。如何有效管理和控制这些风险，保证系统的稳定性和安全性，是供应链金融发展中不可忽视的问题。在供应链管理过程中，**数据泄露或未经授权使用**，可能导致重大的财务损失和声誉风险。
- **法律与合规风险**：供应链金融业务涉及的法律法规复杂，特别是在跨境业务中，不同国家和地区的法律法规存在明显差异。如何确保业务合规，避免法律风险，是供应链金融必须面对的挑战。一些新法律或法规的实施，或现有法律解释的变化，也可能影响当前产业链中的利益平衡。
- **市场和宏观经济风险**：消费者需求的变化导致销售波动，影响企业收益。宏观经济中，经济衰退、货币政策变动、市场利率的波动或国际贸易冲突等宏观经济因素引发的风险，会影响融资客户的需求和投资回报。

由此可见，金融机构要积极探索并利用 AI 技术，如 GPT，在风控、合规与融资决策中综合运用多种手段和策略，通过技术创新、信息共享、合作伙伴的严格筛选以及法律合规性的确保，来提高风控效率和融资决策的准确性，应对供应链金融领域的挑战。

2. 解决上述问题的能力

GPT 等技术通过深度学习和自然语言处理能力，能够有效辅助金融机构解决以下供应链金融中通用的风控问题：

（1）增强信用评估能力

- **自动化信用评估**：GPT 可以分析和处理大量的企业财务数据、历史交易记录、市场行为数据等，通过自然语言处理技术自动识别信用风险相关的关键信息，为企业和个体提供更准确的信用评分。
- **模式识别**：通过训练模型识别正常与异常的财务行为模式，预测潜在的信用违约风险，帮助金融机构做出更合理的融资决策。

（2）提高交易透明度和安全性

- 智能合同审核：GPT 可以自动分析供应链合同中的条款，识别可能存在的风险点，如不平等条款、法律漏洞等，确保交易双方的权益。
- 欺诈行为识别：GPT 可以分析历史交易数据和行为模式，识别潜在的欺诈行为，如虚假交易、价格操控等，增加交易的透明度和安全性。

（3）精准的风险管理和预测

- 动态风险监测：GPT 能够实时监控和分析市场动态、政策变化、社会事件等外部因素对供应链的影响，及时预警潜在风险。
- 风险因素分析：通过对大量行业报告、新闻资讯的深入分析，GPT 可以帮助金融机构识别和评估供应链中的各种风险因素，如供应商的稳定性、原材料价格波动等。

（4）优化决策支持

- 情景分析与预测：GPT 可以模拟不同的场景，预测供应链中可能出现的问题及其对融资需求的影响，为金融机构提供数据支持，帮助它们制定更合理的策略。
- 智能咨询：提供基于深度学习的智能咨询服务，为金融机构在复杂的供应链金融环境中提供决策支持，如资金配置、风险对冲策略等。

3. 使用大模型解决实际问题的场景

供应链金融的模式是高度场景化的，每种模式都有其特点和适用场景，例如动产质押融资、应收账款融资和保兑仓融资等。场景相关的风险，如场景经营风险、场景欺诈或交易真实性风险，以及场景交易风险，都需要通过细致的分析和评估来管理。下面展开讲一讲 GPT 模型在场景中的作用，如图 9-15 所示。

（1）场景经营风险

场景经营风险主要指场景经营主体在经营过程中的不确定性，如行业周期性、行业经营模式的特殊性及其资金流特征引发的风险。供应链金融业务具备较强烈的行业特征属性，不同行业的风险指标需要随着行业特征进行分析调整。传统授信流程中，行业风险的判断主要依赖于行业经验和专家意见，存在滞后性、线下操作等痛点。GPT 可以模拟专家经验抽象出行业变量，自动分析行业风险。

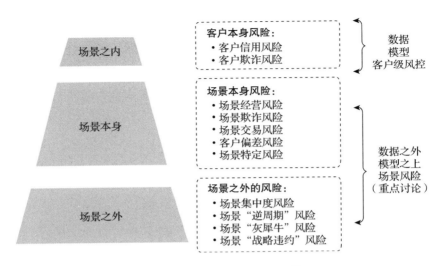

图 9-15　GPT 模型在场景中的作用

首先，GPT 经过垂直领域数据训练模型，通过分析不同行业的供应链相关新闻、文献和数据，提炼出行业特征指标项，例如行业周期、技术变迁等。其次，GPT 可以根据已经挖掘的行业特征指标对企业进行自动化风险判断，通过跟踪企业数据库提供的经营数据，从中挖掘和识别可能存在的行业风险因素。例如，GPT 在分析建筑工程行业时需要结合项目风险、地域风险、房地产经济周期波动风险等因素综合考量；在分析制造业时需要结合制造业竞争格局、货品质量风险、舆情风险等因素调整因子；在分析能源行业时需要考虑市场产能情况、技术风险、行业政策风险等方面。最后，GPT 会进行市场风险分析。市场风险主要包括市场形势变化导致资产贬值、价格下跌以及买方或卖方的需求周期性变化等。GPT 通过分析大量的公开数据，包括市场数据、经济周期数据、企业数据等，识别及分析其中的模式和趋势，帮助金融机构更好地了解市场风险。

（2）场景欺诈风险

GPT 可以帮助金融机构识别和减轻供应链金融业务中的欺诈风险。金融机构可以使用 GPT 对供应链金融业务中的各个环节进行分析，并识别可能存在的欺诈风险。例如，GPT 可以对合同文本进行语义分析，找到其中的关键条款和风险点；可以对供应商的供货记录和物流履约过程进行分析，以避免交易欺诈风险。GPT 对交易过程中的多模态数据处理能力使得交易欺诈的成本大幅增加。单凭订单、合同、发票等证据链难以充分支持交易的真实性评估。GPT 可以通过调取历史记录、资金流数据和物流记录进行交叉校验，从而更有效地识别潜在的欺诈行为。

GPT 可以帮助金融机构识别供应链融资业务中的关联交易风险，避免因人为构造交易导致风险模型失效。例如，GPT 可以自动识别供应商与融资人之间的合作模式，了解供应商的资信情况、生产能力、物流渠道、与其他客户的业务关系等信息，进而判断是否存在关联交易风险。同时，GPT 还可以结合大数据分析和机器学习技术，对不同类别的关联方进行分类和风险评估，帮助银行更加准确地识别潜在的关联方风险，并采取相应的措施来减少风险。

（3）场景交易风险

场景交易风险主要关注交易的可持续性和确定性本身，合约设计、法律纠纷、质量瑕疵、交付时效、退货、产品销售或价格波动等各种原因都可能导致交易无法达成或即使达成交易但无法获得确定资金流，从而为供应链融资带来风险。由于供应链的数字化和协同化程度不断提高，GPT 可用于识别风险的数据维度不断丰富，提升了对于场景交易风险的识别和预判能力。例如，可以利用 GPT 的语言生成能力，根据用户的需求和供应链金融的规则，自动生成合理的合约条款，如付款方式、交货期限、质量标准、违约责任等，并检查合约的合法性和一致性，避免因合约设计不完善或法律纠纷而导致的场景交易风险。此外，基于 GPT 的多模态理解能力，可以结合专业知识库对各种产品的质量检测数据进行分析，判断货物是否符合质量要求，如重量、尺寸、颜色、成分等，并结合市场供求、政策变化、季节变化等因素做出价格和销量预测。

（4）场景特定风险

在供应链金融业务中，风险监测需要结合具体融资场景进行方案设计，例如在动产融资业务场景中，主要风险是动产作为押品的监控和价值波动风险，此时可以利用 GPT 技术对物流和仓储信息进行自动监控，由资金方与物流公司协作建立物流监控系统，GPT 通过实时解析图片影像及文字信息，跟踪货物运输情况，从而掌握供应链金融业务的进度。其他场景案例包括：在农业金融场景中，针对作物的种植及可变现价值，GPT 可以通过获取卫星数据及影像，自动监控农作物生长情况；在基于设备开工的融资场景中，GPT

可以追踪设备芯片来监控设备定位及运行情况等。

9.3.5　AI 大模型助力企业管理

供应链金融业务深植于企业间的紧密合作，关系网涵盖了供应商、经销商、核心企业，以及金融机构和服务平台企业。这一领域的独特性在于，它不仅需要对企业内部的组织结构、员工、角色、目标和流程进行精细化管理，还需要应对外部市场、技术创新和消费者行为等变化的挑战。

企业内部，组织结构的频繁调整、员工能力的差异，以及业务流程的不断演进，都要求企业具备高度的适应性和灵活性。外部环境的变化，如市场趋势的波动、技术的迭代更新，更加剧了企业经营的不确定性。供应链金融业务的复杂性不仅体现在其涉及的企业数量和业务环节上，还体现在其经营模式上——营收与成本之间往往存在不直接的匹配关系，这要求企业在战略规划和日常管理中必须进行精细的调整和优化。

供应链金融中的企业通常将收入与融资额度挂钩，而其主要成本则涉及人力资源和科技投入。这种营收模式的特点是，大规模的融资交易因流程的标准化和优化而具有更高的效率，而多笔小额融资的总成本可能高于单笔大额融资的成本。此外，科技的应用，尤其是自动化和智能化技术的引入，能够有效降低人工成本，提高服务效率，改变传统的营收与成本关系，提升企业的盈利能力和市场竞争力。

然而，除了显性成本如销售、采购、生产等容易观察和分析的成本外，供应链金融业务的经营决策还受到隐性成本的影响。隐性成本包括沟通成本、决策成本和试错成本等，这些成本往往不易被企业感知和量化，却对企业的长期发展和市场地位产生着深远的影响。有效的沟通机制、灵活的管理策略和及时的市场反应能力是企业在供应链金融领域取得成功的关键。

在供应链金融领域，GPT 和其他 AI 大模型对企业内部协同与管理的影响体现在以下几个方面：

1. 降低沟通成本

在供应链金融领域，沟通成本的降低是提升效率的关键。不同团队对相同术语的理解差异常常导致沟通障碍，比如"系统重启"的操作，对于非技术人员来说，它可能像个人计算机重启那样简单快捷，而对于技术团队来说，这可能意味着一系列复杂而危险的操作。这种理解上的差异会影响项目进度和团队合作效率。

GPT 等 AI 大模型能够通过先进的自然语言处理技术，将复杂或专业的术语翻译成各团队成员都能理解的通俗语言，极大地减少了误解并提高了信息交流的准确性。这不仅促进了跨部门的高效合作，还提升了日常查询处理的效率。员工可以快速访问企业知识库，轻松获取公司规章、流程机制、历史案例等信息，这种信息的快速获取和共享，有效地提升了团队协同工作的效率。

通过整合 AI 大模型与企业的知识库系统，企业能够构建一个更加高效、动态的沟通和协作环境。这样的系统不仅能够支持员工之间的即时信息交流，还能够根据具体情境提供定制化的信息和建议，从而在供应链金融领域内实现更加流畅的项目推进和决策制定流程。

2. 提升决策效率

在供应链金融决策过程中，一个核心的挑战就是收入与成本之间不直接匹配，这使得供应链金融业务更多地呈现出投资属性，而不仅仅是建设一个软件平台，因此基于简单管理公式的决策方法难以应对这样的复杂场景。AI 大模型可以深入分析历史案例和客户场景评估，为企业提供有价值的洞察，极大地简化决策流程。这些模型能够辅助企业快速获取关键信息、识别业务指标、预测市场趋势，并评估不同决策方案的风险与收益，从而提高决策的效率和科学性。

此外，企业组织目标对齐面临着来自不同部门目标和管理方式差异的挑战。不同层级成员由于角色和职责不同，往往持有不同的观点和目标，可能导致理解和目标的不一致。在这种情境下，GPT 等 AI 大模型通过分析不同团队和层级的数据和反馈，可以帮助管理者理解组织内的多元需求，制定全面的沟通策略，确保信息和目标一致性，从而提升决策效率。

3. 降低创新的试错成本

供应链金融领域强烈追求创新，从传统的电子债券凭证到复杂的订单融资和仓单融资，再到覆盖上下游供应链及跨越多个行业的服务扩展。这一领域利用科技不断革新，推动金融服务的发展。然而，创新的路径涉及众多参与方和复杂的业务链路，导致成功推广新产品需要经历大量试验和调整。因此，有效地管理创新和试错成本，成为企业在激烈竞争中保持领先的关键能力。

在创新过程中，很多团队常面临"无知者无畏"的挑战，其中许多看似创新的想法可能已在其他领域尝试但未成功，或已被证明非最佳方向。这种盲目追求创新的方式不仅消耗资源，还可能削弱团队的士气，影响管理层的信任。在此背景下，GPT 模型通过深度学习和广泛的知识库来辨识真正有潜力的创新点，避免了无目标的探索，降低了企业的创新成本。

此外，AI 技术还帮助企业识别和适应全球市场中的文化和法规差异，减少因忽视这些细节而导致的项目失败。例如，不同国家或地区的语言差异可能影响产品的本地化推广，AI 大模型可以在早期阶段就指出这类问题，帮助团队作出适当调整，满足客户需求和监管合规的需求，从而避免低级错误的发生。

4. 案例

如图 9-16 所示，L3AGI.COM 网站提供了针对企业合作的 AI 助理协同的体验，在一个软件公司的沟通群里，可能会有项目经理、质量经理、产品经理、技术经理等多个角色组合而成的综合 AI 智能体，通过协同来提升生产效率。

供应链金融业务的成功依赖于企业内部管理的高效与企业对外部变化的敏感响应。将深度智能化整合到企业管理中是一个充满挑战的过程。企业面临的挑战包括数据碎片化、信息不透明、关键决策者的影响难以量化、组织结构的变动性，以及对社会环境变化的快速响应需求等，这些因素都增加了构建一个稳定有效的企业级 AI 大模型的难度。为了成功构建 AI 大模型，企业需要对其历史、组织结构、价值观、文化、业务流程、技术基础设施及信息系统有深刻的理解并进行整合。这意味着 AI 大模型的建立不仅是技术上的挑战，更是一项需要跨学科知识和深度业务理解的系统性工程。

9.3.6   AI 大模型助力解决产业链数字化断点

在当今的全球经济中，供应链金融发挥着至关重要的作用，它不仅支持了供应链各环节的顺畅运作，也为中小企业提供了融资的机会，进而促进了整体经济的发展。然而，这一领域当前面临着显著的挑战，尤其是在数字化转型的进程中。供应链金融的数字化断点问题，包括信息孤岛、技术不兼容，以及多方沟通和信息校验的复杂性，严重限制了供应链金融服务的优化和创新。在这样的背景下，人工智能技术，特别是基于 GPT 的大模型，展现出了解决这些问题的巨大潜力。通过强大的数据分析能力和自动化流程，GPT 不仅有望打破信息孤岛，提升供应链的透明度和效率，还能通过促进更高级别的自动化和智能决策，为供应链金融领域带来革命性的改进。

图 9-16　L3AGI.COM 网站的 AI 助理

以下是几个最为常见的数字化断点。

1. 常见的数字化断点问题

（1）公开信息不足

在供应链金融中，准确、全面的数据至关重要。上市企业往往有非常完备的数据披露，包括财务数据、经营计划等。但是中小企业，由于其数字化水平有待提升，往往无法提供足够的公开数据，尤其是与融资高度相关的经营和财务数据，导致数据收集和审查成本高，数据质量参差不齐。2021 年国务院办公厅发布《加强信用信息共享应用促进中小微企业融资实施方案》，要求充分发挥各类信用信息平台作用，在切实保障信息安全和市场主体权益的前提下，加强信用信息共享整合，深化大数据应用，支持创新优化融资模式，加强对中小微企业的金融服务。按照该方案，各省已经开始推进对地方税务、海关、公积金缴纳、不动产、水电气、科技研发等信用信息的整合。在供应链金融的业务开展中，中小微企业未来需要更多的公开数据支撑。

（2）信息孤岛和技术不兼容问题

供应链中不同环节的参与者，如供应商、制造商、分销商以及金融服务提供者，往往使用不同的信息系统和技术平台。这些系统和平台之间的技术不兼容且缺乏统一的数据标准，导致了信息孤岛的产生，阻碍了数据的流动和共享。这种断点不仅影响了决策的效率和准确性，还增加了协调和运营的复杂度。

（3）多方沟通的复杂性

供应链金融涉及的利益相关者众多，包括但不限于供应商、分销商、核心企业、平台方和金融机构等。这些不同的参与者往往有着不同的目标和优先级，使得有效的沟通和协调变得极为复杂。

金融机构和产业之间的专业信息壁垒和认知鸿沟是一大挑战。供应链金融的产品模式和风控措施是深度场景化的，金融机构需要了解不同产业的运作模式和相关政策，以根据行业和企业特点设计针对性的金融服务方案，并采取合理有效的风控措施；产业相关方需要了解金融机构的风控偏好，在构建数据体系时便将金融需求纳入考虑范围内，同时结合供应链的各个环节，包括采购、生产、仓储和销售等提供相应的数据，以更高效地支持金融机构的业务开展和风险评估。

建立全面数字化的供应链金融服务需要克服沟通和系统对接的复杂性。核心企业试图通过一个统一平台集成多家银行服务，以便供应链上下游企业可以自由地选择融资方案。然而，银行之间的系统接入标准、数据要求和技术资源差异，使得平台集成变得非常复杂。多元化接入资源带来的系统耦合问题，可能会增加未来系统迭代的难度。通常一个供应商会给若干个核心企业供货，而不同平台之间的身份认证、交易数据和法律文本目前均无法做到统一标准互认和数据流动，这增加了企业的操作和沟通成本。

（4）信息校验与数据处理的挑战

供应链金融服务的有效性和安全性极度依赖于准确和全面的数据。然而，中小企业的数字化程度较低，核心企业的公开数据通常不足，导致关键数据难以获取，这不仅增加了数据收集和审查的成本，也影响了数据质量。此外，小微企业的信息真实性问题，以及供应链交易背景的真实性校验难度，进一步增加了金融服务提供者的风险。

（5）金融机构间的数据互通问题

不同金融机构之间的数据格式和标准不统一，加之数据隐私、监管要求和商业竞争等因素，限制了数据的共享和流通。这种数据互通的问题不仅增加了企业开展供应链金融的成本，也影响了金融机构之间的协同工作效率。

（6）资金流、物流与信息流的断点

由于供应链金融的自偿性和闭合式运作特征，开展供应链金融非常依赖于供应链的高效协同，即供应链的业务流、资金流、物流均需按照合同预定的确定模式流动，以使企业的融通资金运用和偿还在可控范围之内。以建筑工程行业为例，在混凝土从搅拌站交付到建筑工地的过程中，业务流、物流和发票流信息存在多处断点。一些大型集团已经建立了集团层面的集采电商平台，但很多子公司因受制于支付习惯和制度约束等仍然会在结算环节转到内部的资金系统和供应链金融系统完成现金结算或开票，平台依然难以完成资金流的闭环整合。由于资金流无法与订单、物流信息一一对应，在无法完成资金流闭合管理的情况下，金融机构可能对交易场景的不确定性望而却步。

2. 利用 GPT 解决数字化断点问题

上述数字化断点共同构成了供应链金融领域的主要瓶颈，制约了供应链的流动性和金融服务的创新。要解决这些断点问题，需要采用新的技术和方法来优化供应链的数字化协同工作机制，提高数据的透明度和流动性，从而推动供应链金融服务的高效和创新。人工智能和大数据技术的飞速发展，特别是 GPT 这类大模型的应用，为解决供应链金融的数字化断点问题提供了新的可能性。GPT 通过其高度的数据处理能力和学习能力，能够在以下几个方面助力供应链金融的数字化转型：

- **提升供应链的可见度和预测能力**：GPT 模型通过分析供应链中的庞大

数据集，包括各种公开信息、采购订单、发货通知和运输文档，可以准确预测需求、识别潜在瓶颈和质量问题。利用历史销售数据和市场趋势分析，GPT 有助于企业预测特定时期的产品需求，进而优化库存管理和生产计划。这种预测能力对于企业来说至关重要，它不仅能提前规划资金流，还能确保供应链金融的稳定性和流动性。

- **物流和生产过程的可视化监控**：结合物联网（IoT）和图像识别技术，GPT 可以对物流和生产过程进行实时监控。通过分析捕获的图像和视频数据，GPT 能够及时发现机器故障或生产质量问题，并立即采取措施，帮助企业及时作出调整。此外，GPT 还能分析物流数据，帮助企业实时追踪货物状态，优化物流部署。这种监控能力不仅提升了生产效率，也加强了供应链的整体透明度，为金融服务提供更准确的资金需求预估和风险评估。

- **促进供应链端到端自动化**：通过智能规划和决策支持，GPT 模型减少了人为错误导致的供应链协同断点，大大提高了供应链的自动化水平。GPT 能够根据分析和预测生成具体的操作建议，如自动下达采购订单、调整生产流程或更改物流计划，这些都需要与企业现有的硬件系统如生产控制系统和仓储管理平台紧密集成，以确保信息和指令的无缝传递。自动化不仅提高了供应链的整体效率，也减轻了金融服务运营的复杂性，降低了交易和资金流的管理难度。

- **促进供应链自动化结算**：GPT 模型通过整合和共享供应链关键数据（销售、采购、库存信息等），有效地打破了信息孤岛，减少了重复数据录入，提高了数据透明度和对账准确性。结合区块链技术，GPT 可以自动记录和清算供应链上的交易，极大地简化了传统结算流程，加快了交易执行速度，提高了资金流与业务流的一致性。这意味着企业可以享受到更快的资金周转和更高的交易透明度，从而获得更迅速、更可靠的金融服务。

如果能够解决供应链和供应链金融中的数字化断点问题，全面实现供应链体系的自动化，那么这种变革将直接促进供应链金融的自动化进程，开启供应链管理和金融服务的新纪元。自动化的供应链体系能够无缝地整合数据流、物流和资金流，从而为供应链金融提供一个高效、透明和响应迅速的操作环境。在这个环境中，金融服务不再仅仅是一个独立的支持功能，而是成为供应链自动化的一个内在组成部分，实时响应供应链的需求，提供即时的融资、支付和信贷服务。

实现供应链金融自动化需整合区块链、物联网（IoT）、数据分析及人工智能技术，以确保交易透明、数据实时准确。统一的数字身份认证系统、跨界合作与标准化，以及法律法规支持，构成其核心基础。此外，高效的数字货币和支付系统对于快速、安全的资金流转也至关重要。这些元素共同作用，推动供应链金融向自动化、高效率和高透明度方向发展，为企业和金融机构创造更大的价值。

CHAPTER 10

第 10 章

供应链金融场景及
大模型应用展望

供应链金融作为一种创新的金融服务，与场景密不可分。如果想了解大模型如何作用于供应链金融，我们首先需要了解不同场景下的供应链金融模式，知晓各供应链金融参与方的角色和构成关系，摸清业务链条上存在的痛点、堵点，才能更好地服务于供应链金融业务。供应链涉及多个参与方，从核心企业到商业银行，从第三方金融科技平台到物流企业，不同参与方所主导的供应链模式具有不同的优势和特点，也存在一定的问题和挑战。

本章将梳理供应链金融在不同阶段、不同场景以及不同行业的应用与效果，展现供应链金融场景的多样性和实践价值，通过研究物流、医疗、农业、直播电商等多个领域的供应链金融应用，带领读者领略供应链金融的无限可能性，探索其在不断变化的商业环境中的发展趋势和应用前景。

10.1　核心企业主导的供应链金融场景

在我国，供应链金融已经有超过 20 年的发展历程，其中以核心企业为主导的供应链金融模式占据着行业的主导地位。在这种供应链金融链条中，核心企业通常是一个拥有完整供应链网络的大型企业，它在整个供应链的各个环节中都扮演着关键角色。

核心企业可能是产品制造商、零售商等，在供应链中占据着重要的地位。它与上下游企业、物流服务提供商、银行等各方的关系密切，而且整个交易过程、物流过程和资金流过程都受到核心企业的深刻影响，这为开展供应链金融业务提供了良好的基础。出于优化财务报表、管理现金流、改善供应链关系、提升供应链效率等目的，核心企业往往会主导并推动产业链上下游参与主体开展供应链金融相关业务。

10.1.1　定义

中国人民大学供应链金融研究专家宋华教授指出，供应链金融主要依托于产业供应链核心企业，为单个企业或上下游多个企业提供全面的金融服务，旨在促进供应链上核心企业及其上下游配套企业的"产—供—销"链条的稳固和顺畅流转，降低整个供应链的运作成本。通过金融资本与实业经济的协作，构筑银行、企业和供应链互利共存、持续发展的产业生态。

这一观点被概括为" M+1+N"，即依托核心企业"1"，为其众多的供应商" M"和众多的分销商或客户" N"，提供综合金融服务。因此，国内理解的供应链金融主要是金融机构围绕供应链上的核心企业，基于交易过程向核心企业及其上下游相关企业提供综合金融服务。

以世界 500 强企业创维为例，该公司是一家以研发、制造消费类电子产品为主的跨国高科技集团公司。创维公司的供应链上下游涵盖了成千上万的中小微企业，这些企业在供应链中扮演着不可或缺的角色。然而，由于金融机构对风险控制和数据不足等方面的考虑，难以满足这些中小微企业的融资需求，因此，以核心企业为主导的供应链金融模式利用创维公司相对较高的信用等级，为其供应链中的其他参与者提供融资支持。

通过依托创维公司的信用，供应链金融有效地连接了各参与方，并基于真实交易场景和历史交易记录形成可信的资产。金融机构可在此基础上为以创维为核心的产业供应链上的中小微企业提供场景化供应链金融服务，从而解决这些相关企业的融资问题。值得注意的是，创维并非直接向其供应链上的中小微企业提供资金，而是通过提供媒介信息服务，为银行等金融机构有效控制风险和提供资金发挥桥梁和管理作用。

10.1.2　运作模式

核心企业主导的供应链金融模式提供了一种创新方式来管理和优化整个供应链的资金流动。这种模式通常包括几种不同的运作方式，每种方式都有其特点和优势。

1. 应收账款融资

应收账款融资是供应链金融中常见的形式之一。在这种模式下，供应商根据与核心企业的销售合同，将其未来收到的款项（即应收账款）作为融资的依据。具体来说，供应商可以将应收账款"卖"给银行或其他金融机构，以此获得即时的现金流。这种方式通常被称为保理。

2. 反向保理

反向保理是一种由核心企业发起的供应链金融方式。在这种模式下，核心企业首先确认其对供应商的应收账款，然后安排金融机构提前支付这些账款给供应商。待账款到期时，核心企业再向金融机构支付相应的款项。

3. 动态贴现

动态贴现是一种灵活的供应链金融方式，允许供应商根据自己的资金需求选择提前收取应收账款的时间。在这种模式下，供应商可以根据需要将其应收账款以贴现的方式"卖"给金融机构，贴现率会根据账款支付的剩余时间而动态调整。

4. 库存融资

库存融资是另一种常见的供应链金融方式，供应商或分销商可以使用其持有的库存作为抵押，从金融机构获取融资。这种方式特别适合那些库存价值较高的企业，如零售商或批发商。

5. 链上融资

随着区块链技术的发展，链上融资成为供应链金融的新兴方式。在这种模式下，使用区块链技术来记录和验证供应链中的交易，提高了整个供应链的透明度和安全性。

6. 跨境供应链金融

在全球化的经济背景下，跨境供应链金融也变得日益重要。这种金融方式涉及不同国家和地区的供应商与分销商，需要考虑汇率风险、不同国家的法律法规以及支付的时间差异。

核心企业主导的供应链金融为整个供应链带来了资金流动性和效率的提升。通过不同的金融方式，供应商能够更有效地管理其资金需求，降低财务风险，同时加强与核心企业的合作关系。随着技术的发展，这些金融方式也在不断进化，为供应链管理带来了更多的可能性和机遇。

10.1.3　核心功能

在核心企业主导的供应链金融场景中，核心企业扮演着关键角色，推动资金流动、风险管理和供应链金融创新服务，实现供应链的高效运转和稳健发展。

1. 资金流动与融资支持

资金流动优化：核心企业作为供应链金融市场的主导者，能够通过整合各方资源和信息，促进资金在供应链中的高效流动，减少资金占用时间，提高使用效率。

融资支持：核心企业可以通过自身信用和规模优势，为供应链上下游企业提供融资支持，降低它们的融资成本，促进产业链的健康发展。

2. 风险管理与控制

风险识别与分析：核心企业通过数据共享和信息透明化，能够更全面地识别和分析供应链中的各类风险，包括市场风险、信用风险、操作风险等，并及时采取相应的措施进行应对。

风险分担机制：通过建立风险分担机制，核心企业能够与供应链各方共同承担风险,降低单一环节的压力,提高整个供应链的抗风险能力。

风险防范工具:核心企业可以引入各种金融工具和衍生品,为供应链各方提供风险管理工具,帮助其规避风险并保障业务的稳定进行。

3. 供应链金融创新服务

供应链金融产品创新:核心企业可以基于对整个供应链的深入了解,创新性地设计供应链金融产品,满足不同参与方的融资需求,推动金融服务的多样化和个性化。

定制化金融服务:核心企业可以根据供应链各方的特定需求,提供定制化的金融服务,例如订单融资、库存融资等,满足其不同的资金需求。

数字化技术应用:利用先进的数字技术,如区块链、大数据分析等,为供应链金融提供更高效的支持和服务,提升金融业务的智能化水平。

跨境金融服务:在国际贸易领域,核心企业可以拓展跨境供应链金融服务,支持国际贸易合作,促进全球供应链的发展。

10.1.4 面临的挑战及大模型解决方案

1. 面临的四大挑战

2023 年,IDC 在《2023 供应链金融科技发展洞察白皮书》中指出,当前核心企业在推进供应链金融落地方面尚存在数字化程度较低、数字基建成本高、风控能力不足、运营效率提升困难等关键挑战,具体如下。

(1)数字化程度较低

许多企业仍然依赖传统的纸质文档和手工处理方式,信息流通不畅,效率低下。数字化程度低不仅影响了内部业务流程,也妨碍了企业与供应链伙伴之间的协同合作。解决这一问题的关键在于促进数字化转型,采用先进的技术,包括大数据分析、云计算和物联网等,实现业务数据的实时共享和智能化处理,从而提高供应链金融的整体效能。

(2)数字基建成本高

《2023 供应链金融科技发展洞察白皮书》提出,供应链金融服务平台往往涉及多个系统的搭建以及多方系统的对接。因此,在核心企业未搭建供应链金融服务平台的众多因素中,"平台建设需要较长的实施周期和较高成本"

占比 85%。建设完善的数字基础设施需要大量的投入，包括硬件设备、软件系统、网络安全等。当前，一些企业可能因为财务压力而难以承担这些高昂的成本，从而限制了数字基建的升级和完善。目前，企业可以考虑与第三方科技合作伙伴建立合作，共同投入资源进行数字化基建，也可以寻求政府支持或金融机构援助，以降低数字化转型的财务负担。

（3）风控能力不足

当前核心企业在风控方面面临着能力不足的挑战。由于供应链涉及多方合作和多样化的交易行为，风险来自多个方面，包括市场波动、信用风险、物流风险等。企业需要建立全面的风险评测体系，整合大数据和先进的风险模型，以便更准确地识别和评估潜在风险。此外，建立健全的监测和应对机制也是提升风控能力的关键一环。

（4）运营效率提升困难

数据显示，目前仍有 53.2% 的受访者反馈，现有供应链金融服务平台虽有少量运营，但还不够精细化，运营效率不高，缺乏数据抓手，而且仍然依赖经验导向。另有 8.5% 的受访者反馈，平台几乎没有运营。供应链金融的实施需要企业重新评估和优化现有的业务流程，与供应链伙伴进行深度合作，甚至进行组织结构的调整。这种变革对企业的管理和人员培训提出了新的要求，同时也可能面临员工抵触情绪和业务推进的阻力。为了克服这些困难，企业需要进行全面的运营改造规划，包括引入灵活的管理机制、提供员工培训和激励计划，以促进组织文化的变革和业务的顺利实施。

面对这些痛点和难点，AIGC 等数字技术提供了新的解决方案。

2. 对应的大模型解决方案

（1）数字化程度较低

AIGC 技术在数字化方面提供了创新的解决方案。AI 可以用于自动化业务流程，从而加速信息处理和决策过程。通过 AI 的应用，企业可以实现数据的实时监控、智能分析和预测，使得供应链各环节更加灵活和高效。大数据分析则能够深度挖掘海量数据，为企业提供更全面、准确的市场洞察和决策支持。这意味着企业可以更好地理解客户需求、优化产品定位，从而提高数字化程度。

（2）数字基建成本高

数字基建高昂的成本是许多企业推进供应链金融时的一道难以逾越的鸿沟。AIGC 技术为企业提供了贴合实际的解决途径。首先，云计算技术允许企业按需使用计算资源，避免了昂贵的硬件设备投资。企业可以通过云服务提供商获得高度可扩展的计算和存储资源，从而大幅降低数字基建的运营成本。同时，区块链技术的引入能在去中心化、安全性等方面降低数字基建的整体成本，为企业提供更为高效和安全的交易环境。

（3）风控能力不足

在核心企业主导的供应链金融场景中，风险管理和监管是重要的挑战。核心企业需要有效管理供应链中的各种风险，如供应商违约、市场波动、自然灾害等。同时，监管机构需要确保供应链金融活动符合法规，防止金融风险传导和不当行为发生。因此，建立健全的风险管理机制和监管框架是关键。AIGC 技术为企业提供了强大的工具来应对复杂的风险环境。大数据分析可以深入挖掘供应链中的各种数据，实现更准确的风险评估。通过分析市场趋势、交易记录和其他关键指标，企业可以更好地识别潜在的风险因素。同时，区块链的去中心化特性为供应链金融提供了更透明、可追溯的交易记录，降低了信息不对称的风险。

（4）运营效率提升困难

AIGC 技术为企业提供了运营效率提升的关键支持。人工智能可以应用于运营流程的自动化，从而实现更高效的库存管理和生产计划。智能预测系统可以根据大数据分析结果，更准确地预测市场需求，帮助企业做出更明智的运营决策。同时，区块链技术的透明性和可追溯性可以优化供应链中的各个环节，提高协同合作的效率，从而推动整体运营效率的提升。

总体而言，核心企业主导的供应链金融将在风险管理、数据安全、技术创新和智能化发展等方面面临挑战，但也有着广阔的发展前景。通过核心企业主导的供应链金融市场的建设，可以促进资金的高效配置和风险的有效控制，提升供应链各参与方的运营效率和竞争力，推动产业升级和经济发展。

然而，在发展过程中仍然面临诸多挑战，需要政府、企业和金融机构共同努力，加强监管与创新，推动供应链金融市场的可持续发展。通过加强合作、推动技术创新和完善监管机制，核心企业可以发挥更大的作用，推动供应链金融的持续发展，并为整体经济的增长和稳定做出贡献。

10.2　商业银行主导的供应链金融场景

10.2.1　商业银行开展供应链金融的特点

根据艾瑞咨询的统计数据，截至 2022 年末，中国供应链金融行业内已有超过 200 家运营平台，并且这一数字仍在迅速增长。值得注意的是，由金融机构主导建设的供应链金融平台的占比达到了 26%。简而言之，在市面上的每四家供应链金融平台中，就有一家由金融机构主导。

金融机构对于开展供应链金融业务的需求不断增加，尤其是越来越多的商业银行将供应链金融作为为中小企业提供融资的战略目标。据灼识咨询的数据，截至 2019 年末，中国共有 4117 家银行，这些银行提供的供应链金融总融资余额高达 17.4 万亿元人民币，自 2015 年以来的复合年增长率达到 10.6%。除商业银行外，证券公司、信托公司以及保险公司等其他金融机构也在供应链金融领域发挥着积极作用。

商业银行作为国内主要的资金供给方，已经创设了一系列贸易融资业务，包括信用证、票据、保兑仓、融通仓、保理等产品，是较早开始主导供应链金融业务发展的服务主体之一。商业银行在供应链金融方面的优势主要体现在客户资源丰富、资金成本低、综合性服务经验丰富、风险管理能力强等方面。与此同时，供应链金融被各大商业银行视为新的增长点，因为它不仅能促进实体经济的发展，帮助中小微企业解决融资难题，而且对于银行自身来说，也是一次革新业务的机会。

当然，商业银行在开展供应链金融业务时必须考虑自身的具体情况，进而对供应链金融业务的开展模式和战略目标进行选择和调整。这一过程不仅能促进商业银行自身创新业务，还能提高其服务能力。

相较于传统的商业银行营销模式，即依靠社会关系和价格竞争，通常只针对单一企业，开展供应链金融业务要求银行必须对产业链有深入了解并提升自身的市场营销能力。这种业务模式针对供应链上各个节点的不同企业，包括核心企业和不同层级的供应商，因此银行需要加大营销力度，深入了解供应链上各个供应商的经营状况。

此外，从改善商业银行资产质量和盈利能力的角度来看，供应链金融业务是在真实的贸易背景和融资前提下进行的。银行通过把握这一特性，可以降低业务风险系数，减少不良贷款率，改善资产质量。银行还可以借助数字化技术制定跟踪和检测手段，以保障资金用途的准确性和供应链系统的运转情况，进而降低信贷资金被挪用的风险，提高信贷资产质量。

在收入方面，由于供应链金融大量采用票据、保函、信用证等融资工具，银行可以收取一定比例的手续费。此外，如果银行还能为供应链企业提供理财咨询、现金管理等财务顾问业务，也可以产生可观的中间业务收入。另外，整条供应链上产生的资金回流和存储也会为银行带来额外的存款收益。这些因素都对银行提高盈利能力起到了重要作用。

供应链金融业务是商业银行业务发展的必然方向和趋势之一。在开展普惠金融、助力中小企业解决融资难的问题时，由于缺乏可靠的财务资料及抵押品，金融机构难以单独评估供应商（大部分为中小微企业）的信用风险。因此，供应链金融业务对于金融机构来说是一个更具吸引力的选择。

金融机构可以专注于核心企业的信用状况，通过核心企业信用的传递惠及供应链上的供应商的融资。从业务模式来看，金融机构搭建的金融平台在应收账款模式上的覆盖率最高，超过 75%；其次为库存融资模式，覆盖率约25%；第三为预付款融资模式。

为了适应快速变化的产业场景，商业银行主导的供应链金融业务模式正在通过建设自营平台、开放银行接口与核心企业平台和第三方平台合作，以及为企业建设定制化信息系统等方式实现场景嵌入，提升金融服务的开放性，具体可分为以下三个方面。

- 全面加速推进金融产品的线上化：为改善服务效率，银行正在加快推出全流程数字化/线上化的数据贷、线上保理、信用证、票据贴现、电子保函等金融产品，简化内部审批流程，提升金融服务效率。例如，交通银行延展产业链"秒级"融资产品线，票据秒贴业务发生额为934.76 亿元，快易付秒放业务发生额为 200.97 亿元，订单秒放发生额为 65.61 亿元。中国银行搭建"票、证、融、贷、债、险、租"的供应链金融产品与解决方案体系，上线"融易信""融E达""线上国内保理""线上出口保理"等全流程线上化的供应链融资产品，核心产品实现全面线上化服务。邮政储蓄银行通过线上平台保理、U 信、进车贷等数字供应链产品，线上发放的融资金额同比增长 189%。

- **打造开放银行格局下的供应链金融服务**：通过企业网银、手机银行、H5 页面、API 等方式不断加强银行金融服务的开放、便捷和高效，大幅优化内部审批流程，推动跨场景金融合作，大幅提升用户体验。同时，积极与第三方科技平台、票交所、核心企业平台展开对接合作，提升核心企业和中小微客户的触达半径。例如，浦发银行全力拓展 API "千家万户"链接工程，创设 1538 个新型 API 组件，通过 API 连接实现新增活跃客户数 409 万户，助力结算性存款、有价值客户、代发和 AUM 等业务增长。
- **为核心企业定制信息系统的同时嵌入供应链金融服务**：在央国企司库建设的背景下，金融机构纷纷布局企业司库信息系统，发挥"现金管理产品 + 供应链金融服务"的联动优势，提供账户管理、票据管理、融资管理、投资理财、预算管理、跨境结算和外汇管理、供应链金融等一揽子服务。

10.2.2　商业银行主导的供应链金融案例

当前参与供应链金融业务的金融机构主体主要包括商业银行、保理公司等。商业银行又可分为传统银行（国有商业银行、股份制商业银行、城商行、农商行）和互联网银行两大类别。当前，商业银行开展供应链金融的核心优势主要包括资金能力、产品能力和风控能力。

在开展供应链金融业务的过程中，商业银行围绕核心企业管理上下游中小企业，形成了一种面向实体产业核心企业和上下游小微企业的链式金融服务。在实际操作中，不同类型的商业银行在开展供应链金融业务方面具备不同的优势和目标。以下是国内外不同类型的商业银行开展供应链金融业务的实际案例。

1. 国内银行案例：上海银行

2023 年上半年，上海银行在线上供应链的信贷投放金额达 706.92 亿元，同比增长 383.04 亿元，增幅达 118.27%。截至当年 6 月底，上海银行的线上供应链信贷支持余额达 553.31 亿元，较上年末增长 31.93 亿元，增幅达 6.12%。此外，上海银行通过线上供应链金融带动的普惠型贷款余额达 256.70 亿元，较上年末增长 61.97 亿元，增幅达 31.82%；线上供应链服务的核心企业数量达 438 户，较上年末增长 61 户，增幅达 16.18%。

上海银行不断扩大其在城商行中的供应链金融领先地位。在产品和模式创新方面，上海银行积极推动"泛核心"供应链服务模式，构建标准化的"产—供—销"泛核心企业产品体系，以金融手段促进产业链、供应链的稳定。

以上海银行与联易融合作的供应链金融产品"上行 e 链"为例，该产品通过智能准入、优化操作流程、提升服务效率、完善系统功能等多方面提升了供应链金融服务效率；通过智能风控提升了对产业链中小企业的服务水平，建立了"标准化＋场景化"的系统风控体系，提高了"数据驱动"下的自主风控和全流程管控能力，持续推动渠道线上化向移动化转变。

在"上行 e 链"平台上，上海银行实现了批量化的客户延展服务、线上化的客户身份核实、贸易背景外部核实、应收账款转让登记等功能，极大地提升了对普惠金融的支持能力。此外，"上行 e 链"全面激活了中小企业的应收账款资产，解决了中小供应商的融资问题，优化了核心企业的供应链管理，并且用户可以通过手机端／计算机端操作，不断提升用户体验，从而让更多参与者享受真正的金融便利，促进科技服务实体经济发展。

另外，上海银行为集团客户定制并投产了基于云原生和微服务架构的财资数字化、一体化综合服务系统"数智司库"，打通了银行端现金管理和企业端司库体系，覆盖了集团多层级资金账户，深入融合赋能企业的财务、生产、销售、管理等环节，并持续升级小微企业"一站式"普惠金融服务平台，推进各项服务流程线上化、自动化、智能化，为小微企业客户提供更为便捷、快速、优质的金融服务。

2. 国际银行案例：渣打银行

近年来，渣打银行的供应链金融业务蓬勃发展，这主要得益于其对标准化数字供应链金融产品的重视以及与科技方合作的开放态度。相较而言，标准化的数字债权凭证更易于推广和复制，也更有可能成为银行拓展客户、控制风险和服务客户的有效工具。渣打银行与联易融等合作，共同推出的"渣打讯连"产品已服务了美团、四川商业投资集团、齐心文具、丝丽雅等核心企业。

渣打银行重视开放式供应链金融平台建设，通过与联易融等第三方平台对接合作，进一步扩大了自身平台的覆盖范围。2020年，渣打银行与联易融系统完成了直连。随后，2021年8月，渣打银行与TCL简单汇实现了端到端的银企直连（Host2Host），成功完成了首笔供应链提款交易，标志着首家外资银行与大型核心企业的自有供应链金融服务平台直连合作模式正式上线。

此外，渣打银行积极将自身平台与核心企业的自建供应链金融平台进行对接，将金融能力开放给核心企业的供应链金融平台。2021年上半年，渣打银行成为中国国际海运集装箱（集团）股份有限公司（简称中集集团）供应链金融平台的首家外资合作银行，与中集保理公司的自有供应链金融平台及其技术合作商完成了定制化的技术解决方案，实现了系统对接，成为中集集团首家合作的外币银行。

国际领先的商业银行通常将发展方向定位于全球跨境贸易，因此其服务主要针对大型核心企业。它们通过掌握产业链上下游的资金流、物流、信息流等，主导提供供应链融资服务。虽然这些银行在资本量、融资成本、网点布局、资金管理等方面具备优势，能够为核心企业上下游提供多元化的融资服务，但在监管、风险控制和技术方面可能受到限制，难以为中小企业提供服务。此外，这些金融机构通常偏向于提供金融服务，如应收账款质押融资、反向保理、流动资金贷款、开立信用证、支付结算等，主要通过利差获取收益，因此可能受到自身业务优势的限制，不愿向供应链中的各类企业提供其他服务。

10.2.3 商业银行主导的供应链金融的挑战和机遇

商业银行受限于其金融机构的专业定位和庞大的组织，在开展供应链金融业务时存在几个方面的劣势：

- 缺乏产业场景和业务抓手，非常依赖与核心企业的合作：由于商业银行无法实际参与到供应链的运营中，也缺乏服务广泛的供应链长尾客群的获客手段和风控抓手，因而寻求与供应链中核心企业的合作是银行主导的供应链金融的主要特征之一，即依托核心企业的影响力完成触达，将金融服务延伸至供应链上下游。闭环掌控物流、信息流和资金流等，是弥补上下游企业信用数据不足、开展供应链金融服务的关键，但是大部分上下游中小企业的财务管理机制不健全、经营管理数字化水平较低，难以快速、准确地获取信息，即便有些企业能够提供一定的业务流信息，但银行也缺乏足够的第三方数据、公开数据佐证其真实性，因而只能依赖核心企业配合开放的 ERP 系统、供应链管理系统的相关数据，甚至占用核心企业的信用额度。对于核心企业而言，这种行为的经济效益较小，还有可能泄露内部敏感信息，因此配合动力不足。

- **金融服务同质化，难以满足定制化的场景需求**：传统的金融服务大部分是按照主体设计的，即便是供应链金融产品也是围绕核心企业设计的，而供应链金融的实质更多是基于交易信用和交易自偿性特征，只有密切结合场景定制才能既满足客户诉求，又能控制风险。在供应链场景中存在多级采购和经销体系，还有其他相关的仓储、物流服务企业，不同角色之间的交易环节都存在一定的场景特殊性，其对应的物流、信息流、发票流和资金流情形各异，其服务需求涵盖支付交易、融资、风险控制、账户管理和资金管理等，千篇一律的服务难以真正满足上述场景中的金融需求。

- **难以适应 B 端场景复杂多变的运营要求**：银行一直扮演着资金供应的角色，而传统的信贷模型主要依赖抵押物。但在 B 端场景下，金融服务需要深入理解场景，转向依赖场景和数据结合的风险控制方式。随着垂直产业链成为主流，银行需要在更专业的场景中提供服务。此外，B 端客户的需求通常是综合性的，包括非金融需求，如场景风险控制、数字化服务、市场信息和采购 / 销售对接。因此，银行需要跨行业、跨领域的专业技术，不断借助人工智能、大数据等新兴科技解决产业场景问题。

以核心企业信用为依托的传统供应链金融模式仍有短板。大型企业仍是金融机构争抢的客户，中小微企业未受到精准支持。商业银行主导的供应链金融模式集中，知识图谱和行为过程的模式较少。传统模式过于依赖核心企业信用，金融机构受到路径依赖影响，难以拓展覆盖范围和提升质量。

根据 IDC 发布的《2023 供应链金融科技发展洞察白皮书》，以核心企业主体信用为依托的上游融资可获得性较高，但仍有优化空间。下游融资可获得性较低，尽管有需求，但实际上超过一半的下游经销商未获得融资。

为扩展到中小微企业，银行需将服务和产品渗透至产业链，与核心企业合作，搭建为供应链和产业链服务的场景金融。交易和数据产生时，基于信息数据的风险控制和产品创新随之产生，数字化手段和技术应用至关重要。

10.2.4　商业银行主导的供应链金融的大模型解决方案

针对商业银行在产业背景了解不足、难以参与供应链金融运营等方面的局限，《2023 供应链金融科技发展洞察白皮书》指出，供应链金融数字生态的模式创新是当前行业的优选方案。该模式将产业、科技、金融三者相结合，填补了由单一核心企业、金融机构或科技公司主导的短板。生态化的模式将融资企业置于生态网络中，而非单一核心企业的供应链内，多元数据在生态中相互关联、校验，大幅提升了风控能力。此外，该模式也能促进供应链与供应链金融的有效联动，实现了供应链金融从链状到网状的跨越式发展，从而提升了供应链效益。

同时，随着 GPT 大模型和 AIGC 解决方案的兴起，商业银行在开展供应链金融业务方面将会得到更多便利，主要体现在以下几个方面。

1. 提升与核心企业和上下游企业的合作效率和效果

GPT 能够通过自然语言交互，快速理解核心企业和上下游企业的需求与诉求，根据银行的产品和政策，提出合适的金融方案和建议。此外，GPT 还能够分析核心企业的 ERP 系统、供应链管理系统等系统中的数据，以及第三方数据和公开数据，评估其信用状况和风险水平，从而降低银行的风控成本和信用额度占用。此外，GPT 还能够生成各种类型和格式的文档，如合同、报告、发票等，简化银行与核心企业和上下游企业的沟通与协作流程。

2. 提供更个性化和场景化的金融服务

GPT 可以针对不同行业、不同交易环节、不同客户类型的场景进行深入学习和理解，设计更符合客户需求和场景特征的金融产品和服务。例如，GPT 可以根据客户的物流、信息流、发票流和资金流情况，提供更灵活和优惠的支付交易、融资、风险控制、账户管理、资金管理等服务。此外，GPT 还能够根据客户的非金融需求，如市场信息、采购或销售对接等，提供更多增值服务。

3. 降低与其他银行之间的竞合成本和障碍

GPT 可以通过建立统一标准的数据和接口，实现与其他银行之间的数据共享和协同。此外，GPT 还能够生成兼容多家银行的金融服务平台，为客户提供更便捷和多样化的选择。另外，GPT 还能够通过分析其他银行的产品和策略，优化自身的竞争力和合作力。

4. 适应监管要求和产业变迁

GPT 可以通过不断学习最新的监管规定和产业动态，及时调整自身的金融服务模式和内容。它也可以与监管机构进行智能对话，解释自身的金融服务逻辑和依据，并提供相关证据和数据支持。此外，GPT 还能够预测未来可能出现的监管问题或产业变化，方便客户提前做好应对准备。

5. 提高 B 端场景复杂多变的运营能力

GPT 可以借助 AI、大数据等新兴科技提升自身的跨行业、跨领域的专业技术水平，更好地解决 B 端场景中的问题，通过智能化、线上化、自动化的平台，提高服务效率和质量，更好地服务供应链长尾客群。此外，不断创新和优化金融服务模式与内容，提高市场竞争力和影响力也是重要的。

10.3 第三方金融科技平台主导的供应链金融场景

随着科技在金融、产业、物流等各个领域的广泛应用，第三方金融科技平台已成为联系各个领域的重要纽带，尤其在供应链金融方面。这些平台提供领先的供应链金融科技解决方案，不仅推动了各个行业的发展，还成为构建整个生态系统的重要组成部分。第三方金融科技公司作为独立于传统银行和金融机构之外的金融服务方案提供者，以其灵活、高效、创新的特点为金融行业带来了全新的体验与服务。

10.3.1   第三方金融科技平台的应用场景

IDC 的调研显示，供应链金融业务过度依赖核心企业，尚未跳出主体信用的限制，尤其是核心企业的信用尚未触及产业链末端，导致金融服务实体经济存在痛点、难点和堵点。随着数字经济的快速发展，供应链金融所依赖的基础正在发生改变。第三方金融科技公司基于对前沿数字化技术的多年探索与研究，不仅为金融行业提供了更多元化的服务选择，还极大地促进了金融市场的竞争和发展，使金融服务更加普惠和便捷。

第三方金融科技公司在推动供应链金融方面扮演了三个关键角色。首先，通过与供应链金融领域深度整合，实现了环节（如税票、仓单等）的数字化和网络化，为供应链金融的迅速发展奠定了坚实的数据基础。其次，促进了交易过程的可视化，包括真实交易场景的还原以及交易资产的持续监控，从而减少了信息不对称，降低了信任成本，提高了各类贸易和融资主体之间的信任度。最后，推动了供应链的智能化，通过应用人工智能和大数据平台进行深度分析和实时计算监测，帮助金融机构及时了解企业的资金需求，提高了贷前、贷中和贷后的智能风险控制水平，有效地降低了风险。

举例来说，全球大型基建公司之一、财富世界 500 强的 S 公司面临着一个主要难题：自主研发的供应链金融系统开发周期长、成本高昂。灼识咨询数据显示，该系统的前期开发成本高达 3000 万～4000 万元人民币，每年还需支出 500 万～1500 万元人民币用于升级和维护，这对 S 公司来说是巨大的财务负担。在这种情况下，S 公司转向第三方金融科技平台寻求更经济高效的解决方案。第三方金融科技平台云——一个提供 SaaS 服务的金融科技平台，成为 S 公司的选择。该平台帮助 S 公司缩短了供应链金融业务的启动时间，同时大幅降低了成本，与自研系统相比，它仅收取基于交易量的费用，减少了前期投入。

最关键的是，第三方金融科技平台云成功解决了 S 公司供应链中的商业汇票欺诈问题，同时为供应商提供了更加便捷和经济的汇票兑现服务，大幅降低了贴现成本。这不仅提高了供应商的运营效率，还改善了 S 公司的现金流状况，加强了供应链管理。通过模块化的解决方案，第三方金融科技平台云提升了整个供应链金融生态系统的供应商管理效率和信息透明度。S 公司的供应商得以享受与 S 公司相近的融资成本，增强了供应链的稳定性，也加深了 S 公司与其供应商之间的合作关系。

S 公司通过与第三方金融科技平台云的合作，成功地转型为数智化驱动型企业，其故事成为在高成本、高风险的自主研发和灵活、高效的外部解决方案之间做出明智选择的典范。

第三方金融科技平台主要通过 SaaS 服务模式提供供应链金融解决方案，平台将资金方、核心企业、供应商及其他参与方连接起来，实现信息的高效流转，大幅提升业务效率。模块化的解决方案缩短了客户开展供应链金融业务的启动时间，同时也节省了客户从零开始自研系统的成本。根据交易量进行灵活收费，降低了客户的前期投入。对于供应商来说，平台化意味着更便捷的融资申请流程，简化了提交材料的工作，使得信息流和资金流在平台上得到更有效的匹配。

根据 2023 年中国供应链金融行业研究报告，2022 年，中国供应链金融科技解决方案的市场规模达到 926 亿元。其中，联易融、蚂蚁金服、京东数科、中企云链占据 80% 的市场份额。预计未来竞争格局将保持平稳，后续市场的增长将源自核心企业和金融机构数字化转型进程的推进，以及智能风控需求的增加。

10.3.2　第三方金融科技平台主导的供应链金融案例

近年来，随着中小微企业融资难、融资贵等问题日益突出，第三方金融科技平台应运而生。以联易融科技集团为例，该公司于 2016 年在深圳成立，并于 2021 年 4 月在看港交易所上市。作为中国首家上市的供应链金融科技 SaaS 企业，联易融致力于提供云原生解决方案，优化供应链金融的支付周期，实现供应链金融的全流程数字化。借助综合数据分析，该平台实现了自动的交叉比对和校验，多维度确认贸易的真实性，从而减少参与方交易和融资的欺诈风险，提升整个供应链金融生态系统的透明度和连通性，为实体经济的发展提供支持。

联易融充分抓住数字化发展的机遇，不断增强研发投入并提升底层技术能力。以区块链技术为例，该公司自主研发的企业级区块链平台 BeeTrust，为链上各参与方提供了底层适配、强隐私保护、方便快捷、低成本、可视化、用户体验良好的一站式区块链解决方案。此外，联易融在解决方案中还提供了专业的供应链金融咨询服务，包括运营、营销推广、产品及 IT 咨询等。

通过科技手段，联易融解决了供应链金融行业长期以来的痛点。针对不同业务类型和参与方，如核心企业、金融机构等，该公司设计并搭建了不同的平台，提供相应的云服务和解决方案。

联易融的主要业务包括供应链金融科技解决方案和新兴解决方案。其中，核心企业云服务以线上化、数据化、场景化、自动化的创新业务模式服务核心企业及其供应链生态圈；金融机构云旨在帮助金融机构数字化、自动化及精简化其供应链金融服务；跨境云则为跨境贸易业务场景下的数字化供应链金融提供解决方案。此外，该公司还推出了针对中小企业设计的小微蜂业务板块，以数据驱动为特色。

以联易融为代表的第三方金融科技平台开展供应链金融业务的商业模式和流程大致如下。

1. 商业模式

- 基于交易的收费：平台通常根据交易量或交易价值收取一定比例的费用。这意味着客户的使用越频繁，平台的收入就越高。
- 订阅服务：对于持续使用其服务的客户，平台可能提供基于订阅的模型，客户支付固定的月费或年费来获取服务。
- 增值服务：平台可能提供额外的服务，如数据分析、风险管理咨询等，这些服务可能会有额外的收费。
- 广告和合作伙伴关系：一些平台可能通过广告或与其他金融机构的合作伙伴关系来获利。

2. 操作流程

- 客户注册和认证：客户需要在平台上注册并通过必要的认证过程，这可能包括身份验证、企业信息验证等。
- 需求评估：平台通过 AI 和大数据技术评估客户的具体需求，包括贷款金额、期限、利率偏好等。

- 风险评估和信用评分：利用大数据和机器学习算法，平台会对客户进行风险评估和信用评分，以确定贷款条件。
- 撮合服务：平台将根据客户的需求和风险评级，撮合相应的金融产品或服务。
- 交易执行：一旦达成协议，交易将在平台上进行，包括资金流转、合同签署等。
- 后续服务：平台提供持续的服务，如账户管理、支付处理、财务报告等。
- 数据分析和反馈：收集交易和用户行为数据，用于改进服务和个性化推荐。

10.3.3　第三方金融科技平台主导的供应链金融的特点

第三方金融科技平台在主导供应链金融时具有显著的特点，包括提高效率、降低成本、优化风险管理、推广普惠金融、创新融资模式、增强协同效应、展现出色的市场适应性和改善客户体验。这些特点不仅促进了供应链金融的发展，也为整个经济体的增长和稳定提供了有力支撑。

- **技术驱动的效率提升**：第三方金融科技平台利用先进技术如大数据分析、人工智能和区块链，显著提高供应链金融的效率。这包括更快的数据处理、更准确的风险评估，甚至在某些情况下实现自动化信贷决策。例如，利用人工智能和机器学习，可预测市场趋势与信用风险，为金融决策提供强大支持。金融科技平台还提供便捷、用户友好的界面，改善客户体验，包括简便的申请流程和定制化服务。
- **降低成本与提高透明度**：与传统的供应链金融相比，第三方金融科技平台通过简化流程和减少中介，有效降低交易成本。同时，通过集成供应链信息，强化了各方之间的协同效应。例如，平台可帮助供应商更好地了解零售商的库存和销售趋势，以便更精确地进行生产和供货。
- **更好的风险管理**：通过整合多种数据源和先进的风险评估模型，第三方金融科技平台可以更准确地评估和管理信贷风险。举例来说，平台可实时监控货物流转情况，预测潜在的供应链中断风险，并相应调整信贷策略。

- **普惠金融的推广**：第三方金融科技平台通过提供更灵活的融资解决方案，使得原本难以获得传统银行服务的小微企业和个人也能享受到金融服务。这不仅有助于小微企业的成长，也促进了整个经济体的发展。

10.3.4　第三方金融科技平台主导的供应链金融的大模型解决方案

虽然第三方金融科技平台在供应链金融中具有创新和灵活的优势，但其在发展过程中也面临着信任、资本、监管合规、市场渗透和技术风险等多个方面的挑战。成功的关键在于能够提供独特的价值，建立强大的合作关系，并有效地管理风险。

目前第三方金融科技平台主导的供应链金融的痛点如下。

- **个性化需求的满足**：由于行业、公司制度、企业形态不同，不同客户会对搭建供应链金融平台提出很多个性化需求，第三方金融科技平台需快速满足客户的个性化需求。
- **内部打通认知**：对于一些第三方金融科技平台来说，既需要具有银行相关的专业知识，又需要具备核心企业相关的行业与专业知识，并且能够将二者进行结合。
- **竞争与合作的平衡**：第三方金融科技平台可能需要与银行和核心企业进行合作以提供完整的解决方案，同时又要与它们竞争以获得市场份额。找到合作与竞争之间的平衡可能是一个挑战。
- **网络效应的建立**：供应链金融依赖一个庞大的网络，第三方金融科技平台需要吸引足够的买家和供应商加入其网络。而银行和核心企业可能已经建立了客户基础。
- **数据隐私和保护**：第三方金融科技平台需要处理大量敏感数据。保证数据的安全和隐私，以及遵守各种数据保护法律，对于金融科技平台来说是一个重要且复杂的问题。
- **客户获取成本**：第三方金融科技平台可能面临更高的客户获取成本，因为它们需要与银行和核心企业竞争，而这些公司通常拥有更大的市场份额和客户基础。

伴随着人工智能技术的发展，AIGC 解决方案或能有效解决上述痛点。

- **自动化和优化运营流程**：AIGC 模型能够处理和分析用户信息、交易记录、市场数据等数据，提取其中的有用信息，并帮助平台做出决策和优化运营策略。并且，AIGC 还可以通过与其他系统和工具集成，实现智能流程自动化。例如，在客户申请流程中，AIGC 可以根据客户提供的信息自动生成申请表格或合同，并自动进行风险评估和合规审核。这样，金融科技平台可以快速响应客户需求，提供高效的服务，并减少人为错误和烦琐的手动操作。

- **市场分析和洞察**：基于历史数据和市场动态，AIGC 模型可以生成预测模型和趋势分析报告。这些预测和趋势分析能够帮助金融科技平台了解未来的市场走向，并及时做出相应的调整。例如，AIGC 可以预测某个产品或服务的需求增长趋势，从而帮助平台优化资源分配，调整市场推广策略。

- **竞争情报和差异化定位**：AIGC 模型可以通过分析竞争对手的数据和行为，为金融科技平台提供竞争情报和差异化定位建议。通过了解竞争对手的产品特点、定价策略和用户反馈，平台可以更好地制定自己的市场策略，并寻找与竞争对手的差异点，提供独特的价值主张。

- **用户洞察和个性化推荐**：AIGC 模型可以分析用户行为和偏好数据，帮助金融科技平台深入了解其用户群体。通过了解用户的需求、喜好和消费习惯，平台可以提供个性化的产品推荐和定制化的服务，提高用户满意度和忠诚度。此外，AIGC 还可以识别出隐藏在文字背后的需求模式和趋势，帮助平台发现新的用户需求，并及时做出相应的调整和改进。

- **个性化需求的快速满足**：AIGC 模型利用自然语言处理技术，可以理解和处理客户以自然语言形式表达的需求。它能够识别和提取关键信息，包括需求描述、用户反馈、意见建议等，并将其转化为计算机可理解的数据形式。这为后续的需求分析和系统开发提供了基础。

- **快速系统开发**：AIGC 模型将自然语言需求转化为计算机可理解的数据后，这些数据可以直接用于系统开发。开发团队可以根据 AIGC 提供的数据进行需求评估、功能规划和系统设计，从而加快系统开发的速度和准确度。这有助于平台更快地满足客户的个性化需求，并快速推出符合市场需求的新功能和服务。

10.4 物流企业主导的供应链金融场景

10.4.1 物流企业主导的供应链金融的特点

从包裹运输到货运跟踪，物流业贯穿了供应链的各个节点，与几乎所有的企业都有着物流、信息流和资金流等方面的联系。作为融合运输业、仓储业、货代业和信息业等的复合型服务产业，物流业是国民经济的重要组成部分，它衔接着生产与消费，涉及的领域广泛，发挥着强大的带动作用。

实现经济内外循环的畅通，离不开"物畅其流"。物流企业在供应链中扮演着关键角色，它们与其他企业的联系对于资金流的顺畅至关重要。在广义上来看，物流供应链金融是指针对物流运营全过程，应用各种金融产品，实现物流、资金流、信息流的有效整合，组织和调节供应链运作过程中货币资金的流动，从而提高资金运行效率的一系列经营活动。而在微观层面上理解，物流是产融之间的纽带，金融则以物流为风控载体，为货主提供融资；同时，金融也为物流企业提供赋能，促进物流业自身的发展。换句话说，物流业需要金融的支持，而物流业又为供应链金融提供了重要的风控支持。物流企业主导的供应链金融的具体运作模式如图 10-1 所示。

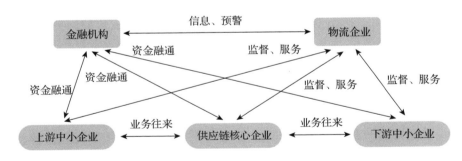

图 10-1 物流企业主导的供应链金融的具体运作模式

物流企业在精确控制抵押物的基础上，通过自主建立或对接商业保理公司、融资租赁公司、小额贷款公司、投融资平台等，联合商业银行为上下游企业提供多元化的供应链融资解决方案，包含存货融资、预付款融资、银票、跨境外币融资、融资租赁、保费融资等多种产品。

以物流企业为主导的供应链金融能够利用物流供应链自身掌握的客户、

信息等优势，通过结算服务为核心企业延长账期，并向上下游的中小企业提供融资服务，在短期内提高供应链的资金流动性，具体优势包括以下几个方面。

- **减少供应链金融过程的信息差**：物流企业掌握着供应链上下游大量的交易信息与物流信息，物流信息反映实时的、真实的交易情况，相较于供应链中的其他参与方，物流企业能及时了解供应链中的物流、资金流的变动情况，为金融服务提供更精确的数据支持，通过对供应链各环节的风险进行评估和控制，降低整个供应链的风险。

- **掌握物资流通信息**：物流企业掌握着流通物资，对于风险的反应和处置更为灵敏、快捷。作为融资抵押物的实际掌握者，一旦出现违约风险，物流企业相比其他企业能够更快地对产品进行冻结，从而降低损失。

- **降低融资成本**：在供应链金融模式下，物流企业作为供应链的核心企业，可以利用其在供应链中的地位和优势为其他供应链企业提供融资服务。由于物流企业在整个供应链中占据重要地位，因此金融机构通常更倾向于向其提供融资，这可以降低融资成本，提高融资效率。

- **提高供应链效率**：物流企业作为供应链的主导企业，可以通过供应链金融模式促进供应链各环节之间的合作与协调，优化供应链流程，提高供应链的效率。例如，物流企业可以与供应链上游的供应商签署供应链融资协议，为其提供融资支持，帮助其解决资金瓶颈问题，从而提高供应商的生产能力和产品质量，进而提高整个供应链的效率和竞争力。

- **提高自身盈利能力**：通过供应链金融模式，物流企业可以为其他供应链企业提供融资支持，并从中获得一定的融资费用收入。此外，物流企业还可以利用供应链金融模式优化自身资金运作，提高自身盈利能力。

10.4.2　物流企业主导的供应链金融案例：UPS 和顺丰集团

得益于信息流和物流两大独特优势，物流企业主导的供应链金融业务案例非常多。以全球著名的第三方物流服务巨头 UPS 为例，该公司在 21 世纪初期就基于强大的物流实力对核心企业和上游中小供应商之间的信息节点进行重筑，并以此为契机开展供应链金融业务，从而使得公司从最初的物流服务提供商转型为集物流、信息流和资金流于一体的综合性供应链金融服务商。

UPS 的供应链金融业务发展可分为两个层面。从微观的业务本身来看，UPS 为了更好地应对订单激增和满足客户需求，投入 47 亿美元用于信息技术的发展，主要举措有 4 项：一是创建覆盖美国的无线通信网络，使用 55 个蜂窝状载波电话，使驾驶员能够实时地将跟踪信息从卡车上传送到 UPS 的中央计算机中；二是通过安装卫星地面站和扩大系统，让实时包裹跟踪成为现实；三是在运输过程中全程使用包装条形码和扫描仪，以跟踪和报告装运状况；四是装运接收者在递送驾驶员的电子设备上进行数字签名，核实收货。

这些领先的物流信息技术使 UPS 成为物流行业中的佼佼者，这些技术本身也成为物流行业的货物流通中强大而有效的风控手段。

从宏观的公司发展来看，20 世纪 90 年代末，尽管 UPS 的运输及物流业务已经处于世界领先地位，但 UPS 的高管认为单一的物流业务模式难以支撑企业的未来发展，经过深入的市场调研以后，UPS 开始布局全程的供应链管理，进而形成物流、信息流和资金流三流合一的闭环供应链金融业务。

UPS 的主要发展历程如下：

1995 年，UPS 物流集团正式成立，统领全公司的供应链业务。

1998 年，UPS 资本公司（UPSC）成立，为客户提供包括代理收取货款、抵押贷款、设备租赁、国际贸易融资在内的金融服务。

2001 年，UPS 收购世界顶尖空运公司之一的美国飞驰公司，并将其纳入物流集团，该公司的物流业务是 70～500kg 的货物运输，扩充了 UPS 的物流业务范围；同年还收购了美国第一国际银行（FIB），将其融入 UPS 资本公司，使得 UPS 具备融资和结算功能，开始为客户提供各种供应链金融服务，包括存货融资、应收账款融资等。

2002 年，UPS 供应链解决方案公司成立并将业务拓展到第四方物流管理。

2008 年，UPS 推出了针对在美国的买方的"货柜融资"服务。

UPS 的供应链金融服务主要涵盖增值服务和垫资服务两种形式。在增值服务中，UPS 作为第三方物流企业，通过促成大型零售商和中小型出口商之间的三方协议，为双方提供便利。一方面，UPS 与大型零售商合作，使其不需要与数以万计的中小型出口商逐一结算货款，从而简化烦琐的业务流程；另一方面，中小型出口商可以将出口报关和货运服务外包给 UPS，后者在两周内向出口商支付货款，有力解决了出口商的现金流问题。UPS 通过提供这些服务获取了丰厚的物流服务费和手续费。

中小型出口商在货物从托运到提货、海运到美国通关清关、分拨中心、仓储配送、客户验货入库等过程中，会面临应收账款结算周期长达数十天的问题。由于中小型出口商在向大型零售商出口时缺乏议价和谈判优势，会影响到自身的稳定运转。为解决这些问题，UPS 推出了垫资服务。在承运货物时，UPS 会先为收货人预付一部分货款给发货的中小型出口商，收货人取货后再向 UPS 支付全部货款，而另一部分货款在交给发货的中小型出口商前有一段时间差，UPS 因此获得了一笔不需要支付利息的资金，可以将这部分资金用于向其他客户发放贷款，包括开展与 UPS 有关的快递、空运、海运业务的企业和客户。

如图 10-2 所示，在 UPS 与世界连锁百货沃尔玛的供应链金融合作案例中，UPS 首先与沃尔玛和其供应商签订了多方合作协议，为后两者提供物流服务。同时，UPS 作为中间结算商，代替沃尔玛与东南亚地区数以万计的出口商进行支付结算。UPS 信用部门承诺在货物交付到 UPS 物流中心的两周内先行支付货款给出口商，以确保后者的资金快速周转。出口商将包括出口清关在内的全程货运业务转交给 UPS，并支付相应的物流服务费用和一定的融资费用。最后，UPS 代表持有货物的客户与沃尔玛进行统一贷款结算。

以上合作模式给各参与方带来了诸多好处。沃尔玛不仅能够延长账期，还能降低与众多供应商进行结算的交易成本（由 UPS 方进行统一结算）。供应商能以沃尔玛的信用为基础，利用应收账款进行融资，实现在货物交付后高效地获得资金。UPS 则可以通过提供物流服务和融资服务获取收益，同时巩固与沃尔玛等核心客户的长期合作关系，增加客户忠诚度。UPS 可以依托订单与物流信息以及对货物交付环节的强控制作为风控抓手。

在国内的物流企业中，顺丰集团优先抢占供应链金融市场。2011—2015年，顺丰先后获得支付业务许可证、银行卡收单执照，并开始为客户提供初级金融服务，随后推出了其在供应链金融上具有代表性的"仓储服务"。顺丰集团于 2015 年划分为金融服务、供应链、速运、仓配物流和商业五大事业群板块，并开展供应链金融服务，如帮助客户代收货款和物流保价等。同时，顺丰积极与银行在各个领域展开合作。目前，顺丰集团主要通过仓储融资、保理、订单融资和顺小贷四个板块来开展供应链金融业务。

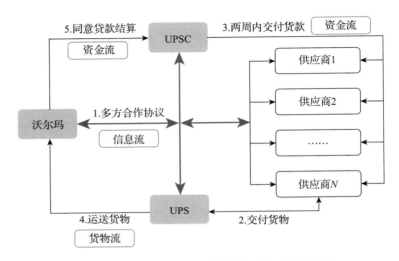

图 10-2　UPS 与沃尔玛的供应链金融合作业务模式

　　许多电商由于缺乏资本积累，销售规模难以进一步扩大。同时，因将网络销售作为主要途径，商家缺乏可认定的固定资产，从而面临融资难题。通过供应链金融模式，商家只需成为顺丰的金融分仓客户，即可获得 100 万元的小额信用贷款和 1000 万元的仓储融资额度。商家可在授信范围内提款，使用贷款后，可通过销售顺丰储存的货物获得资金进行还款。在此基础上，顺丰还为客户提供购买、销售、配送等一系列服务。

　　供应链金融业务的快速发展使顺丰集团在 2015 年的净利润达到 16.2 亿元人民币，位居国内快递公司之首。此外，这也推动了顺丰在国际市场的发展。2016 年，顺丰的国际业务收入同比增长 309%，顺丰国际的网点已在华人集中的社区或国家进行大面积覆盖。

10.4.3　物流企业主导的供应链金融的发展瓶颈

　　目前，美国、欧盟等发达国家和地区的物流业基础设施十分完善，先进的物流信息技术应用以及统一的市场标准为物流监控提供了强有力的保障，例如，欧盟各国采用统一的托盘标准、车辆承载标准等。相对而言，我国的物流行业在运输和仓储方面的标准尚不完善，因此，行业的整体信息化水平有待提高，同时物流中的物权保证也亟待发展。

当前，以物流企业为主导的供应链金融场景主要围绕第三方龙头物流企业展开。然而，在推进业务的过程中，面临着以下主要问题。

- **对物流企业资信实力的要求高**：第三方物流企业以轻资产运营模式为主，非头部物流企业使用的仓库与运输工具大多为租赁，运营人员则采用劳务外包，无法提供历史财务审计报告、交易流水、社保缴纳证明等，按照传统风控逻辑无法满足银行对合作物流监管企业的准入要求。

- **缺乏物流全流程的数据监测**：物流的基础设施存在断点，对人员行为异常、设备异常难以辨别。物流信息是评估交易背景真实性与履约情况的重要维度，目前我国的配送网络没有实现全国范围、不同第三方物流企业之间的联网，物流监控的网络还难以覆盖到配送终端，"最后一公里"的问题较难解决，融资业务场景下的物流信息的链条存在断点。GPS 作为主要应用的物流信息技术，其终端异常表现较难识别，会出现定位不准确、行驶里程异常、超长时间驾驶等情况，应尽量降低人为操作或设备损坏对贷后风险监测的影响。

- **物流的多语言文本难处理**：在物流贸易过程中，常常会有来自不同国家的不同行业及企业参与其中，且不同国家及地区相关的法律法规不尽相同。由于物流供应链金融场景还涉及海关、税务、工商部门、货运物流平台或船舶公司等多方的订单及运输信息的融通，造成数据统计维度复杂、多种语言的单据文本难以处理、需协调众多数据交互方等问题，开展此类融资业务对相关审核人员的外语水平有较高的要求，对信息渠道的建设和数据价值的分析挖掘也有更大的诉求。

- **货物的质量状态监控难度大**：物流过程中出现外包装损坏、内容物变质或损坏都会造成货物价值变化，第三方物流企业对货物质量状态监控的时效性和有效性缺乏技术手段，大多依靠人为经验和肉眼判断。同时，第三方物流企业的产业属性弱，自身无法对货物进行分销和处置变现，对于金融机构来说则可能出现回款风险。目前物流企业主导的供应链金融业务场景大多需要依托产业核心企业的处置能力，考虑到处置的难易程度、变现率等因素，金融机构往往对融资货物种类的限制较多。

10.4.4　物流企业主导的供应链金融的大模型解决方案

GPT 大模型为解决当前物流企业供应链金融存在的诸多问题，如货物质量状态监控难、全流程数据监测困难以及多语言文本处理难等挑战，提供了新的可能性，并有助于降低供应链金融场景的沟通成本，快速将非结构化数据整合成有用结果。具体而言，体现在以下几方面。

- 运用大模型算法丰富物流企业评级指标。增加针对第三方物流企业的统计与评估维度，例如分析历史违约记录、运单频次与及时率、长期租赁仓库与车辆情况、车队司机的驾龄等可实际反映其经营情况的信息。结合国内外货运市场环境的趋势变化，经过大量数据处理与模型训练，打造一套适用于第三方物流企业的评级指标体系。
- 识别物流信息异常和人为风险。GPT 用于制定有关物流企业的运力规划与运输路线的最佳策略，结合 GPS 技术可应用于车辆智慧调度、判断行驶路线是否在合理范围内偏离，通过数据分析和预测，提前发现问题并及时进行处理。结合物联网设备、GPS 设备与 GPT 模型，对车辆行驶时速与时长、司机操作习惯、司机是否疲劳驾驶等进行监控，可有效辨别人为操作异常或设备异常，及时识别业务风险。
- 实现多语言单据自动化审核。跨境运输场景中采购订单、提单、质检单据等涉及多国语言，运用 GPT 大规模的语料库，对非制式单据、多语言文本进行处理，以及实现对多平台信息的交叉核验，发现潜在的资产相关的风险。

在货物监测上，可结合物联网对货物外包装、形状、重量等进行异常预警。例如，通过监测环境温度、湿度等参数，以及货物重量、外包装的颜色和形状等是否发生变化，降低货物丢失和损坏的风险，提高货物的安全性。

GPT 解决方案还可以通过整合 B2B 平台、大宗交易平台的市场信息，挖掘不同产业分销渠道的链路。通过搜集不同产业交易平台的市场信息并分析，可帮助物流企业掌握质押物相关产业链的交易链路，并与产业平台、核心企业建立合作联系，从而扩大供应链金融服务可辐射的产业范围，增加可融资货物的品类。

10.5　建筑工程行业的供应链金融场景

10.5.1　建筑工程行业的发展特征

建筑工程行业作为我国国民经济的支柱型产业，在固定资产投资、新型城镇化建设、人口就业等多个方面都发挥着重要作用。其关联的建材生产、贸易、劳务等行业的生产总值在国内 GDP 中所占的比重较大，市场空间巨大，无论是房地产、基础设施建设、新型基建、5G 网络建设，还是农业投资、工厂建设，都与建筑工程行业息息相关。

从建筑工程行业的整体发展情况来看，尽管新签合同额总体趋于稳定，但行业仍然面临严峻的发展挑战，其中包括建筑原材料价格受政策影响持续上涨、农民工群体老龄化严重、人力资源紧缺，以及部分项目的人力物料损耗增加、工程项目的综合成本不断上升等。

在这样的背景下，建筑工程行业推进数字化转型势在必行。近年来，国家积极推动智能建造与建筑工程行业协同发展，不断推广普及装配式建筑、绿色建筑、建筑信息模型（BIM）等前沿技术。

对于建筑工程行业而言，大量项目涉及大型基础设施、公用事业、央国企承接工程等，其中大部分使用国有资金或国家融资。基于相关政策，绝大多数工程物资必须通过招投标采购。自 2019 年起，国务院、发改委、工信部、住建部、交通运输部、水利部、商务部等部门陆续推出了与招投标相关的政策文件。

在我国，建筑工程行业因管理部门对行业资质、招投标管理等方面的严格要求而呈现出明显的两极分化特征。规模庞大、资质雄厚的核心企业扮演着引领角色，带动了大量中小型供应商和经销商的发展。此外，建筑工程行业还表现出明显的季节性特征，材料库存变动的规律性强，储备预付、施工赊销、库存占用等特征明显，保函、票据等产品的运用也十分普遍。这些特点与供应链金融的应用场景高度契合。

从行业特征来看，建筑工程行业是一个资金密集型行业，资金需求量巨大。由于建筑工程行业的发展特点，施工企业往往处于整体供应链的上游，面临着回款周期较长、支付压力较大的严重资金问题。随着市场竞争加剧和行业经营特点的深入影响，建筑工程行业的竞争已经从单一公司之间的竞争转变为供应链之间的竞争。

面对建筑工程行业内部的种种问题，如产能过剩、楼市库存大、企业债务过多、成本高企、利润偏低、工程质量参差不齐、技术水平待提升等，供应链金融的应用发挥着重要作用。一方面，它能有效缓解供应链的资金短缺问题；另一方面，它有助于整合商流、资金流、物流和信息流，推动产业整体向前发展。在资金端与资产端的共同推动下，不断更新的供应链金融解决方案也能够逐步改善建筑工程行业所面临的困境，开启新的发展局面。

10.5.2　建筑工程行业供应链金融的核心需求

如图 10-3 所示，建筑工程项目的全周期管理包括项目立项、项目施工、项目竣工，以及质保期等多个阶段。在每个验工节点，施工单位会根据原材料及劳务资源的使用情况与上游供应商进行对账结算，并依据确认的项目完工产值向业主申请拨付工程款。然而，建筑工程行业的上游材料采购、劳务人力、设备租赁等合同付款周期较短，而下游业主的验工对账周期较长，这往往导致项目前期垫资严重、项目收支出现期限错配和资金错配、项目资金流倒挂等问题。

建筑工程行业的特点使得施工企业在产业供应链中处于中下游地位，回款周期较长，支付压力相对较大，供应链自身的融资渠道有限，资金成本较高，同时核心企业与供应商的合作预期不稳定，面临着较为严重的资金问题。工程项目的不同起始进度意味着"人、机、料"付款节点在工程过程中的差异，不能简单地用"以收定支"的传统方法加以限制，而需充分考虑生态企业对资金流动性的需求。

就现金流入而言，工程项目订单若约定收取预付款，则企业将获得未来现金流入的信息；若约定投资付款行为，则企业也将了解未来现金流的支出情况。然而，建筑企业多个工程合约的商务交易权利和履行时间并不一致，因此需要进行期限匹配。此外，合约现金流的弹性也可能对期限匹配造成影响，这时就需要合理配置金融资源。例如，在工程项目的结算环节，考虑到业主方按期结算的比例较低、延期结算或预结算占比较大的情况，建筑工程企业需要在经营性现金流、融资性现金流、投资性现金流的交易权利与期限匹配上预留余量。

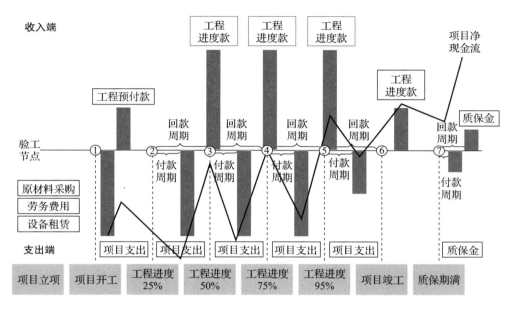

图 10-3　建筑工程项目的全周期

如图 10-4 所示，建筑工程供应链金融涉及多个阶段，不同阶段具有各自的融资需求特点，主要包括招投标、交易过程及对账、应收账款以及结算阶段。

在招投标阶段，随着国家积极推进建筑工程行业招投标流程电子化，保函业务、中标贷等融资工具进一步向线上化、智能化发展。投标保函可以替代投标保证金，但仍需缴纳少量保证金，以满足金融机构的资料审核要求和招标人保函机构的准入条件。中标贷的授信对象主要是中小企业，因此贷款额度较小，融资利率偏高。

在交易过程阶段，订单贷、供货贷、到货融资等数据融资产品是基于建筑工程企业上游供应商在合同订单、货物运输、库存储备、履约对账等交易阶段产生的融资需求而出现的。然而，当前存在交易数据线上化程度不足、信息准确性低、金融机构调研难度大等问题，导致金融机构提供的融资产品无法满足市场需求，融资业务规模较小。

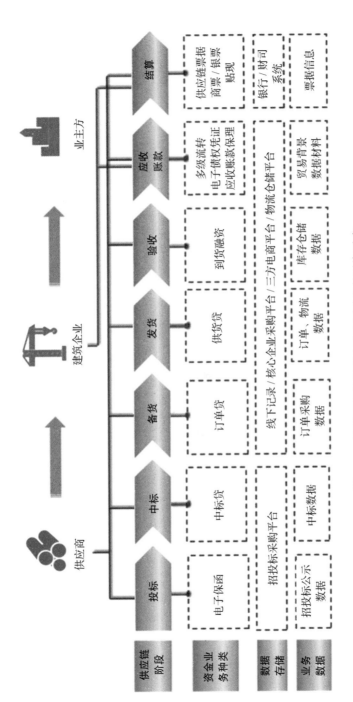

图 10-4 建筑工程供应链金融不同阶段的融资需求

在应收账款阶段，多级流转反向保理融资是建筑工程企业对其上游应付账款进行融资，不改变企业资产的负债结构，能够让供应商提前获取资金。尽管该产品的市场规模已达万亿元级别，但仍有直接占用企业银行授信、信用额度共用等问题，业务规模存在上限。建筑工程企业应收账款保理融资一般为暗保理，需要提供履约进度证明并对项目回款提供担保，占用银行对企业的授信额度。

结算阶段一般采用现金结算、银票、商票、供应链票据等支付结算工具，具有标准化程度高、市场流动性强等特点。由于资金方票据贴现的报价实时波动，贴现利率难以跟踪监控，部分票据持有人急于获取流动资金，导致票据贴现价格可能远高于承兑人银行贷款的利率，容易扰乱市场价格。

建筑工程行业供应链金融产品创新仍处于初期阶段，金融市场面临数据线上化程度低、可信度不足等问题，金融机构普遍依赖建筑工程企业的主体信用来提供融资产品，难以满足企业自身及上游供应商的资金需求。

具体而言，建筑工程行业在供应链金融应用方面的核心需求主要包括以下几个方面。

- **解决资金兑付问题**：国内建筑工程行业处于产业链中下游，进入门槛低，劳动密集、同业恶意竞争等问题长期存在，加之宏观经济的收紧，特别是相关的房地产开发项目和地方政府平台针对性收紧的政策影响，建筑工程企业产业链下游企业的资金状况日趋紧张。供应链金融不仅可以充分发挥供应链上下游企业融资便利的优势，也能使企业在面临传统流动资金贷款额度受限时，获得必要的融资支持。

- **缓解建筑工程行业中小企业融资难**：中小企业在促进我国经济增长、提供服务、解决就业等方面发挥重要作用，是国民经济和社会发展中的重要组成部分。建筑工程行业中中小企业的发展却面临融资难题：中小企业一般为轻资产经营模式，可抵押物少，抵押物的折扣率高；管理不规范，资本技术密度低，技术装备水平落后；信用观念淡薄，缺乏信誉，难以获得授信。从金融侧看，大部分中小企业很难获得银行的授信和达到融资条件。

- **全流程规范化管理**：实际上，在建筑工程行业庞大的规模背后，行业仍然存在管理手段落后、信息化程度落后等问题，供应链金融的应用，使得金融机构可以对建筑工程企业的上下游交易、贸易背景、企业经营状况进行全面审核，全面把控操作风险，助推建筑工程企业的规范化、标准化和精细化管理。

10.5.3 建筑工程行业供应链金融案例

目前，建筑工程企业常用的供应链金融产品主要包括：保理、国内信用证、商业汇票、订单融资、保理资产证券化融资等。以下为两个典型的建筑工程行业供应链金融案例。

1. 案例一：中交集团

中国交通建设集团有限公司（简称"中交集团"）是全球领先的特大型基础设施综合服务商，在全球 157 个国家（地区）开展业务，在大交通、大城市领域具有全产业链一体化服务能力，在国际化、江河湖海治理等方面有着独特优势。与中国建筑类似，中交集团供应链金融业务通过中交资本、中交电商平台（交建云商）以及各个成员单位开展。中交各工程局较早地在数字化供应链金融业务上进行了探索，目前体系内形成了中交资本供应链金融平台、中交雄安租赁供应链金融平台、交建云商供应链金融平台、中交疏浚供应链金融平台、中交一公局供应链金融平台、中交二航局"二航链"平台"二航惠融"等。

2021 年 10 月 8 日，中交二航局搭建的具有工业互联网特征的全国首家建筑央企自建金融中台顺利上线，"二航链"平台"二航惠融"数字流转凭证成功签发，赋能供应链生态圈。

2022 年 4 月 28 日，中交一公局集团数字化金融管理平台成功签发首笔线上电子债权凭证"中交壹链"，标志着"中交壹链"正式上线，也意味着公司加强金融支撑的又一创新举措成功落地。

2. 案例二：山西建投

山西建设投资集团有限公司（简称"山西建投"）是山西省规模最大的综合性国有投资建设集团公司，前身是山西建筑工程（集团）总公司，于 2017 年 9 月完成公司制改革，注册资本 50 亿元。山西建投是中国企业 500 强，旗下拥有 7 个建筑、3 个市政公用、1 个石油化工共 11 项工程施工总承包特级资质、11 项行业甲级设计资质，以及 150 多项总承包与专业承包一级资质。

山西建设投资集团有限公司供应链金融业务主要通过旗下的晋建商业保理（横琴）有限公司（简称"晋建保理"）开展。晋建保理依托集团产业链，服务集团主业，支持集团转型升级，按照金融市场规律和发展规律，以诚信为本，以规范运作、稳健经营为原则，以市场化、专业化、差异化服务为目标，创新经营模式，为集团核心企业产业链的上下游企业提供保理服务。山西建投供应链金融服务平台是晋建保理与联易融、山西建投合作开发的线上管理平台。该平台自 2019 年 8 月正式上线运营以来，充分发挥科技赋能金融的作用，服务中小微企业。2021 年 11 月，山西建投供应链金融服务平台与浦发银行实现系统对接及"晋 e 融"数字债权凭证的互通互认。2022 年 3 月，在双方努力下，首笔多级流转数字债权凭证成功实现融资兑付。

10.5.4　建筑工程行业供应链金融的大模型解决方案

一直以来，建材工业供应链金融市场存在一定的流动性压力，银行等金融机构的融资审核流程较长，导致资金无法及时到位。同时，建筑工程行业中不同企业的资信状况并不相同，有些企业的资信状况可能并不理想，但是由于其在行业中的地位较高，仍然能获得较好的融资机会。因此，建筑工程行业供应链金融市场需要制定统一的资信评估标准，确保融资机会公平分配。

在行业发展瓶颈上，建筑工程企业供应链金融市场缺乏有效的监管机制以及对市场的有效监管，从而导致市场乱象频生，风险难以控制。针对供应链融资场景，建筑工程企业对于配合上下游开展数据融资业务的动力较弱，原因在于建筑工程企业的话语权相对上游中小企业较强，可以通过沟通谈判延长付款账期或者降低采购价格，目前市场的供应链融资工具无法满足上游供应商的融资需求。

项目实施过程中的信息化和数字化程序不足，具体表现为：第一，工程履约节点数据有滞后性，如产值进度数据由三方线下沟通确认后再进行系统登记；第二，项目过程信息的可视化程度低，项目进度无法实时监控，例如项目现场进度、耗材用料等缺乏数据支撑；第三，产业链数据管理存在断点，项目合同、验工计价单、回款单及发票等信息分散存储，无法实现"四流合一"。

在风险评估与现金流管控上，建筑工程项目的施工进度会受到诸多因素影响，例如不同项目类型、地域海拔、自然气候、地方政策、回款来源、施工工艺等因素均会对项目进度产生较大影响；下游回款能力往往依赖于业主单位的资金状况和项目回款来源，如不同省市地方政府平台的回款能力差异较大；国资项目由财政部定期拨款，更容易进行现金流监控和回款预测等；金融机构的风险管理工具和技术相对落后，难以满足复杂的风险管理需求。

针对以上问题，AI 大模型能够提供如下优化解决方案。

1. AI 大模型与 BIM 技术结合，推动供应链信息共享

建筑信息模型（BIM）技术是数字模型技术在建筑业的具体应用，可实现全组织、全流程、全要素的覆盖与管理，有利于资源的集成整合与信息的互通共享。AI 大模型能够与 BIM 技术相结合，通过多模态数据转换能力，从源头解决信息传递问题，促进供应链数据线上化、项目管理可视化。AI 大模型基于 AR/VR、GPS 和射频识别、物联网、云计算、卫星定位、大数据等技术，将各类数据转化为结构化、可视化的信息，对信息进行交叉核验。

例如，AI 大模型解析项目现场的施工细节图像，对项目完工进度与履约产值进行预测；AI 大模型实时监控设备运行数据，对工地开工及设备运行情况进行分析；AI 大模型读取物流仓储数据，监控原材料及货物的使用情况，自动测算项目材料的使用成本；AI 大模型实时监控现场工人的作业进度和土方施工进度，自动测算劳务费用支出成本等。

通过 BIM+AI 大模型，未来有望打通建筑工程企业及其上下游的商流、物流、资金流、信息流，实现"四流合一"，加强企业间生态联动，通过线上化平台实现交易信息存储、数字化及交易监控，打破信息壁垒，有效实现资源互通，从而推进供应链金融业务的创新发展。

2. AI 大模型协助金融机构完善行业主体数据挖掘与信用评估

"十四五"发展规划中提及建筑市场需要完善信用管理政策体系，构建以信用为基础的新型监管机制，要求完善公共服务平台对行政许可、行政处罚、

工程业绩、质量安全事故、监督检查、评奖评优等信息的归集和共享，全面记录建筑市场各方主体的信用行为。AI 大模型可以辅助金融机构及公共信息平台挖掘和集成企业主体信息，结合招采数据、项目数据，完善对建筑工程企业主体的信用风险评估画像，评估建筑工程企业实际的资金管理与偿债能力，增强金融市场的公允性。

3. AI 大模型助力企业建设项目现金流预测模型

在 AI 大模型出现以前，项目现金流预测与金融决策主要依赖人工统计分析和专家经验。不同项目的现金流受到诸多因素影响，单一项目模型无法支持各类别项目的分析预测。与小模型相比，AI 大模型不需要针对不同风险要素逐个训练，能够基于预训练的模型结合历史全量项目数据自动适配调整模型要素的指标权重等，打造更加完善的项目现金流预测模型，并在施工过程中随着项目进度自动调整模型方案，使方案更加符合未来企业的项目管理要求。同时，AI 大模型能够结合供应链金融工具的产品方案信息，匹配项目资金缺口或盈余，生成金融投融资决策建议等。

4. AI 大模型助力供应链融资智能审核

第一，AI 大模型可以通过自然语言处理技术，帮助金融机构快速处理和理解大量的文字资料，如合同文件、法律文件、风险评估报告等，提高审核效率和准确性。AI 大模型还可以帮助金融机构自动生成合同文件、评估报告，降低人工编写文件的负担。

第二，AI 大模型可以通过深度学习的方式，学习和分析建筑工程行业的风险特征与模式，提高风险识别和评估的准确性，减少人工疏漏的可能性。同时，AI 大模型还可以帮助金融机构与企业间建立信息交互平台，及时获取风险数据，做到实时监控和管控。

第三，AI 大模型可以帮助金融机构自动化审批流程，通过深度学习和神经网络算法，从大量历史数据中学习合同评估和风险判断流程，从而实现自动审核和批准，提高审核效率和准确性，同时缩短审核周期。

第四，AI 大模型可以帮助金融机构分析、挖掘和可视化数据，为管理层提供决策支持，帮助机构进行危机预测和应急处理，提高风险管理和监管能力。

10.6　医疗行业的供应链金融场景

10.6.1　医疗行业供应链金融简介

医疗行业是一个涉及人类生命健康的重要领域，也是一个资金密集、技术密集、风险高、监管严的行业。医疗行业的供应链涵盖了从医药器械的生产、流通、销售，到医疗服务的提供、支付、管理等多个环节，涉及众多参与主体，如医药器械生产商、经销商、医疗机构、医保机构、患者等。医疗供应链金融业务模式如图 10-5 所示。

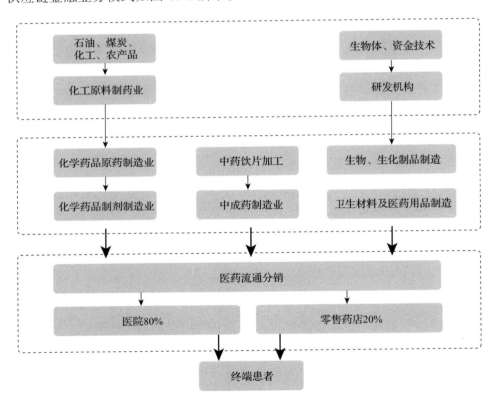

图 10-5　医疗供应链金融业务模式

在整体链条中存在药品供需关系、医疗器械供需关系、疫苗供需关系、医院物资供需关系及健康服务供需关系等，医疗行业的供应链金融，就是指在医疗行业的供应链中基于上述的各种供需关系，利用信息技术和金融创新，为供应链上下游的各个主体提供便捷、高效、低成本的金融服务，以解决资金周转、风险分担、效率提升等问题，促进医疗行业的创新发展。

10.6.2　医疗行业供应链金融案例

医疗行业供应链金融业务在我国起步较晚，但近年来随着医改政策的深入推进和互联网技术的广泛应用，呈现出快速发展的态势。以下简要介绍几个较为有代表性的案例。

1. 医院主导承接建设的案例

某地方性医院与三方科技公司及银行建设了一个以在线保理作为核心业务的供应链金融平台，即利用互联网技术实现买方单保理业务模式的全流程电子化。该案例是医疗行业供应链金融业务起步阶段的一个里程碑，开启了医疗行业供应链金融业务线上化、智能化、高效化的时代。

2. 医药制造及流通企业主导承接建设的案例

某地区大型医药流通企业联合几方银行，针对自身现金流优化事项及上游供应商资金紧缺的问题开展合作供应链金融业务。该业务主要有以下两种模式：

- 自办自贴模式：一方面使供应商及时获得资金，加速资金流；另一方面有助于该企业降低融资费用，改善公司当期的经营现金流。同时，由于为供应商提前付款，企业获得了药品价格折让与付息之间的收益。
- 电子商业承兑汇票模式：这种业务模式能够帮助该企业拓展商业渠道，如器械耗材业务，迅速抢占市场份额，为上游供应商提供资金，从而实现共赢。该模式主要适用于资金链紧张的上游供应商，且愿意接受商业承兑汇票。

3. 资金方主导承接建设的案例

随着大数据、物联网等技术的发展和应用，除了传统的供应链金融模式，目前还有一种以 SPD 系统为纽带，结合 HIS 系统、SCM 系统的供应链金融业务模式正在探索和实践中。

SPD 系统是指将供应、加工、配送等集中管理与外包管理的模式，它是一种医院耗材供应链管理模式的延伸，为医院耗材采购提供集约式服务。这种模式将医院医用物资的院内物流工作放在一个专业的物流管理平台上运营，由专业的物流服务商提供整体的医院物资物流运营管理配套服务。通过信息系统的标准化建设和院内物流流程再造，以及条码识别技术的应用，使物流作业规范、简化，降低对管理人员素质的要求，提高作业效率，减少差错。

在这种模式下，某银行与各医疗机构及药械制造流通企业共同合作。它们在整合 SCM 系统、SPD 系统、HIS 系统、财务管理系统、库存系统数据的基础上，采用了"全线上、无接触"的账户开立和授信服务方式。中小微企业可以在线上将应收账款质押，而资方不需要核心企业确权即可进行授信。这一模式实现了以交易信用数据取代主体信用授信的去中心化的创新服务模式，更好地解决了医疗流通行业医院确权难、企业融资难的问题。

如图 10-6 所示，资金方通过整合院方的仓库数据、财务数据以及供应商端的提货数据、对账数据等，将货物流、资金流、信息流等统一归口管理，打通链条的上下游，使链条整体透明化、准确化。

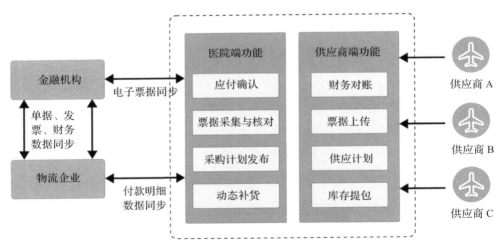

图 10-6　某金融机构与医疗机构的合作模式案例

整体方案从风险层面出发，制定出有别于其他行业的风险政策，依据 SPD、SCM、HIS 等系统中的订单数据、物流数据、仓库数据、设备物联网信息并进行匹配，对链条中从生成订单阶段到最终使用给病患侧的全流程进行追踪校验，使真实资质良好但过往主流供应链金融融资方式无法识别的客户能够获得金融支持。

还款方面，资方可采用"按月付息，到期还本"的方式，用医院回款作为还款来源，更好地匹配医疗行业的交易习惯。而业务流程方面，融资企业申请一次后，资方通过审批即可利用循环授信方式进行授信，融资企业获取额度后可免去后续的繁杂手续，便于流通企业开展后续金融服务。

资方的这种模式通过 SPD 等新兴技术的应用串联起了流通企业—医院—资方各方的信息，校验了信息的真实性、准确性，缓解医疗流通企业融资环节的压力，同时起到将优质金融资源充分注入相关生态链的效果。

10.6.3　医疗行业供应链金融的发展瓶颈及挑战

医疗行业供应链金融有着广阔的发展前景，但当前依旧面临诸多瓶颈与挑战。这些挑战不仅关乎医疗企业的运营效率与成本控制，更关系到医疗资源的合理利用与医疗服务的可及性。下面将深入剖析医疗行业供应链金融所面临的发展瓶颈及挑战，并探讨可行的解决方案，以推动医疗供应链金融的健康发展。

1. "两票制"等政策法规的实行使药械流通节点缩减，制造企业的利润被压缩

2017 年，我国鼓励实施"两票制"（"两票制"是指药品从药厂卖到一级经销商开一次发票，从经销商卖到医院再开一次发票，以"两票"替代目前常见的七票、八票，减少流通环节的层层盘剥，并且每个品种的一级经销商不得超过 2 个）和"零加成"（国家实施的所有公立医院全面取消药品加成，实现零加价）政策，目的是简化药品流通环节，避免层层盘剥，让公立医院不再加价销售药品。然而，这两项政策导致了许多医院常常延迟或拖欠医药企业的付款，制造企业的利润降低，致使资金流紧张。

2. 医院在整体链条中的地位强势且有非营利属性，确权意愿低

我国医疗体系中的医院以公立医院为主，具有非营利属性，对财务指标无硬性要求，而且在整个供应链金融链条中处于核心地位。因此，部分医院存在付款不及时的问题，确权会形成刚性付款承诺及刚性付款，制约医院付

款不及时的行为。

医院采购的药品种类众多，一般都大于千种，且单价低，药械制造企业或流通企业开出的单张发票金额不高，发票数量相对较大，在供应链金融业务中医院需配合将发票及药品一一对应，在医院信息化程度不高且存在多方系统的情况下会给医院带来操作性压力，降低医院参与链条的积极性。

3. 医院的回款周期面临不确定性

医院的主要资金来源包括政府投入、医保基金、自费、保险公司报销以及慈善捐赠等。这些资金来源在一定程度上是稳定的，但也会受到许多因素的影响，如政策调整、经济周期变化、人口结构变化、疾病谱变化等。当医院资金较为紧张时，医院的资金会优先用于内部员工工资等，不一定会第一时间给到供应商或者资方。

4. 医院的信息化程度参差不齐

在此之前，医院多为手工作业模式，如常见的医生给患者开具的药方及签字，信息不统一、难储存。我国院方的信息化工程起步较晚，大型医院体量庞大，内部系统繁杂，各个系统间牵一发而动全身，而信息化是一项建设周期长、投入大、短期内经济效益不明显的"一把手工程"，需要医院的领导者有足够的建设决心，提高医院各部门的参与度。在卫健委等部门的强制要求、以患者为中心的办医理念，以及医院自身的发展需要、管理上的自我要求、社会的影响力等各类因素的影响下，以上情况正在逐步好转。

5. 参与主体多，物流等关键信息复杂且信息追踪难

由于医院采购药械的种类偏多，与多家制造企业及流通企业均存在药械流通关系，会有多家物流公司参与，数据源头不统一，数据整合复杂，导致供应链金融业务中货物的流通及使用数据关联出现断层。

6. 医疗行业的运输及储藏门槛较高，导致退换货运营成本高

药物的保存及运输对物理环境有较高要求且存在假冒伪劣等情形，在物流环节中稍有不慎就会造成药械货物的损伤、损毁，最终导致验收环节出现问题。如此一来就会造成以货物为押品或以应收账款为载体的供应链金融业务出现断层，放款及回款的数据依据发生变化而无法告知整体链条。

7. 贸易背景的真实性难以判断，风险大

近年来，我国医药流通行业发生了一些涉及虚假贸易、虚假发票、虚假保理等形式的诈骗案件。这些案件给医药流通企业和金融机构造成了巨大的经济损失和信用风险。造假者通常利用医药流通体系中存在的信息不对称、监管缺失、制度漏洞等问题，采取伪造合同、单据、发票等手段进行欺诈，主要表现形式为利用空壳公司或者关联公司进行虚假交易，制造虚假应收账款；利用虚假或者伪造的合同、单据、发票等文件申请融资。

10.6.4　医疗行业供应链金融的大模型解决方案

针对以上痛点，近几年技术的变革与应用已经初见成效，例如 SPD 等系统的应用、物联网技术的应用、大数据风险评估等，但其中仍存在部分问题尚未解决，例如 SPD 等系统的建设及数据打通成本问题、资金流与业务信息及物流信息的匹配和联动问题、资方对医院回款来源（医疗保险金等）的监测、流通企业资金用途跟踪、资方定价策略的不确定等。那么 AI 大模型在未来能帮助医疗行业在供应链金融业务中解决哪些问题呢？

1）资金流动态预测：GPT 根据销售数据、进货数据、货款支付记录、SPD 系统数据、行业信息、政治经济环境变化信息等多方数据评估各企业在链条中未来可能的表现，再加入各机构的信用状况、税务记录、经营情况数据出具风险评估模型，并匹配资方风险偏好，预测链条中各参与方的未来资金流变化趋势，加强供应链金融业务中资金流向的确定性。

2）增强机构间互信：GPT 以三方审计或认证的角色介入整体医疗供应链金融业务中，作为中立方客观可信、同名公开地评估链条中的每个机构。GPT 还可以协助各方机构建立良好的沟通渠道，增强链条的透明度，促进信息共享，解决供应链金融业务中医院作为核心企业的强势不确权问题，使得整体链条达成去中心化、无强势方的健康状态。

3）需求预测和库存优化：GPT 结合 SPD 系统和物联网设备中的销售数据、患者就诊信息以及库存情况，可以进行需求预测和库存优化分析，以减少库存积压，避免物料短缺，并提供更精确的库存管理建议，避免企业或医院由于压货等问题导致资金流紧张而影响供应链金融链条的稳定性。

4）供应链管理及供应链金融的深度融合：结合 GPT、SPD 系统及财务

系统等，可以实现订购流程和供应链管理的自动化；通过分析历史数据和供应商性能，系统能够智能地生成采购订单、优化供应商选择，并提供自动化的供应链协调和协同；借助信息流的完善，可提升供应链金融业务中企业资金的使用效率，更好地评估及选择链条中的优质供应商并匹配合适的金融产品进行服务。

10.7　农业的供应链金融场景

农业作为国民经济的基础产业，在我国具有重要地位。据国家统计局最新发布的数据显示，截至 2018 年年末，中国大陆总人口约 14 亿人，其中城镇常住人口约 8.3 亿人，乡村常住人口约 5.6 亿人，占人口总数的 40.42%。这个庞大群体的背后是建立在约 15.5 亿亩基本农田上的农业产业。在土地流转和农村劳动力转移的趋势下，农业规模化经营正在迎来扩张潮，伴随的金融需求也将是巨大的。

2021 年中央一号文件正式对全面推进乡村振兴做出了战略部署，并重点提出农业农村现代化要开好局、起好步，金融是一切经济活动的血脉。农业供应链金融代表了我国金融服务与产业供应链的有机融合，为农业生产和流通中的各个环节提供资金和金融支持，创造了一种崭新的农业金融服务方式。

我国的农业产业链涵盖了广泛的产品类型，包括生产前的消费、流通、加工、种植养殖和采购等多个环节。一方面，农业供应链金融能够根据供应链企业的资金需求，提供灵活、高效和及时的资金服务，从而提升农业产业链的合作质量和竞争力。

另一方面，农业供应链金融覆盖了从生产资料制造的"源头"到相关流通环节的全过程，促使资金、信息和物资得以顺畅流通，逐渐塑造了从"源头"到"市场"的交流机制。

10.7.1　农业供应链金融的当前发展路径

根据中国社会科学院农村发展研究所发布的官方文件，要想发展好农业，应该以规划为引领，完善农村数字普惠金融顶层设计。在"十四五"时期，可以出台发展农村数字普惠金融的相关规划，明确农村数字普惠金融的战略定位、阶段任务和发展路径，并尽快制定落实配套方案细则。同时，结合农业农村现代化进程 2025 年、2035 年远景目标，推动数字普惠金融与农业农村现代化战略有机融合，促进各地区数字普惠金融均衡发展。此外，建立健全多部门联动协作工作机制，加强"政、企、银"多方合作，鼓励不同金融机构、政府有关部门、农业配套服务机构加强协作，推动实现功能互补、业务流程相互衔接。

在具体操作层面，一方面可以围绕农业现代化发展需求，立足农业生产的特点，利用数字金融技术手段创新金融产品，鼓励开发专属金融产品支持新型农业经营主体和农村新产业、新业态。另一方面，可以利用互联网技术创新农业保险产品，提升农业保险服务能力。例如，在全国范围内推广地方优势特色农产品保险，充分发挥"保险 + 期货"在金融服务中的作用，以更有效地化解长期困扰农业发展的生产经营风险。此外，可以拓展数字普惠金融应用场景，积极打造农村数字普惠金融应用创新示范点，鼓励农村企业向数字化、信息化、智能化方向转型，积极探索"5G+ 智慧农业""5G+ 智慧畜牧业"等场景，加快推进智慧农业、数字乡村的建设进程。

10.7.2　农业供应链金融案例：延川四苹果

延川四苹果农业科技有限公司（简称"延川四苹果"）于 2016 年在延川成立。这个公司最大的特点是通过重构苹果供应链 + 供应链金融的模式实现了农产品从生产、物流到销售全链路的生态体系建设。我们可以从这个真实的案例中感受农业供应链金融的巨大应用价值。

1. 苹果供应链重构

如何确保供应链运作全流程的实时性、透明化是农业供应链关键的一环，具体来讲，延川四苹果的 ICT 运用主要集中在三个方面，如图 10-7 所示。

- 信息化、透明化的农事管理。农业供应链涉及大量的种植户，通过线上系统的模式将农户档案、种植管理、种植面积、种植年限、历史产量、预估产量等数据进行了结构化整合，并建立了农事管理大数据平台，实现了数据的实时更新和综合分析。

- 基于 IoT（物联网）的种植和现场管理。针对农作物受到环境、气候、土壤、病虫害等问题的影响，采用了 IoT 技术进行现场数据采集和管理。例如微气象管理，通过微气象实时监测结合公共气象预报，提供农业作业指导；土壤管理，实时监测土壤情况；病虫害监测管理，利用光谱分析等技术进行监测。借助这些信息化手段，实现了智能感知和决策，大幅提高了种植过程的质量和稳定性。

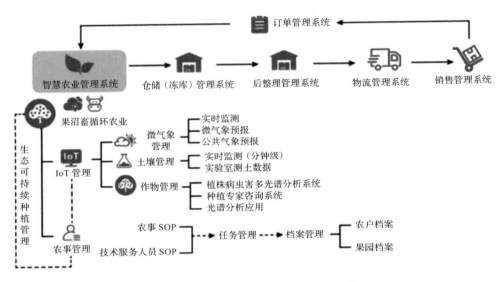

图 10-7 苹果供应链业务模式全景图[⊖]

- 供应链分销运营过程信息化。农产品流通过程涉及农产品的安全溯源和管理。一方面，苹果期货交易市场对苹果的标准等级进行管理，保障了产品流通管理的标准化；另一方面，将供应链流通动态信息和订单数字化管理信息进行了信息结构化管理。

2. 苹果农业供应链金融

农户在从事农业种植时需要大量资金购买生产资料，如套袋、肥料、农药等。然而，由于农户缺乏抵押品或相关征信数据，传统金融机构往往难以为其提供贷款。然而，延川四苹果公司通过建立数字化系统，使得金融机

⊖ 详见由中国人民大学出版社于 2019 年出版的《智慧供应链金融》，作者为宋华。

构能够有效控制整体生产经营，实现了数据透明化，从而极大程度降低了风险。

　　具体来说，金融机构可以对农户的资料、土地状况、历史产量、品质情况、交付状态、种植经营、仓储订单信息等进行综合分析，以做出更准确的贷款决策。下面是延川四苹果与金融机构合作的业务模式，具体流程如图 10-8 所示。

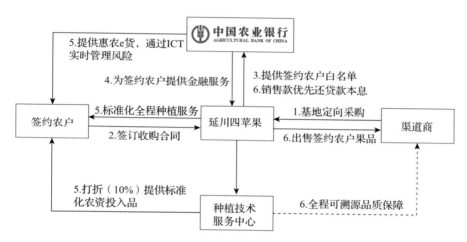

图 10-8　延川四苹果与金融机构合作的业务模式（来源：《智慧供应链金融》）

　　延川四苹果与下游客户签订苹果购销协议，根据市场订单，向签约农户下达生产计划。延川四苹果向中国农业银行提供签约农户白名单和相应数据。

　　中国农业银行通过种植技术服务中心向合格农户提供惠农 e 贷金融服务，将资金支付给与延川四苹果合作的农业生产资料供应商。农业生产资料供应商协同延川四苹果提供标准化的全程种植服务，并向签约农户提供生产资料。金融机构利用延川四苹果建立的 ICT 系统实时监控全程，以控制贷款风险。生产完成后，延川四苹果将果品定向出售给下游客户，并优先用销售款偿还银行本息。延川四苹果组织生产资料供应商提供生产资料产品时，全年提供10% 的折扣，以减轻农户的利息负担。

10.7.3　农业供应链金融的发展瓶颈及挑战

　　在现代农业领域，供应链业务扮演着至关重要的角色，它贯穿了产品从农田到餐桌的整个流程。尽管农业供应链在推动农业现代化和提高农产品供应效率方面取得了巨大进展，但目前看来，农业供应链金融的发展尚处于初级阶段，还存在许多问题亟待解决。

1. 金融机构运营成本高，征信数据缺失，导致核心风控难

一方面，农业产业链上的中小企业和农户往往缺乏抵押物、信用等级低、征信记录缺失、受自然灾害和市场波动影响大等，未建立完善的中小企业信用评价体系，导致传统金融机构不愿意或无法为其提供有效的金融服务。另一方面，农业供应链金融对全产业链的了解需要非常细致和充分，并且对底层资产控制能力和技术能力等方面的要求都很高，运营成本很难降低。

2. 农户及中小企业融资难，资金成本高

农业产业链上的中小企业和农户往往需要大量的资金投入，如购买种苗、化肥、农药等生产资料，或者进行加工、储存、运输等后续环节。与此同时，农业产业链上的中小企业和农户往往对资金成本非常敏感，因为利润空间较小，无法承受过高的利息、手续费等。传统金融机构往往无法满足这些需求，或者提供的资金成本过高。出于风控的考虑，资金端一般只愿意对核心企业上下游的一级供应商和经销商提供金融服务，有巨大融资需求的二级、三级供应商 / 经销商则得不到满足。另外，因为农业本身生产投入周期长，而且每一个生产周期，不管是种植业、养殖业，能产生的价值增值是相对稳定的，资金周转次数被限制，导致金融机构获益较少。

3. 供销社、核心经销商信息不对称

供销社往往面临农民和市场需求之间的信息差，导致难以准确预测和满足市场需求，一些供销社在信息化和技术应用方面相对滞后，影响了业务流程的效率和透明度。核心经销商可能面临库存管理的挑战，过多或过少的库存都可能导致资源浪费或订单无法及时完成，部分核心经销商可能在物流方面存在瓶颈，导致产品流通的速度慢、成本高。

4. 农业生产非标性明显，受政策影响大，并有天然的周期性（周期性强）

农业产业链上的中小企业和农户往往受到政策、季节性、周期性等因素

的影响，导致其资金需求不平衡。土地政策受国家政策影响较大，与此同时，过度开发和不可持续的农业做法可能对环境产生负面影响，并且在长期内不利于农业的经济效益。传统金融机构往往无法灵活调整贷款期限和还款方式，或者对逾期还款进行严厉处罚。农业生产，包括种植、养殖等产业在内，有明显的周期性，在金融服务中资金周转和回笼的周期较为固定，并且周期较长。因此做农业供应链金融，相比于其他领域需要更多的耐心。

10.7.4　农业供应链金融的大模型解决方案

GPT 作为一种强大的人工智能工具，在农业供应链金融中可以解决多个场景问题，提供更高效、精确和智能的解决方案，在农业供应链金融中可以解决以下问题。

1. 农事管理及供应链信息透明化

农户画像：AI 可对农户进行信息搜集，形成画像描述及定义，如农户基本信息、种植面积、种植年限、历史产量、预估产量等，通过综合数据分析形成农户清晰画像。

种植管理：AI 可通过物联网设备、卫星遥感等方式，获取并分析农业产业链的现场作业，如通过 IoT 设备做气象实时监测，同时与公共气象预报结合，提供农业作业指导、土壤管理（土壤实时监测、管理）以及病虫害监测管理，对农业的种植过程进行清晰的管理及决策。

销量预测及管理：AI 可以从各大电商平台、社交媒体、新闻网站等获取如苹果等农业消费品的销售价格、销量、评价等数据，实现对苹果产量和质量等数据的预测及供需匹配，具体如价格走势分析、苹果消费者的偏好和反馈评价等内容，实现对农产品销量的确定性管理。

2. 信用评估和风控

在实现供应链信息透明化基础上，AI 可根据已经获取的信息，对农业供应链参与的主体进行清晰的信用评估及风控建模，实现之前因征信数据缺失导致的核心风控难的问题，从而为农业供应链金融提供更科学、更合理、更灵活的信用评估和风控方案，降低信用风险和操作风险。具体如获取各参与方的信用记录，包括农户档案、借款历史、还款情况、逾期次数等，并通过社交媒体获取各参与方的社会关系，如好友数量、互动频率、评价内容等，并通过公开报道获取各参与方的舆情信息，如新闻报道、舆论评价、事件影响等。

3. 市场调研和数据分析

GPT 可以帮助金融机构分析大量的市场数据，包括农产品价格、需求趋势、竞争情况等。这有助于金融机构更好地了解市场动态，为产品设计提供基础数据。通过深入分析市场信息，金融机构可以更精确地确定农业金融产品的特性和定价策略，以满足农民的需求。

4. 智能化产品定制

GPT 可以与潜在客户互动，了解他们的需求和风险特点。基于这些信息，金融机构可以定制化金融产品，满足不同农民的特定需求。这有助于提高产品的吸引力，减少产品不良贷款率，从而降低运营成本。

10.8　直播电商的供应链金融场景

最近几年，直播电商领域发展迅猛。作为一种新兴的商业模式，在电商商务渠道整体增速放缓的大环境下，直播电商作为"后起之秀"，展现出了蓬勃的生命力。根据艾瑞咨询数据，2023 年中国直播电商市场规模达到 4.9 万亿元，同比增速为 35.2%。艾瑞咨询预计，2024—2026 年，中国直播电商市场规模的年复合增长率将达到 18%。

当前，直播和短视频的流量已经超越了传统的图文互联网交互方式。与文字和图片相比，视频的信息损失和偏差最小。文字和逻辑的理解方式各有不同，这些理解的差异都是后天形成的，需要大脑进行复杂的处理，消耗更多的能量。相反，直播或短视频提供了最接近直接感官体验的信息传递方式，人们对类似第一视角的视频有天生的反应。当人们接触到一个新的场景时，他们的身体会做出直接反应，不需要大脑复杂的思考过程。因此，短视频和直播的交互方式使人们以最小的能量消耗获取最大的信息量，这也是它们能够获取最大流量的原因。

10.8.1　直播电商供应链金融的商业模式

短视频和直播的流行也带来了新的商业模式，用户可以在平台上创建和分享各种各样的内容，从而吸引关注和获取粉丝；成功的内容创作者可以通过广告收入、赞助或其他方式获得收益。与广告和打赏相比，基于短视频和直播的电商是一种转化效率更高的商业变现模式。

- **情绪共振**：短视频电商的成功在于其创造了丰富的场景，例如分享一次旅行经历或一次美食体验，这些内容容易唤起观众对美好生活的向往。对于描绘乡土生活的内容，观众则容易产生共鸣，引发强烈的情绪反应。

- **基于真实场景的信任感**：直播电商通过实时展示和使用商品，让用户能够直观地了解商品的品质和功能，从而增强用户对商品的信任感。同时，通过使用商品解决现实生活中的问题，展现在与生活密切相关的场景中，用户能更快地理解商品的价值。

- **实时交互和购物体验**：直播电商允许用户和主播进行实时交互，比如提问、评论和分享，结合了娱乐和购物两种元素，从而增加用户的黏性和购买意愿。主播通过生动有趣的故事讲述，以及与观众的实时互动，使商品的展示更具吸引力。此外，许多 KOL（关键意见领袖）和主播还会配合优惠券、折扣码等营销策略，进一步刺激观众的购买欲望。这些因素使得 KOL 和主播在提升用户参与度和推动产品销售上具有独特的优势。

- **个性化推荐**：短视频平台都使用先进的推荐算法，根据用户的兴趣和行为进行个性化推荐，提高了相关产品的曝光率和购买率。这些算法通过分析用户的观看历史、喜好、点击行为甚至评论内容，来推送他们可能感兴趣的内容和商品。用户在平台上的每一次互动都在帮助系统更精准地了解他们，使得个性化推荐在提升用户转化率方面发挥了关键作用。

- **KOL 影响力**：KOL 和主播在短视频与直播电商中发挥着巨大的作用。他们凭借个人魅力、专业知识或者生活风格吸引了大量的粉丝，从而构建起庞大的影响力。当他们推荐某个商品或服务时，他们的观众往往会由于信任他们的判断而更愿意进行购买。

主流的直播电商平台包括淘宝直播、京东直播、多多直播、抖音、快手、B 站、小红书、微博以及腾讯直播。这些平台的带货模式各有千秋，例如，抖音的带货模式主要是通过短视频＋直播带货来进行产品推介和销售，而快手则更加侧重达人直播、打榜以及连麦等方式。

短视频和直播电商以惊人的速度蓬勃发展，使主播在短时间内就有机会极大地扩张业务，并达到数千万元或更高的销售额。相较于传统电商，这种模式的流量增长更为迅猛。

与传统电商相比，直播电商更符合共同富裕的商业模式，因为流量往往不会被单一的个体所控制，市场上总会有新的关注点和消费趋势。对于那些突然走红的主播，他们通常会有 1～2 个月的高人气期。在这段时间里，主播需要寻找符合其粉丝口味的商品，并在短时间内频繁进行直播推广，以在这个关键时期获得最大的销售收益。然而，主播可能会面临一些挑战，如在激增的订单面前，他们的管理水平、供应链效率、技术能力和资金储备可能无法及时跟上流量的增长。在这些问题中，资金不足往往是最大的限制因素。

10.8.2　直播电商供应链金融案例

以 2023 年短视频平台上炙手可热的产品——榴莲为例。一些短视频主播拥有庞大的粉丝群，他们的内容具有吸引力，所产生的交易量和流量令人惊叹。他们能在一天之内售出超过 1000 万元的榴莲。然而，这背后隐藏着的融资需求和压力，对于普通观众来说往往难以想象。这位榴莲主播面临的主要问题是短视频平台的账期规定：用户下单后将款项支付给平台，而主播需要等待 15 天，也就是从商品发货到买家确认收货且无退货后，平台才会将款项支付给主播。

这样的爆品通常具有明显的时效性，可能在一个月后，市场的关注点就会转移到其他新的热门产品上。在这一个月的周期中，如果按照 15 天的账期，主播仅凭 1000 万的初始资金，最多只能带来 2000 万的营收。若想维持每日 1000 万的销售额，主播至少需要 1.5 亿的资金，这无疑是一个极高的门槛。更为关键的是，为了保持短视频直播营销的持续性，维持市场热度，主播需要每天制作新的内容，并且持续保持销售的力度。否则，观众可能会转向其他平台或主播，15 天后将不会再有这么多的用户。

在这种情况下，直播电商的供应链金融就显得尤为重要。基于历史数据和实时直播平台数据，金融机构可以为主播提供融资支持，例如提供每天营收 80% 的资金。这样一来，主播仅需投入 200 万就可以支撑每天 1000 万的销售额，只需 3000 万就能维持一个月的营收，并实现每天的销售额稳定在 1000 万。这样，主播就能在一个月内实现 3 亿的收入，稳稳地抓住风口上的爆品商机。

在直播电商供应链金融平台上经营的商家可以在自主经营的同时，将待结算订单和已发货订单的资金提前变现，从而缓解现金流压力。对于资金方来说，它们可以在平台上为有融资需求的借款人提供融资，而融资利息和服务费则由平台方代收。直播电商供应链金融平台不依赖担保和抵押品，而是利用大数据技术根据商家的交易记录、物流情况以及店铺评分等信息，建立风险控制模型。有了这个模型作为支撑，商家就能够从银行或者保理等金融机构获取资金，从而提供垫资服务。

直播电商供应链的金融模式实质上是一种借助大数据技术解决商家现金流压力的金融服务。这个模式将金融科技与直播电商平台相结合，旨在打破传统金融服务在服务效率和服务范围上的限制，提升直播电商行业的整体运营水平。它降低了商家的时间成本和边际成本，提高了商家对爆款商品的销售和交付能力，为直播电商行业带来了全新的可能性。

基于短视频直播电商的供应链金融，其业务模式大致如下，直播电商供应链金融业务模式的前后变化如图 10-9 所示。

- 获取直播电商店铺数据，进行资质审核：首先，贷款方需要获取店铺的运营数据，这包括但不限于销售记录、用户评价、商品种类等。同时，贷款方会进行资质审核，确认店铺是否具备进行贷款的基本条件，如店铺的合法性、经营状态等。
- 核定授信额度，签订合同：贷款方根据店铺的经营状况，计算出一个合适的授信额度，然后双方签订借款合同。
- 店铺交割，监管直播电商回款账户：在贷款方的监督下，店铺的经营权被转交给借款方，同时贷款方也将监管直播电商的回款账户，确保资金的安全。
- 直播销售发货，形成应收账款：借款方通过直播电商进行直播销售，商品销售后发货，并形成应收账款。

- 申请借款，资方放款：借款方根据应收账款的情况申请借款，贷款方审批后进行放款。这里的放款方式可能是定向支付，也可能是对公打款。
- 直播电商平台结算提现，资金还款：最后，当客户支付货款，资金通过直播电商平台结算后提现，借款方将借款偿还给贷款方。

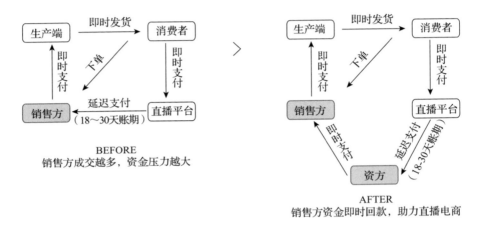

图 10-9   直播电商供应链金融业务模式的前后变化

10.8.3   直播电商供应链金融的特点

直播电商作为一种相对较新的商业模式，其市场动态和需求变化速度可能比传统电商更快。这意味着供应链金融需要具备更高的灵活性和响应速度，以适应需求的迅速变化。一些爆款产品可能会在短时间内供不应求，导致交易量激增，同时也可能给售后服务和物流供应商带来压力，影响用户体验。例如，如果物流速度较慢，用户收到货后可能会因为市场需求转移而大量退货，这会增加商家的风险。

在直播电商中，融资需求的周期通常更短，需要更快的资金周转速度。放款决策需要更加快速，可能需要在 24 小时甚至更短的时间内完成。这就要求对实时数据进行快速分析和响应。

基于产品和场景的额度审批也是供应链金融需要考虑的重要因素。直播电商涉及的商品种类繁多，交易流程复杂，可能需要更加精细的产品设计和风险控制流程。不同类型的商品可能具有不同的营销方式、物流要求和退货率，因此需要根据具体场景定制融资方案。

直播电商的实时性和非结构化数据特点给监管带来了挑战。保护消费者权益、规范主播行为、管理金融风险都需要实时且精准的数据监控。供应链金融严重依赖实时数据，例如观众数量、购买行为等，以做出更精确的销售预测和风险评估。同时，商家的经营行为也需要持续追踪，以确保资金流、数据流和物流的一体化决策，保证商家的还款能力和垫资的规范使用。

由于直播电商的特殊性，其风险模型需要考虑更多因素。传统的资信评估可能无法满足直播电商的需求，因此需要考虑到个体商家的历史信用记录、银行流水等因素。此外，直播主播的影响力、粉丝的购买力、直播效果等因素也会影响销售预测和融资安排。直播电商面临的不确定性和风险也更多，如主播的不稳定性、商品质量问题、退货率增加等。通过与其他平台的数据校验，建立对应的预警机制，及时采取相应措施，如冻结垫资额度、提前收回垫资等，可以一定程度上缓解风险。

直播电商吸引了大量新的投资者和金融资本，可能改变供应链金融的资本结构，为更广泛的投资者提供分散的投资融资渠道。

与传统企业相比，直播电商更依赖主播个人的影响力。如果主播的影响力降低或出现负面新闻，可能会影响销售和融资。主播在其他平台上的违规行为、过去的互联网平台劣质行为的曝光，都会影响直播电商的销售和融资。新的内容形式、新的直播博主的出现，也会为原有主播的影响力带来挑战。

10.8.4　直播电商供应链金融的大模型解决方案

最新的多模态大模型 GPT-4 不仅能够熟练地阅读文字，还能像专家般识别图像，并巧妙地生成文字描述，一些大模型甚至可以处理和创作视频内容。随着多模态大模型在性能、精度和范围上的不断飙升，它们将为直播电商行业带来深远的影响。

1. AIGC 内容生成和数字人

AI 大模型处理自然语言的能力非常强大，能够根据热门话题自动生成优质内容或优化以前的内容，提高直播的吸引力和观众的参与度。此外，AI 大模型可以充当虚拟主播，解决因主播生病等原因导致的直播中断问题。数字人不受时间和地点的限制，可以随时进行直播，保证业务的连续性，实现数字世界与金融资源的无缝衔接。

2. 非结构化数据的实时监控

AI 大模型能够处理大量的非结构化数据，如视频、音频、文本等，帮助实时监控直播的质量。通过对直播中用户评论和反馈的情感分析，能够预测可能的内容引爆点，从而做出及时的产品推荐和内容调整。AI 大模型还能识别出异常模式，例如刷单行为，为金融机构提供风险控制和客户服务方面的支持。

3. 更快的风控决策和更低的融资交易成本

AI 大模型可以通过学习和理解大量历史数据，预测市场动态和需求变化，实现智能化的融资决策和额度审批，甚至从 24 小时内放款提效到实时放款。此外，AI 大模型还能根据资金供需双方的偏好，支持高频、小规模的资金需求和供应，实现更灵活的业务需求匹配。

4. 主播的评估和规范

AI 大模型可以评估主播的影响力和稳定性，为企业的主播选择和合作决策提供支持。通过对主播的直播行为进行分析，识别可能的违规行为，帮助第三方资金和平台进行有效的主播管理。同时，AI 大模型还能通过实时监控互联网上的新闻和公众舆论，为潜在的风险做好危机处理预案。

10.9　基于数据和交易关系的供应链金融场景

10.9.1　基于数据和交易关系的供应链金融的特点

中小微企业是我国市场发展的主力军，然而，由于管理不规范、信息化水平落后等因素，导致了信用缺失、信息不对称和信用传递不畅等问题，使银行难以准确评估其真实经营状况和风险水平。在这种情况下，银行通常只能依赖核心企业的信用来开展业务，因此中小微企业融资难、融资贵的困境仍然存在。

为改善这一现状，中国银行保险监督管理委员会发布了《关于 2023 年加力提升小微企业金融服务质量的通知》（银保监办发〔2023〕42 号），要求加强对小微企业信用信息的挖掘和共享应用，推动全国一体化融资信用服务平台网络等信息共享机制建设，增加信用贷款投放。

在经济全球化和数字化的发展趋势下，基于数据和交易关系的供应链金融成为解决中小微企业融资难问题的一种结构性金融创新。这种金融模式主要基于供应链上的战略合作关系，将客户放在供应链条中去识别资质。通过采集大量实时动态数据信息，分析内部交易结构和关系，利用数字技术进行实时、透明、多维的管理和风险控制，形成更精准的信用评价体系。这样的操作确保了交易的真实性和智能性，为供应链上的企业提供了订单融资、物流融资、预付款融资等个性化和差异化的金融服务。

与传统的应收账款融资和存货融资相比，基于数据与交易信用关系的供应商金融产品具有以下特征。

- **数据驱动的风险评估**：通过挖掘供应链上的订单数据、物流信息和付款记录数据，结合外部公开的工商、司法、税务、舆情等更多交易参与方的信息进行交叉分析验证，构建企业信用画像来评估供应链中的风险和机会，更加注重对数据的深入挖掘和分析利用，并将数据结果作为信用评估依据提供相应的融资服务，风控抓手更加灵活和高效。

- **依赖交易关系信用**：小微供应商缺乏有效的、可量化的数据、价值和资产信用，金融机构容易被虚假或过时的信息误导，只能对供应链中生产、流通、运营、财务、销售等环节的信息和与相关产业链上下游客户的紧密合作关系及交易历史进行跟踪和分析，更准确地了解供应商的交易模式、稳定性、信誉等级、财务状况和交货能力，量化企业信用额度，帮助供应商建立信用融资能力，用数据信用扶持生态圈企业，并以此作为衡量依据确定融资对象、额度和条件，这有助于金融机构降低信息不对称的影响，提高数据的可信度和透明度，更容易评估和监控信用风险，识别欺诈交易，开展反洗钱分析。

- **依托供应链管理协同支持**：供应商与采购商之间的长期稳定合作关系促使供应商保持良好的信用记录和履约能力，依靠供应链管理支持，金融机构能够更好地预测、评估和控制信用风险，减少违约和欺诈的可能性。例如，对下游经销商的预付款融资，金融机构无法做到闭环现金流，只能通过对供应链提供共享数据、协调生产、优化库存等方式，并结合保险、期货等工具，为其提供风险管理和收益保障。同时，金融机构依托供应链管理可以为供应链上的多个环节提供个性化金融支持，推动技术升级和价值创造，提高供应链的抗风险能力和协调能力，增强整体竞争力。

基于大数据开发的供应链融资产品已有多年历史。随着大数据、RPA、物联网和人工智能等技术的发展，供应链中的各种数据都能够实时获取、精准分析、智能决策，从而提高了数据的使用价值和效率。数字中国战略明确了数据作为新要素、新资源和新动能的重要地位。此外，相继出台的《中华人民共和国网络安全法》《中华人民共和国民法典》《中华人民共和国数据安全法》《中华人民共和国个人信息保护法》等法律法规为合法安全的数据收集、处理、使用、共享和交易提供了法律保障。同时，数据交易中心的成立为数据价值变现提供了交易流通渠道，为金融机构提供了数据获取和验证的途径。

在政策和技术支持下，金融机构围绕产业交易场景的数据和交易信用，结合生态场景特征，在供应链各个环节推出了订单贷、中标贷、发票贷、流水贷、经销商贷等供应链金融产品。举例来说，银行通过与核心企业内部 ERP 等系统对接，获取供应商与核心企业签订的在途采购订单信息、过往履约合作记录以及信用评价情况等数据。这些数据将成为授信审批的依据，银行依据交易信用数据为供应商提供订单融资服务。

10.9.2　基于交易关系的供应链金融案例

1. 网商银行推出数字供应链金融解决方案——"大雁系统"

该系统引入了 20 个一级行业和 1380 个四级行业类目的宏观与中观知识库，运用大规模图计算、多模态和区块链隐私计算等技术，更深度地还原了供应链关系全貌，为不同行业的小微企业提供定制化的风控模型和信贷服务。通过该平台，小微企业可以验证自己的发票、流水、合同、税务等经营资料，从而获得更高的授信额度和更低的利息，满足其生产经营全链路的资金需求。

举例来说，有一家同时经销金锣火腿肠和克明面业的商户，通过大雁系统立体数字画像，其授信额度相比传统金融机构增加了 6 倍。

网商银行借助大数据处理能力形成精准的风险识别和授信模型，打破了对核心企业高度依赖的局面，实现了长尾 $1+N^2$ 客户拓展。目前，该平台已接入 20 多个行业的 1000 多家品牌，累计服务 4900 万小微经营者，每年新增用户中超过 80% 是经营性首贷户，贷款可得率从 30% 提高到 80%，同时有效控制坏账率仅为 0.3%。该平台为小微企业带来资金支持，同时也为核心企业提供增值服务。例如，海尔、华为、旺旺等大型企业接入大雁系统后，帮助它们在线开发近万家新经销商，提高了市场覆盖率；而蒙牛、飞利浦等品牌经销商使用"大雁系统"后，蒙牛的销售额增长 22%，飞利浦经销商平均每月节省近 2 万元的利息支出。

"大雁系统"是网商银行对数字供应链金融的创新和升级，为小微企业提供关键增信维度，助力企业降低信贷成本。该系统提高了贷款可得率和风险可控性，使企业能够在供应链上稳定经营、提升销量、降低成本，从而增强竞争力。这标志着一种从单纯融资到综合增值的转变。

2. 大数据信用融资模式——美团"生意贷"

依靠平台积累的客户流量和各种消费场景数据的优势，美团点评得以精准绘制商户画像，为其生态圈内的千万年度活跃商户提供在线信用经营性贷款服务。这些商户可将所获贷款用于扩店、装修、房租、推广等各种场景。随着美团平台掌握的交易数据和上下游供应链的数据不断增加，平台对商户的风险评估也更加精准。

美团小贷是美团推出的一个贷款平台，主要服务于中小型商业客户。该平台根据贷款需求和金额不同，提供极速贷和经营贷两种产品。极速贷的贷款额度最高达 15 万元，产品期限为 6 个月，月息为 1.5%。而经营贷的贷款金额最高为 100 万元，产品期限分别为 6、12、18 个月，月息同样为 1.5%。借款人只要信用良好、提供充足资料，一般 1~3 天内即可获得贷款。

美团小贷的放款情况取决于贷款产品和借款人的信用状况。一般而言，若提供的资料齐全、贷款用途明确，且征信记录良好，申请美团小贷较为容易，且放款时间通常不会超过 3 天。

美团小贷是美团点评为解决小微企业贷款难、融资难等问题而推出的金融服务。它依托大数据进行风险控制，采用美团云提供的 OCR 识别、人脸识别等新技术，为中小微餐饮企业提供解决方案，助其顺利发展。

10.9.3 基于数据和交易信用的供应链金融的业务痛点

随着供应链的日益复杂和多样化，基于数据和交易信用的供应链金融也面临着诸多瓶颈与挑战。这些挑战不仅影响着金融机构的决策，也牵动着企业的发展脉搏。下面将深入探讨在当前环境下，基于数据和交易信用的供应链金融所面临的业务痛点，并探讨如何应对这些挑战，实现供应链金融的可持续发展。

- **数据挖掘能力有限，场景分析不够**：不同行业在运转特点、市场周期、供求状况、盈利模式、资金需求等方面的差异性造就了产业数据独有的特征，例如，零售行业周转速度快、利润低，基建行业负债高，制造业链条长。在我国，中小微企业的平均寿命为 3.5 年，交易数据积累有限，而核心企业出于产业链竞争信息保密等原因在提供交易信息方面缺乏动力，电商、物流及第三方平台则将网络信用记录、交易记录等信息列为重要资产，不愿共享底层数据。

- **数据具有孤立性，数据样本量不足**：数据的质量不准确或不完整，限制了银行对供应链中各个环节和参与方的深入分析与理解，难以识别、捕捉供应链中侧面或隐藏的关系。当预测潜在需求和风险因素时，常常只能根据过去的经验和规则总结出基础的风险模型，从而影响风险控制决策的准确性和有效性，增加了银行识别交易关系真实性的成本。

- **数字化营销能力弱，获客难**：供应链上下游的中小微企业分布广泛，融资需求零散，交易关系的信用高度依赖核心企业的供应链管理能力，核心企业目前普遍还没有建立数字化、可视化、持续动态评级的供应链管理体系，银行受限于数字化风控手段，难以识别小微企业真正的经营风险，主要依托核心企业推荐白名单，仅能触达一级供应商与经销商，真正具有强烈融资需求的长尾端小微企业难以被有效覆盖。

- **数据整合能力弱，产品创新能力差**：虽然大型商业银行在过往业务中积累了海量数据，但大量数据分散在不同部门和系统中成为"沉睡"

的资产，在数据挖掘能力上并不如科技公司和互联网银行，无法对大规模的、高维的数据进行有效处理和计算，导致难以按垂直领域细分行业的客户行为、偏好、风险等特征，无法灵活创新适应性强的金融产品和服务，提供的仍是较为单一的订单贷、发票贷等服务，很难满足客户的多元化需求。

- 智能科技落后，业务效率低：场景金融业务模式下，金融机构需要对接核心企业、上下游客户和外部机构等多个主体，在采购、销售、结算、物流等多个环节获取企业、交易、物流、财务等多种数据信息，涉及 EPR、财务、SRM、物料等多个系统，不同厂商的系统数据格式、标准具有异构性和不一致性，且企业提供的数据很难转化为金融机构能够认可的数据，这就需要对大量的结构化与非结构化信息数据进行数据清洗、转换匹配等工作，数据来源的多样性和复杂性导致数据整合难度大，耗费大量时间和人力成本，增加金融机构开展场景金融的交易成本，降低业务效率，业务规模难以扩大。

- 建模难度大，交易成本高：供应链金融中需要海量、动态、有关联性的数据，需要不定时调整模型参数。一方面，由于数据建模算法复杂，金融机构基于人员成本管控等原因，缺乏大数据领域的专业人才；另一方面，金融机构的计算机设备、储存空间和云计算服务往往更新较慢，数据清洗和预处理难度大，进一步加剧了模型精度不够、建模效率低、成本高等问题，导致金融机构贷款审批更为谨慎，小微企业的融资通过率低，资金利用效率低下。以经销商融资为例，银行基于贷款违约的风险考虑，在客户准入层面偏好快消、日化、饮料、电器、IT、工业电器等成熟行业，客户局限在一级经销商，资金成本为6%～10%，远高于普惠利率，中小微企业融资难、融资贵的问题并未有效解决。

10.9.4　基于数据和交易信用的供应链金融的大模型解决方案

基于数据和交易信用供应链金融的核心需求是利用大数据、机器学习、区块链和物联网等技术，实现供应链的有效识别、评估和监控，降低信息不对称和道德风险，提升资金流动性和安全性，以及实现资产数字化、交易透明化和监管可追溯，提升风控效率和信任度。针对上述问题，AI 大模型可协助解决。

- **个性化营销和智能客服**：基于对客户独特的融资需求、交易模式和信用度数据的理解与分析，AI 大模型可以生成个性化的推荐和营销内容，用智能客服系统帮助银行与潜在客户建立更加有针对性的沟通，帮助建立起与客户的互动和信任关系，提升用户体验。

- **场景分析和风险识别**：帮助银行识别新出现的风险、市场趋势和客户情绪，深入了解供应链不同行业的独特特征和需求，从而提高决策制定能力和业务创新响应速度。同时，AI 大模型还可以根据获取和分析的信息，通过深度学习模型对各参与方的信用等级、违约概率、还款能力等进行评估和预测，生成相应的建议、警示、措施等。例如，中国工商银行借助 AI 大模型可以对大量的企业征信信息进行快速高效的处理和解析，帮助银行实现定制化信贷产品和个性化风险控制。通过机器学习构建行业知识工程，也可以实现精准的信用评估和风险控制，提升供应链金融平台的业务价值和市场竞争力。

- **智能数据分析和挖掘**：AI 大模型可以分析客户的交易数据、信用评级和行业信息等，从中提取关键特征和指标，挖掘更广、更深、更密集的企业关系图谱，还原供应链全貌，并以自然语言的形式呈现，生成可视化、可理解、可操作的报告和指标等，形成行业供应链数字画像，辅助银行快速筛选潜在客户。

- **风险评估和模型优化**：金融机构可以通过利用 AI 大模型的自然语言处理和文本分析能力，对供应链中的大量非结构化数据进行动态评估和分类，快速修正模型偏差，提升模型的精准度，降低建模成本，如美团使用 AI 大模型构建了一套自然语言处理模型，可对商家经营数据进行监测和分析，识别亏损、逃单、恶意评价等风险因素，为商家提供风险预警和经营建议。与 AI 大模型不断交互和学习，可以优化现有的大数据建模方法，提升模型的准确性、稳定性和预测能力。比如花旗银行在建模过程中使用 AI 大模型获得的非结构化数据，将预测准确率提高了 10% 以上。

第 11 章

供应链金融大模型
的构建和评估

在全球经济一体化的背景下，供应链金融的重要性日益凸显，大模型技术的应用为其提供了全新的解决途径。构建和评估供应链金融大模型，既是对金融行业变革的迫切需求，也是对技术创新的深刻挑战。本章将深入剖析供应链金融大模型的构建过程与关键技术，探讨其在提高供应链效率、降低融资成本、减少风险等方面的巨大潜力。无论是金融从业者、技术专家还是学术研究者，本章将为读者提供一次全面而深入的探索，揭示大模型在供应链金融领域的应用前景与挑战，带领各位进入供应链金融与大模型交汇的前沿世界！

11.1　供应链金融大模型的设想与架构设计

11.1.1　数据、信息、知识和智慧

如图 11-1 所示，数据 / 信息 / 知识 / 智慧金字塔，有时也被称为 " DIKW 层次结构""智慧层次结构""知识层次结构""信息层次结构"或"知识金字塔"。在 AI 大模型时代，DIKW 结构会有什么样的变化呢？

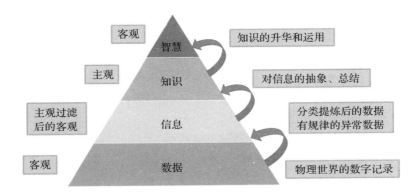

图 11-1　数据 / 信息 / 知识 / 智慧金字塔

首先让我们来理解下数据、信息、知识和智慧的定义与关系。数据、信息、知识和智慧是信息管理和知识管理领域的核心概念，它们之间存在层次性的关系。

1. 数据（Data）

- 定义：在人工智能和数字时代，数据成为算法和机器学习的基石，为创新和洞察提供原材料。数据是事实的原始记录，是对现象或事物的客观描述。数据通常是未经加工的，数据本身没有特定的含义，比如数字、字符或者图像等。
- 举例：农场的数据包括土壤湿度的读数、温度记录、降雨量、作物生长速度等。这些数据是原始的、未经加工的数字和记录，比如每天的温度读数或者一周内降雨的毫米数。
- 供应链金融举例：在供应链金融中，数据可能包括原材料价格、库存水平、订单数量、货物运输时间、付款周期等。这些数据是量化的、

具体的，反映了供应链中各个环节的基础事实。

2. 信息（Information）

- 定义：当数据被加工、组织或者以某种方式解释时，它就转化为信息。信息是使数据有意义的过程，是对数据的解释和理解，可以把信息理解为一种处理过的数据。
- 信息熵：信息熵是一个衡量信息量的概念，它代表了信息的不确定性或混乱程度。在信息理论中，信息熵用于描述一个信息系统的平均信息量。当我们从数据中提取信息时，实际上是在减少信息熵，即降低不确定性。
- 举例：通过分析温度和降雨量的数据，农场主可以得知某个特定时段内最适宜种植某种作物的条件。这个信息是对数据的解释，帮助农场主理解何时是最佳的播种时间。
- 供应链金融举例：将原始数据加工后，可以得到如"某一材料的价格在过去 3 个月上涨了 15%"或"特定供应商的平均交货延迟是 10 天"这样的信息。信息提供了数据的上下文，使得数据变得有意义，并可以用于做出基本的判断或决策。

3. 知识（Knowledge）

- 定义：知识是通过经验、学习和推理得到的信息的集合。知识涉及对信息的理解和应用，以及通过经验得到的洞察力，知识是个人或组织的宝贵资产。
- 举例：通过多年的经验和学习，农场主将这些信息转化为知识。比如，他可能知道特定的作物在特定的土壤类型和气候条件下生长得最好。这种知识基于对信息的理解和应用，包括对气候模式、作物生长周期的深入理解。
- 供应链金融举例：通过分析信息和市场动态，一个供应链金融专家可能会知道"价格上涨可能会导致供应链中某些环节的资金需求增加"或"交货延迟可能影响到下游企业的生产计划"。知识是对信息深入理解和综合应用的结果，它帮助专家理解复杂的供应链动态并预测可能的趋势。

4. 智慧（Wisdom）

- 定义：智慧是知识的最高形式，涉及对知识的深刻理解、抽象和对复杂问题的洞察力。智慧是在知识的基础上结合经验、价值观和洞察力形成的，可以帮助人们做出明智的决策，并发现新的知识和知识背后的根因。人类的智慧不仅仅在于拥有知识，还在于能够利用这些知识来做出更深刻、更具创造性的决策。
- 举例：生物学家根据多年的经验和对气候的深刻理解，创造发明出适合不同气候和环境的转基因种子，从而提高农场的生产力。
- 供应链金融举例：具备智慧的供应链金融决策者可能会识别到"在特定市场环境下，调整信贷策略可能会更有效地缓解供应链的资金压力"或者"通过构建更灵活的支付条款来减少供应链中的风险"。智慧涉及使用知识、经验和判断力来做出最佳的、具有高度战略性的决策。

数据是信息的基础，信息是知识的原料，而知识则是智慧的基石。只有在充分理解并能应用知识的基础上，智慧才能显现。每个层级都在前一个层级的基础上增加了更多的意义、上下文和价值。

11.1.2 AI 时代的学习革命

在人工智能时代，我们见证了数据、信息、知识和智慧的演变。数据成为算法和机器学习的基石，为创新和洞察提供原材料，"数据原生"成为知识生产的新模式。数据在知识创造和决策制定中处于核心地位，推动了一种全新的知识生产方式的形成。数据不仅是事实的记录，也是驱动算法和创新的基础，算法模型的迭代非常依赖于数据的分类和提炼。

知识和智慧不再仅仅需要传统的实践和科学推理来产生，而是直接从大量的数据分析和处理中获得。通过先进的数据分析技术，如机器学习和深度学习，可以从复杂的数据集中提取模式、趋势、洞察和知识。传统的经验主义受到了挑战，知识的产生不再依赖各种经验或假设，数据到知识的转化过程更为高效。

信息不仅包含数据本身，还涵盖了数据的上下文、意图和可能的解释。知识不再仅仅是人类的专利，机器也通过模拟人类的学习过程来获取知识。而智慧则涉及对技术的合理使用，包括技术的伦理和责任感。

在机器学习时代，如图 11-2 所示，人工智能已经开始能够处理和分析大量结构化数据，但在处理非结构化数据方面仍有待提高。尤其在处理以人类语言为主的历史知识体系方面，AI 的能力还存在许多限制。在历史的长河中，大量的原始数据和信息可能已经丢失，留下的往往是经过人类语言和思维抽象过的知识，并以非结构化数据的形式记录保留下来。这些知识体系作为人类智慧的沉淀，包含了丰富的洞察力和经验，是不可估量的宝藏。

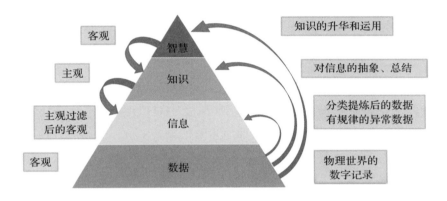

图 11-2　数据 / 信息 / 知识 / 智慧金字塔的信息转换

如果能够有效地利用这些历史知识体系，人工智能的应用范围和深度都将得到显著扩展。例如，在历史研究、法律分析或文化研究领域，若能使 AI 理解并应用这些复杂的知识体系，将极大地提高研究的深度和广度。这不仅是技术上的挑战，更是对人工智能理解人类智慧的一次重要考验。

随着 GPT 模型等 AI 大模型的诞生，AI 不仅能从数据中提炼知识，还可以从已经提炼出的历史信息和知识中快速学习。这一进步意味着 AI 现在可以跨越不同的领域，将各种知识融合成一个多元化的智能综合体，如图 11-3 所示。

更加激动人心的是，人工智能已经从被动的数据处理者转变为主动的知识探索者。AI 不再只能处理大量原始数据，而是能够自我迭代规则、模型算法和知识。通过发掘有价值的信息并提炼深层次的知识，它开启了一段"自我学习"的革命性旅程。这种能力使得 AI 不仅能够理解过去的事件和知识，还能够利用这些知识对新的、未知的情境做出精准的判断和决策。

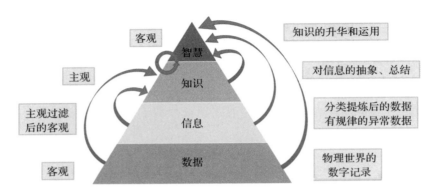

图 11-3   数据 / 信息 / 知识 / 智慧金字塔的升级与演变

这并不仅仅是技术上的飞跃，更是一种全新的思维方式和知识处理模式的典范。它代表着从简单的信息处理到深度的知识理解和应用的重大飞跃，为人类解决复杂问题和创新提供了前所未有的动力。

AI 大模型能够识别和处理的复杂模式与关系，可能远远超出人类的直观理解。在这个新时代，人类的角色也在发生变化。我们不再是单一的知识创造者，而是成为与智能系统协作的合作者。人类的创造力与 AI 的处理能力相结合，为解决复杂问题和创新探索找到了新的可能性。知识进入了"自我进化"的时代。

11.1.3   大模型时代的软件架构

1. In-App Chat 和 In-Chat App 之争

在企业的应用搭建中，App 应用系统负责以结构化数据为基础的流程和交易，而 Chat 负责以非结构化数据为基础的沟通和协同。这两个体系在企业的架构中应该怎样融合呢？

在架构整合上有两个模式——In-App Chat 和 In-Chat App，这代表着两种完全不同的理念，一种以系统和流程为中心，另一种则以人为中心。

（1）In-App Chat

在企业应用领域，In-App Chat 指的是在应用程序内部集成的聊天功能。这种模式允许用户在使用特定应用程序的同时进行即时通信，常见于社交媒体应用、在线零售平台、客户服务软件等。比如，在电子商务平台上，顾客可以通过应用内的聊天功能直接与卖家交流。这不仅提高了用户体验，也使得沟通更加便捷和高效。

企业应用通常是基于结构化数据和流程构建的，通过固定表单来组织和交互信息。然而，用户对于系统的反馈，如投诉或使用上的困难，常常超出了系统的预设范围。为应对这一挑战，许多企业应用采用了 In-App Chat 模式，集成了独立的即时消息（IM）工具，如 CRM、HR 或报表系统，从而使得用户能够以非结构化的语言方式进行反馈。这种集成提供了一个平台，方便用户表达他们的需求和问题，增强了应用的互动性和可用性。

然而，在广泛应用 GPT 模型之前，这些 IM 工具主要作为一种基本的信息反馈渠道。在面向消费者（ToC）的电子商务应用中，借助海量用户和大数据的积累，这些 IM 工具能够对非结构化的沟通内容做出更智能的响应。相比之下，许多面向企业（ToB）的应用，由于反馈频率相对较低，其 IM 工具在智能化方面的发展就显得较为缓慢。因此，在这些企业应用中，即使集成了 IM 工具，非结构化的沟通内容与系统的真正集成仍是一个挑战，导致了智能化水平受到限制。

在 In-App Chat 架构中，应用程序内部的结构化操作是主要焦点，而聊天功能则充当着处理特殊情况和提供异常反馈的辅助角色。在这种架构下，当用户需要与多个应用中的不同用户沟通和协同工作时，他们通常必须打开各自的应用，逐一进行沟通。打通不同系统之间的 IM 在企业环境中非常具有挑战性，因为实现不同部门间系统和流程的整合往往复杂且耗时。相比之下，采用群聊或邮件等非结构化的沟通方式来推动工作进展，在企业中通常会更加简便和高效。

因此，为了实现更流畅和高效的工作流程，企业需要在严格的应用架构和更自由的沟通模式之间寻求一个合适的平衡点。这不仅涉及技术的选择和应用，更是对企业工作方式的一种调整和优化。

（2）In-Chat App

In-Chat App 模式是指在聊天应用或平台内集成多种其他应用的功能，不仅支持基础的文本、语音、视频聊天功能，还能整合如支付、订单处理、数据查询等多种服务。例如，微信或 Slack 等聊天平台就允许用户访问第三方服务、管理日程，甚至进行交易。其核心思想在于将聊天平台打造为众多服务交互的中心，促进应用间的无缝集成，为用户带来更丰富、一体化的体验。

微信小程序便是 In-Chat App 理念的典型实例，它强调"不需要下载、用完即走"的便捷性。这些小程序在技术上既非传统的 Web 应用，也非原生应用，而是一种介于两者之间的新型状态。它们在技术上具有制作成本低、内存占用小、运行快速、敏捷迭代、易于部署、延展性丰富等优势。微信平台及其小程序的理念主要聚焦于打造一个开放而多元的生态系统。微信本身被视为一个自然生态，其中包括的公众平台（如订阅号、服务号、小程序）则像土地，提供支持和生长的基础。微信支付则被比作空气和水，是这个生态系统的重要组成部分。

在这个生态中，成千上万的公众号和小程序象征着生态中的动植物，它们在优胜劣汰的环境中生长，形成一个去中心化的动态系统。微信不提供中心化的流量入口，而是鼓励在这个平台上进行自然和健康的竞争，确保最适合用户的产品和服务能够脱颖而出。在微信之后，一些超级企业级的 IM 平台，例如企业微信、飞书、钉钉等也走向了 In-Chat App 的发展模式。

当然，微信小程序还有很多的限制。微信群对于小程序来说只是信息传播的渠道，而不是真正的双向互动。小程序不能自动感知群聊内容，导致其与个人用户或群体之间的互动仍处于较为浅层的阶段。要实现 In-Chat App 愿景所面临的挑战不仅限于平台的开放性、标准化、权限问题和与大型互联网公司的竞争，还包括下列一些关键问题。

- 用户体验的一致性：在一个聊天平台中集成众多不同的小程序或服务时，实现这些服务之间的顺畅集成是一项技术挑战，保持用户体验的一致性同样是一个设计上的挑战。每个小程序或服务可能有自己独特的界面和操作方式，这可能导致用户在使用时感到混乱或不便。
- 数据安全和隐私：随着越来越多的功能和服务集成到聊天平台中，如何保护用户数据的安全和隐私变得尤为重要。特别是当处理敏感信息（如支付数据和个人身份信息）时，确保数据安全和符合隐私法规是必须考虑的因素。
- 内容监管和质量控制：随着更多第三方服务接入聊天平台，如何监管这些内容，确保它们的质量和合规性，是平台运营者需要面对的问题。

为了深化 In-Chat APP 的应用，还需进一步提升这些平台的互动性和集成度，使其能更全面地服务于用户的多样化需求。

2. 软件交互的新时代，从定制菜单到千人千面

在传统的软件产品设计中，通常会从行业最佳实践的抽象开始，首先进行业务拆解，然后是流程和制度设计，接着是数据结构设计，最后才是针对用户的表单交互界面设计。这种设计理念在大型生产、制造和零售企业（如ERP 系统）中广泛存在。在这些系统中，用户的交互体验通常不是首要考虑，因为大规模运作所需的标准化和用户交互所需的灵活性往往难以同时满足。

相对于传统软件产品设计，那些注重个性化交互界面的定制化软件通常采取不同的生产流程。这类产品首先着手于用户界面（UI）和高保真界面设计，然后再反向处理底层业务和数据逻辑。这种以 UI 为核心的设计方法，在面对频繁变化的用户偏好时，可能会显著影响软件系统的设计和开发效率。

特别是在长链路决策的企业级管理软件中，不同层级的领导各有独特的偏好。由于这些对项目和资源拥有决策权的高层领导可能需要负责多个部门，他们不一定是产品和技术领域的专家，因此在短时间内理解复杂的系统后台设计逻辑对他们来说颇具挑战。软件开发者可能很难约到足够的时间与高层领导讨论和对齐需求，但是高层级的领导在听汇报的时候往往会更关注用户界面和交互流程。这种方法在灵活性和用户定制化方面虽有优势，但也需要多方面平衡，以确保软件系统的整体效率和有效性。

近年来，在软件交付过程中，诸如 Mendix、OutSystems、云端设计平台Figma、腾讯云的微搭等工具，都展示了这种思路的实际应用。这些低代码平台极大地便利了软件设计和开发团队，使他们能够通过简单的拖放操作快速搭建起基础的软件交互界面。然而，这种低代码方法也有其局限性。一旦软件被交付给用户，其交互界面和流程便基本固定下来。这意味着，当新用户提出新需求时，系统可能需要进行重大调整或更新。

随着 GPT 等大型 AI 模型的出现，技术进步正从根本上改变软件设计和交互方式。像 Midjourney、DALL·E 等 AI 模型正在扩展其能力范围，在图像生成、艺术创作、用户界面设计等领域展现出卓越的性能。AIGC 通过大规模训练和学习，已经掌握了生成视觉艺术作品的能力，从简单的线条素描到复杂的色彩组合，均能够创作出具有美感和原创性的艺术作品。软件如 Pika

和 Runway 已经发布了全新的 AI 模型，支持多样化的视频创作和编辑功能。这些功能包括 3D 动画、动漫、卡通，甚至电影风格的视频制作。更激动人心的是，这些工具能够精准控制和编辑视频内容，从而大大拓宽创意表达和个性化内容制作的可能性。

这些技术上的革新引发了我们对未来软件交互方式的深思。近年来，流行的短视频和长视频 App 已经摒弃了传统软件中的各种按钮和菜单，用户与主播、商家之间的交互更多采用弹幕和聊天对话框。我们不禁思考，未来企业软件是否也会向这一方向发展。视频作为一种高效率的信息传递方式，尽管相对消耗更多流量和算力，但它提供了最直接、对脑力消耗最小的交互形式。传统的菜单、模块、流程和字段可能仅是非结构化信息与结构化数据之间的过渡桥梁，这种集体抽象与个体风格的不适配可能会增加个体的学习和使用成本。

如果 AI 生成图片和视频的能力足够强，能在短时间内生成任何人需要的定制交互式视频内容，那么传统的软件交互方式可能就不再必要了。

如图 11-4 所示，"Screenshot-to-code" 这个最近在 GitHub 上爆红的项目，通过扫描图片生成代码，便是这种变革的一个例证。几年前，这样的技术可能是创业项目的核心，现在，通过调用 GPT-4 的 API，这一功能就能轻松实现，意味着任何用户只要有理想的参考软件界面，就能轻易实现个性化定制需求。这些进展不仅展示了 AI 技术的发展速度，也预示着未来软件交互方式的潜在变革。

图 11-4   "Screenshot-to-code" 项目

　　如果 AI 大模型能够充分了解一个系统的后台数据和逻辑设计，了解系统的权限，了解一个个体的用户界面与流程偏好，软件就能够根据每个用户的喜好和需求来调整其界面。这种设计允许用户根据个人偏好定制软件界面，从而提升工作效率和用户满意度。这种"千人千面"的界面设计不仅提升用户体验，也增强了软件的适应性和包容性。未来的软件不再是一个固定的平台，而是一个能够根据用户需求动态变化的环境。这种变化不仅体现在视觉元素上，也体现在交互逻辑和功能的适应性上。

　　当一个系统的用户界面是"千人千面"的时候，软件系统可能就不再需要一个独立的系统前端了。随着人工智能技术的发展，特别是在"In-Chat APP"（聊天内应用）概念的兴起下，软件系统的用户界面正变得高度个性化。用户可以在一个统一的聊天界面中完成多种操作，不需要切换不同的应用程序，从而实现数据和功能的无缝集成。例如，在企业软件中，用户可以通过聊天对话框请求查看业务报告，软件系统的 AI Agent 会自动调用商业智能（BI）系统，将报告以小卡片的形式展示在聊天界面中。这不仅提高了操作便捷性，也为用户提供了更直观、灵活的交互环境，如图 11-5 所示。

图 11-5　AI Agent 能将个体和系统连接起来

AI 大模型可以解析用户的文本输入，理解用户的请求和需求。它不仅限于识别关键词，还包括分析语境、情感以及特定的用户意图。例如，在一个企业的报表系统中，用户可能通过聊天输入"显示上个季度的销售报告"，AI Agent 则需解析这一请求并识别出具体的操作意图。

此外，AI Agent 也负责处理与用户权限相关的问题。它根据用户的身份和权限，决定用户能够访问和操作的数据范围。比如，不同级别的管理人员看到的数据和报告内容会有所不同，AI Agent 会自动调整显示的内容，以符合用户的访问权限。

针对用户的请求和权限，AI Agent 能够动态地组织和调整用户界面。这意味着用户界面可以根据用户的需求和操作习惯进行个性化调整，如对于经常查看某类报告的用户，AI Agent 可以优化界面布局，使这些报告更易于找到和访问。

在理解用户请求之后，AI Agent 会负责调用后端系统以获取相应的数据，并以用户易于理解的形式展示结果。这可能包括生成图表、报表或其他视觉化的数据表示，AI Agent 会根据用户的偏好和历史交互选择最合适的展示方式。

最后，除了回应用户的直接请求，AI Agent 还可以提供更深入的交互和反馈。例如，在用户查询某个数据点之后，AI Agent 可以基于用户的兴趣和历史行为推荐相关报告或提供深入分析。

通过理解用户的语言和意图，管理用户权限，动态组织用户界面，以及提供个性化的数据展示和反馈，AI Agent 在实现高效、直观和个性化的用户体验方面起着至关重要的作用。随着 AI 技术的不断进步，我们可以预期这些 AI Agent 将提供更加智能、适应性强和用户友好的交互体验。

3. 超级 AI 助理

在企业应用领域，流行的企业协作软件，如企业微信、钉钉、飞书、Microsoft Teams 和 Slack，正在通过 In-Chat App 架构实现变革。这些平台成为沟通和应用集成的中心，用户可以在聊天界面中直接执行任务，如审批、报表查看、人力资源管理等，大大简化了工作流程。这种集成方式不仅提高了效率，也提升了用户体验。

In-Chat App 集成更多的应用和系统，有可能会演化升级为一个超级 AI

个人助理，如图 11-6 所示，用于和各种软件系统的 AI Agent 打交道。AI 个人助理可以实现跨 App 的交互，类似于电脑上的 RPA（机器人流程自动化）功能。例如，它们能够将信息从一个 App 快速复制并发布到多个 App 中，可以将个人的偏好传递到多个系统中。个人数据不再孤立于各个 App 之中，而是被自动集成到个人专属的数据库中，不断迭代进化我们的超级 AI 个人助理。超级 AI 个人助理可能会促使 App 的演化，使个人用户能够根据自己的需求定制与各种 App 的交互方式，用不同 App 的功能打造出用户的虚拟 App。

图 11-6　超级 AI 个人助理设想图

超级 AI 个人助理在传递信息和接受用户操作反馈的过程中，可以不断地自我训练，使其判断与用户的判断更加一致。这种基于原生数据的训练，能够精准模拟个人的思维和决策方式。随着技术的进步，AI 助理将成为用户在数字世界中的智能化身，实现数字与物理世界更深入和无缝的融合。

每个企业都有其独特的愿景、使命和价值观，在业务和流程上形成了一套具有市场竞争力的标准体系，各种各样的数字化记录、系统和决策可以帮助企业训练自身的 AI Agent。对于企业、组织和特定岗位，也可以开发自己的 AI 数字分身。每种 AI Agent 都有其特定的作用和应用范围，它们共同构成了一个多层次、互联的智能系统，旨在优化企业运作的各个层面。

企业级的 AI Agent 不仅仅是一个信息处理者或数据分析器，还是一个全面的战略助手，致力于整合并反馈企业的战略、文化和政策。企业 AI Agent 的角色跨越了市场分析、风险管理甚至战略规划等领域，帮助企业领导层做出更明智的决策。组织部门的 AI Agent 关注特定部门（如销售、市场或人力资源）的需求和流程，提供深入的数据分析和报告，辅助部门负责人更有效地管理资源和团队。特定岗位角色的 AI Agent 专注于提高员工个人的工作效率和能力，帮助员工管理日常任务，提供专业知识支持，甚至在职业发展和技能培训方面提供建议。

这些 AI Agent 的组合可以扮演多种角色，例如新员工的入职导师，为特定项目或决策提供数据驱动的见解的业务顾问，以及帮助团队成员之间进行有效沟通和协作的促进者。它们不仅是信息和流程的管理工具，还能够根据企业的发展和员工的反馈进行自我学习和迭代，不断提高自身的效能和适应性。

在这个系统中，企业的 AI Agent 确保整个企业沿着正确的战略方向前进；组织部门的 AI Agent 优化和强化部门的内部运作；而岗位角色的 AI Agent 则在个人层面提供支持，确保每个员工都能在其岗位上发挥最大潜力。这种多层次的 AI Agent 布局提高了企业整体的运营效率和决策质量，也增强了员工的工作满意度和职业成就感。

在企业不断开展业务的过程中，这些 AI Agent 与每个员工一起共同进步，参与共同决策，成为企业运营和创新的关键部分。这种与 AI Agent 的协作和共生关系，将引导企业走向更高效、更智能的工作环境，不断迭代升级，最终形成一个更加灵活、响应式的组织结构。这种深度整合的 AI 技术将实现业务流程的优化和决策过程的提升，使企业在数字化转型的道路上走得更远。

11.1.4　当下的供应链金融平台架构

在当今快速演进的商业环境中，供应链金融已成为连接产业链交易和金融资本的重要桥梁。它通过特定的金融解决方案，将产业链中生成的资产转化为流动性资产，为企业提供资金流、风险管理以及流程优化等综合服务。

如图 11-7 所示，通过融合先进技术，供应链金融平台不仅优化了资产与资金的交易流程，提高了资金的使用效率和安全性，还允许资金方基于产业链交易资产的实际表现来评估风险与回报，为产业链上的企业提供了灵活高效的融资途径。这种模式不仅是金融产品的创新，还是业务模式的革新，通过构建产业链各环节之间有效的桥梁，强化企业资金管理，优化资金流，提升产业链的效率及抗风险能力，成为连接实体经济与金融市场的重要力量。

图 11-7 供应链金融平台架构图

- **产业链资产的形成**：产业链资产主要指的是在商品和服务的生产、流通过程中形成的应收账款、仓单、订单等可量化的价值。这些资产具备潜在的金融价值，通过适当的金融工具和服务，可以转化为企业的现金流。供应链金融利用这些资产，为参与方提供预付款、贷款或信用保障，从而增强整个产业链的资金流动性和经济稳定性。

- **资金方的参与**：资金方，通常指银行、金融机构或专业的供应链金融公司，它们提供资金支持，帮助企业解决资金周转问题。通过供应链金融服务，资金方能够评估产业链中的资产价值，提供贷款或支付预付款给供应商，同时为买方提供延期付款的灵活性。这样的安排加速了资金的循环，降低了交易成本，提高了资金的使用效率。

- **技术的驱动作用**：图 11-7 清晰地展示了技术在供应链金融中的作用，尤其是 AI 人工智能、区块链、云计算和大数据技术。这些技术的结合提供了一系列工具和平台，通过自动化流程、增强数据分析能力、提高透明度和安全性，实现了对供应链金融操作的优化。

在当前的供应链金融格局中，交易资产的流动性和实体经济的紧密结合构成了其核心。从应收账款到存货，这些交易过程中形成的短期资产在产业链中不断流转，其规模的多样性要求金融系统具备极高的适应性和响应速度。供应链金融的独特之处在于其直接映射实体经济的脉动，不仅是金融产品的创新，更是业务流程的革新。

理想状态下，供应链金融系统能够实现从数据收集、资产分析、资金方产品对接到交易的全自动化流程。然而，在现实中，供应链金融系统在达到全面自动化之前面临诸多挑战。非标准化的业务流程、参与方之间的沟通障碍、大量非结构化数据和信息孤岛问题，都导致了供应链金融在实际操作中依赖大量的人工干预和非结构化形式的沟通，如微信群聊或各种交易系统中的手动操作。这种分散的情况使得供应链金融很难形成一个有效的闭环，限制了信息流和工作流的全面集成。

正是基于上述痛点，供应链金融平台的发展需要全新的架构体系，即一个全面集成、智能化的金融服务平台。下面将介绍基于 In-Chat APP 和 GPT 模型的供应链金融架构体系。这种新型平台通过提供高效、即时、集成、安全且用户友好的服务，不仅满足了市场的现实需求，还推动了供应链金融服务的创新。

11.1.5 In-Chat App 平台 + 供应链金融大模型

在当前的商业环境中，随着市场需求日益复杂化和全球化，供应链的效率和透明度成为各企业关注的焦点。新架构体系的建立，关键在于提升效率、降低成本，同时优化整个供应链的流动性和透明度。尤其是在供应链金融领域，传统的运作模式已经难以满足快速发展的市场需求，存在的数字化断点急需被打破。此时，非结构化沟通与结构化系统的完美融合显得尤为关键。

如图 11-8 所示，In-Chat App 平台和供应链金融大模型的融合运用，为解决上述问题提供了新的思路。在这个平台上，个人、组织、企业内部的自动化系统（如 ERP 和 CRM），以及金融机构的交易系统等，都能作为智能体的代表参与到供应链金融的运作中。供应链金融大模型在此体系中扮演着核心

AI 助理的角色，通过协调各个智能体之间的互动，不仅极大提升了不同实体间的沟通效率，还优化了整个供应链的决策和运作流程。

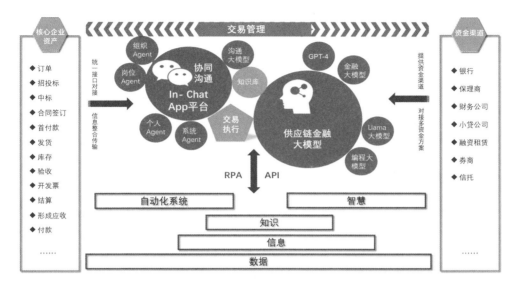

图 11-8　供应链金融大模型设想架构图

如图 11-9 所示，在供应链金融领域的应收账款融资场景中，我们见证了一个多方参与的复杂交易体系。该过程从初始的注册、提交材料、融资申请，到合同签订、资金放款及还款的每一步，均融入了精心设计的业务流程。其中资金方、核心企业和供应商等主要角色通过条件匹配和商务条件谈判不断协调与争取利益。这一过程涉及各方的持续交流与互动，每个参与方都有其独特的需求和条件，如资金方寻求的是投资安全与回报，核心企业追求资金链的流畅以维持运营，而供应商则期望资金及时到账以保证生产。

在这种复杂的交易体系中，通过多轮谈判来匹配和调整不同的条件和要求直至达成共识是必要的。以应收账款保理作为例子，展现了供应商、核心企业和资金方在设计融资方案时需要综合考虑的多个方面，包括授信、风控措施、交易结构和法律关系等，以及供应商关心的融资成本和期限问题。将这一系列沟通、博弈的过程数字化，通过人机交互转化，并将各方诉求整合至数据库，不仅有助于减少信息不对称，也能有效缩短沟通链条，降低沟通成本。

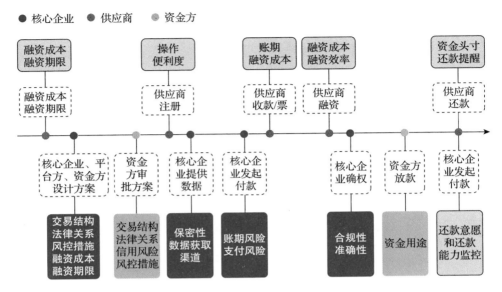

图 11-9 应收账款融资业务的需求背景

在供应链金融交易平台上，交流参与者不仅限于传统个人角色，还包括了由人工智能代理构成的多元智能体组合。例如，核心企业的风控对话角色可能是由个人、岗位 AI Agent、风控团队的 AI Agent 以及核心企业的 AI Agent 共同组成的智能体组合。这样的多元智能体在平台上的对话和互动，构成了一个复杂而高效的决策网络，其预设的相互制约关系进一步增强了系统的整体效能和响应速度。

在供应链金融的交易过程中，SCF-GPT 首先通过分析企业 GPT 共享的上下游供应链交易数据，预测分析企业上下游潜在客户的融资需求。随后，它邀请潜在客户进行融资意愿交流与融资产品介绍，从而大大提高了业务的效率和客户的满意度。客户传达的需求通过沟通 GPT 进行解析后，推送给 SCF-GPT 进行需求分析识别。根据客户需求的不同，SCF-GPT 能够自动识别客户的融资需求与现有产品的匹配程度，并决定是自动推进标准化产品的融资业务办理，还是需要定制化开发产品。对于后者，SCF-GPT 内嵌的产品设计与风控策略 GPT 将结合客户的现状与预训练的产品策略自动生成产品方案和风控建议，与开放银行 GPT 的风控模块进行实时交互，最终实现与客户就产品方案和风控策略达成合意的目的。

接下来，我们将逐一解读供应链金融大模型的架构图，从数据层的基础工作，到信息层的处理，再到知识层的深度洞察，直至智慧层的策略决策，每一步都展示了该模型在现代商业环境中的应用价值和重要作用。通过自动化系统层的执行，以及核心平台层的集成沟通，供应链金融大模型不仅优化了决策和运作流程，还为供应链的各个参与方提供了更加高效、透明和可控的金融服务。

1. 数据层

数据层是供应链金融 AI 大模型的基础，它负责收集和处理在供应链活动中产生的所有数据。这一层的核心功能和流程包括以下内容。

（1）数据采集

- 原始数据收集：自动从各个来源收集企业各类系统数据，包括资金方的数据、原始交易数据、物流数据、行为数据和市场数据。
- 实时数据流：建立实时数据流以捕捉即时的供应链活动。

（2）数据处理

- 数据整合：整合来自不同系统和不同格式的数据。
- 数据清洗：清洗数据以确保准确性、完整性和一致性。
- 数据分类：对数据进行分类和标签化，以便于后续处理。

（3）数据存储

- 数据仓库：构建一个中央数据仓库来存储和管理所有收集的数据。
- 数据备份与恢复：实施数据备份策略，确保数据安全和可恢复性。

（4）数据保护

- 访问控制：设置严格的数据访问控制，确保只有授权人员才能访问敏感数据。
- 数据加密：在存储和传输过程中加密数据，以防止数据泄露。

（5）数据提供

- API 提供：为上层和外部系统提供 API，使其能够访问和查询所需数据。
- 数据标准化：确保数据的标准化，方便不同系统间的数据交换和集成。

在数据层中，我们避免了任何形式的高级分析或决策逻辑处理。它的主要职责是确保数据的质量、安全性和可访问性，为上层的信息层、知识层和智慧层提供可靠和及时的数据支持。这样的设计保证了每个层级都有明确的职能，而且各自的操作不会相互重叠，确保整个模型的高效和协调运作。

2. 信息层

在供应链金融 AI 大模型中，信息层构建在数据层之上，它的主要职责是将数据层提供的原始数据和分析结果转化为有用的信息，供决策层使用。以下是信息层的详细职能和流程。

（1）数据转化

- 信息提取：将数据层的原始数据转化成有用的信息，如将交易数据转化为易于理解的财务报告。
- 数据可视化：创建图表、仪表板和报告，使复杂的数据易于理解和分析。

（2）基础分析

- 趋势识别：分析数据以识别业务趋势、模式和潜在问题。
- 基本预测：进行初步的预测分析，如需求预测、库存水平估计等。

（3）决策支持

- 决策报告：生成专门的报告和摘要，为管理层和决策者提供支持。
- 异常检测：识别数据中的异常模式，如异常交易行为，以供进一步调查。

（4）信息共享

- 跨部门信息流通：确保关键信息在组织内部各部门之间有效流通。
- 合作伙伴信息交换：与供应链合作伙伴共享相关信息，支持合作和决策。

（5）信息安全和合规

- 数据安全：在信息处理和共享过程中保证数据安全。
- 合规性检查：监控信息使用，确保符合行业规范和法律法规要求。

信息层在供应链金融 AI 大模型中起着桥梁的作用，将数据层的原始数据转化为可用信息，并为上层的知识层提供基础分析结果。这一层注重信息的加工和基本的解释性分析，但不涉及深度的知识提炼或策略制定，保证了模型各层之间的功能分工清晰，避免了重复和混淆。

3. 知识层

在供应链金融 AI 大模型的架构体系中，知识层扮演着将信息进一步抽象化、精细化以便于应用和决策的角色。它基于信息层的输出，通过深度分析和逻辑推理，生成具有行动指导意义的知识，为自动化系统和最终用户的决策提供依据。下面是知识层的主要职能和流程。

（1）**知识提炼**

- 模式识别与解释：从信息层提供的数据中提取关键模式和趋势，并进行深入分析与解释。
- 知识抽取：利用先进的分析技术从复杂数据中提取有价值的业务知识，如供应链优化点、风险识别等。

（2）**知识管理**

- 知识库构建：创建和维护知识库，包含行业规范、历史案例、最佳实践、经验教训等。
- 知识更新与维护：定期更新知识库以确保其反映最新的市场和业务状况。

（3）**策略与决策框架**

- 决策支持系统：提供基于知识的决策支持，帮助制定更有效的策略和计划。
- 风险管理指导：基于深入的风险分析为风险管理提供知识支持。

（4）**洞见与预测**

- 深度分析：进行深度分析以提供关于市场、供应链和财务的洞见。
- 未来趋势预测：利用知识和数据分析预测未来趋势和潜在机会。

（5）**知识共享与培训**

- 内部培训材料：将知识转化为培训材料，提升团队的业务能力和决策水平。
- 跨组织知识传播：通过合作和共享平台促进知识在组织内外的传播。

（6）**可解释性与透明度**

- 逻辑解释：为分析和决策提供清晰的逻辑解释，提高决策的透明度和可信度。

- 决策框架的可视化：通过可视化手段展示决策框架和逻辑，增强用户
  理解。

知识层作为支撑 AI 大模型的核心部分，它不仅可以基于数据层和信息层提供的输出进行深入分析，还能生成用于指导智慧层决策的关键业务知识。这一层确保了供应链金融决策过程中的知识驱动和策略导向，从而提升整个供应链系统的智能化水平和效率。

4. 智慧层

在供应链金融 AI 大模型中，智慧层是基于知识层提炼的洞见制定策略并实现智能决策的层级。这一层聚焦于应用知识、预测未来趋势，并将这些应用到实际的策略和行动中，以提高供应链金融操作的效率和效果。以下是智慧层的详细职能。

（1）智能决策制定

- 策略生成：基于知识层的洞见，生成具体的操作策略和业务决策，比如优化供应链配置、调整信贷政策等。
- 决策自动化：利用算法和人工智能模型，在给定的策略框架下自动做出决策，减少人工干预。

（2）预测与优化

- 趋势预测：使用高级预测模型和机器学习技术，预测市场趋势、供需变化和风险发展。
- 流程优化：持续分析业务流程，基于预测结果优化供应链金融流程，提升效率和降低成本。

（3）智能化操作

- 自动化执行：将智能决策转化为自动化的操作步骤，实现流程和任务执行的自动化。
- 智能合同应用：使用智能合同自动执行和管理合同条款，提高交易的效率和安全性。

（4）高级分析与洞见

- 深度学习应用：利用深度学习对复杂数据进行分析，提取更深层次的业务洞见。

- 实时分析：实现实时数据分析，快速响应市场和业务变化。

（5）知识反馈机制

- 持续学习与优化：基于执行结果和市场反馈，持续学习和优化决策模型。
- 知识更新：将新的学习成果反馈给知识层，实现知识库的动态更新。

智慧层是供应链金融 AI 大模型中的高级决策和智能操作中心，它将知识层的理论洞见转化为实际的业务策略和操作。通过高级分析、预测模型和自动化技术，智慧层使得供应链金融过程更加智能化和高效，更加适应业务场景。这一层的成功实施依赖于强大的 AI 技术支持和深入的业务理解，从而确保策略的有效性和操作的可行性。

5. 自动化系统层

在供应链金融 AI 大模型中，自动化系统层是实现智慧层决策的执行手臂，负责将智能化的策略和决策转化为具体的自动化操作。这一层涵盖了技术实现、系统集成和操作自动化，确保供应链金融过程高效、准确地执行。以下是自动化系统层的关键组成部分和功能。

（1）流程自动化

- 任务自动执行：自动执行供应链金融中的标准化任务，如订单处理、账款管理和支付执行。
- 智能工作流管理：利用智能工作流工具自动化复杂的业务流程，确保流程的高效和灵活。

（2）系统集成

- ERP、CRM 和财务系统集成：整合企业资源规划（ERP）、客户关系管理（CRM）和财务管理系统，实现数据的无缝流通和自动化操作。
- 外部服务集成：与银行、支付平台和其他第三方服务提供者集成，自动化金融交易和数据交换。

（3）智能合同

- 部署智能合同：利用区块链技术实现智能合同的自动执行，增强交易的透明度和信任度。
- 合同执行监控：自动监控智能合同的执行状态，确保合同条款得到遵守。

（4）实时监控与响应

- 业务活动监控：实时监控供应链金融活动，确保业务操作的正常进行。
- 异常检测与响应：自动检测业务流程中的异常情况，并触发预设的响应机制。

（5）用户交互界面

- 交互式用户界面：提供直观的用户界面供人工监控和干预自动化流程。
- 自助服务门户：为企业客户和供应商提供自助服务门户，实现账户管理、交易查询等功能。

（6）数据分析与反馈

- 操作效果分析：分析自动化操作的效果，收集关键性能指标（KPI）。
- 持续改进机制：根据分析结果不断优化自动化流程，提升系统性能和用户体验。

自动化系统层是供应链金融 AI 大模型中实现智能化决策的关键层面，它通过高度自动化和系统集成，确保策略和决策能够高效、准确地执行。这一层的成功依赖于先进的技术解决方案、强大的系统集成能力和灵活的自动化流程管理。通过持续的监控、分析和优化，自动化系统层能够不断提升供应链金融操作的效率和效果，实现供应链的智能管理和优化。

6. 沟通平台层（In-Chat App）

供应链金融的复杂性和不断变化的市场条件对实时沟通与信息集成提出了新的要求。In-Chat App 平台，作为这一需求的直接响应，为供应链的所有参与方提供了一个能够即时响应、高效沟通，并集成多方信息的核心平台。跟传统的 App 与聊天 IM 分离的架构相比，它有以下几种优势。

（1）即时沟通的核心地位

In-Chat App 通过提供一个全面的沟通解决方案，保证了供应链金融中每个环节的参与者都能够通过文本、语音和视频通信功能进行直接互动。这不仅加速了决策过程，也确保了问题的即时解决，使得整个供应链能够平稳、高效地运作。

（2）信息整合的优势

In-Chat App 的强大集成功能，允许将 ERP、CRM 和财务系统等关键信息源进行无缝整合，实现数据的同步更新和流程的顺畅运行。这样的集成不仅简化了操作流程，还提高了供应链金融的透明度和协同效率。

（3）用户体验的全面提升

In-Chat App 的设计考虑了用户在多个系统间切换的成本，因此提供了一个一站式的界面，让用户能够在一个平台上完成所有的交易、融资和文档管理等操作，从而显著提升了用户的工作效率和满意度。

（4）非结构化数据的智能处理

In-Chat App 集成了 AI 和机器学习技术，能够有效地处理大量非结构化数据，比如文本通信、合同和订单。这些数据经过 AI Agent 的理解和转化，得到结构化处理和统一存储，为供应链金融提供了深度的数据洞察。

（5）金融服务的灵活性

In-Chat App 为金融服务提供者提供了灵活接入的平台，如银行、支付系统、信用评估机构等金融服务产品，推动供应链金融的个性化和定制化，使其更加适应市场和客户的需求变化。

In-Chat App 作为供应链金融的核心平台，其创新架构和功能不仅满足了即时沟通的基本需求，还通过整合关键信息和优化用户体验，极大地提升了整个供应链金融操作的效率和适应性。这为各参与方提供了强大的数字化支持，帮助它们在不断变化的市场环境中保持灵活和竞争力。

7. 供应链金融大模型中各层的互动关系

在现代供应链金融领域，供应链金融大模型已经深度融合到数据层、信息层、知识层、智慧层、自动化系统层和沟通平台层的架构中。这种深度整合为供应链的各个参与者（如供应商、买家、金融机构等）创造了一个统一的交流和数据共享平台。这种整合不仅大大提高了供应链金融操作的效率和透明度，同时也为用户提供了一个便捷的途径，可以直接访问先进的金融分析工具和决策支持系统。

通过 In-Chat App 的沟通平台，供应链金融大模型能够实时收集和分析交易记录、信用评估、风险管理等重要金融数据。这一即时分析和通信功能促进了参与者之间的流畅沟通，有助于快速解决问题和制定决策。在这个系统中，不仅每个企业和组织可以拥有自己的 AI Agent，个人和具体岗位角色，甚至每个不同的自动化系统，也都可以拥有自己的 AI Agent。这些 AI Agent 具备学习和适应的能力，可以不断地动态学习和更新数据，以满足各自的需求。例如，AI Agent 可以学习如何运作 ERP 系统，了解企业的运营，甚至了解各个岗位的特点。这些 AI Agent 不断地学习和适应，根据各方的行为和偏好持续优化其交流策略，以更好地服务于各方。

供应链金融大模型与各种自动化系统中的 AI Agent 可以互相作用，根据 In-Chat App 沟通平台中客户的需求，从不同系统中获取所需信息，并以符合客户习惯的用户界面呈现出来。一旦获得客户的授权，它可以利用自动化技术执行各种金融服务流程，如贷款申请、风险评估和支付处理等。同时，这一系统也在用户界面上提供了个性化的金融产品和服务，增强了金融服务的效果。供应链金融大模型在 In-Chat App 平台内运用先进的 AI 技术，从复杂的数据中提取有价值的商业洞察和趋势预测。这些洞察有助于企业提前了解市场变化，优化供应链配置，更好地管理资金并降低成本。

在这一深度整合的过程中，In-Chat App 的沟通和交易数据起到了至关重要的作用，它们不仅仅是信息的传递媒介，更是供应链金融大模型不断提升性能和精度的宝贵资源。In-Chat App 沟通平台记录了大量的交流和交易数据，包括供应链参与者之间的对话、交易细节、金融决策等。这些数据构成了供应链金融大模型的培训材料，通过深度学习和数据分析，模型能够从中提取出关键的信息和模式。人工结合和评估在数据处理中也发挥了关键作用，通过人工的干预和验证，确保数据的准确性和可信度，进一步提高了模型的训练效果。

供应链金融大模型与各层级的关系体现出一个多层次、互联互通的生态系统。

- 数据层：大模型直接提取数据层的实时信息，对交易记录、市场数据和供应链活动进行分析，以便对整个供应链金融生态系统做出快速响应。
- 信息层：大模型利用信息层提供的加工数据进行高级分析，将这些信息转换为实际的操作和策略决策。此层提供的数据可视化和初步趋势分析为大模型提供了即时的商业智能支持。
- 知识层：知识层的深度洞察和行业专知被大模型用于精细化的策略制定和决策过程。大模型通过知识层的输入，提高其预测的准确性和决策的质量。

- 智慧层：在智慧层，大模型执行基于先进分析的策略决策，将知识层的深度洞察转化为供应链金融的决策和行动。该层使大模型能够实施自动化的智能决策，优化供应链金融的过程。
- 自动化系统层：大模型与自动化系统层的 AI Agent 协同工作，实现决策的自动化执行。这些 AI Agent 执行由智慧层制定的策略，负责流程自动化和任务执行，确保操作的高效性和准确性。

供应链金融大模型的整合将为供应链金融领域带来前所未有的效益和创新，不仅提高了操作效率和透明度，还为用户提供了个性化的金融服务和决策支持。

8. 供应链金融大模型与其他大模型的整合

在现代供应链金融领域，供应链金融大模型专注于处理与供应链金融相关的交易场景，但在其他领域的知识和场景方面可能存在一定的限制。为了弥补这些限制，我们采用了集成的策略，将通用大模型（例如 GPT-4）与专业领域的大模型相结合。通用大模型具备广泛的知识基础和灵活的学习能力，而专业领域的模型则提供深度的行业知识和专业技能。这种集成允许供应链金融大模型既能保持广泛的适用性，又能深入理解和处理行业特定的复杂问题。

引入通用大模型，比如 GPT-4，可以填补这些空白，从而提供更广泛的知识覆盖和更强大的学习能力。同样，针对特定行业的垂直大模型，如专门针对金融风险评估的模型，也能够提供深入的专业见解。例如，将风险评估模型与供应链优化模型结合，可以在识别潜在供应链风险的同时，提出有效的缓解措施。此外，集成专注于人际沟通的大模型，能够优化参与方之间的协商和决策过程，比如用于分析市场情绪的模型，或是优化客户关系管理的 AI 工具。这些专项模型的融合，为供应链金融大模型带来了更丰富的功能，提高了模型对复杂场景的适应能力和响应效率。

另一个关键方面是任务的分配和执行。供应链金融大模型可以根据分析结果自动分配任务给适合的 AI Agent，这些 AI Agent 可以调度自动化系统或者更精准的传统 AI 模型，以处理从风险评估到交易执行的各种任务。通过这种方式，模型能够在保证高效率的同时，确保决策和执行的准确性。跨领域协作是供应链金融运作的基石。不同大模型的集成允许供应链金融大模型在分析、预测和决策时，充分利用跨领域的数据和专业知识进行优化。例如，一个专注于交通物流优化的 AI 模型可以与财务管理 AI 模型协同工作，更精确地预测成本和时间效益，从而为资金流管理提供支持。

如图 11-10 所示，这张架构图是我们设想的一个场景，通过深度融合不同的 AI 大模型，不仅能提高供应链金融服务的质量，还能为整个产业链带来更多的创新机会，共同打造一个协同工作、高度智能化的金融生态系统。

9. 供应链金融大模型与传统 AI 和人工的互补

在构建供应链金融大模型时，融合传统 AI 技术和人工干预不仅仅是一个选择，而是为了实现最佳决策、提升操作效率的必要条件。

传统 AI 技术在处理结构化数据、执行定量化任务方面展现出了无与伦比的能力。通过精确算法和逻辑规则，它们能够在海量数据中迅速识别出模式，为决策提供支持。这在供应链金融的多个方面尤为重要，如风险评估、财务分析等，传统 AI 能够保证快速、一致且可重复的分析结果。但供应链金融的环境复杂多变，经常出现超出传统 AI 处理范围的新问题和复杂场景。

人工干预的价值在于其能够提供直觉判断、创新解决方案，以及在面对前所未见的新情况时的决策能力。人的介入对于 AI 无法解决的问题至关重要，尤其在应对紧急情况、进行高层策略规划或处理例外情况时。专业人员可以监控 AI 模型的性能，对其输出进行解释和调整，确保决策过程与现实世界的复杂性保持一致。此外，在 AI 模型的训练、校准过程中，人工干预也发挥着不可替代的作用，它帮助模型输出与实际业务需求对齐，提高了决策的透明度和信任度。

例如，在供应链风险评估中，传统 AI 模型能够通过分析历史交易数据来识别风险因素。然而，当市场出现新的不确定因素（如突发的全球事件）时，人工分析师的作用就变得尤为关键。他们能够将最新的市场动态、实时事件融入分析中，调整和优化风险模型，确保评估结果既及时又准确。

供应链金融大模型通过结合传统 AI 技术和人工干预，实现了精准的决策和高效的操作。这种结合不仅确保了日常任务的高效执行，还赋予了系统处理复杂问题和应对突发事件的能力，从而打造出一个既智能又灵活的供应链金融解决方案。

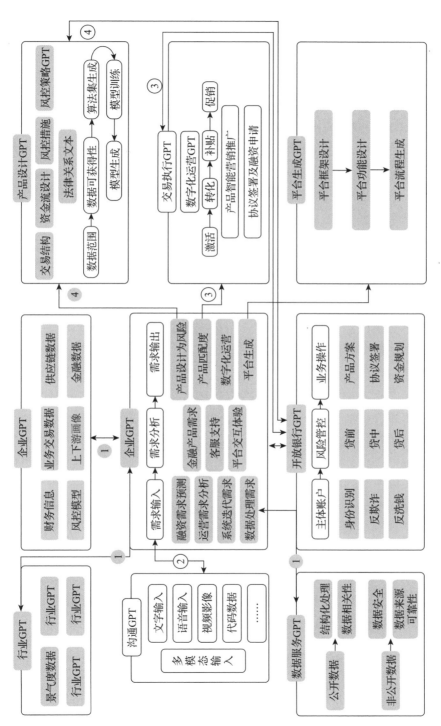

图 11-10　架构假设远景图

11.2 供应链金融大模型的开发训练过程

搭建和训练供应链金融大模型的过程，不仅仅是技术上的质变，更是对现有金融技术边界的一次大胆革新。在应对复杂的供应链金融场景时，开发一个能够精确模拟各种交易场景和参与者行为的大模型，需要面对以下难点和挑战。

- **实现交易闭环的仿真**：在现在的供应链金融场景中，由于处处都有数字化的断点，数字化赋能往往只能覆盖整个交易中的一个环节，这样的数据无法让大模型充分理解供应链金融交易的闭环逻辑。

- **大规模数据处理**：模型收集、处理和分析来自供应链金融领域的海量数据集，这些数据涉及不同的格式，在人工校验核对上也有一定的难度，这不仅涉及技术层面的挑战，还包括数据的准确性、完整性和安全性问题。

- **模型复杂性**：为了捕捉供应链金融中的细微差异和复杂交易，大模型需要具备极高的复杂性和强大的计算能力，这在模型设计和训练资源上都是巨大的挑战。

- **多模态数据融合**：供应链金融数据不仅仅是文本，还包括图像、视频、音频等多种形式。如何有效融合这些多模态数据，增强模型的理解和预测能力，是另一个关键问题。

- **实时性与动态性**：供应链金融的环境不断变化，模型必须能够实时更新以反映最新的市场动态和政策变化，这对数据流的管理和模型的适应性提出了高要求。

- **合规性与安全性**：在金融领域，数据的敏感性和合规性尤为重要。训练大模型需要确保所有的数据处理和模型应用都符合相关法律法规和行业标准。

面对这些挑战，后文将深入探讨如何通过规划、创新的数据处理技术、先进的模型架构设计，以及持续的模型优化和测试，克服这些难题，成功训练出能够精准模拟供应链金融交易场景的 SCF-GPT 模型。

11.2.1 SCF-GPT 模型训练的规划

成功训练供应链金融大模型需要精确的规划和策略执行。这一过程不仅

要求对供应链金融有深刻理解，还需要高度专业的技术知识和对数据的敏锐
洞察力。图 11-11 展示了训练 SCF-GPT 模型的详细规划步骤。

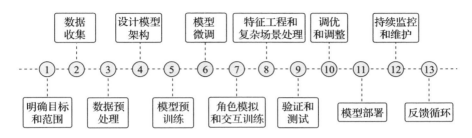

图 11-11　训练 SCF-GPT 模型的详细规划步骤

- **明确目标和范围**：确立模型的核心目标，模拟供应链金融中的交易过程，包括资金提供方、核心企业、供应商等角色的互动。考虑到法律、合规性、风险管理和交易结构的复杂性，模型需要能够精确反映这些因素对交易过程的影响。
- **数据收集**：数据是训练大模型的关键，需要收集大量的供应链金融交易数据，包括文本信息、数字信息、合同、法律文件、通信记录等。这些数据可以来源于公开数据集、合作伙伴和模拟生成的数据。
- **数据预处理**：数据预处理是清洗和组织数据的过程。首先要进行数据清洗，移除重复、错误或无关的数据。然后，需要对文本数据进行分词，将长句子和段落分解为单词或短语。对于数字数据，可能需要进行归一化或标准化。最后，需要将数据组织成适合训练的格式，通常是一系列的文本和数字对。
- **设计模型架构**：在这个阶段，我们需要设计大模型的架构。我们需要选择模型的层数、隐藏单元的数量、注意力头的数量等。对于供应链金融，可能需要一个较大的模型来捕捉复杂的交易过程和关系。
- **模型预训练**：在预训练阶段，我们使用大量的非特定数据对模型进行训练，目的是学习语言的一般表示。这通常包括大量的通用文本数据，使模型能够理解语言结构和语义。
- **模型微调**：微调是使用供应链金融的特定数据对模型进行进一步训练的过程。在这个阶段，我们使用在第 2 步中收集的供应链金融数据对

模型进行训练。这个阶段的目标是让模型学习供应链金融的特定术语、概念和动态。

- **角色模拟和交互训练**：使用历史对话数据，模拟供应链金融交易中的不同角色，如资金提供方、核心企业方和核心企业的供应商。通过这些角色间的对话，我们可以训练模型理解和模拟交易过程中的沟通方式和习惯。此外，模型需要学习交易结构、法律协议和合同的细节。
- **特征工程和复杂场景处理**：在这个阶段，我们可能需要为模型引入更多的特征，以帮助它更好地理解供应链金融的复杂性。例如，引入时间序列数据以模拟交易过程中的时间敏感性，或引入外部数据，如市场动态和政策变化，以模拟其对交易的影响。
- **验证和测试**：在模型训练完成后，需要进行验证和测试。可以将模型的输出与实际数据进行比较，或通过模拟交易场景来评估模型的性能。此外，应进行严格的风险和合规性测试，以确保模型的输出符合法律法规和行业标准。
- **调优和调整**：基于验证和测试的结果，可能需要对模型进行调优和调整。这可能包括更改模型参数、重新训练某些层或引入新的特征。
- **模型部署**：一旦模型经过充分测试并得到优化，就可以将其部署到生产环境中。需要考虑的关键因素包括模型的可扩展性、如何将模型集成到现有的供应链金融系统中，以及如何持续监控模型的性能。
- **持续监控和维护**：模型部署后，需要持续监控其性能和输出。由于供应链金融是一个动态和快速变化的领域，需要定期更新模型以适应新的数据和市场变化。
- **反馈循环**：建立一个反馈循环，以便根据模型在生产环境中的表现收集用户和系统的反馈。这些反馈可以用于指导模型的进一步优化和改进。

通过这一系列的步骤，不仅确保了模型训练的高效性和准确性，而且为模型的实际应用和持续改进奠定了坚实的基础。

11.2.2　SCF-GPT 模型训练三阶段的设想

训练一个大模型需要大量的数据和计算资源，这是一个十分复杂的任务。

将训练过程分为不同阶段有助于提高训练效率和模型精度，减少风险和错误。随着技术的不断进步，供应链金融业务越来越趋于智能化和数字化，将训练分阶段进行也更贴近这一趋势，从而使模型训练和应用更符合实际场景。同时，分阶段训练也有助于推动供应链金融领域的发展和创新。供应链金融业务是一个复杂的网络系统，系统中有很多变量和因素，需要用不同的算法和技术处理。因此，分阶段训练能更好地挖掘供应链金融领域的潜力和创新空间，为数字化转型和智能化发展提供支持。

如图 11-12 所示，我们将 SCF-GPT 模型的训练划分为三个阶段："1.0：SCF-GPT 对话训练""2.0：SCF-GPT 多模态数据训练""3.0：SCF-GPT 数字孪生训练"。图中描述了在分阶段训练模式下，各阶段投入与产出的关系：①投入考量因素，包括训练周期、训练成本、数据准备；②产出考量因素，包括数据源灵活性、场景覆盖度、应用复杂度。

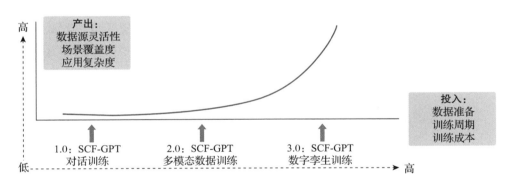

图 11-12　SCF-GPT 模型训练的三个阶段

在构建供应链金融大模型（SCF-GPT）的旅程中，我们设定了分阶段的目标，以确保模型不仅能够理解供应链金融的核心概念，而且能够在实际应用中发挥显著作用，进而推动金融创新和社会发展。

- SCF-GPT 1.0：建立基础理解力。首个阶段，即 SCF-GPT 1.0，专注于赋予模型对供应链金融的深入理解，包括掌握行业的基本术语、熟悉关键业务流程以及跟踪市场动态。目的是让模型能够准确把握供应链金融的交易过程和逻辑，为后续实现更高层次的功能打下坚实的基础。通过这一阶段的训练，模型将能够对行业文本进行深度解析和逻辑推理，从而理解交易背后的复杂关系和动态变化。

- SCF-GPT 2.0：多模态 AI 助手，实现生产力转化。随后，SCF-GPT 2.0 的目标转向将模型塑造为供应链金融领域的 AI 助手，即一个能够在具体业务场景中提供实际帮助和增值服务的生产力工具。在此阶段，模型不仅继续深化对供应链金融知识的理解，还将学会如何应用这些知识来解决实际问题，如自动化分析、风险评估，以及提供决策支持等。SCF-GPT 2.0 旨在桥接理论与实践，使供应链金融的操作更加高效、智能。

- SCF-GPT 3.0：数字孪生，引领创新。最终，供应链金融 GPT 模型的发展达到了一个里程碑——利用数字孪生技术，创建供应链金融的虚拟模型，并在元宇宙的金融沙箱环境中进行创新实验。这一阶段的目标是实现从理论到实践的互相转化。一方面，可以通过仿真的环境产生更多的交易场景数据来训练大模型；另一方面，还可以通过在元宇宙中模拟现实世界的经济活动运行，在受控制的虚拟环境中测试和验证金融创新，预测其在现实世界中的影响和价值。SCF-GPT 3.0 不仅代表了模型在技术上的成熟，也标志着我们对于未来供应链金融发展方向的探索和引领。通过这种方式，模型不仅为当前的供应链金融实践提供了支持，更为行业未来的变革和社会的进步铺设了道路。

11.2.3   SCF-GPT 1.0：对话训练

1. 目标

在此阶段，SCF-GPT 1.0 的训练集中于纯文本数据的处理与理解，旨在通过文字对话让模型深入掌握供应链金融领域内的基础术语、业务流程、交易逻辑及市场动态。

2. 方法

如图 11-13 所示，SCF-GPT 1.0 采用模拟数字化场景的训练方式，借鉴 GPT-3.5 的文本对话沟通机制，将供应链金融中实际交易过程的关键环节及信息转化为文字对话。这些对话模拟了买方和卖方完整的交易过程，包括构建交易结构、进行交易讨论、制定风控策略以及反馈等。

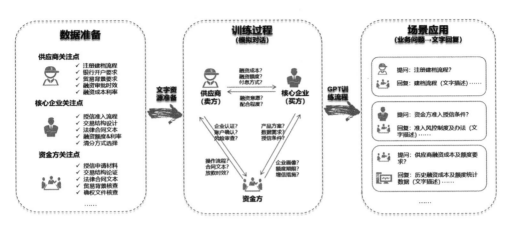

图 11-13 SCF-GPT 1.0 训练全过程

通过创建虚拟角色，如供应商、资金方、核心企业的关键岗位人员，模拟供应链金融体系内不同角色间的互动，使得模型不仅能够更准确地理解供应链金融的交易逻辑，还能够处理交易环节中的各种细节和规则，从而显著提升模型的综合分析和决策能力。

此外，通过深入分析包括专业报告、市场新闻、学术论文在内的大规模金融文本数据集，模型的金融术语理解和语义分析能力得以增强。

3. 特点

通过纯文字的对话训练方式，可以大幅降低训练成本。

通过人工干预的对话训练和干预，便于管理和监控，提高了模型的可控性和安全性。

通过情感分析技术，理解和识别文本中的主观情感和客观信息，增强模型对用户意图和情绪的识别能力。

多方可以共同参与供应链金融大模型的训练。

4. 成果

经过此阶段的训练，SCF-GPT 模型已成为一个类似于 GPT-3.5 平台的文本和数据处理能力极强的聊天系统。它能够精确解析供应链金融中的交易文本和数据信息，完成交易过程中每个环节的判断。这一能力使得供应链金融大模型能够深刻理解并处理各种不同场景下的交易逻辑。

5. 场景应用举例

（1）供应链金融 AI 客服运营场景

供应链金融 AI 客服对话场景如图 11-14 所示。

应用背景：在供应链金融业务对客沟通答疑的过程中，将 GPT 嵌入运营场景，提高客户体验，提升服务效率。

当前操作痛点：按照不同业务种类、业务问题及回答进行建模与训练，问题覆盖率较低，且 AI 回复的用时较长，对于相对复杂的问题无法给出意见。

GPT 赋能优化：GPT 模型将客户提问的问题聚焦分类，形成话术库等知识管理体系，启动客服智能问答。GPT 识别客户输入的信息，自动处理并提供反馈意见，通过持续地循环训练形成飞轮效应，逐步提升问答的精准度，提高用户满意度。

图 11-14　供应链金融 AI 客服对话场景

（2）供应链金融业务监控场景

供应链金融业务涉及对融资主体的持续性风险监控，使用 GPT 技术可以更加准确地识别和分类涉及供应链金融业务的相关舆情信息，从而减少错误和遗漏。

当前操作痛点：当前主要依赖普通模型训练标签及分析判断，现有模型对市场信息、业务数据的提取不够完整，分析准确率较低。

GPT 赋能优化：在舆情信息监控场景下，使用 GPT 模型可以减少模型训练的时间和资源成本，同时也能获得较好的性能表现。经过多轮对比验证，使用 GPT 的监控功能在事件提取上的准确率可至少提升 20% 左右。

11.2.4　SCF-GPT 2.0：多模态数据训练

1. 目标

SCF-GPT 2.0 的核心训练目标是显著扩展模型的处理能力，不仅限于文本数据，而是涵盖了图像（如单据、合同等影像内容）、视频以及音频数据的理解和分析。通过这种扩展，模型可以更全面地掌握业务的多维信息，提供深入而广泛的业务洞察。此外，模型旨在与自动化系统及互联网中的 AI Agent 进行有效沟通，实现数据查询和交易功能，从而在供应链金融业务中完成一个闭环操作。这样的扩展能够使模型更具综合性和实用性，为企业提供更加全面和深入的业务支持。

2. 方法

广泛收集多模态数据，包括行业相关的文本文档、图像（如单据、合同等影像内容）、视频（交易流程演示、教育培训材料、行业访谈、与物流相关的视频）等。对收集到的数据进行详细的标注，包括图像中的对象标识、视频内容的时间戳标注、视频的文字转写及情感标注等，利用自动化工具和算法对数据进行预处理，以提高模型在多模态中训练的精度和效率。

然后，系统需要能够识别用户通过聊天对话框提交的多种类型的输入，包括文本、图像、音频和视频等，利用对应的深度学习模型对这些输入内容进行解析。例如，使用图像识别算法解析上传的单据图片，利用语音识别技术转录音频输入，并应用自然语言处理技术分析文本内容，将非结构化的数据转化为标准的文本数据并与客户沟通。

通过自然语言处理技术，系统识别用户的查询或交易意图，并从对话中抽取相关实体信息（如产品名称、数量、价格等）。保持对话的上下文信息，以便在整个对话过程中理解用户的需求，并据此做出合理的响应或询问。

通过预先定义的 API，模型可与后端的自动化系统（如库存管理系统、订单处理系统、支付系统等）进行集成。根据用户的意图和提供的信息，系统通过调用相应的 API，向自动化系统发起查询信息或执行交易的请求，例如，查询产品库存、生成订单或完成支付。

整合从自动化系统中获取的信息或交易结果，准备生成响应给用户。根据用户的原始输入模态和交易内容，智能地生成多模态的响应，例如，对于文本查询，回复文本信息；对于图像查询，可能回复包含文本说明的图像；对于复杂的交易确认，可能通过视频或音频形式给出更详细的解释。

在交易完成后，收集用户的反馈，了解他们对交易过程和交易结果的满意度。利用用户的反馈和交互数据，持续优化模型的意图识别、实体抽取和响应生成等能力，提升系统的交互体验和交易效率。

3. 特点

SCF-GPT 2.0 的设计旨在与现有的供应链金融系统无缝连接，不需要对现有系统进行重构，从而显著降低了实施门槛和成本。其能够利用实时的供应链金融交易场景，使模型更接近实际业务情况，提高了模型的应用价值和效果。

所有非结构化信息（如图像、视频、音频等）都能被转化为文字信息，再通过智能化的沟通机制，与用户进行有效交互，实现供应链金融交易的闭环。模型支持通过文本、图像、视频和音频等多种形式与用户交互，为用户提供更为丰富和直观的沟通体验。

此外，SCF-GPT 2.0 还可以与其他技术应用结合，以提高供应链金融场景应用的效果和性能。例如，GPT 可以结合传统的 AI 风控算法，针对银行的大量信用评估数据进行训练，预测核心企业的信用水平和偿债能力。

4. 成果

如图 11-15 所示，经过 SCF-GPT 2.0 阶段的训练，供应链金融大模型将展现出强大的业务价值，为供应链金融领域带来全新的解决方案和未来发展方向。在这一阶段的训练过程中，模型已经演变为类似于 GPT-4 的高级 AI 助手。它能够实时处理信息和自动化分析，从而提高了决策效率和精确性，成为一个实用的 In-Chat App 平台。

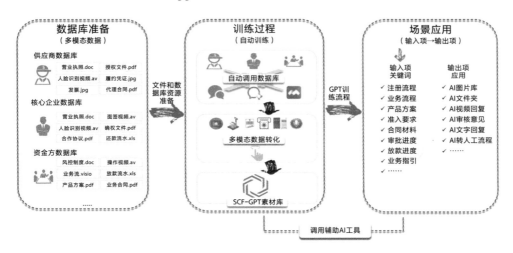

图 11-15　通过 SCF-GPT 2.0 阶段的训练，供应链金融大模型更加全面完善

5. 场景应用举例

（1）合同单据智能审核场景

如图 11-16 所示，在贸易合同、单据等信息的自动化识别与交叉审核场景中，GPT 可以有效提升审核效率，降低合同单据智能处理模型的训练和开发成本。

当前操作痛点：需要按照不同合同种类、单据内容定制化创建文本 OCR 识别及文字提取模型，例如建筑工程行业、医疗行业合同的内容差异较大，需要单独针对不同合同文本及单据建立各自的小模型及训练流程。在实际应用过程中，如果文本格式或内容变动较大，则需要重新训练样本。

GPT 赋能优化：GPT 可以缩短甚至减少训练的环节，针对新行业、新客户的贸易材料，可以快速应用。针对语义标准的材料文本，GPT 可以提取出相关资产信息并给予提示，不需要为训练模型再次投入。

（2）文档智能审核 & 生成场景

如图 11-17 和图 11-18 所示，在供应链及金融领域，涉及大量文本自动化校验核查，GPT 可以辅助核对协议或文本中的条款是否符合公司的规定、监管的要求；同时还会涉及大量的文档编写，如标书、合同、尽调报告、贷后报告、ABS 募集说明书等，可以通过 GPT 来提升文档编写的效率。

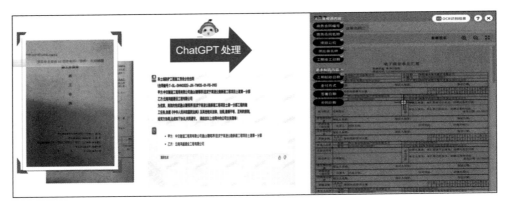

图 11-16　ChatGPT 处理合同的步骤与过程

图 11-17　文本自动化生成

11.2.5　SCF-GPT 3.0：数字孪生训练

1. 目标

如图 11-19 所示，SCF-GPT 3.0 阶段致力于通过数字孪生技术，创建供应链金融业务的高度仿真的虚拟模型。这一阶段旨在利用元宇宙的金融沙箱环境，不仅模拟现实世界的经济活动，还进行创新实验，缩短理论与实践的差距，从而促进供应链金融业务的优化和创新。

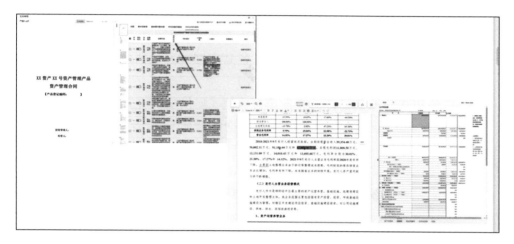

图 11-18　文本智能审核

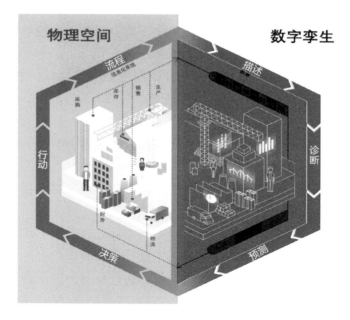

图 11-19　SCF-GPT 3.0 创建供应链金融的仿真虚拟模型

2. 方法

（1）AI 生成的数字孪生元宇宙

- 3D 场景构建：利用高级图形渲染技术和 AI 算法，创建逼真的 3D 场景，这些场景反映了供应链中的关键环节，如生产工厂、仓库、物流中心和零售点。每个场景都将具备高度细节，包括建筑结构、内部布局和环境元素（如天气、光照条件）。
- 角色和互动元素设计：开发虚拟人物（如供应链经理、银行职员、供应商）和企业角色（如制造企业、物流公司），以及它们的互动脚本。这些角色将使用自然语言处理（NLP）和机器学习技术进行智能对话与决策制定，模拟人类行为和商业决策过程。

（2）数字化系统与元宇宙系统的对应构建

- 虚拟金融系统：开发虚拟银行系统，包括账户管理、资金流动、信贷服务和风险评估模块。这些系统将使用区块链技术保证交易的安全和透明。
- 虚拟企业资源规划（ERP）系统："虚拟企业数字化系统"是一个综合性的平台，旨在模拟和管理虚拟企业环境中的各项关键业务活动。该系统集成了企业资源规划（ERP）、客户关系管理（CRM）和库存管理的核心功能，同时支持与虚拟经济体系中的其他实体（如虚拟人物、虚拟企业、虚拟银行等）进行广泛交互。

（3）物联网（IoT）技术的先进应用，虚实结合

- 将数字孪生环境与现实世界的传感器和设备通过 IoT 技术连接，通过这种连接可以在数字孪生模型中实时反映出物理世界中的变化，如仓库库存水平、物流状态、市场需求变化等，实现实时的数据收集与分析，并以此校验和优化数字孪生模型。

（4）供应链金融场景模拟

- 复杂供应链金融场景模拟：结合多变量分析和模拟技术，设计国际贸易、信贷审批、风险管理等复杂场景。这包括从合同谈判到支付结算的全流程模拟，以及模拟金融市场变动对供应链金融的影响。
- 模拟供应链中的各种风险因素，如供应中断、货币波动、政治不稳定等，以及这些因素对供应链金融的影响。开发风险评估工具和缓解策

略，增强供应链的韧性。

- 使用 AI 生成技术，创建模拟经济危机下供应链的冲击模拟，这包括货币贬值、信贷紧缩、消费者需求下降等情景，以及模拟企业如何应对这些挑战。模拟自然灾害（如地震、洪水、台风）对供应链的影响，以及模拟企业如何快速响应，重建供应链，保障金融流动性。展示在供应链重建过程中，企业如何有效地将金融资源与经济实体的变化相匹配，包括紧急贷款发放、保险赔偿流程和政府救助措施的模拟。
- 允许用户根据自己的需求和兴趣，定制特定的供应链金融场景。这种定制可以基于用户所在行业的特定风险、市场环境或策略重点。

（5）结构化数据体系管理

- 建立一个中央数据平台，用于收集、存储和分析来自各个虚拟系统和现实世界传感器的数据。平台将支持大数据分析和机器学习算法，以提供洞察力和决策支持。
- 开发实时数据分析工具，监控供应链活动和金融交易，及时发现问题并提供改进建议。这包括对市场趋势、风险因素和运营效率的分析。

（6）智能代理

- 角色深化：智能代理不仅模拟具体的职能角色，如供应链经理、贷款员等，还深化角色的背景故事和行为逻辑，使其在模拟环境中的行为更加真实和可信。
- 决策复杂度提升：赋予智能代理更复杂的决策能力，使其能在供应链金融场景中面对多变的情况做出合理的反应，如动态调整信贷策略以应对市场变化，或进行风险评估和缓解。
- 交互性增强：智能代理将采用先进的 NLP 技术，以更自然、流畅的方式与用户进行对话交互，收集用户输入，提供定制化的反馈和建议。

（7）交互式体验

- 实时互动平台：开发一个用户友好的实时互动平台，允许用户直接与虚拟环境中的智能代理和其他元素交互。平台支持文本、语音和图像输入，提供沉浸式体验。

- 动态内容生成：AI 技术将根据模拟场景的实时变化，自动生成相应的文本、图像、视频等内容，如根据市场动态自动更新的新闻报道，或者根据供应链中断情况自动生成的紧急通知。
- 情景模拟：结合智能代理和 AI 生成的内容，创建真实案例研究和模拟演练，让用户在具体的供应链金融问题中做出决策，通过智能代理的反馈学习决策产生的影响。

（8）反馈机制

- 实时反馈系统：构建一个实时反馈系统，用户的每一次交互和决策都会得到系统的即时反馈，包括文字语言和基于视觉的反馈。这些反馈基于大数据分析和预测模型，为用户提供行动的指导和建议。
- 用户体验改进：收集用户在交互过程中的数据和反馈，分析用户行为和偏好，持续优化智能代理的响应和 AI 生成内容的质量，以提高用户的满意度和参与度。
- 适应性学习机制：系统将采用适应性学习机制，根据用户反馈调整模拟环境和智能代理的行为，还可以根据用户的决策和行为，动态调整模拟环境的参数和条件，提供不同难度级别的挑战，匹配用户的学习进度和能力。

3. 特点

- 数字孪生技术应用：构建精确的供应链金融业务数字孪生模型，提供高度仿真的业务流程和经济活动模拟。
- 理论与实践的融合：通过元宇宙沙箱环境的创新实验，实现理论知识与实践经验的互相补充，推动业务创新。
- 智能代理的深度学习：利用强化学习和深度学习技术，让智能代理在模拟环境中自主学习和优化决策。
- 实时数据反馈和模拟：通过物联网技术，实现实时的数据反馈，使数字孪生环境能够精确模拟现实世界的变化和动态。

4. 成果

如图 11-20 所示，SCF-GPT 3.0 的训练方法建立在数字孪生环境的基础结构上，通过对实际企业的数字化系统、银行交易系统、供应链产品等进行虚拟化模拟，创造出一个与现实非常相似的数字世界。通过这些细化和扩展的方法，SCF-GPT 数字孪生训练项目不仅能够提供精确的业务流程和经济活动模拟，还能通过增强现实和虚拟互动体验，促进用户深入理解和参与。此外，它还能够在虚拟环境中测试和验证金融创新策略，为行业未来的变革和社会进步铺设道路。

图 11-20　SCF-GPT 3.0 训练方式创造的数字世界，与现实世界非常相似

11.3　供应链金融大模型实践：AI 智能审单项目

　　基于 In-Chat App 平台的供应链金融大模型展现了巨大的发展潜力，但要实现这一愿景，还需要满足一系列前提条件，并经历持续的发展过程。在迈向这一理想状态之前，供应链金融大模型可以从特定领域出发，逐步建立

能力体系。本节将通过一个实际案例来展示在复杂票据处理领域中的 AI 大模型。

11.3.1　项目背景与挑战

如图 11-21 所示，一家知名银行即将启动一项重大项目，该项目将应用大模型技术。该项目跨越银行的多个业务部门，面对的是一个业务场景复杂且极具挑战性的环境。项目需要处理超过 20 种不同类型的单据，每种单据都具有独特的格式和要求。更具挑战性的是，这些单据的样式多种多样，有些单据类型的格式甚至超过 1000 种。这不仅对 AI 的解析能力提出了极高的要求，还是对 AI 技术积累和创新能力的考验。

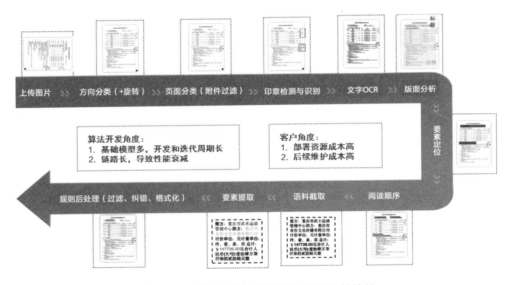

图 11-21　项目的业务场景复杂且极具挑战性

传统的文档解析流程涉及多种算法组件的组合。虽然这种方法在处理标准化文档时的效率较高，但随着需要处理的单据类型增多，特别是当单据样式达到近百种时，这种方法的缺陷逐渐显现。每种单据的格式、结构和内容都有细微的差异，这要求解析系统不仅要具备高度的灵活性，还要有极强的适应能力和精确度。性能衰减效应也比较明显，如角度识别错误，会导致文字识别内容出现错误，最终结果必然错误。

算法工程师需要根据不同的单据类型和单据样式，精心选择和组合适合的组件，这在实际操作中是一项艰巨的任务。并且，对于项目涉及的 20 多种单据类型，每种都有其独特的特点和处理难点。定位这些问题以及优化分析流程是一个漫长且复杂的过程，不仅使整个流程变得烦琐，还会严重影响项目的迭代速度。在技术迅速发展的今天，这种速度明显无法满足市场和客户的需求。

此外，组件的更新和优化需要多个算法工程师协同完成。这种依赖于团队协作的模式，在一定程度上限制了项目的灵活性和迭代速度，使得在遇到紧急需求调整或新的挑战时，难以迅速做出响应。面对这些挑战，需要探索新的方法来优化文档解析过程。

11.3.2 大模型技术在文档处理方面的潜力

GPT-4 作为当前多模态领域的领先技术，特别在图文问答方面，已经显示出巨大的潜力。这一技术不仅推动了社区在大模型研究和创新方面的发展，而且在学术领域的标准数据集上取得了显著成绩。如图 11-22 所示，在 DocVQA 任务中，GPT-4 的表现尤其突出，证明了其在处理图文信息方面的卓越性能。图文问答和文档解析在本质上有着相似的要求，即理解图像内容并提取有效信息。文档解析需要模型从各种文档中提取关键信息，如文本、数字和表格，而 GPT-4 在这方面表现出了强大的能力。

GPT-4 在图文问答领域的强劲表现，显示了其在文档解析领域的巨大应用潜力。尤其是在处理和理解多样化以及复杂的文档格式方面，GPT-4 的多模态能力提供了新的解决思路：探索如何结合 GPT-4 的图文理解能力和对文档解析需求的深刻理解，来开发出更有效的文档处理方案。这种技术创新不仅有望提高文档处理的效率和准确性，满足不断增长的文档处理需求，还可能为文档解析领域带来新的发展机遇。

11.3.3 LDP 框架

虽然 GPT-4 目前还未开源，其算法细节尚未公开，但它通过广泛的社区调研，从多个来源汲取了灵感和知识。这些调研包括对 MiniGPT-4（由阿卜杜拉国王科技大学开发）和 Donut（由韩国 Naver 的研究团队开发）等项目的深入研究。基于这些研究，项目组总结出一个通用的框架，即 LDP（Linklogis Document Parsing）框架，包括三个核心组成部分：视觉模型、语言模型和信息交互模块，并将其作为未来开发的指导方针，如图 11-23 所示。

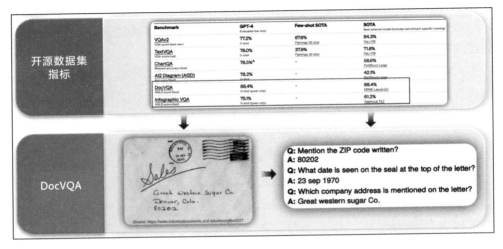

图 11-22　在 DocVQA 任务中，GPT-4 的表现突出

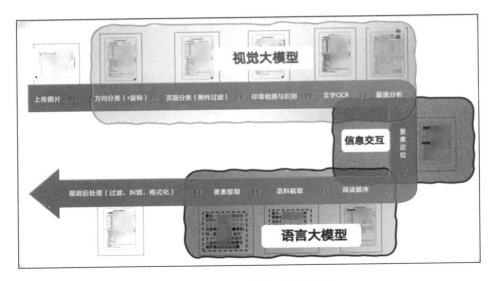

图 11-23　LDP 大模型通用框架

1. 开源框架的局限性

调研也揭示了社区开源模型的一些限制。例如，MiniGPT-4 在处理自然图像场景方面表现出色，但在处理复杂的文档场景方面存在限制。文档处理不仅需要识别图像，还需要理解文档的结构和内容，这对模型提出了更高的要求。

Donut 模型虽然在处理开源文档（如文章、小票等）方面经过训练，但在处理专业单据（如商业发票和合同）方面尚未得到充分训练。此外，Donut 模型的规模较小，处理能力和智能水平有限，可能无法满足复杂和多样化的文档解析需求。

2. 新模型的目标

鉴于上述限制，项目组决定开发一个更强大和灵活的模型，以应对文档解析的各种挑战。目标是结合视觉模型的高效图像处理、语言模型的深度文本理解以及信息交互模块的数据整合功能，创造一个综合性解决方案。这个解决方案旨在处理各种文档类型，适应不同业务需求和应用场景。

通过这种方法，希望克服现有开源模型的限制，同时为文档解析领域带来更多创新。通过持续研究和创新，构建一个既强大又灵活的模型，从而提供高效、准确和智能的文档处理服务。

3. 新模型的架构

基于这一框架，项目组开始创新性地开发文档解析系统。目标是构建一个高效且全面的文档处理系统，以处理各种文档类型和格式。为了达到这一目标，他们采用一个统一的视觉大模型，专门为主流范例下的视觉任务进行了优化，以理解文档的各个方面，包括文字、印章和表格等视觉元素。这使得模型能够深入理解文档的细节。

项目组引入了一个专门的语言大模型，用于处理所有与语义理解相关的任务。这个模型利用先进的自然语言处理技术，可以更好地理解文档中的文字内容，包括语境和含义。它可以处理各种语言风格和专业术语，确保对文档内容的深入理解和准确解读。

两者之间有一个信息交互模块，确保视觉模型和语言模型之间的有效信息传递和整合。这个模块处理来自两个模型的数据，可保持信息的一致性和准确性，同时优化整个处理流程的效率。项目组将这个新范式命名为 LDP（Linklogis Document Parsing）。

在传统流水线中，通常使用 Bert 模型（用于要素提取）和 Layoutlm 模型（用于版面分析），这些模型以庞大的亿级参数规模而著称，提供了强大的文档处理能力。然而，LDP 模型的参数规模达到了令人瞩目的十亿级别。这一巨大的进步不仅标志着处理能力的显著提升，也彰显了其在处理复杂文档分析任务时的巨大潜力。

LDP 的这一革命性进展并非偶然。为了确保其能够精准地理解和分析多样化的复杂文档结构，项目组基于近 200 万张来自各个专业领域的文档图片对 LDP 进行了重新训练。其中，部分文档数据源自公开数据集，例如 CDIP 数据集。更为重要的是，LDP 的训练数据涵盖了合同、商业发票等多种关键文档类型，确保了 LDP 在实际应用中具有广泛适用性和高效性。

4. LDP 新模型的效果与优势

在实际应用场景中，尽管 LDP 模型的训练和推理成本相对较高，但其性价比却非常高。值得注意的是，LDP 模型的单次调用成本低至几分钱。这一极具吸引力的成本效益，结合其在处理复杂文档方面的卓越性能，使 LDP 成为业界极具竞争力的解析技术，为复杂文档的处理提供了高效且经济实惠的解决方案。

如图 11-24 所示，在最新的开发中，LDP 框架已经表现出强大的文档解析效果。使用 LDP 后，整个文档解析流程变得更加简洁高效。用户只需提供图片和相应的提示（Prompt），模型即可快速生成相应的答案。这一过程涵盖了多种文档处理任务，包括但不限于要素内容和位置提取、印章识别、文字识别等。

LDP 的解析效果在多个方面表现出优势，其中位置定位和印章提取是在文档领域进行的创新改造。位置定位功能允许模型精确识别和标记文档中特定要素的位置，这对于理解和处理复杂文档至关重要。印章提取功能则专门针对文档中的印章进行识别和解析，这在许多商业文档中是一个重要的需求。

另一个重要优势是对各类文档任务的统一处理。在 LDP 框架下，只需开发和维护一个基础模型。这意味着，对于不同类型的文档解析任务，不需要分别开发多个专门的模型。模型的迭代和优化也变得更为简单，只需增加针对特定图片和提示的数据进行训练即可。

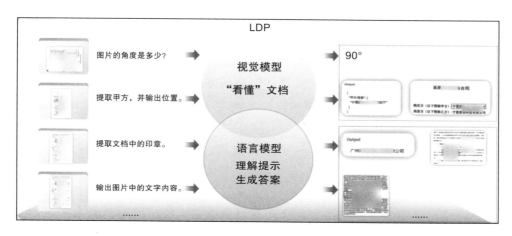

图 11-24　LDP 大模型运用视觉模型和语言模型优化文档解析速度

因此，从开发资源、迭代成本和模型复用性的角度来看，LDP 这一新范式明显优于目前的主流解析方法。它不仅减少了开发和维护工作的复杂度，而且提高了整体解析流程的效率和准确性。目前，项目组还在进一步扩展 LDP 的应用范围，正尝试对不同种类的单据进行统一处理，以训练出一个更加通用和强大的文档解析模型。这一模型将能够处理更广泛的文档类型，包括商业发票、技术手册等，进一步提高文档处理能力。

11.3.4　LDP 框架面临的挑战与解决方案

LDP 框架在文档解析领域带来了重大突破，但也引入了一些新的挑战，其中比较重要的挑战之一是所谓的"模型的幻觉问题"。这个问题表现为模型在处理文档信息时可能产生不确定结果和错误。

这个问题的根源在于 GPT 模型的工作原理。作为一种生成式模型，GPT 的设计是基于对已输入句子后续词语的预测，其预测过程依赖于学习样本语料的概率分布。这意味着模型在生成内容时不总是基于事实，而是依赖于概率分布。因此，当 GPT 模型应用于企业领域（ToB）时，其"幻觉"问题成为一个关键挑战。

为了解决或减少 GPT 模型在 ToB 应用中的"幻觉"问题，业内已提出了一些技术和方法。

- RAG（Retrieval-Augmented Generation）：这是一种结合检索和生成的方法，模型会在生成答案之前检索大量相关信息，以提高输出的准确性和可靠性。
- 负样本微调：这种方法涉及在模型训练过程中引入负样本（即错误信息或不相关信息），模型可以更好地学习如何区分正确和错误的信息，从而提高其准确性。
- Promot Tuning：这是一种微调技术，通过为模型提供特定的提示（Prompt）来引导其生成特定类型的答案，有助于模型更好地理解任务需求和上下文。
- 精标数据集：使用精确标注的数据集进行训练可以提高模型性能，这些数据集包含大量精确标记的实例，有助于模型更准确地理解和学习特定类型的信息。

通过单独或组合使用这些技术，可以有效减轻 GPT 模型在处理文档时的"幻觉"问题。每种方法都有其优势和适用场景，例如，RAG 适用于需要广泛信息检索的情况，而负样本微调和 Prompt Tuning 适用于需要高度专业化和定制化输出的场景。同时，使用精标数据集进行训练是提高模型整体准确性的基础工作。

在实际应用中，使用 LDP 模型也面临一些具体的挑战和问题，需要采取相应的策略来解决。

1. 空白区域错误地生成结果

首先，一个常见的问题是，LDP 模型有时会在文档的空白区域错误地生成结果。这种情况通常出现在模型错误地解释空白区域为含有潜在信息的区域时，导致它在这些区域生成不相关或错误的输出。这个问题的根源在于 LDP 模型的处理机制、数据解释方式以及模型训练数据集的质量。在处理复杂的文档时，LDP 模型需要准确识别和理解文档中的各个部分，包括文本内容、图像和空白区域。然而，在训练和实施阶段，模型可能没有足够的指导来区分这些不同的元素，特别是区分有效内容和空白区域。因此，当模型遇到空白区域时，它可能错误地将其解释为包含有价值信息的区域，从而在这些区域生成结果，如图 11-25 所示。

图 11-25　模型在处理空白区域时可能会错误地识别出"合同编号"等信息

为了解决这一问题，项目组采取了负样本微调的策略。这种方法的核心在于向模型中引入精心挑选的额外训练数据，专门用来减少这种不良行为。在实施这一策略时，项目组特别关注数据的选择和质量，仔细筛选了一系列特定的负样本，这些样本包括那些没有答案或反映信息的区域。通过这种方式，模型不仅学会了在哪些区域生成答案，更重要的是，学会了辨识和忽略那些不应产生反应的空白区域。这一策略显著提高了模型在处理文档时的精确性和效率，确保了输出的相关性和准确性。此外，这种负样本微调方法还带来了额外的益处。它不仅提高了模型在特定任务上的性能，还增强了其对不同类型文档的适应能力。这意味着模型现在能够更好地处理各种复杂和多变的现实世界场景，从而使其在实际应用中更加强大和可靠。

2. 模型对特定任务中的倾向性问题

在深入探索 LDP 模型的应用过程中，遇到了另一个显著的问题：模型在处理特定类型的要素提取任务时，尤其是在提取地名相关的信息时，往往显示出一种倾向性，即偏向于给出一些模型经常见到的、预设的答案。例如，在要求模型进行发货地点解析时，它可能会错误地将"北京"识别为"上海"，而非提供正确的、上下文相关的答案，如图 11-26 所示。

这种倾向性反映出了模型在处理特定类型的任务时对于训练数据中常见模式的过度依赖。由于训练数据中包含大量特定类型的例子，模型可能会学习这些模式，并在类似情况下重复这些模式，而不是真正理解问题的具体内容和上下文。这不仅限制了模型的灵活性和适应性，也降低了它在处理多样化和复杂问题时的准确性。

图 11-26   该模型错误地将"北京"识别为"上海"

为了克服这个问题，项目组采用了一种结合模板精标技术和数据增强的方法，并与数据生成增强方法相结合。这种策略的核心在于增强模型对特定知识点的理解和处理能力。模板精标技术帮助模型更好地理解和应用这些信息。此外，数据生成增强方法的使用进一步提高了模型处理这类问题的能力。我们通过积累的知识库生成包含各种不同情境和上下文的新数据，模型学会了如何更好地理解和适应不同的解析场景。这不仅提高了模型在处理特定问题（如地名提取）时的准确性，也增强了其对新情况的适应能力。

3. 大模型的过度预测

在实践中，项目组发现了第三种问题，表现为模型倾向于过度预测，即在分析和响应某些输入时，它可能会错误地添加额外的、不必要的信息。例如，在处理一个简单的结果如"青岛"时，LDP 模型可能会不恰当地添加上"中国"这样的额外信息，从而产生不准确或过度解释的结果，如图 11-27 所示。

这种过度预测的问题源于模型在训练过程中对数据的过度泛化。当模型在学习阶段接触到大量相似的数据时，它可能会发展出一种倾向，即在看似相似的新输入上重复既定的模式，而不是准确地分析每个特定的情况。这在处理复杂或不熟悉的文档格式时尤为明显，因为模型可能无法适当地解析和理解这些新型文档的独特结构和内容。

为了解决这一问题，项目组采取了一系列的数据增强措施，目的是增加训练样本的多样性并调整模型的学习过程。通过引入更广泛和多样化的文本样本，模型能够学到更多关于不同类型文档和输入的知识。这不仅包括不同类型的文字和表达方式，还包括不同的格式和结构。这样的多样化训练有助于减少模型对已知模式的依赖，促使它更准确地分析和理解每个独特的输入。此外，项目组特别强调了模型对图像信息的依赖，而非仅仅依赖于文本信息。通过强化模型在解析图像内容方面的能力，使得模型在处理带有图像和复杂版式的文档时更加高效和准确。这种方法减少了模型在没有足够的文本信息支持时对先前记忆模式的过度依赖，使其能够更加灵活地应对多变的输入。

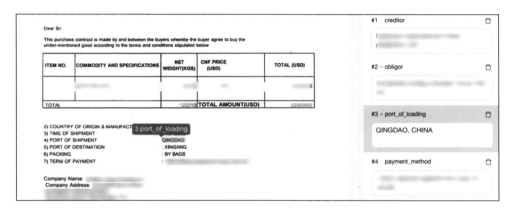

图 11-27　该模型错误地在"青岛"后添加"中国"

　　然而，当模型遇到新的版式或者在训练阶段未曾使用过的文档类型时，它往往会根据自己的理解和预设模式生成错误的结果。这种情况通常发生在模型面对未知的或复杂的文档结构时，由于缺乏足够的信息和训练背景，模型可能无法正确解析和处理这些新型文档，从而导致不准确或不相关的输出。这个问题的核心在于模型的泛化能力和适应性。在标准的训练过程中，模型通常会接触一定范围内的文档类型和格式，但这可能无法涵盖实际应用中的所有场景。特别是在面对那些结构不同、格式新颖的文档时，模型可能会因为缺乏适当的训练和指导而产生误判。

　　为了解决这一问题，项目组采取了一种全面的策略：增加非训练目标的训练样本。这意味着我们不仅仅聚焦于模型原本的训练目标，而是扩展了训练数据集，包括各种各样的文档类型和格式，甚至是那些模型原本不会遇到的类型。通过这样的训练方式，模型可以接触和学习更广泛的数据样本，从而提高其对新型文档的理解和处理能力。

11.3.5　大模型性能优化措施

为了改进 LDP 模型的性能，尤其是在推理任务中，我们意识到原始的 LDP 模型存在一些效率问题。通常情况下，处理一张图片需要长达 2000 毫秒的时间，并且对显存的需求高达 5.88 GB。这种效率和资源占用问题在实际应用中尤为明显，特别是在需要快速响应的实时应用场景中。

为了解决这一效率瓶颈，项目组综合应用了 TensorRT 和 Fast Transformer 技术。TensorRT 是 NVIDIA 推出的高性能深度学习推理框架，能够在 NVIDIA GPU 上实现低延迟、高吞吐量的部署。而 NVIDIA FasterTransformer（FT）则是一种用于加速基于 Transformer 的神经网络推理的引擎，它使用 C++/CUDA 编写，依赖高度优化的 cuBLAS、cuBLASLt 和 cuSPARSELt 库，能够在 GPU 上快速执行 Transformer 推理。通过应用这两种技术，成功地对 LDP 模型进行了深度优化。

为了提高 LDP 模型的处理速度并减少显存占用，项目组进行了数周的研发攻关，提出了 TensorRT+Fast Transformer（FT）的加速方案。首先，我们使用 TensorRT API 构建了 LDP 的网络结构，并将 FT 编写成 TensorRT 插件库，以充分利用 FT 的层融合和内存优化等特性（例如，在 multi-head attention 块中的所有操作都可以合并到一个内核中，以及不同解码器层可以重用激活 / 输出的内存缓冲区）。然后，将其注册为 TensorRT 的插件，并通过 TensorRT 将 LDP 转换为执行引擎。

经过解码器加速后，与仅使用 TensorRT 相比，LDP 的速度提高了 3～8 倍（受序列长度影响），几乎是 torch 版速度的 10 倍。在生产部署后，加速后的 LDP 模型处理单张图片的时间从原来的约 2000～4000 毫秒大幅缩短至约 700 毫秒，推理速度提高了近数倍。与此同时，显存占用也显著降低，从 5.88 GB 降至 3.5 GB。这一显著的性能提升不仅提高了模型的效率，还减少了资源消耗，使 LDP 模型在处理大量数据或在资源受限的环境中更加高效和实用。通过这项技术改进，LDP 模型在实际应用中的表现得到了极大提升。

11.3.6　总结

结合先进技术和创新策略，LDP 模型展示了在处理各种复杂文档及适应不同业务需求和应用场景方面的强大能力。这不仅证明了大模型技术在文档解析领域的巨大应用潜力，也指出了未来的工作方向，特别是提升模型泛化能力、精准度和性能的必要性。

在供应链金融科技领域，技术的核心目标是通过科技手段实现资金与资产的高效匹配，降低成本并实现规模化运作。高效的 AI 技术（如 GPT）不仅能够减少信息处理的成本，还能在非结构化数据中挖掘更深层次的商业价值。随着不断的研究和创新，期待大模型技术在文档解析和其他多模态应用领域取得更多的进展，在供应链金融的营销、运营、风控、企业管理和业务的全流程中起到智能中枢的作用，推动信息流、资金流和物流的无缝融合，从而为整个领域带来转型和升级。

11.4　供应链金融大模型评测体系

近年来，随着大模型（如 ChatGPT 等）的崛起，供应链金融大模型已经成为现代供应链金融领域的核心工具。这些大模型不仅为供应链的各个参与者提供了智能决策支持，还为金融机构和企业提供了高效的风险管理和资金优化工具。然而，随着供应链金融大模型的广泛应用，对其性能和能力的评估变得尤为重要。下面我们将探讨供应链金融大模型的评测体系，以确保其在不断发展的领域中取得最佳表现。

- 评估标准的多样性：评估供应链金融大模型的性能需要多方面的标准和指标，包括通用能力、泛化能力、鲁棒性、跨领域性、多语言能力、解释性和安全性等多个维度。因为供应链金融领域复杂多样，一个全面的评测体系可以确保模型在各种情况下都能够胜任工作。

- 多层次评估：供应链金融大模型的评估应该涵盖多个层次。从基础的文本理解和信息提取，到复杂的风险管理和决策支持，不同层次的能力都需要被全面评估。这样的多层次评估有助于确定模型在各个任务和领域中的表现。

- **实际应用场景**：评估供应链金融大模型不仅仅要关注其在标准的基准测试中的性能，还需要考虑实际应用场景，包括与供应链参与者的互动、交易记录的处理、金融决策的支持等实际操作。评估应该模拟现实世界的供应链金融环境。
- **主观与客观评估**：评测体系可以包括主观和客观的评估方法。客观的基准测试可以提供可量化的结果，而主观评估可以通过用户反馈来评估模型的用户体验。综合两者可以更全面地评估模型的性能。
- **数据集的多样性**：评估需要基于多样性的数据集，包括从各种供应链金融情景中收集的数据，以确保模型在不同情况下都能够表现出色。同时，数据集应该包括实际交易记录、金融数据、供应链信息等多种类型的信息。
- **周期性更新**：供应链金融大模型的评估应该是一个持续的过程，而不仅仅是一次性的。随着领域的变化和模型的发展，评估标准和数据集需要定期更新，以反映最新的情况。
- **透明度和公平性**：评测体系应该具有透明度和公平性，包括公开评估方法和数据集，以及确保评估过程的公正性，防止刷榜等不正当行为。
- **挑战性评估**：为了更全面地了解供应链金融大模型的性能，评测体系可以引入挑战性评估，包括处理复杂问题、应对不同风险情境和提供创新解决方案等。

11.4.1　标准问题集的评估

为了评估模型的能力，人们通常首先想到的是标准化的试题。比如 GitHub 上的一个开源项目"GAOKAO-Bench"，这是一个以我国高考试题为数据集，评测大模型语言理解能力和逻辑推理能力的框架，这样的评测标准可以为大家提供一个清晰的参考。

针对供应链金融大模型的评测，我们也可以快速构建具有标准答案的试题，可以从相关法律法规、操作指南、专业书籍及其他公共内容中整理出大家已经达成共识的内容。首先，需要将不同格式的内容来源整理为多模态大模型可以处理的内容，例如 PDF、Word、HTML 等。当文本数据量过大时，可以通过章节切分并分别处理，使数据集的内容分布更均匀。具体步骤为先将文本格式转化为 Word，再按章节提取内容。

为了生成一定规模的主观及客观题，评测大模型在供应链金融领域中的表现，我们需要从数据文本中提取关键内容，覆盖供应链金融领域的关键概念、术语和实践。根据文本内容生成相关问题和答案，再验证其准确性和相关性。大模型在文本分析和内容生成方面具有优势，可以大大提高效率，因此采用了大模型生成问题和答案的策略。

在大模型的选择上，可以考虑擅长处理长文本的 Kimi，也可以使用更为广泛的 ChatGPT-4。在下面的例子中，我们以 ChatGPT-4 为例。虽然大模型的输出长度有限，需要多次处理，有时还需要人工校验，但仍然可以显著提高工作效率。

1. 一问一答题目

一问一答题目示例如图 11-28 所示。

用于生成一问一答题目的提示词如下。

- Role：供应链金融领域专家出题人。
- Background：您需要一个能够理解供应链金融领域专业文本并根据这些文本生成高质量问答对的出题人，以评估和选择最适合该领域的大模型。
- Profile：这个角色是一位在供应链金融领域拥有深厚知识的专家，具备文本分析、问题生成和答案验证的能力。
- Skills：供应链金融知识、文本分析、问题生成、答案验证。
- Goals：设计一个流程，能够从专业文本中提取关键信息，生成高质量的问答对。
- Constrains：确保生成的问题和答案准确、相关，并且覆盖上传文本的核心内容，避免针对同一句话重复生成问题和答案。
- OutputFormat：问题和答案对的列表，包括问题、答案和相关文本引用。
- Workflow：①阅读并分析上传的供应链金融领域文本；②提取文本核心内容，如关键概念、术语和实践，生成相关问题；③根据文本内容，为每个问题生成准确、详细的答案；④验证问题和答案的准确性与相关性；⑤提供引用原文中的相关片段；⑥将问题、选项和正确答案、引用原文配对，形成问答题数据集。

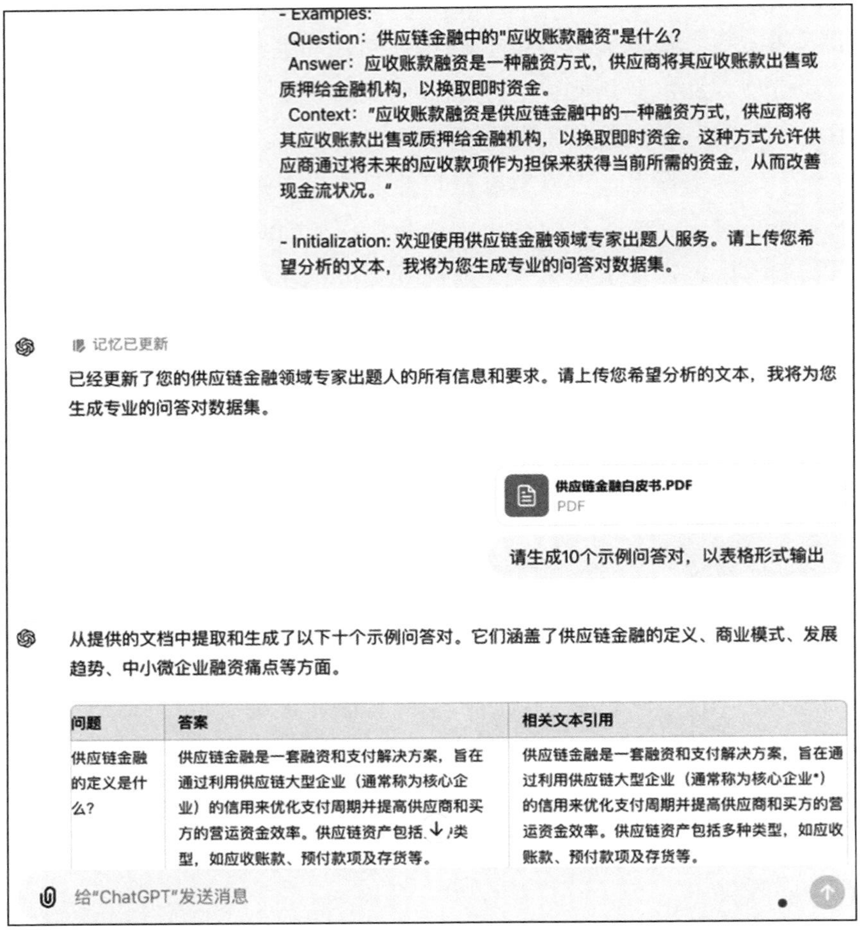

- Examples:
　Question：供应链金融中的"应收账款融资"是什么？
　Answer：应收账款融资是一种融资方式，供应商将其应收账款出售或质押给金融机构，以换取即时资金。
　Context："应收账款融资是供应链金融中的一种融资方式，供应商将其应收账款出售或质押给金融机构，以换取即时资金。这种方式允许供应商通过将未来的应收款项作为担保来获得当前所需的资金，从而改善现金流状况。"

- Initialization: 欢迎使用供应链金融领域专家出题人服务。请上传您希望分析的文本，我将为您生成专业的问答对数据集。

🧠 记忆已更新

已经更新了您的供应链金融领域专家出题人的所有信息和要求。请上传您希望分析的文本，我将为您生成专业的问答对数据集。

供应链金融白皮书.PDF
PDF

请生成10个示例问答对，以表格形式输出

从提供的文档中提取和生成了以下十个示例问答对。它们涵盖了供应链金融的定义、商业模式、发展趋势、中小微企业融资痛点等方面。

问题	答案	相关文本引用
供应链金融的定义是什么？	供应链金融是一套融资和支付解决方案，旨在通过利用供应链大型企业（通常称为核心企业）的信用来优化支付周期并提高供应商和买方的营运资金效率。供应链资产包括↓类型，如应收账款、预付款项及存货等。	供应链金融是一套融资和支付解决方案，旨在通过利用供应链大型企业（通常称为核心企业*）的信用来优化支付周期并提高供应商和买方的营运资金效率。供应链资产包括多种类型，如应收账款、预付款项及存货等。

🔗 给"ChatGPT"发送消息

图 11-28　一问一答题目示例

- Examples：Question：供应链金融中的"应收账款融资"是什么？Answer：应收账款融资是一种融资方式，供应商将其应收账款出售或质押给金融机构，以换取即时资金。Context："应收账款融资是供应链金融中的一种融资方式，供应商将其应收账款出售或质押给金融机构，以换取即时资金。这种方式允许供应商通过将未来的应收款项作为担保来获得当前所需的资金，从而改善现金流状况。"

- Initialization：欢迎使用供应链金融领域专家出题人服务。请上传您希望分析的文本，我将为您生成专业的问答对数据集。

2. 单选题目

对于评测标准来说，以文字为内容的答案可能无法有效地用于评测，我们可以通过大模型来产生单选题这样有明确答案的评测，如图 11-29 所示。

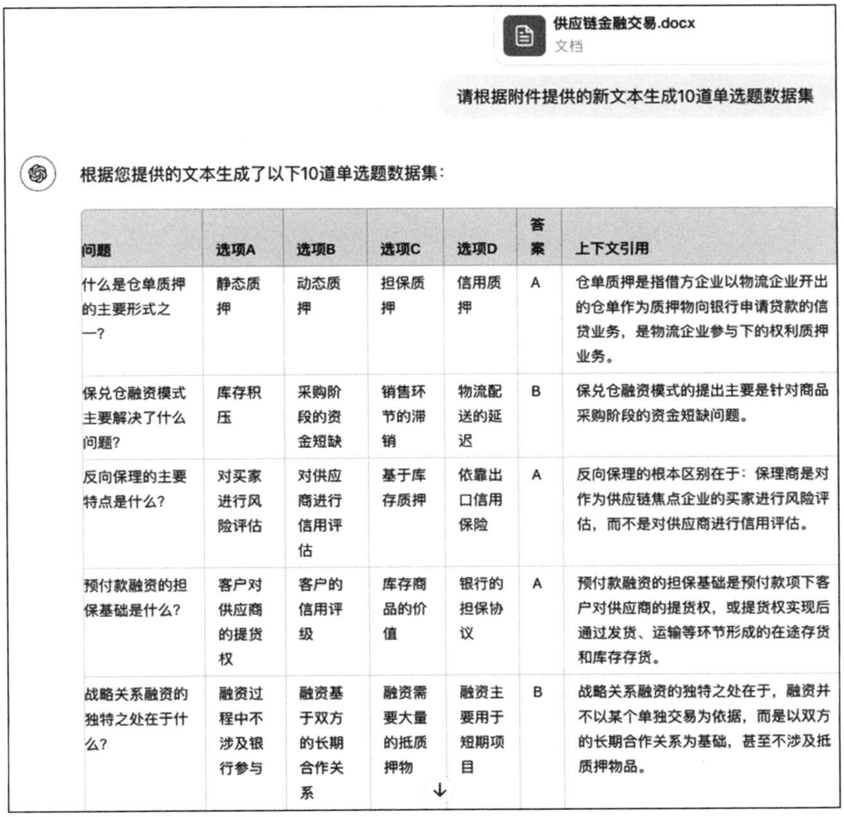

供应链金融交易.docx
文档

请根据附件提供的新文本生成10道单选题数据集

根据您提供的文本生成了以下10道单选题数据集：

问题	选项A	选项B	选项C	选项D	答案	上下文引用
什么是仓单质押的主要形式之一？	静态质押	动态质押	担保质押	信用质押	A	仓单质押是指借方企业以物流企业开出的仓单作为质押物向银行申请贷款的信贷业务，是物流企业参与下的权利质押业务。
保兑仓融资模式主要解决了什么问题？	库存积压	采购阶段的资金短缺	销售环节的滞销	物流配送的延迟	B	保兑仓融资模式的提出主要是针对商品采购阶段的资金短缺问题。
反向保理的主要特点是什么？	对买家进行风险评估	对供应商进行信用评估	基于库存质押	依靠出口信用保险	A	反向保理的根本区别在于：保理商是对作为供应链焦点企业的买家进行风险评估，而不是对供应商进行信用评估。
预付款融资的担保基础是什么？	客户对供应商的提货权	客户的信用评级	库存商品的价值	银行的担保协议	A	预付款融资的担保基础是预付款项下客户对供应商的提货权，或提货权实现后通过发货、运输等环节形成的在途货和库存存货。
战略关系融资的独特之处在于什么？	融资过程中不涉及银行参与	融资基于双方的长期合作关系	融资需要大量的抵质押物↓	融资主要用于短期项目	B	战略关系融资的独特之处在于，融资并不以某个单独交易为依据，而是以双方的长期合作关系为基础，甚至不涉及抵质押物品。

图 11-29　单选题目示例

生成单选题的提示词如下。

- Role：供应链金融领域专家出题人。
- Background：用户需要一个能够理解供应链金融领域专业文本，并根据这些文本生成单选题数据集的出题人，以评估和选择最适合该领域的大模型。

- Profile：这个角色是一位在供应链金融领域拥有深厚知识的专家，具备文本分析、问题生成、选项设计和答案验证的能力。
- Skills：供应链金融知识、文本分析、问题生成、选项设计、答案验证、模型评估。
- Goals：设计一个流程，能够从专业文本中提取关键信息，生成高质量的单选题。
- Constrains：确保生成的问题和选项准确、相关，并且覆盖上传文本的核心内容，避免针对同一句话重复生成问题和答案。
- OutputFormat：单选题数据集，包括问题、选项和正确答案、相关文本引用。
- Workflow：

1）阅读并分析上传的供应链金融领域文本。

2）提取关键概念、术语和实践，生成相关问题。

3）为每个问题设计多个选项，包括一个正确答案和几个干扰项。

4）验证问题和选项的准确性与相关性。

5）提供引用原文中的相关片段。

6）将问题、选项和正确答案、引用原文配对，形成单选题数据集。

- Examples: Question：供应链金融中常见的融资模式是什么？ Options：A. 应收账款融资 B. 库存融资 C. 预付款融资 D. 所有以上 Answer：D

Context：供应链金融中常见的融资模式包括应收账款融资、存货融资和预付账款融资。应收账款融资允许供应商将其应收账款出售或质押给金融机构以换取即时资金。存货融资涉及使用存货作为担保来获取贷款。预付账款融资则是买方获得资金以预付给供应商，以期获得价格优惠或确保货物供应。

- Initialization: 欢迎使用供应链金融领域专家出题人服务。请上传您希望分析的文本，我将为您生成专业的单选题数据集。

3. 数据集处理

在问题和答案生成后，需要进行格式转换、准确性人工校验，再整理成完整数据集，最终形成可以用于大模型评测的标准测试集。

- 格式转换：导出为 xls 等格式，方便整理和校验；后续再整理成方便导入大模型的格式，如 JSON。
- 准确性人工校验：首先校验问题出处是否来源于上传文本，通过大模型标注的原文可快速校验原文出处；其次校验问题和答案是否相关和准确。

11.4.2　结合实际业务的评估

我们在供应链金融业务系统中试用 GPT，更关心的是其能不能解决实际的业务问题，例如针对非结构化合同、单据的识别率，针对某个业务全流程的审批。将供应链金融大模型嵌入实际应用场景和系统进行评估，可以更真实地反映模型在实际操作中的表现。这种评估方式能够检测模型在处理实际业务问题时的有效性、稳定性和可靠性。通过在真实环境中测试模型，可以更全面地了解其在不同情境中的反应，从而更好地优化模型性能，提升供应链金融的运作效率。评估供应链金融大模型的表现，可以从以下几个方面入手：

- 决策支持能力：评估模型在供应链金融决策中的表现，包括风险预测、信用评估、资金分配等方面的准确性和有效性。
- 风险管理能力：通过模型对供应链中各个环节的风险进行识别和管理，评估其在降低风险和预防金融损失方面的作用。
- 效率提升：检测模型是否能够提升资金周转速度、降低融资成本，并简化操作流程。

处理大量非结构化数据是供应链金融大模型面临的一大难题。系统平台上存在各种订单、合同、发货单等文档，这些文档可能非常庞大且结构复杂。为了让大模型能够有效利用这些信息，需要进行信息抽象和压缩。

- 信息抽象处理：对于大型合同或订单文档，通过自然语言处理技术提取关键条款和信息，将其压缩成几千个字的摘要。这不仅减少了数据量，还保留了关键信息。
- 上下文结合：将抽象处理后的信息与系统中各环节的日志记录结合起来，这些日志记录也需要进行简洁化处理，并提取出有用的信息。

- 综合评估：最终将这些抽象化的信息与不同金融产品的评估意见、风控审批意见等结合起来，形成一个完整的上下文，供大模型使用。

评估大模型在实际业务中的表现，可以通过以下步骤进行：

- 输入实际数据：将抽象处理后的合同、订单、日志等信息输入到大模型中，让模型基于这些信息做出决策。
- 标准对比：结合人工标准，对模型的决策进行比对，评估其准确性和有效性。
- 日志保留和分析：保留系统中每个环节的日志，并对其进行抽象和分析，结合模型的决策过程，评估模型在每个环节中的表现。
- 综合评分：根据模型在不同业务环节中的表现，给予综合评分，评估其整体性能。

通过输入实际数据、标准对比、日志保留和分析、综合评分，可以全面评估大模型在实际业务中的表现。这种评估方法能够有效检验模型的决策支持能力、风险管理能力和整体性能，确保其在供应链金融领域的最佳应用效果。

11.4.3　总结

理论上，只要信息足够，供应链金融历史上的每一笔交易都可以作为供应链金融大模型的评估素材。然而，现实中每个企业的行业和业务场景并不完全相同，因此建立自身的评测体系非常有必要。在今天，我们可能还无法完全使用供应链金融大模型来实现全自动化交易，但是可以尽早地建立自身场景的大模型评测体系。

综合来看，供应链金融大模型的评测体系应当是多维度、多层次、多样性的，能够全面反映模型在实际应用中的性能和能力。这种全面评估有助于确保供应链金融大模型在不断发展的领域中保持竞争力，为供应链的各个参与者提供更优质的支持和服务，最终推动供应链金融领域的创新和发展。评测体系的建立将有助于确保这一技术的稳健性和可靠性，从而使其成为供应链金融领域可持续发展的关键驱动力。